2017

Das Glas ist voll!

Christian Seegert
Phantastisches Tagebuch - Band 9

Bibliografische Information der Deutschen Nationalbibliothek:
Die Deutsche Nationalbibliothek verzeichnet diese Publikation
in der Deutschen Nationalbibliografie; detaillierte bibliografische
Daten sind im Internet über *dnb.dnb.de* abrufbar.

Impressum

© 2017 Christian Seegert, Ritterhude, *cseegert.tbc@web.de*
Alle Rechte liegen beim Autor.
Herstellung und Verlag: BoD – Books on Demand, Norderstedt
Satz & Layout: Martin Labedat, Northeim
Titelbild: „Käfer Karl", Christian Seegert 2000, Acryl auf Papier, 42 x 57 cm

in Vorbereitung:
Phantastisches Tagebuch – Band 8 oder Band 7

ISBN: 9783746044644

Inhaltsverzeichnis

Die Gliederung sollte den Bundesministerien folgen, das bliebe aber zu eng. Es wäre auch ein grundfalsches Signal. Und das Außenamt für die Fläche des planetaren Wahnsinns in die ressortmäßige Zuständigkeit zu packen, wäre heillose Überforderung.

Daher werden hier doch eine Reihe beliebter oder gemiedener Stichworte in Reihe gepackt und mit bisweilen zahlreichen Seitenzahlen illuminiert – für alle, die bei allem Jahresverlauf doch thematische Konzentration vorziehen.

Vorwort

Dies ist Buch neun. Sieben fehlen noch, sind aber schon da! –
Damit Sie wissen, wo es lang geht, hier die kleine Einführung.
Wie das Jahr war, wissen Sie ja selbst, kaum jedoch warum es so
war! Es war so etwa wie HELGE SCHNEIDER. – Du gehst hin,
faßt Dir an den Kopf, bist froh, daß Du's hinter dich bringst –
aber irgendwie recht hat er doch.

Rein privat mögen Sie mit Ihrer abweichenden Meinung ja recht
haben, auch ich bins zufrieden – obwohl das Jahr an die Sub-
stanz geht, bei genauerem Hinsehen. Ich habe keinen Reizdarm,
aber mein Innenleben hat seine strapaziösen Neigungen. Das ist
vorrangig Kopfsache, ich habs am Kopf. Das fällt im Normal-
betrieb nicht auf und der Teilnahme am Publikumsverkehr steht
daher nichts im Weg.

Aber das Klima ändert sich. – Das Fleisch ist man richtig schier,
sagte Oma, wenn wenig Sehnen und Fettstreifen drin waren und
Opa etwas sabberte. – Ich bin so ein schieres Stück aus dem deut-
schen Block und ringe nach Luft, versuche freizukommen, frei
von den Gespenstern, die mir Profil gaben. Das Gröbste konn-
te ich korrigieren, aber es hängt doch nach. Und bestimmt die
Wahrnehmung, also die Nummer ,halb leer oder halb voll', Sie
kennen das.

Ich finde ja, das Glas ist voll, und zwar sowas von! Und je genau-
er ich hinsehe, desto eindrücklicher erscheint es mir: die Welt
ist ein Irrenhaus. Jaja, sagen andere auch, ihr Bewegungsmodus
ist der Kreis, bisweilen spiralig, dann aber zurück auf Anfang. –
Ich habe mich in ein Prinzip reingeschrieben, das ich nicht mehr
loswerde: Tag für Tag. Das ist linear und erlaubt Rückblick wie
Projektion. Dabei bin ich Sammler, aus deutscher Tugend. Das
nervt, aber es muß. – Also kein großer Wurf, aber viele kleine.

Sammeln heißt lesen, schneiden, verdichten, wie beim Frisör. Nur
auffegen tue ich nicht, deswegen haben wir Keller. Die Aufgabe

5

lautet nun, wie im Geschäft: der Einkauf entscheidet über den Gewinn, also richtig sammeln! Nicht den Standard-Geschäftsbetrieb, wie er die Geräusche des Tages prägt, überall dicke Luft macht. Sondern das, was beim Schütteln herausfällt, was schließlich diese leichte Neigung verursacht, in die der ganze Zirkus gerät. Dabei entdecke ich: das letzte Jahrhundert ist nicht vorbei! Es spiegelt sich in der Aufregung, der Hektik, dem Fundamentalen, mit dem betrachtet und geurteilt wird. – Je größer der Abstand wird, desto klarer tritt heraus, was da inszeniert wurde, was wir gemacht, mitgemacht, aus uns gemacht haben.

Soviel zur Außenwelt, die ich sammle – dazu kommt, eben gespenstisch, meine Innenwelt, durch die ich wahrnehme. Wenn Sie verstehen, was ich meine – einer der schönsten Sätze aus jedem amerikanischen Spielfilm, finden Sie nicht? Der kommt auch oft vor, aber dann besteht auch aller Anlaß! – Das ist die Mischung, die hier folgt, aus Neigung, ein bißchen Horror, und diese Verdichtung von Menge im Wahnsinn, isso! Die Frauen, der JUNCKER, der Chorleiter oder so. Alles. – Wenn Sie manchmal gar nicht verstehen, seien Sie getrost, ich auch nicht, überspringen Sie einfach son Textstück, das ist auch ein Zustand, aber eben im Innenraum, der nächste Tag bringt einen aus der frischen Luft draußen. – Und der Zusammenhang bleibt ja, ist ja Tagebuch. Es gibt genug, das ist wie Kautabak, das dauert dann. Noch was, wenn mein Sprachschatz oder das Fassungsvermögen kollabiert, verfalle ich in Mundart, so in Richtung Offenbach.

Ist das intelligent? Weiß nicht, ich wende das Zeug mehrmals, wie meine liebe Frau dieses Vieh zu Weihnachten, dann geht's ab. Kaufen Sie das, Sie werden genervt sein, aber auch Spaß haben. Ich sags, wie es ist! Kennen Sie Bodo Bach? Der sagt dauernd, wie es ist. Muß man mögen, sonst geht's nicht. Kennen Sie Shakespeare? Gehen Sie hin, Berlin, hinter der Museumsinsel, da brauchen Sie keinen Frack, eher Küchenrolle. Weil Sie näher dran sind.

Ach ja, wenn Sie mehr wissen wollen über die Gespenster, also son bißchen Genese, dann kommen Sie um Buch eins nicht rum, ein Dreipfünder allerdings. Ich habe noch fünf zu Hause. Gemessen daran ist das hier Zugabe, wie beim Metzger.

Das Inhaltsverzeichnis lasse ich mir nicht nehmen, aber nicht wie in der Schule ‚Einleitung – Hauptteil – Schluß‘, sondern mehr nach Aufregern. Wenn Sie nur Interesse am Lieblingstier haben, Namensverzeichnis. Ob Sie nun grade dabei sind, entscheiden Sie das bitte selbst. Aber bald, die Zeit ist begrenzt, auch Ihre.

PS.:
Noch eins, auf 2017 folgt ja 2018, 2017 bereitet also vor und 2018 ist die Ausführung. Um 2018 zu verstehen, brauchen Sie 2017, je eher desto besser.

Hier geht's los:

1.1 Der Wahnsinn geht weiter – vom Grenzturm aus verfolgen wir die Befeuerung des Himmels über Bremen und Marßel. Auf dem Kreisel vor dem Haus sodann Austausch von Glückwünschen zu etwas Champagner und wir jagen die restlichen Bestände in die Luft. Bei den Nachbarn ist es warm, Berliner Pfannkuchen mit zu viel Marmelade.

Frieden in Syrien? Ein Witz angesichts der Versammlung von sogenannten Erzfeinden, die sich politisch, religiös, ethnisch und sonstwie abgrenzen: Türkei – nichtarabisch, mehrheitlich sunnitisch, Erzfeind von Saudi-Arabien/sunnitisch, der nichtarabische Iran/Schiiten ist genauso Erzfeind. Assad kontrolliert zehn Prozent des Staatsgebiets und setzt auf Iran. Dann natürlich Erzfeind Israel, das es einzukreisen gilt von der pan-schiitischen Fremdenlegion bis hin zur libanesischen Hizbullah. – Das ist wie Europa vor hundert Jahren! Wir haben es bezahlt. – Iraner kaufen in Damaskus Grund und Boden auf. Staaten sind Militärorganisationen, sie bieten keinen Schutz. Den bieten nur Moscheen und Stämme. Fünf Ereignisse können die Situation eskalieren, notiert RAINER HERMANN. Truppen für kommende Schlachten sind die Millionen junger Männer ohne Aussicht, Gruß von GUNNAR HEINSOHN, der mehrere Dutzend von ihnen in Bereitschaft sieht.

Ja, die Erde ist eine Scheibe, das Grau avanciert, die Aussichten werden auch nicht durch Gedenk- und Jahrestage heller – aber sie fördern immer noch Einsicht: so der 150. Jahrestag des ‚Kapital‘, Band eins. Wie nahe das Denken des scharfen Analytikers beim Weltgeist des Lehrers HEGEL siedelte, vermag ich Laie kaum mit wenigen Worten aufzumachen. Seis drum, der Weltgeist war, wurde der große Verführer. Ihn im Prinzip kapitalistischer Aneignung dingfest zu machen, gab den Treibern kommender Umwälzungen einen leichtfertigen Freifahrtschein. –

Aber der Weltgeist ist überall, er kostümiert sich nach Tagesbedarf. – Die Gewißheit des verbleibenden Aufenthalts gewinnt da an Zuversicht, wir planen Kultur- und Reiseeinsatz.

2.1. Marion hat Rügen gebucht, Elvis (Hund!) ist bei Edeltraut eingezogen, wir packen und es geht ab. Ohne besondere Vorkommnisse passieren wir die Rügen-Brücke und drücken uns zwischen den eng gesetzten Stahl-Leitplanken durch bis Goeren, vom ‚Rasenden Roland‘ begleitet, der geputzt parallel fährt. – Marions Doppelkopfdamen sorgen für einen Komplett-Abend im Hotel Hanseatic, vom Staff freundlich begleitet. Soviel Geld ging selten in die Kasse.

SHAKESPEARES Sonette sind bestürzend aktuell, was ja allenthalben von ihm gilt. SOPHIE BRANDS hat eine feine Übersetzung fabriziert, erlaube ich mir anzumerken, so:

> Es ist kein Wucher unerlaubter Art,
> wenn einer Glück erwirbt, für das er leistet.

3.1. Es ist beschlossen und geht über den Strand nach Sellin, bei beständigem Niesel und der Berghang rutscht. Dort ist auf der Seebrücke das alte Strandhaus aus den zwanziger Jahren dreiteilig wiedererrichtet, drinnen zur Linken in perfekter Restauration die einstige Jugendstileinrichtung, bis ins Detail des Spiegelaufsatzes, der Geländer und Deckenleuchten, museal. Darin Menschen! Wir laufen zur Spitze, wo der Interessierte eine riesige Tauchkugel besteigen kann, die ihn zum Meeresboden bringt.

Zurück ins schon fast mondäne Städtchen, übertroffen wohl von Kühlungsborn, aber auch von feinster ‚Möblierung‘. Nach einer Großtasse Kakao ziehen wir weiter zum Bahnhof. Der Zug kommt – ey, keuch, rauch, quietsch, voll der Zug! Drinnen alles alt, in der Wagenmitte der Ofen, davor ein Eimer Brikett, äschd! (eine Folge ‚Hausmeister Krause‘ wollte ich haben, 24 gabs, das fordert, nervt und prägt, kommst du nicht weg von) Also, der Zug, ächd keuch, qualm, ey stink, schnüffel ... der Lederriemen zum Hochziehen des Fensters, kenn‘ ich von 1950 auf der Strecke Bad Doberan – Heiligendamm. Voll de Verbindung. – Erschöpft im Hotel, im Zimmer ist es schön und voller Wonnen. – Nach dem Essen beim nahen Italiener versammeln wir uns alternativlos zum Kartenspiel.

Dem aufgeräumten Abend folgt die Lektüre von KARIN (KATHRINE) KRESSMANN TAYLOR: ‚Adressat unbekannt‘, 1938. So radikal, wie da eine Freundschaft binnen Monatsfrist zerbricht, habe ich selten eine Beschreibung des deutschen Aufbruchs in die Selbstvernichtung gelesen. Der kurze Briefwechsel zeigt die Geburt, den Ausbruch des feisten, vernachlässigten Deutschen aus einem hängenden Dasein, aus dem Ressentiment, welches endlich gegen den aufstehen darf, der zum Schuldigen erklärt wurde. Dieser Aufbruch, der dem braunen Terror den Raum freigibt und in der Hysterisierung des Alltags der Sehnsucht nach Größe näherkommen will. Ekel des Nachgeborenen. – Das Nachwort der ELKE HEIDENREICH ist bereits zuviel (natürlich des Guten), aber wohl unvermeidlich.

Die beiden Frauen aus der Doppelkopfrunde kommen mit ihren Rädern viel herum in der Republik und sind folglich von der Entwicklung hier im Osten beeindruckt. Sie finden, daß sie im Westen durch vergleichsweise ärmliche Gebiete reisen, zumal in NRW.

4.1. Aufbruch nach ‚Prora' unter Führung bei Eiseskälte. Die Volksgemeinschaft habe er aus der Frontgemeinschaft abgeleitet, bemerkte ADOLF HITLER bereits 1927. Der Riesen-Kraft-durch-Freude-Bau blieb dann im Rohzustand stehen, als es ins neuerliche Fronterlebnis ging, diesem Grundbaustein im Leben dieses Führers. Der Architekt der KdF-Front, CLEMENS KLOTZ, gelangte auf die „Gottbegnadetenliste", jene Sonderregelung des Herrn über Leben und Tod, HEINRICH HIMMLER, welche die Gelisteten 1944 vor dem ziemlich sicheren Tod an der Front freistellte.

Heimwärts unterbrechen wir in Binz. – Im Aussichtsturm des Hotels, auf der Heiratsplattform, umgibt uns Hagel und graue Sicht auf das schäumende Meer.

5.1. Die hochwertige Prora-Broschüre verhaspelt sich in den Kategorien. Sie stellt sich nur mit dem marxistischen Wortgut gegen die ‚Volksgemeinschaft' und will sodann entlarven, dazu noch die Öko-Klage über gefällte Bäume, die längst nachgewachsen sind. – Dabei erfüllt dieser Begriff alle Anforderungen der Diktatur, insbesondere stützt er ihren Rassismus, er ist Brückenfunktion zum Völkischen, wie er das „Artfremde" ausschließt, er schließt also ein und grenzt aus. Er bereitet die Rechtlosstellung und Verfolgung der Ausgeschlossenen vor. Die Eingeschlossenen (sic!) hingegen organisiert er hierarchisch im Führer-Gefolgschaftsmodus, in nationaler Arbeit, militärisch und hysterisch. Wer nicht teilnimmt am permanenten Machtrausch und Aufmarsch, gefährdet seine Existenz. Wer nicht arbeitet, soll nicht essen und wird eingesetzt, vernutzt. Die Volksgemeinschaft bildet so einen unnachgiebigen Pflichtenkreis mit Berechtigungsschein, den Kriegseinsatz zur Ressourcenbeschaffung mit all seinem Völker- und Rassenmord eingeschlossen. Alles zu seiner Zeit, denkt der Hitler, genannt ‚der Führer', 1933.

Der rassestrukturierte Zugriff auf das Volk schert sich nicht um Klassen. Und der klassenteilende Zugriff praktiziert Ein- und Ausgrenzung ebenso, in der DDR von der ‚Aktion Ungeziefer' über die Lager bis Hoheneck. Eingeschlossen den nationalistisch überwölbten Ansatz mit dem Vaterland als identitätstiftendem Anker. Im Mantel des aktuellen religiösen Zugriffs, also im islamistischen Kleid, geht es noch gröber zu.

Leicht zu erkennen, daß der demokratische Ansatz mit der Pluralität von Interessen und Positionen der anstrengendste ist, mit all seinen Ausbeulungen, Eruptionen und dem gerne lauthalsen Streit. Dabei unter der schier übermenschlichen Anforderung, jeden nach seiner Façon zu belassen, im Rahmen von Respekt und Akzeptanz vereinbarter Regeln.

Wir packen uns ein für einen Spaziergang durch eisigen Wind über die umliegenden Höhenzüge von Klein-Zicker. Alle Gaststätten sind verschlossen bis auf eine Tür zur Toilette. Schließlich nach einem schwergängigen Windbeutel -Anmutung einer Sättigungsbeilage- zurück ins Hotel. Ich folge dir in die Sauna, erschöpft. – Letzter Doppelkopfabend, wir laden auf unser Zimmer, die Gäste mit Gestühl, mein Kleingeld ist weg.

EVA BRAUNS Hund hieß Anastasia, liebevoll nannte sie ihn Stasi' – als ahnte sie, wie es weitergehen würde.

6.1.   Um 10 Uhr ab Goeren, zurück aus der Kälte. – Zu Hause ,schneidet' Jonas meinen Laptop zurecht, meine Verzweiflung weicht Milde. – Die wunderbaren Sonette schließen ab.

„Werde erwachsen Donald, Du bist Präsident", twittert JO BIDEN, nachdem zehn Geheimdienste des Landes den Moskauer Eingriff ins Wahlverfahren bestätigen.

In Pjöngjang läßt Chefe die halbe Stadt antreten und erklärt, daß Nordkorea zur Atommacht aufgestiegen ist. Vom Einsatz ist einstweilen nicht die Rede.

Wahlaussichten der SPD bei 20%.

,Nafri' ginge garnicht, meint SIMONE PETER, auf polizeiliche Abkürzungen Bezug nehmend und sieht Rassistisches am Werk.

An ‚Limo' wird sie sich auch stören, steht für linksmotivierte Straftäter.

„Am Sonntag -morgen- wird Dame SHIRLEY VERONICA BAS-SEY achtzig Jahre alt."

19 Uhr: WOLFGANG BELTRACCHI portraitiert OTTO WAAL-KES, seine Ausstellung mit tausend Leuten, mir laufen die Tränen. Rundum glücklich ist er, nur die Zeit wird knapp, bemerkt er. Sie hat mich eingeholt, vom Krach in der Haft, der U-Haft erzählt er, ein Geschrei wie im Affenstall. So treffen große Ruhe und große Nervosität aufeinander. Alles sehr analog!

8.1. Im Digitalen ist die Kopie des Menschen beinahe fertig. Liegt die vor, brauchts das Original nicht länger, Wahlen eingeschlossen. Das ist folgerichtig. Die Aufregung über das Sowjet-Kadersystem mit seinem Paten IGOR SETSCHIN oder über SIMONE PETER, wie sie die polizeiliche Kontrolle der Domplatte an Sylvester anklagt, klingt da eher wie ein Spot aus dem Unterhaltungsprogramm. – Vor 17 Jahren schon verfolgte ich die Aussichten nach dem ‚Homo S@piens' des RAY KURZWEIL. Nun kommen wir ihnen näher, jedoch in einem anderen Format, als er es voraussah.

Abends zieht mich die Stimme des KLAUS MARIA BRANDAU-ER vom Schreibtisch weg. Es ist ein anderer TOBIAS MORETTI, der den ambivalenten LUIS TRENKER gibt, ebenso beeindruckend, nahe bei HANNA SCHYGULLA, die Darstellerin der LENI RIEFENSTAHL und schließlich die Figur des GOEBBELS, in Physiognomie wie Sprachduktus: mit Verachtung führt er seine Monologe mit LUIS, läßt ihn kommen und gehen – so spielte ROLF HOPPE den HERMANN GÖRING, zwei Figuren, die erst im nackten Terror erblühten.

9.1. Marion fährt wieder zur Schule.

Aus dem ‚morning briefing' des ‚Handelsblatts':

... deshalb hinterließ uns ROGER WILLEMSEN in einem jetzt postum veröffentlichten Manuskript folgende Lageeinschätzung: „Wir waren jene, die wussten, aber nicht verstanden, voller Informationen, aber ohne Erkenntnis, randvoll mit Wissen, aber mager an Erfahrung. So gingen wir, von uns selbst nicht aufgehalten."

Das staatliche Fürsorgesystem staffiert mit fürstlicher Pension aus, bis ins Kommunale. Schon eine Periode als Bürgermeister genügt zur Amtsmüdigkeit, das restlaufzeitlange Ruhegeld wird erst ab 6000 Zusätzlichen gekürzt. Der Pleitegeier auf dem Dach dreht sich nach dem Wind.

Das Abwettern beginnt, in zehn Tagen hat der neue Präsident in Nordamerika das Sagen. – Die Terminvereinbarung mit der Steuerberaterin gerät zu einer furiosen Inspektion. Da kommt Unsicherheit nach hinten und nach vorne auf. Mein größeres rechtes Auge spricht mich an – neben dem Ressentiment ist Selbstgerechtigkeit die Krätze am Übergang zur Außenwelt. Sich diesem beständigen Abrieb und Verschleiß zu stellen, d. h. der Alterung, dem abnehmenden Widerstand, dem Eindringen fremder Materie, der Verunreinigung des geschützten Interieurs zuzusehen, ohne den Arzt aufzusuchen, ohne Hautcreme, bietet Aussicht auf Gewinn. Du hattest ein Leben, wenn Du es gesehen hast, erlebt hast, es an dir hochgekrochen ist, wenn deine Hygieneformeln versagt haben. – Dabei sprach die Steuerberaterin nur übers Geld.

Alles aus 2016 deutet darauf hin, daß 2017 seine Schlußfolgerungen sein werden. Das ist nicht neu.

STEPHEN HAWKINGS wird 75, Scham befällt mich, alles ist kleinlich. Kopf hoch, sagt er, selbst wenn Sie in ein Schwarzes Loch fallen, gibt es einen Ausweg.
DAVID BOWIE, lebte er, wäre gestern 70 geworden, welche Sucht nach Leben.

Derweil schlägt ELISABETH SCHARFENBERG, der Fraktion der Grünen-Partei im Bundestag zugehörig, bezahlten Einsatz für Geschlechtsverkehr und/oder vergleichbare Handlungen mit/an Pflegebedürftigen und Schwerkranken vor. Ob die Geltendmachung solchen Bedürfnisses rezeptpflichtig sein soll oder ein einfacher „Antrag auf Sexualassistenz" genügen soll, so BORIS PALMER, blieb offen. – So stürzt der gemeine Teilnehmer am Informationszirkus von einer Welt in die nächste, unverbunden, nur getaktet, wie Fließband, so schildert MATTHIAS HORX das Drama der Überforderten. – Mitten hinein ringt mir der Badener Galerist einen dritten Zeitraum zu fünf Metern meines malerischen Talentes, naja Umtriebs ab. Mein widerständiges Pöbeln brachte eine Absenkung auf 60 pro Meter.

Ein Reporter fragt, ob das Haus der Geschichte in Bonn das Mordfahrzeug vom Berliner Breitscheidplatz in den ‚zeitgeschichtlichen Bestand' aufzunehmen gedenke – einer von täglichen Orientierungsverlusten, die in der Musealisierung des Terrors Erkenntnis suchen.

Das Staat&Bank-Syndikat der ‚Group of Thirty', aus Spanien bekannt, findet Bargeld geschäftshindernd. Es nutzt die ‚USAid', einen Laden für sogenannte Entwicklungshilfe, um „Cashless Payment Partnership" zu verkaufen, so als Kondition. Das hat in Indien wohl geklappt, Australien ist interessiert, der EZB-Chef ist Teil des Systems totaler Fiskalität – PHILIP PLICKERT hat ein wenig recherchiert und entdeckt das zwanglos changierende Komplott von Banken und Staat, das totale Geschäft zu totaler Kontrolle, herkulischer Kampf gegen ‚das Böse ist immer und überall'.

10.1. Kleiner Aufbruch in die Sparkasse zum Coaching – und es wird ereignisreich, gegen die Schwergängigkeit zum Jahresende. Der Gang durchs Haus fordert, alle kennen mich, sprechen mich an – mit Namen und guten Wünschen, ich kenne sie ja auch, nur oft ohne Namen. Heimwärts beschaffe ich einen Karton mit Sekt & Gebäck für den nächsten Besuch.

Abends lädt die örtliche Wirtschaftsversammlung zum Jahresauftakt. Wir sind die letzten, jedoch wieder zu früh, die Bürgermeisterin spricht – noch. Erst als vor ihren Augen einer umkippt und im Rettungswagen davonstiebt, kürzt sie ab. Der Saal honoriert solche Aufmerksamkeit mit Applaus.

11.1. Nach dem Teilzeitgesetz produziert das Gesamtfürsorge-Ministerium der ANDREA NAHLES ein Vollzeitgesetz, da die vom Vollzeitmodus Geschundenen nun vom Teilzeitmodus gebeutelt sind. Die Freude über solche Kreativität ist nur bei der Chefin einzigartig. – Derweil erreicht die Steuereintreibung des erfolgreichsten Ministeriums Höchstwerte seit der Vereinigung. – Die Opposition beharrt auf der Verkehrswende, Greenpeace auf der Fleischwende. Die Planwirtschaftstruppen im Großformat. – Ich wende mich vorauseilend schon mal im Grab um.

Wenn doch das Wählen aufhörte, dann könnte nur noch Europa gewählt werden, selbst von den Widerständigen. WERNER MUSSLERS Agenda des JUNCKER'schen Regelbruchs kommt auf ein Dutzend fürs abgelaufene Jahr. Die Bedrängten freuts, der Rest hält die Schnauze, weil er die wohlfeile Gefälligkeit des Kommissionschefs nächste Woche brauchen könnte. Korruptive Allianzen sind das.

A propos, den MARTIN WINTERKORN hats erwischt – Ruhestand. Immerhin 3100 Rente, Vorteil: täglich. – Nach abklingender Aufregung bleibt Frau ANDREAE in Rage, weil der Steuerzahler über die Abschreibung Millionen trage. Daß über private Versteuerung mehr ans Amt geht als der Konzern abführt, entgeht der Grünen-Fraktionschefin. So bleibt das Geschrei allerseits.

Erholung bietet FREDDY LANGERS ,Route 66'-Report:

> „... das Echo der zugeschlagenen Autotür ist noch nicht verhallt, da wird das Gaspedal schon bis zum Bodenblech durchgetreten. Brachial geht es los mit einer ostinaten Basskadenz, die vier Minuten lang auf einen bis zur Stumpfsinnigkeit durchgeschlagenen Takt wiederholt wird ... darüber Tom Pettys Sprechgesang ..., auf der 66 zwischen zwei Tankstellen, den Landmarken der Nation".

Das ist so schön zu lesen und zu schauen, daß der Autor in Bensheim vorlesen wird, allerdings erst nächstes Jahr! Am 21. Mai 2018 in Bensheim.

Die ‚Literatur für mehr Europa' ist in der Offensive, die Rezensionen zeigen Sinkflug der Qualität an, dramatisch bei CLAUS OFFE, deftig bei JÜRGEN RÜTTGERS, bemüht immerhin bei FRANK-WALTER ST. Versteigt sich doch Erstgenannter zu der Schwindsucht, es seien die Ultraliberalen, Marktradikalen, kurz eine ‚neoliberale Verschwörung' gewesen, so der Rezensent, welche die Kunstwährung durchgesetzt habe und so am Zustand des Kontinents Schuld trüge. Das sind Projektionen einer Wissenschaft im Verschwörungsmodus. Im schroffen Widerspruch der Tatsachen waren es eben jene, welche vor diesem Währungskorsett warnten. Das alles wischte der Kanzler mit seiner Handbewegung beiseit', weils sein ‚politisches Projekt' hinderte. So bleibt ein klassischer Fall ideologischer Verblendung, die tatsachenresistent wird und die Welt ins Kuschelkissen heiliger Grundsätze stopft – wer war eigentlich Prokustes! I nou what I'm talkin about.

12.1. Einen Korb voller ‚Saus & Braus' in die Sparkasse geschleppt, so ein Impulskauf, Personal überrascht, danach von HD verabschiedet und zur Steuerberatung. Dort geht es unterhaltsam zu – ich bin entspannt, weil die Damen immer, ich wiederhole, immer recht haben – das Zahlenwerk wird beiläufig verhandelt – wieder lerne ich, warum der Steuerabzug meine fröhlichen Erwartungen übersteigt – dieser regelmäßige Punktsieg für Schäuble. Zurück aufs Land, wo der Hund sitzt und guckt, vor Freude das Hörnchen anschleppt, was nur heißt: Gassi, Meister! – Nachmittags Sortierung der Steuer-Kiloware fürs Amt oder in den Keller. Outlook ist kaputt, Jonas meint nein, allenfalls der, der davor sitzt. Ich habe die Anschauung für mich.

13.1. Freitag. Ein knapper Kommentar reichte nicht, wieder bekommt HEIKE GÖBEL den Leitkommentar auf Seite eins für die aktuellen Gleichheitsmanifestationen aus den Berliner Ministertürmen. Das Weltbild der leitenden Damen dieses bürokratischen Unfugs sei eher von ORWELL'schem Format, eine zugrundeliegende Substanz nicht auszumachen. Solch ideologische Sternstunden häufen sich im Zeitalter ‚spätrömischer Dekadenz', zu schön dieses Wort des GUIDO WESTERWELLE. Und so treffend, gell. Und die Zeit drängt, denn -bei aller Harmonie- man möchte noch einiges zu Tal schicken in den verbleibenden zehn Monaten, also aus dem Staub in den besternten Himmel.

Dem Pfarrer machte ich Absage, was seine dritte Vertretung im Berg betrifft. So etwas kann keine Gewohnheit werden. Und ich bins ja nicht, der Stellvertreter, oder sein Prediger.

Dem Schnitter Zeit kannst du nicht widerstehen;
doch trotzt du ihm mit Nachwuchs, wenn du fällst.

So SHAKESPEARE, diesen Trost habe ich. Doch kommts noch ernster in den Sonetten.

Das Gendergetöse reißt grade im Angelsächsischen den Wissenschaftsbetrieb abendländischer Provenienz ein: auf Beschluß der Studentengewerkschaft an der ‚London School of African and Asian Studies' sollen „weiße Philosophen" vom Lehrplan verschwinden, da sie auf dem Boden der „rassistischen Aufklärungsidee" von der Zivilisierung des „Wilden" stehen. – Die Universität Glasgow sorgt sich derweil um Theologiestudenten und warnt vor dem Bibelkurs: die Kreuzigung Jesu könnte sie erschüttern. Solch Material sei ‚potenziell beunruhigend', was ja nicht not tut. Und da den Kern der aktuellen Hochschulreform die Zufriedenheitsbewertungen der Studenten ausmachen, ist Unterwerfung unter das Regiment der „Schneeflocken-Generation" geboten. – Da war Pippi Langstrumpf forscher.

14.1. Das ruft HEIKE SCHMOLL auf die Seite eins, wo sie über Warnhinweise an amerikanischen und britischen Universitäten vor den 2000-jährigen ‚Metamorphosen' des OVID informiert. Deren Lektüre könne leicht seelische Blessuren nach sich ziehen. – Am besten, eine Kommission schreibt das ganze Zeug der letzten 2000 Jahre auf den aktuellen Verträglichkeitsmodus um. Noch besser, gar nicht lesen, nur noch Internet in der Vorlesung, einer liest, alles lacht. Ist doch schöner.

Der zweihundertseitige Koalitionsvertrag zum Rot-Rot-Grün-Start in Berlin wäre auch eine Alternativ-Vorlesung wert: die

Umerziehung der Stadtgesellschaft ist angesagt, die Desaster-Senatorin für die Schulen ist geblieben, verantwortlich für vorsätzlichen Murks am Kind', faßt REGINA MÖNCH vergangene Erfolge zusammen, weiter viel Text für die Kernthemen der Weltstadt: Tierversuche (nicht auf offener Straße bitte) und freilaufende Katzen, seitenweise zur Selbstorganisation der LSBITTIQ-Communities, der üblichen Verdächtigen also. – Insgesamt klingt das Lied vom wohlfeilen Antikapitalismus, hinter dem das Milieu seine Schlafplätze verteidigt – wie schon 1989, als die Leute über die Mauer kamen. Auch nach dreißig Jahren wird die Programmatik verantwortlicher Führung der Hauptstadt aus der Matratzen- und Eigentumswohnungsperspektive hergeleitet, aus den Wärmestuben der Empfindsamen. Dagegen verblaßt jegliche Parteienfinanzierung.

Bis vor die Tore von Minsk reiste HEINRICH HIMMLER, um mit dem Chef der Einsatzgruppe B ,über die Weiterentwicklung von Tötungstechniken' zu sprechen, nach den Krankenmorden von Hadamar. Maliy Trostenez kenne ich von SCHALAMOW, der den GULag dokumentierte. Der Stau der Judentransporte gebot Beschleunigung, das Kommando 1005 verbrannte Tag und Nacht Leichen. Es gibt keine Überreste ,außer den charakteristischen Senkungen der Aschegruben, in denen die Überreste Tausender Menschen liegen', berichtet FELIX ACKERMANN.

HERBERT MIES starb (88). Er war Teil meines früh wilden Lebens, lange nach der Volljährigkeit.

15.1. SONNTAG. Wir fahren zum Neujahrsempfang in die Haynstraße, Hamburg. Sigrid spricht mutig ohne Eckhard, der vor elf Monaten ging. Viel Trotz im Raum, ohne den es nicht hält. Nachmittags als Omi und Opi auf die andere Seite der Stadt zur Besichtigung des neuen Haus & Hof. So wars bei uns vor zwanzig Jahren, genau so. Viel Glück und viel Segen!

17.1. Da steht die einstige Frontstadt eigentlich immer, frotzelt Berlin-Chef REINHARD MÜLLER: am Abgrund. Die aktuelle Inszenierung mit Baustaatssekretär, klingt wie ZK, ANDREJ HOLM fordert einfach einen dritten Neuanfang dieser politischen Mischung.

Um 14 Uhr in den Zug nach Münster, wo sich vier mal siebzig zum Räsonnieren trifft. – Nach 72 Stunden und viel haarkleiner Recherche aus Schul- und Nachzeiten schließen wir ab im Ratskeller, toll, uns gibt's noch! – In den Zug zurück nach Auflösung des kurzzeitigen Quartetts alternder Männer, wie auch sonst. Das soll ja milde stimmen. Alles schneeweiß hinter Münster.

Konsequente Ignoranz der Bildungsforschung habe die Einführung der Gemeinschaftsschule begleitet, es fehle „ein Bewußtsein für Leistungsorientierung in Gesellschaft, Schule und Elternhaus". Drei Pädagogischen Hochschulen in Baden-Württemberg wird „Leistungsschwäche" bescheinigt, das „Diagnosewissen" der Lehrer sei wegen der schlechten Ausbildung „mangelhaft". Diese Urteile zweier Bildungsforscher flankieren die desaströsen Ergebnisse der jüngsten Leistungsmessungen daselbst. – Das Vermögen, ja die Fähigkeit, sich jenseits des ideologischen Spiegelkabinetts an Tatsachen zu orientieren, ist dahin. Man ist einfach postfaktisch, gell. Die CDU-Fraktion, immerhin, beauftragte die Forscher, befragte sie jedoch nicht weiter. – Was hielte eigentlich so ein legislatur-periodisch gewolltes Bündnis von Koalitionären davon ab, sich zusammen zu setzen und den Tatsachen einmal blank ins Gesicht zu sehen, ohne Smartphone, ohne Strippe nach draußen, ohne Rückversicherung zu den Basistruppen, eben ohne Einleitung, nur Hauptteil mit einfacher Schlußfolgerung?

Das stiftungsfinanzierte „Correctiv" will Falschmeldungen im Netz jagen – und richtig stellen, so wie die Ethikkommission mehr Güte in die Welt bringen will, lustwerkelt JÜRGEN KAUBE. Realität werde als nicht konsenspflichtig erlebt, auf NIKLAS LUHMANN verweisend. Was soll man nur mit ihr machen, der Wirklichkeit! – Im Workshop haben wir unsere Freude am ‚Anders ist anders'. Die Identitären, dieser Kern steckt in vielen Komfortzonen, bisweilen feinst ausgebaut, mit Zugbrücke. Mag auch die Menschwerdung im Elternhaus und Weiterem diese für alles oder nichts Empfänglichen prägen.

45 (i.W. ...) Personen und Institutionen diskutierten und bewerteten ANIS AMRI. Mal galt das eine, dann das andere – das Gefährdungspotenzial wurde nach klassischer Art ermittelt: jedes für sich kein Anlaß! Und es fehlte einfach an Sprengstoff, Terminabsprache, Kalaschnikow im Arm und Avatarkostümierung. – Weitere Dokumente wie ein interner Polizeibericht werden zeigen, daß mit den bei Terror gebotenen „Fahndungssofortmaßnahmen" erst nach mehr als drei Stunden losgelegt wurde, genug Zeit zum Umziehen und sich verpissen. – Die lachen sich tot über uns, meint Marion. – Oder milder, wie es der VV <Vorstandsvorsitzende> gerne formulierte: langsam und bürokratisch. Immerhin ist das sklerotische Netzwerk inzwischen halbwegs verbunden.

Verantwortung ist auf der Suche nach Andocken, ihr Dasein gleicht der ‚heißen Kartoffel'.

Ex ist ex, sagt THERESA MAY, soweit würdige Nachfolgerin der ‚Iron Lady', die Männer beiderseits grade eher bescheiden.

Und die NPD bleibt im Spiel, ihr fehle die Wirkkraft, so das Hohe Gericht in 330-seitiger Begründung seines Urteils, fast KPD-Format von 1956. Projektive Interessen der Innenminister bestimmten den Anlauf, sie wollten Verbot, damit Ruhe ist, notiert die Zeitung. Ohne Wirkkraft bliebe es nun ein Gesinnungsverbot und – man muß sich eben streiten, empfiehlt das Gericht. – Eine Breitseite an die politische Klasse, die Gemütlichkeit unter der sonnigen Zentralgesinnung sucht. – Hingegen WOODY ALLENS dictum, Politiker rangierten „knapp unterhalb von Kinderschändern", gilt für unser Land so gar nicht, unsere sind einfach von anderem Schlag.

19.1. WOLFGANG FLATZ macht eine Ausstellung im Wolfsburger Gewerkschaftshaus der IG Metall. Die heißt: „Der Adolf wars" und präsentiert einen Käfer mit Hakenkreuz auf der Motorhaube. – Das geht aber nicht, meint die Ortsstelle und läßt das Teil wegschaffen. Es erkläre sich nicht von selbst, heißt es, der gemeine Betrachter mithin überfordert, sähe sich gewissermaßen vor einem Rätsel. – Weniges nur kann dem unvoreingenommenen Betrachter offensichtlicher erscheinen: der Führer ruft ein Autowerk ins Leben, darin werden Autos gebaut, die sein Zeichen tragen. Mit dem fährt der Kraftfahrer durchs Land, werbend und beständig durch das Zeichen an des Führers Wohltat erinnert. Da er die Straße vor sich beständig überblicken muß, hat er -leitfigürlich- das Hakenkreuz in dieser Positionierung unentwegt im Blickfeld, das ist also Absicht. Wer, bitteschön, soll hier noch was, bitteschön, erklären! – Der zum Verbraucher denaturierte Mensch im Rundum-Sorglospaket der schönen, neuen Welt, auf der gleichen Welle wie an den Unis bei den Angeln und Sachsen. Zugegeben, ein Kreuz ist immer eine Zumutung, in Sonderheit in Kunstdingen. Und die Gefahr ist immer virulent, daß das Denken zum Nachdenken, jenes gar zum Nachfragen führt. Und da sitzt nun die Gewerkschaft des VW-Konzerns doch zu nah im Boot des Aufsichtsrats mit Kapital und Politik.

20.1. Besprechung der ‚Partitur eines zynischen Lästermauls in New York‘, also des ‚Solo für Schneidermann‘ von JOSHUA COHEN (37). Es muß in die Liste meiner Fragen, die immer länger wird.

Solange der Schuldner noch Puls hatte, wurde ihm Kredit verkauft. Das amerikanische Justizministerium veröffentlicht einen Bericht zur Geschäftspraxis der Deutschen Bank, womit die nicht alleine stand ... immerhin keine deals ‚post mortem‘. Und JOHN CYRAN zahlt doch, was JOSEF ACKERMANN bestellte, schmunzelt das Handelblatt.

Zum Tee ein neuer Katalog, guck mal Seegi, hier gibt’s Badeanzüge, da wird man dünner von. Ich Spacken nicke, gleichfalls erfreut.

Zur Amtsübergabe in Washington holt der stellvertretende Chefredakteur aus und bricht den Stab über den neuen Inhaber. Solche Kante möchte man öfter hören in nationalen Angelegenheiten – gegenüber jenem institutionell verwachsenen Establishment von zaudernder Bekümmertheit und friedfertiger

21

Selbstgenügsamkeit, wogegen jener nicht zuletzt antrat. – Die EU-Kommission sieht sich nach TRUMPS einleitenden Worten gar als „letzte Bastion freiheitlich-demokratischer Werte". Die Herrschaften müssen die Loseblattsammlung von Verfassungs-, Vertrags- und weiterem Rechtsbruch, dem Kassieren nationalen Parlamentsrechts und weiß der Teufel was noch grade verlegt haben. – Stimmen jenseits des Atlantiks hoffen auf ein selbstbewußteres Europa, mehr noch auf ein selbstbewußteres Deutschland. Das wird ein langer Weg, auf dem MR. TRUMP aus der Gruppe der Bullterrier ja vielleicht Futter liefert.

Zusammenhänge entstehen im Auge des Betrachters: THOMAS MAYER vergleicht die Bürokraten mit Mikado-Spielern: der Haufen Stäbchen soll sich um Gottes Willen nicht bewegen. Dieser Angst der Mikado-Spieler vor Bewegung entspreche die „Status-Quo-Panik" der Eliten, zitiert er WERNER PLUMPE. DONALD TRUMP sei die Projektionsfigur dieser Panik. – Selbst KTG, KARL THEO v. GUTTENBERG, schreibt aus Amerika, es täte diesem Land gut, „aus der rührend gepflegten Kultur der Zurückhaltung endlich eine der Verantwortung" erwachsen zu lassen.

Doch zurück zur sauberen Weste, die ihren wöchentlichen Auftritt hat. Im Rahmen nationaler Reinigung hat die Universität Greifswald ERNST MORITZ ARNDT aus dem Namen getilgt. Feind der Franzosen sei er gewesen, der in den Befreiungskriegen gegen NAPOLEON auftrat. Antisemit sei er gewesen, wie LUTHER. Und als Nationalist, der für sein Land eintrat, Vorläufer des Faschismus. Und schließlich die Namensgebung 1933 durch HERMANN GÖRING, damals preußischer Ministerpräsident. „Dieser Frevel (sei) endlich aus der Welt", entgeistert sich die Links-Vertretung, erfahren in Enteignung. – Das Bedürfnis nach porentiefer Reinigung, nach ostentativer Trennung von Altem und Schlechtem, ja von Geschichte überhaupt gebiert mächtige Austriebe, ganz ohne Ansage aus dem Regierungsviertel. Die Sehnsucht nach dem Weltbild wie weißes Leinentuch, getrieben vom ‚Sturm der Geschichte', zeigt sich als Flucht vor den ungebändigten Geistern, die nun mal aus der Flasche sind. Dem

Putzfimmel ist jedoch nur die Oberfläche zugänglich, Leute.

PS.:
Wegen Formfehlers abgewiesen, geht der politische Zirkus weiter bis zum Jahresende. Dann wird der weise Senat nach ein paar Umfragen entscheiden, der Name bleibe weg, aber in besonderen Fällen könne er doch verwendet werden. ‚Feige und unschlüssig‘, urteilt Hannah Bethke, von ‚linksversifftem Wessi-Pack‘ ist die Rede. Das sind Hinterlassenschaften der Putzkolonnen.

48 (i.W. ...) Prozent auf die Sonderzahlung, zu der mich die Steuerberaterin überredete. Die Obszönität des Raubsystems.

21.1. BRAHIM ABDELKARIM, ein kleingewachsener Maghrebiner mit Undercut, steht im Saal 6 des Amtsgerichts Frankfurt 932 vor dem Richter wegen üblicher Vorfälle abgelehnter Asylbewerber, Verstoß gegen das Aufenthaltsgesetz heißt das Dauerdelikt seit vier Jahren. Er steht hier zum siebten Mal, mit bis zur Stunde sieben Alias, also wechselnder Namensgebung. – Der Richter hat keine weiteren Fragen. So produziert ein leerlaufendes ‚Asyl verfahren‘ beständig verfahrene Lebenslagen – schriller Gegensatz zum moralisierenden Überhang.

24.1. Beim Graben im Schnee stoßen die Rettungskräfte noch in achtzig Meter Tiefe auf leere Räume mit Atemluft. Die afrikanische Platte schiebt durch die Behausungen in den Abruzzen, dazu der Schneeabgang, der ein Hotel begrub.

Der neue Präsident in Nordamerika wird zur gleißenden Offenbarung von Mentalität. Niemand fragt, wir antworten uns selbst. Davon ist auch GABOR STEINGART nicht frei, zurück in Old Europe, die Kanzlerin ist gezeichnet. Wem folgen wir, wenn die USA als Vorhut ausfallen, wird ihr als Text unterlegt. Die Verhältnisse zwingen zum Verlassen des Campus der Wohlerzogenheit. Die EU als riesige Vermeidungsplattform war ein schöner Unterstand, der externe Führung voraussetzte. Das nährt Gefolgschaftsdenken. Vom „Vollwaisen Deutschland" spricht der Kommentar – und droht mit dem nächsten Vormund.

25.1. Diese Mentalität findet sich im Bericht zum Tod des Jaber Albakr im Untersuchungsgefängnis wieder. Der Mann hatte sich in der Zelle aufgehängt. Die „Fülle der Fehlentscheidungen" beruhe auf einer „Kultur (sic!) der Unzuständigkeit". Die müsse sich in eine der Verantwortlichkeit wandeln. Das Land zeigt sich nach innen wie nach außen paralysiert unter moralischen Allwetterfahnen, welche die Sicht auf Dinge und Verhältnisse nehmen. Die Hydra des zurückgelassenen Jahrhunderts gebiert immer noch Auswüchse, Palliative alter Treiber. Wenige stehen dagegen auf. TRUMPS ‚America first' regt nur auf, weil er Selbstverständliches getrieben undiplomatisch ausspricht. In diesem Sinne ist Kommissar Ötti's „da sin mir allenfalls second!" noch voller Zuversicht.

Dazu der Wechsel auf den Kandidaten MARTIN SCHULZ. Damit steht die kraftlose Mitte im Volleuropäermodus „zur Wahl", die ausgelaugte Kanzlerin und der europa-ummantelte Kleinbürger, geprägt auf den windigen Brachen gut genährter Verantwortungslosigkeit und hohlen, weil heimatlosen Großsprechs. Erste Verlautbarung auf die Frage wofür? Ist das schon autistische ‚soziale Gerechtigkeit'. Er sei ein Mann, der sich gern in den Zustand der Rührung versetzt, notiert MAJID SATTAR beim Gang durch das sozialdemokratische Internum. So wird alles andere wählbar.

Der Markenrechtsanwalt rät zur Vorsicht und ich schreibe einen Zweizeiler an UDO LINDENBERG wegen des Plattencovers im Buch 1985, S. 45. Antwort bleibt erwartungsgemäß aus. Wenn der dafür Geld will, nimmst du das raus, meint Marion. Wenn er Geld will, ist er am Arsch! Zahlen muß er.

In 250 Tausend Jahren sei die globale Landmasse wieder ein Block, alles schiebt nach Norden, meint Edeltraud beim Kaffee, London liege dann wohl am Nordpol. – Und kein Flüchtling kann mehr ertrinken, ergänze ich, denn das Mittelmeer sei ja dann auch weg.

26.1. Um 10 Uhr betrete ich das Bankhaus Plump, erkläre, wenig Zeit zu haben und lasse dem Trader kaum ein Wort der Erläuterung, was ist mit mir. Um elf Uhr sagt Leon ab und ich wandere zurück in die Stadt vor das prachtvolle Tor der grade neu aufgebauten und nach Hannover verkauften Landesbank. Die norddeutsche Backsteingotik umhüllt Berge von Verlusten, Begräbnis in feinstem Ornat und Spiegel des politischen Geschäfts dieser Hansestadt.

Die Glocken von St. Petri ziehen mich in den Dom, ich gestehe, daß ich es zeitlich darauf anlege, zu etwa vierzig Wartenden. Die Pastorin macht kurzen Text in der bestrahlten Halle mit sonnen-glitzernden Kapitellen. Beten Sie, fragt sie die Gekommenen. Aber sicher, beten ist Einkehr, Abrechnung aus Sicht des Schuldners. Sie fordert zum Vaterunser, ich wische die Tränen ab und verlasse den Ort, um halb eins die köstliche Schale bei Jackie Sue, um eins bei Reinhard. Die Sparkasse bleibt ein Fest von Ereignissen im obersten Quartil, was den Wettbewerb betrifft. Abends ist Versammlung, ich sollte dabei sein. – Auf der Heimfahrt gerate ich in das Kindervernichtungslager Torgau. Ich stelle ab.

Nach 45 Jahren wieder ,Oberösterreich' von FRANZ XAVER KROETZ: du wirst ein Vater – ich werd' eine Mutter – wir werden Eltern – weil ich bin schwanger. – Es ist entsetzlich.

Manchmal verknüpfen sich kleine Ereignisse, Molekülketten gleich, zur großen Frage, Ende einer unscheinbaren Abfolge, die sich verkapselt, ein Eigenleben beginnt: ich stehe in der Küche vor dem Spülbecken, worin Salat im Kaltwasser liegt und – ich kenne es, mir fehlt aber der Begriff – Radieschen, antwortet Marion, passiert mir öfter – anderen auch, kommt die Antwort, du wirst starrsinnig – wenn das manifest wird, erschieße ich mich – das machst du nicht, dafür hast du zuviel Schiss. Es geht mir besser.

Später im Traum laufe ich durch die Universität, Ältester, freundlich gestimmt, Unterhaltung mit jenen, die 45 Jahre nach mir sind. – Das Interview mit WOLFGANG JOOP vom Dezember kommt mir in den Sinn, dazu KARL LAGERFELD. Er sei achtzig geworden, hieß es bereits 2013. Es ist wie Trost.

Kuh mit Freigang, damit ist Schluß. Ganzjährig im Stall soll sie sein, ganzjährig, auf dem Laufband und am Melkroboter, dazu vielleicht 3Sat oder ein anderes rot-grünes Sofortprogramm – Hauptsache, darüber wird die Milch nicht sauer. Gefurzt wird dann auch nicht mehr im Freien, da ist die Kuh ja Weltmeister, dieser Klimaschänder.

Goldfinger erläutert die Euro-Mechanik, aus gegebenem Anlaß. 1. der Euro ist irreversibel, 2. wer sich davonmacht, muß zahlen, d. h. seinen Target-Saldo glatt stellen, das sind für Italien grade 360 Milliarden, 3. Goldis Anleihekaufprogramm treibt diese Salden auf unüberwindliche Höhen, bei der Bundesbank lagern aktuell verträumte 754 Milliarden im Target-Kübel.

Der Anleihen-Schund-Ankauf des Mr. Draghikowski, Kosename, im Politbüro üblich!, ist also ein Programm ohne Umkehrmöglichkeit, unwillige Teilnehmer werden einfach festgekauft. Der Euro wird so zum Erpressungssystems, sehr politisch, wie das ganze Projekt von Anbeginn. Der Buchtitel zum Thema ist gesetzt: ‚Verführung – Ruinierung – Erpressung‘, sehr schwach, zuviel Zeigefinger – vielleicht lieber ‚Atemlos – durch die Nacht‘.

Punkt 6 Uhr wieder in der Sparkasse, der VV redet über die Zukunft des Hauses unter der Digitalisierung: community banking, mit radikaler Konsequenz, was den Umbau betrifft, begeisternd. Das Unternehmen gleißt unter den TOP 5 Prozent der Teilnehmenden im Land. Später sofort eine rauchen mit Reinhard und hoch in die Ausstellung der neuen Filialen. Der Hauptsitz von 1825 wird geräumt und auf dem Campus neu gebaut. Dort sitzen die Treiber und Verfolger der neuen Welt, nicht Wall Street sondern Silicon Valley sei die Adresse, erläutert TimN. Es geht um gute Kontakte, wie in den neuen Filialen. – Ein Glückstag, zweimal am rechten Ort zur rechten Zeit.

Nach Griechenland befragt, schwurbelt Finanz-Chefe durch die Standards.

27.1. „Für Deutschland, das sich angewöhnt hat, im Namen Europas zu sprechen ...“, kommentiert NIKOLAS BUSSE. Das ist das Problem, irrigerweise mit Übernahme von Verantwortung umschrieben. Es ist des nationalen Dramas Akutinfektion.

Ein Agent der kommunistischen Staatssicherheit in Bulgarien übersetzt den Bericht eines ehedem Verfolgten vom Leben in der Stasi-Diktatur. Ein Kollege des Autors enthüllt das in einem Gedicht und entdeckt kurz drauf massive Textverfälschung in der Übersetzung, „die Hegemonie der Staatssicherheit (hat) sich nachträglich über den Text gestülpt". Das ist perfide Fortsetzung der Verfolgung, fasst sich ILJA TROJANOW.

28.1. Das Prügeln in Rußlands Familien, nach dem „jahrhundertlang gebrauchten Regelwerk ‚domostroj' <Hausordnung aus dem 16. Jahrhundert>" wird entkriminalisiert, berichtet FRIEDRICH SCHMIDT. Dabei ist diese Zelle der Gesellschaft bereits Hort von vierzig Prozent der schweren Verbrechen, von 2000 Selbstmorden von Kindern und Jugendlichen und 12.000 umgebrachten Frauen jährlich. Geprügelt werden 36.000, täglich. – Doch körperliche Strafe sei nicht schlecht, wenn sie „aus Liebe" erfolge, sekundiert der Klerus. So suggeriert der Fachmann, doch sind an diesem Motiv Zweifel angebracht.

Die Familien-L.earn-Sitzung endet mit fünfhundert Gramm Nudeln, ich kann zehn Prozent ergattern.

Das Lachen der Deutschen und der Franzosen beobachtet SIMON STRAUSS. Herzhaftes Gelächter sei hierzulande ausgestorben, üblich geworden verdrucktes Kichern, „nicht von ehrlichem Witz, sondern von falscher Ironie losgeschickt". – „Der alt-ernste, moralische Anstaltsaufseher" stecke immer noch „tief drinnen in der deutschen Zuschauerseele". – Wenn das kein Appell zur sofortigen Dehnung des Lachimpulses ist!

OSWALD WIENER veröffentlichte schon 1969 „die verbesserung von mitteleuropa". – Warum notiere ich das! Er schrieb auch, sehe ich, über die Turing-Maschinen und über ‚Riten der Selbstauflösung'. – Das tue ich mir nicht an.

Stattdessen: „Deutschland muß selbstbewußter werden" -schon

wieder!-, so WOLFGANG FINK, Deutschland-Chef von Goldman Sachs, ein Unternehmen, das schon mal die Feder führt, wenn DonaldT harten Tobak dekretiert. – Dabei sympathisch, dieses moneymaker-gangsta-Regime, finden Sie nicht? Nie war das Land peinlicher, denn als Spiegel der Ereignisse in Washington DC. Ich vertraue auf amerikanischen Realismus, der grade nach beiden Seiten Führung abgegeben hat. – Eine Seite weiter WARREN BUFFETT, der aktuell in Krefeld einkauft und sich „durch nichts und niemanden ernsthaft erschüttern" läßt, berichtet DENNIS KREMER. Als ihn seine erste Frau verließ, soll er das erst nach einiger Zeit bemerkt haben. Hinter ihm liegen 75 Milliarden in der Welt herum, darunter Berge von Goldman Sachs, im freien Fall gekauft. Darüber raisonniert er jährlich in Omaha vor 40.000 Begeisterten. Gut sieht er aus, mit 86 – und aktuellem Aktienkurs seines Ladens von 250.000. „Handle so wenig wie möglich, weil dies nur unnütze Kosten verursacht", soll zur Philosophie gehören. – Also, ich weiß nicht, ich hab wohl immer zuviel gemacht. Aber rumstehen liegt mir nicht.

30.1. Keine Notiz erhellt den nass-grauen Tag, dabei ist die Zeitung voll des Schönen über den Katarakt des Lebens. – Der künstlerische Begleiter meines obskuren Band 1 meldet sich nicht – in Griechenland „Anzeichen von Erholung" bei 315 Milliarden im Schuldturm, sagt jemand in Brüssel oder Salt Lake City. Türkei auf Ramsch-Niveau gesetzt, sagt auch jemand. Und meiner? Nur nicht nachgeben.

Auf ‚Arte' „Herzklopfen" von 1968, selten habe ich Liebe so gesehen, CATHERINE DENEUVE mit der schrecklichen Haartracht und MICHEL PICCOLI. Alles Sehnsucht nach dem, wie es war. Alle Räume versiegen, während der Liebhaber ihr den Champagner zwischen die Schenkel gießt.

Marion schreibt, sie nimmt den Gassi-Weg vom Bahnhof, um 23.18. Zufällig greife ich das handy, springe ins Auto, der Zug ist schon durch, renne auf den Bahnsteig und rufe sie laut, sie hört mich, sieht mich, kommt zurück. Wir fahren nach Hause, letzter Teil mit Catherine D., gefolgt vom Portrait der FRANCOIS SAGAN. Das reicht, das macht Frankreich aus für dreißig Jahre, was dann wurde, weiß ich nicht, nur eins, es ist vorbei – als es war, verstand ich nicht, heute verstehe ich. Es ist eingeschlossen wie in einer Linse.

Ich lese weiter in der schwärenden Wunde, diesen Dreck von MARTIN AMIS, vom Leben eines SS-Barden neben den Buna-Werken:

> „Der Transport von 150 Frauen ist in gutem Zustand angekommen. Wir waren jedoch außerstande, schlüssige Ergebnisse zu erzielen, da sie alle bei den Experimenten gestorben sind. Wir möchten Sie daher freundlich ersuchen, uns eine weitere Gruppe Frauen gleicher Anzahl und zum gleichen Preis zu übersenden."

Angesichts des permanenten Brüllens von Aufsehern, Wachen und sonstigem SS-Personal fragt sich Esther, Lagerinsassin, ob die Geschichte des Nationalsozialismus sich in irgendeiner anderen Sprache überhaupt hätte entfalten können. – Der Autor, Engländer, resümiert den literarischen Fundus und ich mußte noch einmal lesen, um zu verstehen. Es war eine Führung durch die Beziehungen zwischen SS-Männern, Kapos, Frauen als Geliebte, Mördern und nahen Opfern, die bei einer falschen Bewegung durch Genickschuß starben, erlöst wurden.

Wie kann sowas verschwinden aus Menschen, wieviele Generationen braucht es, oder sitzt es fest im Speicher des genetischen Profils, das Böse, das nur den Rahmen für seine Entfaltung, seine Freilassung sucht.

31.1. ‚Arte' liefert ein ERICH MIELKE-Portrait.

Das letzte LUTHER-Jahr fiel in den Weltkrieg, 1917 hieß es, so JÖRN LEONHARD, an den ‚Mann aus Erz' gewandt:

> Du stehst am Amboß, Lutherheld,
> umkeucht von Wutgebelfer.
> Und wir, Alldeutschland, dir gesellt,
> sind deine Schmiedehelfer.

Solch ein Zugriff war wohl angesagt.

1.2. ,Erst in der Liebe des Tages gelangst du zur Höhe deiner Zeit'.

Beim Ladendiebstahl rangiert Bremen vor Flensburg, das ist die vorletzte Stelle.

Ascolti! Ascolti! – Gehör, hohes Gericht, hört mich an! Raquel Erdtmann kommt aus dem Gerichtssaal, wo sich das Drama zwischen Signor Marmitta (65) und Senhor Jaime Hastings Perturbacao (52) in Kurzform wiederholt: ersterer, aus Agrigent kommend, seit 50 Jahren in Deutschland (West), und der andere, 1987 aus Mocambique zur Ausbildung in die DDR eingereist, gerieten in der Toilette eines Wettbüros am Bahnhof aneinander – mit einem Messer. Wie eine Oper wird das vor Gericht referiert. Dieser Mann, beschwert sich Messerträger Vito Marmitta, ist ,un grande Schauspieler, dieses Weinen sind Coccodrillo!' – Balthasar, sprich mit ihm, er soll mich in Frieden lassen! ... Molti testimoni! – So geht das bis zum Urteil, zu dem Senhor Perturbacao schwarzen Blazer trägt, übersät mit Goldstickerei. Signor Marmitta verläßt unter Bewährungsauflage den Gerichtssaal, der solche Kostümierung selten sieht. Den Parteien ist es ersichtlich ernst gewesen. – Fröhlich gehe ich an die Kontenstaffel.

Abends ,Königin der Nacht' – das reine Unglück – wenn der Einsatz des Körpers Liebe auslöst und der Nutzer zum Liebhaber wird und der Sache mit Geld nachhilft, weil er meint, daß es mit der Liebe nicht getan ist und der Ehemann aufwacht und zu spät erkennt – eben reines Unglück, wenn dem Körper der Frau das Geld des Mannes entspricht. Die Lebenszeit sei unsere Währung, sagt einer – eine andere soll es dann nicht geben, sage ich, nach siebzig Jahren. Diese Unmenge an Fixgeschäft, welches Disziplin verlangt, treibt in die Aufhebung – wird zur Trennung von Sehnsucht und Bedarf. Liebe ist unentgeltlich, sie verlangt mehr. – Und noch eins, Leute: es ist der Mann, der anschafft. Dagegen sträubt er sich.

3.2. Der Rauch des Trommelfeuers vom öffentlich-rechtschaffenen Balkon verzieht sich, im kurzzeitigen Sichtfenster erneut THILO SARRAZIN. – Und für die zwei Kernthemen, welche die knap-

pen Siege der THERESA MAY und des DONALD TRUMP ge-
füttert haben, wird ANGELA MERKEL zur Projektionsfläche:
Massenimmigration und Schutz der Nation/nalen Wirtschaft.
Isso, Frau Roth! – Die Fiskalisierung der Währung, diese Spie-
lereien mit der Kunstwährung durch die Billionenankäufe der
EZB ist ohne Duldung der Frau und ihres Kassiers nicht möglich,
ein Gericht würde sagen „denkunmöglich". Die feinen Produk-
te aus deutschen Landen fänden auch so ihren Weg. – So kehrt
das Elitenprojekt des Euro an seinen Ausgangspunkt zurück und
Goldfinger & Consorten bekommen Ansage aus Übersee. Mal
sehen, wie die Unterwürfigen reagieren, nach dem „Hitler wars"
wäre jetzt ein „Draghi wars" dran.

Der neue Biedermann der SPD trifft ins Herz, und an AM vorbei.

Jetzt, wo der Band aus den Achtzigern in Druck geht, beeindru-
cken mich die Worte der MARIE LUISE KASCHNITZ über eben
dieses Metier im ‚Tagebuch der Autoren'. Von Zuchtform spricht
sie 1965, der ich nicht gewachsen war. So bleibt Dilettantisches
daran, daß das Material, bisweilen durchaus zusammenhängend
verfeinert, insgesamt schon das Ergebnis sei. In der Schublade
mag das genügen, für den Druck liegen Einwände nahe. Schön,
daß Hartmut mir das Bändchen zuschickte, für 3 Euro hält es
das Netz vor. – Und: es muß ja nicht so vernichtend kommen,
wie ARNO SCHMIDT es formuliert. Dabei kann ich auch ihm
folgen, aber er ist unerreichbar für mich.

Zwei Stunden vor drei neuen Formaten, dazu JIMI HENDRIX,
ohne Rotwein. – Ich mache den Text auf – und der Curser ist
unsichtbar! Jonas sagt, es liegt an mir, wie immer. – Die Post
bringt die Visitenkarten meiner Angestellten, Vaddi soll sich
wohl welche malen. Ich gehe Gassi, da brauch ich keine.

„Unter Zerstörern" titelt der Bericht über die teils stürmischen
Telefonate des DONALD TRUMP mit Regierungschefs um den
Erdball. „Von heute an ist Iran offiziell vorgewarnt", geht der ach-
te Satz des Statements zum iranischen Mittelstreckenflug. – Ganz
anders Deutschland, wo HANS-GÜNTER SCHÄRF seinen Titel

bei den deutschen Meisterschaften im Hirschrufen verteidigen kann, in drei Disziplinen: alter, suchender Hirsch – Platzhirsch beim Kahlwildrudel – Rufduell auf dem Höhepunkt der Brunft. Das kommt dem Tagesgeschäft mit Sicherheit näher.

Der Westen verharre in Parametern des Kalten Krieges, resümiert GREGOR SCHÖLLGEN. Zurück bleibe ein Europa ohne Substanz und Selbstbewußtsein, setzt GEORG GAFRON nach. Schon wieder. Und Deutschland nicht einmal zuverlässig als Gefolgschaft, könnte ein Ansatz sein! – Kein Ereignis hat so decouvriert wie jene transatlantische Wahl.

‚Die Baugrube' des ANDREJ PLATONOW von 1930 beschreibt das Stalinat in Aktion, in der „Dehumanisierung der Sprache", in der Herrschaft von „Klasse", „Linie". Es geht den Ausweitungen von VICTOR KLEMPERER und ARTHUR KÖSTLER voraus.

Ein ‚Euro-Symposium' trägt zusammen: ist es ein Berlin-Brüsseler „Hegemonie-Projekt" oder eine Südstaatengetriebene Transferunion. Selbst der maßvolle Jurist sieht ein „Element der Täuschung", mit dem die Bevölkerung für die Kunstwährung ja wohl geködert wurde. – Und vom gleichen Tag die Probe auf die These: die Staatssanierung des ‚Monte dei Paschi' von Siena gegen die druckfrische Richtlinie zur Abwicklung maroder Banken durch natürlich nationale, aber ebenso die EU-Frondeure. Drei Professoren appellieren an die Einhaltung von Regeln. Es wäre neu, würde darauf gehört.

Ebenso der Grexit, fast übersehen, aber nach dem 86-Milliarden-Sanierungszaster von 2015 steht er unverändert auf ‚stand by'. Der Clan der Regierenden diskutiert wiederkehrend die Rückkehr zur Drachme. Die Kanzlerin macht jedoch ‚übergeordnete Gründe' geltend. Die heißen HELMUT KOHL und WOLFGANG SCHÄUBLE oder sonst noch jemand – Angst! Der IWF hat keine Lust, MR. TRUMP als dessen größter Geldgeber schon gar nicht. ‚The proof of wealth is money', isn't it! Im Juli werden sieben Milliarden fällig. – Wer hätte je gedacht, nach zweieinhalb Tausend Jahren einmal so über Griechenland zu reden. Chefe TSIPRAS wird auf den Berg von Siena verweisen. Dort geht's doch auch, stellt euch nicht so an!

Tags drauf das 40. Manifest zum Euro-Desaster aus dem IfW: man, das heißt ja wohl das Vertrauen, sei „in den Grundfesten erschüttert", dazu der IWF: keine Chance für Griechenland hinter dem Horizont, wo es bekanntlich dennoch weitergeht. – Mal sehen, was kommt! MARIE LE PEN gibt Feuer, GEERT WILDERS auch, die Zeit des Unbehagens hält an, meint auch THOMAS MAYER zum Turm zu Frankfurt.

ERIC SCHMIDT, der Mann von ‚Alphabet', präsidiert dem ‚Defense Innovation Advisory Board' des Verteidigungsministeriums. Die Algorithmen überflügeln die Protesthaltung des Silicon Valley, ja sie stehen „Trumps manichäischem Weltbild (in ihrer) binären, deterministischen Logik" nahe, schlimmstenfalls sehr nahe, so ADRIAN LOBE.

4.2. Eine der Mrallahmiye-Familien aus dem Libanon, die mit bis zu 1200 Mitgliedern „im Bereich des gesamten Strafgesetzbuchs unterwegs" sei, so der Polizeipräsident Essens, also einer dieser Clans hat sich mit einem der Roma zusammengetan, Arbeitsgebiet Marxloh-NRW, letzterer qualifiziert in der Beschaffung, ersterer im Absatz. – In Substanz und Preis verfallene Immobilien werden käuflich erworben und an angeworbene Bulgaren und Rumänen vermietet. Die beantragen Stütze, ihre Konten stehen den Vermietern zur Verfügung. Ein echtes Projekt der Europäischen Union für die Freiheit von Mensch & Material.

5.2. SONNTAG. Standardabläufe unterhalten den Tag, unterbrochen vom Einfall der Söhne samt Freundinnen. Großes Hallo, während ein Meter Rouladen, längst auf das Versandfertigste präpariert, unter marinierten Kommentierungen über den Tisch gehen. – Ich liebe dich.

6.2. MICHEL HOUELLEBECQS ‚Unterwerfung' findet sich im politischen Zustand Frankreichs, jedoch in der konservativen Variante.

HUBERT SPIEGEL zeichnet, die ‚Sieben gegen Theben' plus ‚Antigone' im Bockenheimer Depot besprechend, mein Vorhaben nach, das vor dreißig Jahren in der Absicht, der guten, stecken blieb. Je größer der Abstand, desto klarer, was nicht gelang. Ich hatte weder die Figur des Theiresias durchdrungen noch seine Rolle im antiken plot im Blick, war von den Ereignissen überwältigt und klammerte, meistens. Welche Anstrengung für die Regie.

Es bleibt der Mensch auf der Bühne die nachhaltigste Erschütterung. INGO KERKHOF inszeniert in Heidelberg die Oper ‚Morgen und Abend' von GEORG FRIEDRICH HAAS. KERSTIN HOLM hat Rußland verlassen, das Ressort gewechselt und übersetzt Anfang und Ende: „das berückende Sfumato aus mikrotonalem Feinstaub klingt wie eine Hommage an das, woraus wir gemacht wurden und wozu wir wieder werden." – Ein Menschenalter weiter, das Bühnenhausgerippe dreht sich, steht der Übergang vor der Tür: ihm werde nicht mehr warm, seit seine Frau gestorben sei – auch das noch Teil des Aufenthaltes im „Wartesaal des Werdens". – Ich war dem Anfang nicht, bin dem Leben nicht gewachsen, vor solchem Übergang läuft es heiß mir durch den Leib. Wie soll ich dem Ende gegenüber treten, da ich von Erde wieder werden muß – ich möchte Erster sein – auch das noch, kommt schon – war doch ne schöne Zeit, reelle fünfzehn Stunden täglich unterwegs. Und erst die folgenden dreißig, das ganze Leben in tausend Kisten und Kästen. Das sind einfach die kleinen Spätschäden, sowas steckt drin. Seit ich las, daß du an deinen Genen sogar drehen kannst, am besten zu zweit, geht's noch besser. Der Geschmack der Erde gehört einfach dazu. – Kaum ist Marion aus der Schule zurück, herrscht wieder Ordnung. Ordnung ist manchmal wie Erlösung.

Abends den GÜNTER GRASS ‚Vonne Endlichkeit', seinen letzten, wie der Titel anzeigt, zu Ende gebracht. Er formuliert so reif, so lückenlos – es ist schön zu folgen, dabei überraschenden Ereignissen wie dem Schicksal der Holzsärge, den sich Beide nach reiflicher Überlegung hatten anfertigen lassen, aus Birke den einen, den anderen aus Kiefer, nicht unedel. Sogar die Passigkeit der Erdmöbel hatten sie überprüft. Dann hatte das Paar die Diebe im Haus und es verschwanden die Särge einschließlich zwei Dutzend Dahlienknollen, welche die Frau in ihrem Sarg gelagert hatte. Beide waren bestürzt – als die Särge wieder gebracht wurden, was über dem Staunen so recht tröstete. – Das Buch liegt, wenig geschätzt, seit dem 70. am Bett, da war der Autor seit wenigen Monaten tot. Jetzt hat es mich gefreut zu lesen.

7.2. HNO-Arzt ERWIN GIESING verabreichte dem Führer am 16. September 1944 eine „Nasenpinselung mit 10%-iger Kokainlösung". Darauf befahl jener „seinen entsetzten Generälen", mit 30 von der näher rückenden Ostfront abgezogenen Divisionen gegen die Front der Westalliierten anzugehen, mit den im Ostfeldzug verrohten Soldaten gegen die verweichlichten Engländer und Amerikaner also. SS-Obersturmbannführer OTTO SKORZENY wurde für Spezialeinsätze eigens mit 10.000 Einheiten der ‚Droge Neun' ausgestattet, einer „Mixtur aus 5 Milligramm des Opiods Eukal, 5 mg Kokain und 3 mg Methamphetamin." – So sollte hinter den feindlichen Linien Verwirrung gestiftet werden, so NORMAN OHLER zur Arbeit von ANTONY BEEVOR. Unter immensen Verlusten scheiterte die Operation in drei Monaten. Den Verschlissenen standen Opiate nicht zur Verfügung, dem Führer für die verbleibenden vier Monate schon, Zeit für letzte verheerende Beschlüsse.

INGE KELLER, „der letzte Halt ist Haltung", starb (93).

Der von den Mohammedanern verehrte Führer AH ließ aus den Muslims Albaniens, einem der „waffenfreudigsten Völker ... mit den schießfreudigsten Menschen", die SS-Division „Skanderberg" aufstellen, die in der Hoffnung auf ein Groß-Albanien 40 Tausend Serben vertrieb – Exzesse, die in den 90er Jahren in voller Breite wiederkehrten.

Abends dreieinhalb Stunden vor dem Arte-Kanal, der drei Generationen der korsischen Mafia zu einem Jahrhundert des Amalgams mit dem französischen Staat verwebt. Daraus dieses Stottern, bitte anschnallen: die Durchsetzung des französischen

Staates mit mafiosen Verbindungen steht dem italienischen Kernland in dieser Sache wohl nicht nach. Das Zentrum ist Korsika, wo aktuell die vierte Generation an der Arbeit ist:

die Entwurzelungen des 1. Weltkriegs wirken katalytisch für kriminelle Biografien – er greift zum Messer, um die Leichen für die Särge passend zu machen – er tauscht seine Wählerstimme gegen die Vergünstigungen seines Gönners ein – ein System des Klientelismus wächst heran – Korsen kontrollieren den Kolonialhandel, dazu gehört Opium, ein starkes Bündnis aus Gewalt und Gewitztheit – eine Armee von Handlangern – städtische Arbeitsplätze gegen Schutz im Wahlkampf, auch Tote stimmen ab – alle lokalen Organisationen werden von Gangstern unterwandert – die Korsen ziehen über Marseille zur Vendetta in Paris – haltet eure Leute im Zaum, damit sich die Bürger amüsieren können – Morphin-Base wird im Labor zu Opium – der monegassische Gauner Alexandre Starisky hat die gesamte Oberschicht korrumpiert – am 6.2.1934 Sturm auf die Nationalversammlung, Carbonne und Spirito inhaftiert, für Sabiani und seine Gangster gibt es Freispruch – ab nach Marseille zu grandiosem Empfang – mehrere korsische Clans stellen die Ordnungsdienste in den Wahlkämpfen – Niederlage des Sabiani-Clans unter der Volksfrontregierung – der Guerini-Clan ist jetzt im Geschäft – Kampf um Aufteilung der Geschäfte auf der Insel, zusammenhalten auf dem Festland – eine diffus-flexible und flache Hierarchie – die Handlanger im Rathaus sind allen zu Diensten – Cosa Nostra/NY gleichzeitig – JACQUES DORIOT im Kampf gegen Sabianis Ordnungsdienst – von Marseille in den spanischen Bürgerkrieg, das Geld fließt in Strömen – die Stadtverwaltung ist übersetzt und unterqualifiziert – Unterstützung Mussolinis – LAVAL/Vichy läßt die Gangster frei – Schwerkrimineller Lafont hilft HELMUT KNOCHEN bei der Rekrutierung von Kriminellen für die französische Gestapo – Korsen auf Raubzügen auf jüdische Vermögen, „deutsche Polizei" – V-Männer der Nazis, arbeiten gegen Essen, Frauen, Armagnac – der Erpresser kommt vom Finanzamt – ROLAND NOSSECK, SS-Hauptsturmführer in Paris, Leondri besticht den Nazi – nach Besetzung der französischen Zone ist Sabiani am Ende – Jagd auf Juden und Widerstandskämpfer, Spitzel und Auftragsmörder werden pro Kopf bezahlt, Verhaftungsprämie – Gerino geht in den Widerstand, in ein Doppelspiel, Abenteuer und Schießereien – SS-Obergruppenführer CARL OBERG, der Schlächter von Paris, organisiert die Deportation – 100 Gebäude gesprengt – Juli 1943 die Befreiung Siziliens ist die Stunde der Cosa Nostra, PACO DE LUCIANO Verwaltung der Insel – Korsika befreit sich, auf den Tod des ersten Paten Carbon folgen die Guerini-Brüder – Etienne steigt in seinen mit Goldbarren beladenen Wagen nach Sigmaringen – Spirito → USA → French Connection – am 28.8.1944 ist Marseille frei, die Korsen übernehmen, sichere Basis für die zweite Ära ...

Der Guerini-Clan (Widerstand!) mit GASTON DEFERRE gegen Gaullisten und Kommunisten – CIA gg Kommunisten, nahmen jeden – LUCKY LUCIANO aus Kuba zurück in Italien, alle Familien versammelt, Battista ist der ‚kubanische Traum‘ für ihre Geschäfte – Maer-Lenski, Pate der jüdischen Mafia NY – im Bündnis mit Geheimdienst und Polizei, Kalter Krieg – nach wochenlangen Straßenkämpfen steht das Ergebnis in Frankreich fest: die CGT gibt ab an die FO <force ouvrière> – Geld und Waffen für die korsische Mafia – Geschäftsfeld erweitert sich über das Mittelmeer nach Tanger, Marokko, Atlantik/Westküste – Chefs Bernucci und Franciski (Korsen) in amerikanischen Zigaretten – Partner Lucky Luciano – auf Schnellbooten übers Mittelmeer – Heroin ersetzt den Zigarettenschmuggel von 1:3 zu 1:100 – Start French Connection – Heroin = deutsche Erfindung, In FRA auf Morphin-Base hergestellt, Grundstoff aus dem mittleren Osten – Verarbeitung und Verschiffung in die USA – Koreakrieg, Operation X – Kauf der Ernte gg Unterstützung Kampf gg Kommunisten – die Korsen in Saigon, FRAU-Connection bis Dien Bien Phu 1954 – Korsen nach Iran, Libanon, Türkei, nach Tanger, in den Maghreb – Marokko 1955 unabhängig, bricht weg – Castro 1958 in Kuba, bricht weg – in Paris Leondri, von CIA reingewaschen, Teil des Système gaulliste – Algerien OAS contra gaullistische Milizen – Konfrontation USA – FRA – die Verbindung zur Politik macht den Kampf gg die Drogenmafia unmöglich – Berge von Geld gewaschen in den Casinos, die Corsische Partei im Zentrum, Einfluß Innenministerium – Krieg um die Spielclubs in Paris – 1965 Mord, Verrat, Blutrache, Omertà – 1967 Ende des Guerini-Clans – Corsisch-Afrika, Gabun Erdölgeschäft, Etiene Leondri – 1969 Pompidou, Auflösung des SAC, des Drogennetz-werkes – Marcovitch-Affaire, Marcioni, Pasqual – Ablösung der sizilianisch-amerikanischen Mafia – es gab Anrufe: Ihr Sohn geht auf das Gymnasium, fängt um 9.30 an, hat ein blaues Fahrrad –

3. Teil, erneut hilft der französische Staat, de Gaulle – Elf Aquitaine Erdöl, Uran – Pont Noire offshore Ölfeld, die corsische Mafia Teil der Infrastruktur – Kongo-Brazzaville, Omar Bongo/ Gabun – Giscard d'Estaing – Pitch Kongo Sassou, Staatschefs und Elf sind Eigentümer der Geschäftsbank – Jacque Chirac – Kompensationen sind Schlüsselelement für die Mafia – daher Spielhallen in Afrika, Fortune Clubs, Geldwäsche – 12.81: Schließung der Clubs (Mitterand), Tod des Marcel Franscisci, Paul Mondaloni ist Nachfolger, Michel Tomi der letzte Pate im Casino Bandole, Ehrenbandit auf der Insel der Schönheit – 1985 Corsika wird neues Zentrum, Brite de Mar/Bastia – FLNC-Verbindung, Schutzgelderpressung „revolutionäre Steuer" – Michel Tomi + Elf + ... – SED Beratungs- und Entwicklungsfirma in Gabun, Kongo – 1986 JACQUE CHIRAC Schattenkabinett für Afrika, direkt: Pasqua (Haute Seine) und Leondri – Corse Afrique, Zentrum des frz. Neokolonialismus – Erdölgelder für die Sozialisten, MITTERAND – neues Netzwerk, Überfaktorierung, Rückvergütungen, Leondri – alle Exportverträge gigantische Geldwäsche – illegale Provisionszahlungen überfluten das System – Elf auf dem Höhepunkt – Michel Tomi nach Afrika, Wettbüros in Camerun, Kongo, Gabun mit Genehmigung des Präsidenten – Kuba: Banken, Flughäfen, Polizei infiltrieren: Sao Tomé, Freihandelszone, Steuerparadies – Wechsel nach Korsika, Robert Fliciaggi – Zersplitterung der FLNC, ein Segen für die Mafia – 1993 Konservative! Neue Betriebsgenehmigung für Pasquat, Balladure neuer Elf-Chef, Auflösung der SED – Leondri immer draußen, stirbt mit 80 – 1995 Cirac – 2008 Urteil Michel Tomi wird Casanova, Banküberfall 19 Millionen – Corsica: Blaue Nächte Verhandlungen Fliciaggi – Ziel: Zollfreiheit und Spielhöllen – Matignon-Gespräche – SARKOZY Innenminister

- 2003 Aufteilung Kongo – Gabun – 2006 Fliciaggi erschossen, ein Südcorse 2.Pate – 2008 - 2013 68 Morde ... neue Generation! – Michel Tomi letzter Pate Afrique + tout le monde – unverzichtbar für die frz. Geheimdienste, Pate der Paten – Juni 2015 Charles Pasquat stirbt – Corsika ist total mafios –

8.2. Was meint ORWELLS ‚1984‘, dessen Verkauf seit Amtsantritt des DT in die Höhe schießt! – Was steht in PIETER BRUEGHELS ‚Trumpf des Todes‘. – Was trug PIUS XII. zum System Auschwitz bei. So fragt das Feuilleton. Die Reinigung der Welt mag zur großen Sehnsucht gehören, schnell schlägt sie um in die Spiegelung dessen, was sie beseitigen will. Wer die Welt reinigen will, will sie nicht wahr haben. Drei geübte Schreiber fassen das in Worte. Seit 1967 steht HOCHHUTHS Band im Regal, voller Empörung und, glaube ich, unverstanden. Pflege alter Bestände führt, wenn sie ein ernsthaftes Moment trägt, dazu, daß der ungelesene Anteil beständig wächst.

Target-Saldo Deutschland bei 800 Milliarden. Ursache: „Übergeordnete Gründe", so AM, an dem System festzuhalten, und am Praktikanten im 30. Stock. Denn es sind kaum eintreibbare Forderungen, würden sie bei Zerfall fällig gestellt.

9.2. Glasklarer Tag bei Null Grad, Sonne, vormittags zu Reinhard L. 90 Minuten aus der Brisanz des Lebens, die Strecke des letzten Projektes im Hause ist gespielt, mit Widerstand. Nur Gelerntes und Erfahrenes vermag Stabilität zu geben – und das Geschehene als Ernte zu erleben. – Zu Hause lagern 60 Kilogramm des Bandes 1985 bis 1989. Stille Begeisterung erfaßt mich, was auch immer drin steht. Wohin damit, ist die Frage, wer liest sowas. Abends Chor und dreifacher Geburtstag anschließend. Wenn Manfred einen im Kahn hat, ist er richtig unterhaltsam, dann wird der harsche Kritiker weich.

10.2. Zwei Meter mißt der Bücherturm, aber die Verhältnisse, sie sind räudig. Je höher die Wellen des Potemkin'schen Moralismus schlagen, desto verbissener oder lustvoller geht der andere

Teil seiner Wege. Seit das seinen ultimativen Ausdruck fand in der neuen US-Präsidentschaft, ist alles überzogen von diesem Gegenüberstehen in unversöhnlicher Entfernung. Wer nicht bekennt, wer sich nicht bekennt – das Risiko wird immer auf die Spitze getrieben, also die Person liegt gleich mit auf dem Tisch – hat keine Karten in der Hand.

Das Land ist infiziert von Bekenntnis. Die Filmfestspiele stehen im Zeichen des Populismus, das muß an den dunklen Vokalen liegen. – Da sammeln sich viele und rückblickend sehen sie nur Bestätigung. Es war Zeit, daß sie gingen. Sie gingen ihrer Wege, mehr oder weniger im Klaren, wohin. Aber im Klaren, weshalb. Sie sind draußen, Kontinentaldrift. – Das Dekret des Mr. Trump, die Einreise aus sieben Ländern zu verbieten, wird kassiert. Er bleibt dabei, Krieger, der er ist. Der ‚Spiegel‘ in spießiger Drastik gibt ihm das bluttriefende Haupt der Freiheit in die Hand.

In Holland wird gerüstet, in Frankreich wird gerüstet, hier auch – drei Wahlen ziehen kurzfristig auf. In Ungarn wird gerüstet, es ist Platz genug für die zehn Millionen auf 100 Tausend Quadratkilometern. Es geht aber nicht um Platz, wenn eine rasch wachsende Bewegung für „Groß-Ungarn" auftritt, das im Vertrag von Trianon 1920 auf weniger als die Hälfte verkleinert und die verlorenen Teile ringsum anderen Gemeinschaften zugeschlagen wurden. Seit 2000 wächst dieses obskure Bedürfnis an, ein Schelm, wer zeitliche Parallelereignisse ins Spiel bringt.

Und dann noch ein Molekularbiologe! Der erklärt, wie die Stammzellen bei minus 185 Grad ins ewige Eis getaucht werden, damit der geneigte Kunde sich mit vierzig Jahren, dem Beginn forcierten Zerfalls, hier etwas Stammzellsubstrat implementieren, im Alter 50 nachlegen und mit 70 ein allgemeines zellulares Revirement starten kann – auf das das Ende sich trolle.

Der ‚Arte‘-Abend dokumentiert den Sound seit den 70er Jahren, sehr unterhaltsam. Darüber ist die letzte Flasche ‚Nadir‘ aus Spanien geleert.

11.2. Am Ende des Gartens türmt sich der größte Haufen seit Beginn der Kultivierung. Die Grabofsky-Truppe muß eine Turnhalle gebaut haben. Die wird sich wundern, da macht auch eine Veganerin keinen Strich durch die Planung. – Hat doch so eine den Bürgermeister eines unserer gemütlichen Städtchen, nämlich Limburg, dazu bewogen, den Klassiker ‚Fuchs du hast die Gans gestohlen' aus dem Glockenspiel des Rathauses zu entfernen. Nach Eingang der Bitte machte sich der brave Mann daran, die Ernsthaftigkeit der Motivation zu prüfen, denn, so sein wohl erfahrungsgesättigter Einwand, man könne den Fuchs schlechterdings nicht daran hindern, die Gans zu stehlen. – Doch ihr gings, kam die Antwort, um den Jäger, den sie, an ihrem Arbeitsplatz nahe beim Rathaus, wohl täglich vor Augen habe. Das habe er, ein friedliebender Mensch, der Antragstellerin nicht abschlagen können und die Melodie entfernen lassen. – Man will ja keinen Aufruhr im Ort, wie neulich wegen des bischöflichen Neubaus. Ich auch nicht in meinem Garten!

Mit ‚Django' wird die Berlinale eröffnet, seiner Unterhaltung der Nazis im besetzten Paris. Ein wenig Dreck würde nicht schaden, schließt VERENA LUEKEN die Besprechung. Sowohl seine Geliebte wie seine Frau, also die Frauen „möblieren sein Leben eher, als daß sie ein Gefühl in ihm auslösen". – Alles so schön aufgeräumt hier, möchte man mit PETER FOX anfügen, wie beim Turnverein in Rottweil, der „nach dem Training zweireihig am großen runden Stammtisch sitzt." Davon erzählt Wolfgang Abel.

Viel Arbeit an der Illusion, die gerade an vielen Stellen in Getöse umschlägt: es kann nicht sein, daß unsere Sicht der Welt, unsere Einrichtung vor unseren Augen, unter unseren Füßen kollabiert, wegbricht, mit dreckigem Wort & Tat beschmiert wird. Der Lärm in den Nachrichten, in den Talk Shows schärft einfach die Konturen dessen, was ist. Der Aufschrei trägt sich selbst, für eine Weile, bis ihm der Halt wegbricht und er versackt. Daraus erwachsen zwei Fluchtbewegungen: der Jet-Stream der Unterwanderung durch fake und der Rückzug unter den Kopfhörer für virtuelle Welten, den ‚VR-headset'. Was kommt, ist unsicher, unsichtbar, vielleicht unglaublich. Aber den leeren Raum der Mitte überwölbt ein Klima der Unterwerfung. Das kann zur Explosion führen – oder zum Kollaps. Die Treuherzigen haben Angst vor lautem Geräusch und verriegeln die offenen Kanäle. Wer die Wege kontrolliert, war schon immer im Vorteil. Er kann sich auf das Abschöpfen beschränken oder bestimmen, was transportiert wird. Es wird Zeit für eine ernsthafte Aufstellung. Wie am 24. September. Sage keiner, er mache, was er wolle.

Die Nachwachsenden werden in solche Hohlraumgefüge eingeübt. ‚Hauptsache Zertifikat‘ ist die Parole an vielen Gymnasien, an den ‚bolognalisierten Universitäten‘ ohnehin, notiert JÜRGEN KAUBE – auf Seite 1! – „Sinnfreie Pflichtübungen kurzzeitiger Gedächtnisbildung an sogenannten Stoffen" verdichteten sich zum Gesamteindruck der Schule als einem „seltsamen Hindernisparcours". Der Mangel an Substanz ist der Verlust an Vorbild, an Beispiel aus anderen Leben, was beim Gewinnen des Eigenen zum Rohstoff gehört. – Solche Institutionen veranlassen zu müdem Lächeln, sie werden auch verachtet. „Keine Ahnung, irgend son Toter" war die Antwort auf die Frage nach Goethe, der als Heinrich Heine im Weg stand.

Wieder haben sie reich geerntet, die Carabinieri, und zwischen Neapel und Caserta hundert Mafiosi ausgehoben, Söhne berühmter Väter. Mit der Mafia ist es wie mit den vier Jahreszeiten. Auf die Ernte folgt die Aussaat, neue Früchtchen reifen schnell heran.

Vor dem Gutenachtküßchen sagt Marion „unlesbar, dein Buch ist unlesbar, keine Geschichte, wer soll das lesen! Folterinstrument", im Gefängnis täglich zehn Seiten vorlesen und alle müssen zuhören. – Beim Frühstück später, das ist ja noch schlimmer, als Harald vermutet hat. – Ich liebe dich, du hast ganz recht. Einfaches gibt's zu Hauf!

Die Kosten eines Abgeordneten betragen 650.000 Euro im Jahr, notiert die Zeitung – als wäre jetzt die Frage nach der Rendite dran. Da ist das ab Herbst erforderliche zusätzliche Gestühl zu vernachlässigen. So ein Mann, Mann im Sinne des Gesetzes ist auch die Frau, Frau Gender, ist teurer als Gold. Lohnt das, mag sich der gemeine Wähler fragen – Verfahren kostet, erwidert der Verfahrensbevollmächtigte. Damit Ruhe ist.

1951 im Frauenzuchthaus Hoheneck geboren, nach wenigen Wochen als „Kind der Landesregierung" zur Aufzucht in ein Kinderheim deportiert, mit 22 Jahren wegen „staatsfeindlicher Hetze" zu sieben Jahren Haft verurteilt, in Worten: sieben, und nach drei Jahren ausgeliefert. So lebt der Mensch ... Ulrich Schacht. Er lebt – den Abgeordneten sei Dank.

13.2. Morgens zum Heinrich Heine-Buchladen nach Hamburg – ok, drei Stück, Preis? – 25 – Prozente? – 20? – 30! – ok, Quittung gegen die Stücke und weiter nach Travemünde. Mimi fröhlich, mit den Wunden im Gesicht, genäht, abgeklebt. So geht Leben mit 95. Großes Palavern, schön. Sabine lernt neuen Umgang mit Schmerz. Regina in beeindruckender Stabilität trägt einen stupenden Realismus im bunten Kleid. Den sucht der ältere Sohn, der fröhlich dabei ist. Nach einem Gang, eiskalt, ans Wasser und zum Winzighäuschen von Moni und Klaus, allerliebst!, in Travemündes Schnoor, verlasse ich das gastfreundliche Haus und donnere zurück. Marion wartet, hungernd.

Spät abends ,Country Road' und die Bilder von der Welt -hier der Südstaaten- kommen lärmend ins Rutschen. Der Weg geht aus verarmten, weil wirtschaftlich ausgelaugten Regionen in den tiefen Süden, wo das Hadern mit dem Verlust der Sklaverei sich mit inbrünstiger Religiosität trifft, – Ich erzähle Marion davon, wie oft die Interviewten auf die Frage: was lieben Sie an Amerika, antworteten: Freiheit. – Sie dreht sich herum: fühlst du dich denn nicht frei hier? – Doch – aber ich sags nicht, es fehlt das Bewußtsein von Freiheit.

Heute zeigen Videokameras am Flughafen von Kuala Lumpur Folgendes: am Schalter ist ein Mann, Mitte vierzig, in ein Handgemenge mit einer hinter ihm befindlichen Person verwickelt. Kurz darauf kommt eine dritte Person von hinten heran. Sie hält dem Mann ihre Hände vors Gesicht. Sodann verschwindet sie

43

schnell aus dem Bild. Nun dreht der Mann weg vom Schalter in Richtung der Toiletten, dreht wieder ab zu einem Informationsschalter. Bekannt wird, daß er dort über starke Schmerzen klagt. Er wird zu einer Gruppe von Polizisten gebracht, später in eine Klinik gefahren. Auf dem Weg dorthin stirbt er. – Weitere Aufnahmen von Überwachungskameras zeigen die beteiligten Personen, zwei Frauen, wie sie zügig auf zwei verschiedene Toiletten zulaufen. Dabei halten sie ihre Hände weit vom Körper weg. – Zu sehen sind weiter zwei Männer, die nach der Aktion auf Toiletten verschwinden und kurz darauf in anderer Kleidung wieder herauskommen. – Am Leichnam des Mannes wird der Nervenkampfstoff VX gefunden. Im Rucksack fanden sich neben großen Mengen Bargeld ein Dutzend Gegengifte, darunter auch gegen VX. Der Klarname des Toten erweist ihn als Halbbruder des KIM YONG UN.

14.2. Die rumänische Pyramide aus Altkadern nebst Kindern, also diese Mehrgenerationenhydra hat das Land durchsetzt als sogenannte ‚Sozialdemokratische Partei‘, dieser Kumulation von Werten. Diese Pyramide also bzw. ihr Haupt wollte legislative Säuberung an sich selbst betreiben durch Freibeträge für Korruption. Das aufgebrachte Volk überrascht jetzt die Akteure. Bergarbeiter vom Land zur Niederschlagung des Protestes wie 1990 stehen grade nicht zur Verfügung.

Die etwas geübteren Verfahren hierzulande zeichnen sich durch zügige Eleganz aus, eher ein legislativer Husarenritt: zur Vermeidung von Aufsehen wurde die Redezeit im Landtag Hessens heruntergeregelt, damit die allgemeine und gleiche und erkleckliche Erhöhung aller Einkommenspositionen sowie die Rückkehr zur Labsal der Staatspension flott durchgehe. Nun hats doch das Öffentliche erreicht und ist das Distanzieren groß von solch obszönem Griff ins erwirtschaftete und abgezweigte Volkseinkommen. Und rebellisches Parteivolk nötigt kurz drauf zur Expertenkommission, die sich den Status von 7616 plus 1679 sowie das publikumsferne Revirement ansehen soll.

Nordwestlich dieser parlamentarischen Idylle schlägt Richter

Nolte am Landgericht Düsseldorf einen groben Klotz aufs jahrelange keilförmige Abseien hereinkommender Gelder. Dem Sprachschatz fehlt jeder Halt, schnallt euch an! – Beim Hochziehen diverser Immobilien hat Chefe Tiggemann unter konstant vermiedener Aufsicht kräftige Preistreiberei über bald Jahrzehnte betrieben, unter Zuhilfenahme des einschlägig vorbestraften Maklers G., Gott habe ihn selig, ebenso die adelige, wenngleich komplizenhafte Anwaltschaft. Keine direkt kriminelle Vereinigung also, ein krimineller Verein aber schon, davon gibt's ja genug. Daß darüber etwa das schmucke Landesarchiv um 370 Prozent teurer wurde, ist nur geringen Umfangs reichlicher Entnahme von Handsalben geschuldet. Gleichwohl gabs siebeneinhalb Jahre fürs schnöde Komplottieren, womit das Gericht am Antrag der Staatsanwaltschaft vorbeizog.

16.2. Täglich erwische ich mich in der Ablaufkontrolle, der Überwachung von verfließender, verflossener Lebenszeit. So ziehe ich die Hosen aus dem Schrank, wie Jochen Musik hörte: Schallplatte für Schallplatte, komme, was da wolle. Ähnlich der Antwort des Indienfahrers beim Verzehr eines Topfes von Chilischoten: dem Hinweis, die Inder nähmen das nur in kleinsten Mengen, entgegnet er, das Zeug sei schließlich bezahlt. Zurück zum Kleiderschrank: mit kleinem Schrecken stelle ich im Vollzug der Hosenentnahme fest, wie schnell die Sportjacke nach links auswandert. Die Hose des Tages hänge ich, systemgemäß, rechts außen wieder ein. So sitzt die Zeit in den Kleidern, ich habe sie zum Zeitmaß gemacht. Aus meinem System kommend, räume ich sodann Marions Kleiderhaufen beiseite – ich hielte es anderenfalls nicht aus mit dir, Schatz.

Gestern Abend noch in die Handelskammer, wo Fachleute der Mediation zu Bericht und Vortrag versammelt sind. Ich kenne es, warum also – nun, ich wollte mich in der Stadt zeigen, wenngleich im Dunkel, es achtete auch kaum jemand auf mich, so unterhielt ich eine Gruppe am Imbißtisch, der Lawyer von der Sparkasse stand zur Seite. – Zum Schluß das Spiel der Bayern gegen Arsenal – eine Lust zum Ansehen wie ehedem, es kracht auch 5 zu 1.

Aus dem Leben eines Hausverwalters: Anruf aus Achim. Der dritte Stock bitte um die Verfassung eines Aushangs, wonach doch bitte die Mittagsruhe einzuhalten sei und abends nicht bis ultimo gelärmt wird. Solch zivilisatorische Schneise ist Neuland in diesem Bau, der vor Zeiten noch das Schächten im Wohnzimmer und das Waschen der Teppiche kannte, die sodann über den Balkon zum Trocknen hingen. – Der Verwalter dreht gleichwohl am Rad und ringt nach Fassung, mit Blick auf die Eingangstür seines Büros, wo gerne einer reinschlägt, unangemeldet und ungehobelt, und debattiert.

11 Uhr, wieder hartes Gespräch über die Perspektive L.earn, der Fotograf kommt, Bilder für die website, Marion kommt. Wenig Freude, aber wachsende Klarheit.

Kaum raus aus dem Parteivorsitz und ins Außenamt gewechselt, zeigt SIGMAR GABRIEL Format in Auftritt und Text. Es gibt Ämter, die fordern oder ruinieren können.

Sie wollen in Wahrheit „ihre Hände zum Schweigen bringen", verrätselt die Zeitung jene rautenförmigen Begegnungen von rechts und links, ehedem von CDU und SPD.

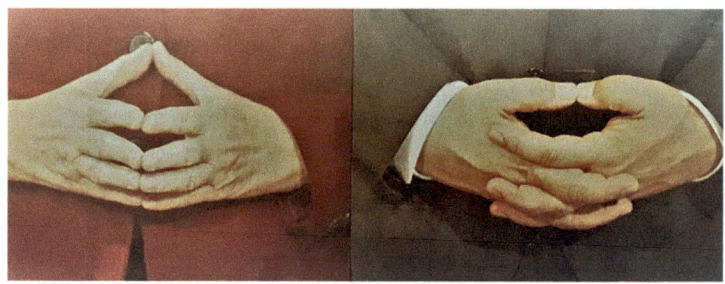

Dabei wurde die Hand im evolutionären Prozeß zum Fanal der Menschwerdung, ermöglichte erst, „sich der Welt durch Be-Greifen zu vergewissern", machte sich zum „gestischen Komplizen" der Sprache. Der „opponierbare Daumen" wurde schließlich „anatomischer Star" dieser Erfolgsgeschichte, berichtet VALESKA BERTONCINI, GEORGE BATAILLE nachspürend. – Jedoch, die Handbesitzer sind vereint in der Handhabung, so sieht es aus, beschäftigt mit Fassung, mit der Not, „die stramme Architektur unserer symbolischen Ordnung" zu befolgen, kein falsches Wort zu verlieren: „Es ist alles gesagt" oder „Sie kennen mich".

Der aktuelle ägyptische Mann verstößt seine Frau bei Nichtgefallen durch Formel. Dreimalig so gesprochen und notariell beglaubigt, ist die Ehe gelöst. Solch einseitige Willenserklärung bedarf nicht der Anwesenheit der Frau. Sie wird's schon erfahren, wenn sie nichtsahnend zum Essenmachen nach Hause kommt. Ist sie korankundig, mag sie jederzeit damit rechnen, denn all das folgt aus Sure 2:229, Herrschaften.

Um 5 Uhr holen wir die Freunde aus dem Kuckucksnest und fahren zur Bremer Union-Brauerei. Dort wiederholen drei Schauspielerinnen nach zwanzig Jahren die Inszenierung der ‚Präsidentinnen', hergestellt von WERNER SCHWAB, jenem österreichischen Wahnsinn, gegen den sich ELFRIEDE JELINEK fast philosophisch abhebt. Die Frauen arbeiten die Drastik des Stoffs in sprachlicher Präzision und körperlicher Fülle auf schräg-offener Bühne aus, Mutti mit Fellmütze, full house ist das.

> ‚Und überhaupt haben alle Menschen
> Eine Fröhlichkeit in ihrem Herzen
> Und gehen fast über vor Glück.
> Fast wie ein verstopfter Abort'

sagt die Mariedl der Liz Hencke. Unglaubliche Kraft strotzend – bis zum Kopf ab, wenns Fäkali am Schluß doch den Spaß verdirbt. So überstehen sie es kraft Profession, den Autor hats im 38. Jahr bei 4,1 Promille umgehauen, am 1.Januar 1994. – Und schön gegessen haben wir auch, vorher in der riesigen Halle, fünfmal 100 Gramm Bier und so.

18.2. Und heute steht mir der FRANCIS PICABIA im Kreuz mit seinen Frauen. Die sollten auf die drei neuen 50x50-Leinwände, damit die Titel, Ort 1, Ort 2, Ort 3, ihre Trostlosigkeit verlieren.

Anerkennung wird zum ‚fake‘, die Forderung nach Anerkennung infantil, zum Vehikel der (Selbst-)Unterwerfung, dekliniert CHRISTIAN GEYER die Seite linksspiralig herunter. Und solche Forderung an den Staat wie beim Lehrerverband sei – mit GERHARD SEYFRIED zu sprechen – ja wohl das Allerletzte. Gibs mir, mir fehlts!

Zwischen Feigenblatt und Feigling muß auch ein Zusammenhang sein, ein ganz enger, wie das Wortgut ausweist. Jedenfalls sind die Damen und Herren im Europaparlament, Wohlsein!, jetzt schlimmer als das parolenausgezehrte Politbüro: sie wollen einen Satz von Europaministern, einen anständigen Etat, einen Konvergenzkodex, also diesen ganzen ‚deutsch-französisch-christdemokratisch-sozialistischen (Brei)‘ installieren. Damits endlich was Handfestes zum Abstimmen gibt! WERNER MUSSLER nennt das noch im Parlamentsdeutsch Koalition. Dann sind die nationalen Institutionen endgültig im ‚PEP‘-Status (forgot it? ‚Posten-Einkommen-Pensionen‘!), der Laden verfassungsrechtlich ruiniert und alle Katastrophen werden mit dem Verweis übertüncht: war Straßburg!

WOLFGANG BELTRACCHI trifft REINHOLD MESSNER. Er portraitiert ihn im Stil FERDINAND HODLER. Der Platz ist durch einen elektrischen Viehzaun geschützt. WB freut sich, denn heute läuft die Bewährungsfrist ab, seine – der Richter hat ihm ein Jahr geschenkt – weil so einer nichts verbricht, meint RM. – WB weiß nicht, warum. Sie gehen spazieren, Schloßherr MESSMER zeigt dem Maler sein Anwesen, ein Museum, das täglich tausend Leute aufsuchen. – In einem der Bücher über den Meister werden Bilder besprochen, die gar nicht von ihm sind, sagt RM – vierzehn von dreihundert Bildern brachten das Paar vor Gericht, er bekam sechs, sie vier Jahre – da kommt der Champagner, WB ist wieder frei! – es muß noch der Hausberg hinters Portrait, der Ritten, Hausberg von Bozen – die Belagerung geht weiter, ein Kunstfahnder ist B. nachgereist – er ist in Pension, also ungefährlich.

Frauen ist das Zuschauen bei sportlichen Veranstaltungen verboten, erläutert die Reporterin. Die amerikanischen Ringer verlieren gegen den Iran.

Die Rundfahrt durch Mexiko-Stadt wird von ‚Korruptours‘ durchgeführt.

20.2. Ich, der mit Kopf&Kragen, Knopfleiste, komme nicht aus meiner Haut. Aufregung verstärkt mein Inseldasein. Beschwerde ist nur Ausläufer von Beschwer. Dazu der Montag und dieses Grau. Verschlossen, mein Blick hinaus. Die Sprechstundenhilfe verweist mich in die Beratung. Die Einwilligung geht der Behandlung voraus. Es ist alles sortiert. Mein Wille geschehe – was der Arzt draus macht, ist sein Bier, ich werde es auslöffeln. Bierlöffel.

PETER GRAF KIELMANNSEGG seziert den Populismus, sein Rückgriff auf die Kennzeichnung ‚pathologisch‘ irritiert mich. Das verliert sich im zweiten Teil, wo er das Spiel der Populismen entfaltet, ursächlich und gesteuert im staatstragenden System von Unterlassungen und Ignoranz. Die öffentlich-rechtlichen Prägungen des Abends, die fixen Parolen von ‚mehr Eurohba‘ im Parteien- und Medienkonvolut, dazu Kirchen- und Sozialindustrielle, sie alle zeichnen ein System ‚gebotenen Inhalts‘, alles darüber hinaus ist vom Übel, dort walten die Dämonen. Populistisch kontaminierte Programme seien etwa eine Rentenpolitik, welche die demografische Dramatik des Landes ignoriert. Genau damit startet Popi‘ <obacht Kosename> SCHULZ auf seiner Flöte der Gerechtigkeit, er streicht die demografischen Faktoren aus der Formel, die Abendnachrichten sind begeistert, dazu gegen die Tatsachen manipulierte Statistiken, echt postfaktisch!

Tags drauf zitiert DIETRICH CREUTZBERG mehrfach die Linkspartei, den WDR, Verbündeter von ARD&ZDF, weiter dpa und Hans-Böckler-Stift – wir haben also ein parteiübergreifendes linkspopulistisches Konsortium, einen rechtspopulistischen Block und die zentristisch-populistischen Veranstaltungen – geht ja kaum anders, wo es um Stimmen geht. Wer sich nicht in die populistische Verpackung abschieben läßt, kann ja einen Leserbrief schreiben. – Der Autor geht abschließend auf die Spannung von Entgrenzung und dem anthropologisch grundierten Bedürfnis nach Grenze und Abgrenzung ein, die sich schon biblisch in der pharisäerhaften Konfrontation der Guten und der Bösen zeigt – bis heute in der dramatischen Unfähigkeit, Differenz zu akzeptieren und auch institutionell zu respektieren, solange die Spielregeln eingehalten werden, Sinn und Boden hiesiger Vereinbarung. Der beklagte Populismus der AfD gehört ebenso hierher wie seine Kritiker in den ‚PEP'-Bastionen. – Oder auf kurz: die Leere, die Blasen der Mitte nähren die Ränder, Leute, ihr Pharisäer seid es selbst.

„Wir Psychiater diagnostizieren eine Persönlichkeitsstörung erst dann, wenn der Betroffene auch selbst leidet. Wir wissen nicht, ob der US-Präsident leidet", so eine Vertreterin des Berufsstandes zu den dauernden Anfragen, ob der Mann nicht auf die Couch gehöre.

Die Pfänderspiele mit Griechenland dauern aktuell bis 2059, die Balken für Fälligkeiten überschreiten selbst im prolongierten Null-Zins-Korridor mehrfach die 12 Milliarden-Latte, allein in diesem Jahr sind es 9 – Tsirpas braucht also Geld, alles lacht.

Abends nach Lesum zum Treffen der Ski-Alpinisten.

21.2. Auch ARMIN LASCHET lacht sich tot: nirgends sei die Kinderarmut verbreiteter als in NRW, nirgends die Schüler- und Studentenarmut größer, was Betreuung und Ausgaben beträfe – da sei es aber an der Zeit, daß der langjährigen Betreuerin HANNELORE KRAFT dieser MARTIN SCHULZ mit seinem Leiterwagen voll Gerechtigkeit in die Seite fahre. Bloß können die Genannten mit seinem 5. Rentenausbauprogramm nix anfangen, es sei denn, sie gehen nach der Ausbildung gleich in Rente.

Seit fünf Tagen höre ich CHOPINS ‚Nocturnes', mit dem Anschlag des PETER SCHMALFUSS, op.9 No 1 b-moll in B flat minor, keine Ahnung, was gemeint ist,, und bin verzaubert. – Abends bis zum forcierten Blättern den dritten Band der ‚Ästhetik des Widerstands' von PETER WEISS durchgegangen, der 1980 heraus- und mir auf Wunsch zukam von Jochen im September 1981, zum 36. Geburtstag, mit einliegendem kurzem Brief „Mein lieber Junge". Es war so gut gewollt, doch der Himmel war bereits schwarz.

PETER WEISS erinnert mich heute an MERLEAU-PONTY in der erkennbaren Haltung, im Verteidigen dessen, wofür Generationen kämpften und starben, in seinem Festhalten fünfunddreißig Jahre nach dem Erscheinen der ‚Sonnenfinsternis' – was nichts an dem vom Terror getriebenen Drama des Widerstands ändert, nichts an dem Fatalismus, dem Verzweifeln. – Es erscheint mir übermenschlich, unter der täglichen physischen Bedrohung mit dem Gedanken auf Erlösung in einem anderen Reich von Freiheit gehandelt zu haben, kadermäßig organisiert. Unvorstellbar für mich Spätgeborenen. Das findet sich in dem Band auf 267 Seiten in Form eines Satzes – unauflöslich. Der Satz führt durch die Landkarte Europas, die Kampfgebiete Europas – mit tausend Namen von Straßen und Menschen in Bremen, Berlin und Schweden – mit den Fernwirkungen der Schauprozesse in Moskau – über den Pakt der Diktatoren bis nach Plötzensee, bis

> „zu den Zellen der Frauen, die in ihren ärmellosen, weit ausgeschnittenen, sackartigen Kitteln" zur Guillotinierung geführt wurden. Unter den Schreien der ersten, Libertas, „laßt mir mein Leben", riß der Scharfrichter den Vorhang in der Mitte auf .. die drei Gesellen in Hemdsärmeln, die Pluderhosen in die Schäfte der Stiefel gestopft, sprangen hervor, warfen sich über die Frau und drückten sie, deren Beine zappelten, an das aufrecht stehende, am Kopfende mit einer Vertiefung versehene Brett, dieses an seinem Scharnier umgekippt, den oberen Teil der hölzernen Halskrause im Gestell niederfallen lassen, und schon sauste von oben, aus seiner Verkleidung, das riesige Beil mit der schrägen Schneide herab und trennte vom Körper das Haupt, das, überschüttet von Blut, in den Weidenkorb fiel."

Das Erhängen nahm mehr Zeit, die Gesellen bekamen 30 Mark, der Scharfrichter 80. Hier war alles zwingend, die aufgehende Sonne notwendige Hoffnung. So geht es durch den dritten Band, 36 Jahre steht er im Regal, was ist mit Band 1 und 2, daneben.

So ein bißchen Angst&Bange kann schon bleiben nach der Lektüre über die ,Japan-Konferenz' 1946 oder des ,deep state' in Pakistan. Jene japanische Organisation mit Mehrheit bis in die Regierung als Nationalismus zu etikettieren, wird nicht dem gerecht, was dahinter steckte. Es hatte die Substanz faschistischen Großraumdenkens. Daneben das System China, welches den halben Pazifik beansprucht, darüber das Putin-System mit seinen militärischen Putsch-Spielen, von Groß-Ungarn abgesehen, vom Groß-Türken eh. Die Erde ist zu eng für all die Pläne. Nah ist das Balkan-Desaster, wo nach dem Kriegsfuror 3,5 Milliarden in den Kosovo flossen, nach Bosnien in sechs Jahren 70 (in Worten!) – ohne sichtbare Veränderung. Stillhalteprämien! Nur aus dem All ist solches auf der Kruste des Planeten zu erfassen, nicht zu verstehen. Daß sich organische Natur zu Bergen groben Unfugs verdichtet, muß dann nicht verwundern. Die Kruste verträgt das, schon lange.

22.2. Früh raus in die Enge der Stadt – Start verpaßt – angerufen – freundlicher Empfang in der Kammer des Arbeitsgerichts. Dann geht es von 9 bis 14 Uhr von Bildschirmbrille bis Fristlose mit Strafanzeige und tamilischem Übersetzer. Am Ende stutzt die Vorsitzende: Seegert? Kraft Foods? Ihren Sohn hatte ich grade in der Prüfung! – Beim Rausgehen, darf ich Ihnen meinen Eindruck schildern – gerne (ich habe ja schon einen) – überdurchschnittlich intelligent, schnelle Auffassungsgabe, kleiner Hang zur Faulheit – danke, (mir bekannt).

Mit dem Band 1 zu BETTINA WASSMANN, die grade auf einem anderen Stern ist, literarisch – sitzt in ihrem randvollen kleinen Laden, inmitten feinen, gedrängt sortierten Angebots, wie vor vierzig Jahren, da war der Laden größer, Ikone der Wall-Straße. Sie blättert in den 1500 Gramm, viel zu schwer! – mmh, sagt Mimi auch, und Marion auch – überfliegt das Namensverzeichnis – Maier, war das KBW? – nein – und empfiehlt Buchhandlung FRANZ LEUWER. Dort lasse ich ein Exemplar zurück.

Frau KRAFT, über NRW hinaus bekannt, wird vom Oberverwaltungsgericht erklärt, laut Grundgesetz seien Eignung und

Leistung maßgebend für Personalentscheidungen, nicht jedoch das Geschlecht. Ihre Frauenförderung sei insoweit verfassungswidrig. Solche Post kommt dort häufiger an.

Das Geschäftsmodell der staatsgehätschelten ‚Deutschen Umwelthilfe‘, diesem Namensmißbrauch, besteht im Prozessieren. Der Mainzer Oberbürgermeister protestiert gegen „die perfide Strategie" dieses Vereins. So geht's nun mal, beim ‚Wahren – Schönen – Guten‘.

Ein Gymnasiallehrer, pensioniert, faßt zusammen: junge Menschen verlassen die Schule „formal erfolgreich, faktisch unqualifiziert und subjektiv ratlos und betrogen" und: der Politik sei es recht, sehr böse. – Aber die Sache interessiert nicht. Die GEW setzt eins drauf: weg mit den Noten. – Nun, wenn sie ohnehin zum schönen Schein degradiert sind, warum eigentlich nicht. Bevor alle mit ‚eins‘ rauskommen, lieber keins! Das Land geht in Lösung, in Auflösung von Leistung und Maßstab. Wann endlich klagt einer wegen unterlassener Hilfeleistung, hier Ausbildung!

Ein Leserbrief nimmt den Ball des RALF STEGNER auf, „Barschel-Methoden" ähnelten die Attacken auf MARTIN SCHULZ. Und erinnert an den seinerzeitigen zweiten Ausschuß zur großen Affaire von 1988, die nach BARSCHEL auch BJÖRN ENGHOLM das Amt kostete. Denn dessen Schatzmeister entpuppte sich als Finanzier des REINER PFEIFFER – womit die ‚Barschel-Methoden‘ beim politischen Gegner ankamen. – Meine Zuschreibungen, Band 1, folgten seinerzeit dem ‚main stream‘, im Regal steht nur der Band des 1. Ausschusses.

24.2. Auf der Buchmesse in Havanna erschienen am deutschen Stand zwei Männer, Typ Schränker, und verlangten die Herausgabe mehrerer Buchtitel. Am nächsten Tag kamen sie nochmal. „Die Stasi hat wenigstens noch eine Quittung ausgestellt und den Preis ersetzt", kommentiert CHRISTOPH LINKS.

Enteignung des Menschen, die 9.: vergewaltigte Frauen sollen nicht länger als Opfer sondern als „Erlebende" tituliert werden, um den Zusammenhang „mit Motivation oder Rollenverteilungen" zu tilgen (sic!). Solches schreiben die Frauen MITHU SANYAL und MARIE ALBRECHT in der ‚taz'. – Das Tilgen von Zusammenhang kennzeichnet solch Sauber-Dasein. Zusammenhang ist Spur zu Quellen und Ursachen. Zusammenhanglos und gleichgültig in der Welt stehen, ist ihr Ideal. Schmutzabweisende Folie ist ihre Kleidung, Reinraumphantasie kleidet ihr Inneres aus.

Meenz, wie es singt und lacht – jawohl, Höhepunkt meines Lebens. – Der Herr, der sagt, ich bin der Weinstock, ihr die Reben – darauf ANDREAS SCHMIDT: und was du heute kannst entkorken, das verschiebe nicht auf morken – ‚ai isch könnd grad schreiend vom Hof laafe, gell!' Selten die Sitzung so definitiv politisch brachial Stellung nehmend erlebt, der Applaus wollte nicht enden.

25.2. Das amerikanische Justizministerium hat für Jahre Kontrolleure bei VW, Siemens, Daimler und Bilfinger installiert – hoheitliche Funktionen auf deutschem Boden, betont BRUNO BANDULEIT. Den 22 Milliarden VW-Strafzahlungen wegen der Diesel-Lügen ohne Todesfälle stehen 35 Millionen Dollar Strafe für General Motors gegenüber, wegen defekter Zündschlösser mit der Folge von 228 Unfällen, bei denen 80 Menschen zu Tode kamen, so der Autor. Das ist kolonialem Imperialismus mehr als vergleichbar. Das ‚America first' ist längst etabliert bei den Freunden, die Kanzlerin mahnt derweil Wertegemeinschaft an. ROLAND KOCH stimmte als Chef von Bilfinger der Überwachung zu. Es könnte sich auch um Schutzgeld für den Zugang zum amerikanischen Markt handeln.

Überheblichkeit – überheben – verheben: die imperiale Überheblichkeit des letzten Jahrhunderts mit dem völkischen Aufsitzen und der Wehrmacht findet im neuen Jahrhundert, hoffentlich nicht Jahrtausend, reichlich Anschluß im Überheben – eins kommt zum andern! ERICH WEEDE beginnt mit Eckdaten dieses Fleckchens Erde: 1% der Weltbevölkerung auf 0,0023% der Landfläche mit so 3,5% der Weltwirtschaftskraft (vielleicht etwas knapp berechnet) und 2% des CO^2-Auswurfs. Fernab jeder Effektivität wird der Ressourceneinsatz gegens Dioxyd in Bälde die Billion erreichen.

Solchem Verheben in globaler Klimarettung steht zur Seite, heißt in Ausmaß und Wirkung zeitgleich, die ‚globale Sozialarbeit‘, das Aufrechterhalten der Eurozone, ‚whatever it takes‘. Ob die flottierende Belieferung Griechenlands allein die halbe Billion erreicht, sei dahingestellt, zusammen mit den Targets und einfach über die D-Quote am Schuldensumpf kommen schon 5 bis 800 Milliarden Nasse zusammen.

Wirksame Gegenkräfte sind die Paradoxa, neben also dem ‚grünen Paradoxon‘ des HANS-WERNER SINN steht hier vielleicht das ‚fiskalische Paradoxon‘, d.h. je mehr Hilfe, desto mehr Anreiz, alles zu unterlassen – wie die Idee des britischen Gouverneurs in Indien gegen die Schlangenplage: der Bonus pro abgelieferter Schlange wurde zum Geschäftsmodell, es gab immer mehr Schlangen. Den über solche Verhebung laufenden Prozeß materieller Enteignung der lieben Landsleute, gell Frau MERKEL, bezeichnete einst WILHELM RÖPKE als ‚Nationalisierung des Menschen‘, zitiert WEEDE. Bei GERD HABERMANN heißt es Stallfütterung.

Die dritte Verhebung ist vielleicht das ‚humane Paradoxon‘: je offener die Arme für die Leidtragenden auf dem Planeten, desto aussichtsloser die Beseitigung der ursächlichen Übel, bei wachsendem Unwohlsein der Heimischen, von den Perspektiven der in die Arme Geflüchteten in fremder Sprache und Kultur noch nicht gesprochen.

Alle drei Überhebungen bringen das Gemeinwesen, verfaßt als parlamentarischen und nationalen Raum, in Auflösung – marktwirtschaftlich, fiskalisch, sozial und mental. Dagegen werden die Flächen voller Parolen keinen Schutz oder gar Halt bieten. Die Anstrengungen des Überhebens werden in der Sonne der Überheblichkeit zur Überanstrengung werden. Wenn das Parolenplakatieren noch zur Standpunktlogik verkümmert, wie neulich bei Honni, wird es zu ganz parlamentsfernen Widerständen und Aufständen kommen. Schade eigentlich, wo so vieles überlebt war.

Der Unwille zu politischer Kontroverse füttert das Regulierungsregime: eine neue Behörde soll die Lobbyaktivitäten erfassen und überwachen. SPD-Fraktionsvize EVA HÖGL hat ein Registergesetz gemacht, wonach ein „Interessenvertretungsbeauftragter" (keuch) die Wacht übernimmt. Die Verfahren werden sich ändern, das System dichter.

Der Ausbau des Menschen zum Cyborg treibt ELON MUSK wie schon RAY KURZWEIL um: die schlappen 10 bits/sec in unserem Hirn müßten sich durch eine Breitbandverbindung mit dem Computer doch anständig befeuern lassen. Die technische Basis nähert sich der Erprobungsreife. Das Gehirn war schon immer ein Verhältnis, ist der Stecker jetzt ein Quantensprung? Nach dem Motto: ein Telefon kann Leben retten? – Es wiederholt sich der Frankenstein- (von Ansehen bekannt) Impuls. Da wurden menschliche Kadaver mittels 100 000 Volt reanimiert. Die Kollateralschäden waren dem Mangel an Feinsteuerung geschuldet. Die Option Monster bleibt – denn wer sitzt am Steuer? Der Spieltrieb des Mannes hat unverändert Bezwingendes. Ja geht's noch!, bin ich geneigt zu rufen.

Zum Hundertjährigen der bolschewistischen Kaderpartei sucht GERD KOENEN nach den Merkmalen dieser gesellschaftlichen Gewaltorgien und dem Element ihrer langjährigen Stabilität. Militärische Dominanz nach außen und Terror nach innen finden sich auch im Faschismus, jene durchgehende „Machtvertikale" jedoch nicht, ein Kennzeichen bis ins aktuelle China.

GERD DUDENHÖFFER als ‚Heinz Becker‘, unerträglich. Gut.

BERTOLD BRECHT verfaßte das ‚Leben des Galilei‘ im dänischen Exil der Jahre 1938/39, zu einer Zeit, als der Furor des ‚Großen Terrors‘ durchs Sowjetland raste, insbesondere Natur- und Humanwissenschaften einschließend, ihre wissenschaftlichen

Vertreter massenhaft verhaftend, verurteilend, liquidierend. Davon war die dänische Presse voll, so FRITZ POPPENBURG, der die historische Spur verfolgt, auf der das Stück entstand und der Autor den Initiator des Massenschlachtens als „großen Ernteleiter des Sowjetvolkes" lobpreiste. Welch gemeinsame Assoziation: vom ‚Erntefest' sprachen die Nazis bei ihren Judenmorden. – Kein Wort des BB zur Verurteilung seiner Bühnenkollegin CAROLA NEHER. Die starb, nach der Hinrichtung ihres Mannes, wenige Jahre drauf im Lager. – Es sind wieder diese Segmente, in denen all das auf uns, auf mich kommt. Kein gutes Gefühl bei solcher Anklage, Suche nach Abstand.

Von alledem absehend, ja ohne jede Kenntnis, lasen wir das Stück 1964 in der Oberprima. Und es gehört hierher, nicht einer Bloßstellung, nicht einmal einer Frage wegen, sondern allein, weil es mich betrifft, meine Wahrnehmung von Streifen, Segmenten dessen, was war – weil es alles so war, Lehrplan eben, Unterricht. Und dieser BB spielte eben brutalisierten Verhältnissen ihre Melodie vor, vielleicht einen Ausweg, in einem Perplex-Spiegel mit ganz neuen Maßstäben – wir waren begeistert. Es fütterte meine Tendenz.

Die Zeitung ist genervt vom smarten Frontmann des ‚Heute Journals', dessen sozial-gerechter Bewegtheit, in der er auseinanderfallende Welten annonciert. – Das dafür ‚geliehene Ich' macht das Abstoßende solchen Gebarens aus, womit Seriosität nachrichtlicher Information verfehlt wird. Als müßte er die Information verkörpern, die damit ausgelöste Palette von Gefühlen und Wertungen in die Stimme legen – als sei der Nachricht nicht zu trauen, als sei dem Zuhörer, Zuschauer nichts zuzutrauen – breitet sich der Freiberufler CLAUS KLEBER mit Stentorstimme aus, seine angestellten Kollegen eifern solch suggestivem Erzählen nach. Es ist ja wohl vereinbart.

Der ‚faule Hering' war als Teil sowjetischer Kriegsjournalistik Pflichtübung. Er ist Teil des aktuellen Journalismus wie die ‚Große Lüge' und das Paradoxon der ‚absoluten Evidenz'. KERSTIN HOLM resümiert das Original, dessen Kopien grade auswärts Konjunktur haben.

27.2. Beim Ohrenarzt wurde mir Erleichterung zuteil. Der spülte und saugte meine empfindlichen Gehörgänge, bis etliche Brocken heraus und in der Schale waren – alles, was mir zu Ohren gekommen war, was ich hörte, aber nicht wollte. Nun höre ich wieder mehr und das Spiel beginnt von vorne. Weniges findet Einlaß, vieles bleibt davor, häuft sich bis zur Blockade – bis ich wieder hin muß und räumen lasse. Das ist ein gutes Prinzip – ignorieren, bis es somatisch wird. Beim Ohr ist es einfach.

Und mit Mimi (95) wurden es wieder 45 Minuten am Telefon, Streifzug durchs Jahrhundert. Schnell waren wir in Züschen, wo ein Herr von der ‚Kasseler Post' im Pfarramt auftauchte, um ein Abonnement anzubieten. Vom Pfarrer kurz abgewiesen, erfuhr die Gattin von dem Anliegen des Werbers. Der kam wieder, jetzt einer Reportage wegen über das Kirchenbauwerk und den Altar des Örtchens. Dort muß es gefunkt, nein geblitzt haben, denn Irmchen erzählte einer Nächsten direkt, sie habe den Mann fürs Leben getroffen. Der Ehemann war plötzlich verstorben und ließ sie mit drei Mädchen im Pfarrhaus zurück. – Es war der erste Mann, den ich küßte, ohne darauf zu warten.

Sodann zurück, der Weg vom Autounfall 1937 mit anschließendem Gerichtsprozeß, Jochens Vater war dabei zu Tode gekommen, das alles blieb haften – über den Norwegenfeldzug 1940, die Verlegung nach Finnland – und wie alles anfing, als Irmchen mit der Mutter im Sportpalast saß, nein hochsprang, als der Führer sprach, alles versprach – und beide beim Hinsetzen zu Boden gingen, weil die Sitzfläche beim Aufstehen hochklappte. Und wie es später umschlug – und alle drin saßen bis Schutt & Asche. Und alle sich an etwas festhielten, Jochen an seinem Eid, bis vor die Kommission der neuen Bundeswehr – und abgewiesen wurde.

„Hitlers Hollywood" von RÜDIGER SUCHSLAND unter wenn nicht Regie so der Kontrolle des Propagandaministers ‚Doktor Goebbels' – in der Betrachtung von CLAUDIUS SEIDL. Der macht Qualität unter der Diktatur aus, bei GOEBBELS „liebstem Regisseur" VEIT HARLAN im „Opfergang", wie bei anderen, so

HELMUT KÄUTNER. Soweit sie, Regisseur wie Schauspieler, einfach ihren Film machen wollten, den der GOEBBELS dann akzeptierte oder sofort verbot. Die darüber weder Gefolgsleute der Diktatur noch Widerständler wurden. Und viele verloren sich, schließt der Rezensent, als der Schirm der Diktatur zusammenklappte, in „Harm- und Geschichtslosigkeit". – Welche Erschöpfung, in der Diktatur zu arbeiten.

1.3. HARRY BELAFONTE ist 90 Jahre alt.

Der Novum-Verlag zeigt Interesse.

Das einzige Mißbrauchsopfer hat die päpstliche ‚Kinderschutzkommission' verlassen, deren Rede wohl ‚jaja – neinnein' ist, der Schutz der Täter liegt über den Taten, darunter die Opfer.

JÜRGEN RESCH prozessiert mit seinem ‚DUH'-Laden die Innenstädte sauber. Er warnt vor dem Kauf von Diesel-Wagen. Die Tatsachen widerlegen ihn, Tatsachen sind jedoch nicht sein Auftrag und die populistische Mitte kuscht, bei Umwelt laufen sie alle krumm. – Auch das Europäische Parlament sorgt für Sauberkeit in Wort und Bild: geht's dort diffamierend, rassistisch oder sonst fremdenfeindlich zu, ist der Präsident nicht nur zur Unterbrechung berechtigt, er kann auch solch Aufgezeichnetes entfernen lassen – also ein sauberes Bild retouchieren, wie bei LENIN. Da wurden die Bilder immer um die Erschossenen bereinigt. Der Kommentar empfiehlt die ehedem Geschäftsordnung der Volkskammer, wo es hieß: die Abgeordneten erläutern den Bürgern die Politik des Staates. –

Dieses ‚nahbeideloid'-Parlament in Straßburg votierte unerschrocken noch am 16. Februar für eine weitere Vertiefung der EU -mit den Stimmen all dessen, was der Bundestag derzeit beherbergt- und gegen den anhaltend ablehnenden Willen großer Mehrheiten auf dem Kontinent. Vielleicht ist aber auch eine feierliche Grablegung gemeint, Vertiefung? JCJ jedenfalls macht grade ein paar Schritte zurück – naja, vielleicht, um nicht reinzufallen. – Man kann die Methode JCJ ja auf diese Volksbefragungen ausdehnen: so lange befrage, bis sie entnervt ‚ja' sagen.

3.3. Der Zerfallsprozeß gerät in die Wahrnehmung einzelner Vertreter. Nach JCJ haut CAROLA BEER, Generalsekretärin der FDP, auf den Putz, der doch schon blättert. Ihre Philippika könnte ein Argument im Herbst werden. Erst weitere Desaster werden Einsicht in Konsequenz überführen, wie Breitscheidplatz.

In Italien herrsche ein „Klima der Straffreiheit" bei häuslicher Gewalt, stellt der Europäische Gerichtshof fest. Der Mann prügelt die Frau, zwingt sie mit Messer zum Geschlechtsverkehr mit seinen Freunden und bekommt ein Bußgeld wegen illegalen Tragens einer Waffe. Der Frau wird geraten, nach Hause zu gehen, wo sie beim nächsten Messerangriff fast, ihr Sohn ums Leben kommt.

In Wien fielen acht Iraker über eine junge Frau her, gegen neun bis dreizehn Jahre in erster Instanz.

FLORIS NEUSÜSS zum 80. Geburtstag, mit einem Nudogramm des kameralosen Fotografen. Ein Rückenakt wirft Konturen auf lichtempfindliche Flächen. Und ich gucke, und gucke, und gucke. Irgendwann höre ich auf.

Was RESCHS Umwelthilfeladen fürs ökologische Gottseibeiuns, ist der ‚Paritätische Wohlfahrtsverband' auf dem Markt der Sozialindustrie: der Verbandsprediger skandalisiert einen 0,3%-Anstieg im zahnlosen Begriff der Armutsgefährdung, woran er sein Sofortprogramm klemmt. Der Anstieg folgt -frei von intellektuellem Aufwand- einem Migrantenstrom von einer Million, im übrigen dieser Statistik-Hure, sorry, der ‚Medianeinkommensaufteilung'. Steigt dieser Wert, nimmt die Armutsmenge zu, ein echtes Konjunkturprogramm, gell! Das dumme Spiel läuft bald quartalsweise. Auf die Öffentlichrechtlichen ist Verlaß, die das mit Stentorstimme multiplizieren.

HANS-OLAF HENKEL berichtet von seinen Erfahrungen mit der Rechtspopulismus-Etikette zur Sauberhaltung der populistischen Mitte.

„Zu erkennen, daß Vergewaltigung und Mißbrauch nicht unsere Schuld ist", sagt JANE FONDA (79), als Kind sexuell mißbraucht, vergewaltigt und „gefeuert, weil ich nicht mit meinem Chef schlafen wollte".

4.3. Erste Teesitzung auf dem Wachtturm am Bahndamm, tolle Weitsicht ohne Blätter. – Abends zur Geburtstagsfeier der Nachbarin, der Gatte fährt am Grill Lage auf Lage zur Essreife, zügig gehen die Champagnerfalschen in die Gläser und es wird die lustigste Feier des Jahrzehnts! Wir gehen zuletzt (wie oft) – und brauchen den Sonntag zur Wiederherstellung.

JAN GARBAREK wird 70.

5.3. Im Planetensystem des großen Ostlandes gehört DMITRIJ MEDWEDJEW zu den großen, die WALDIMIR PUTIN umkreisen. Bereicherung über den persönlichen Bedarf hinaus ist auch bei ihm auf frühe Freundschaft gegründet. Ungeachtet jüngster Verurteilung zu fünfjähriger Haft und wegen Bewährung aber uneingeschränkt handlungsfähig, will er zum nächsten Wahlzirkus wieder antreten. Aktuell bietet er Grundbesitz und Yachten für 1,4 Milliarden auf, nach Niederstwert addiert, in westlicher Währung. Eingebucht wird vorzugsweise über Stiftungen, die diesen Zweck im Namen tragen: ‚Unterstützung gesellschaftlich bedeutender staatlicher Projekte', vulgo private Hortung. Das zerfällt in
- Grundstück an der Wolga plus Residenz, so 18. Jh. und jenseits eines gewöhnlichen QM-Formats,
- Luxusresidenz mit 2822 QM, Gästehaus und Weiteres nicht eingerechnet,
- Prachtvolle Winterresidenz zu 4177 QM nahe Sotschi, in der von Kommilitonen aus der Studienzeit geführten Stiftung zur „Unterstützung Olympischer Wintersportarten" notiert, paßt ja in die Gegend,
- Weitere „stattliche Residenz" im Kursker Bogen, wo ein Cousin sich engagiert,
- Dazu Weinberge im Heimischen wie im Ausland, Toskana, mit anhängenden Yachten, Luxusappartements und Auto in der Wohnung.

Solch profane Staatszwecke sind verbreitet, der Einsatz von Stiftungen ebenso, wer möchte da nicht Planet sein.

Signor DRAGHIS Zinsmanipulation, also die gesteuerte Marktrepression, hat seit 2010 343 Milliarden Entgangene produziert. Abzüglich ersparter Kreditzinsen von 144 verbleiben 199 Milliarden im Sparschwund-Wunderland. Angst vor Risiko und Plünderung addieren sich. – Von den Anleihekäufen nimmt er bevorzugt die auf Deutschland gezogenen, bei 26%-Lastanteil ja logisch. Die Target-Titanic liegt bei 814 Milliarden, plus 200 in 12 Monaten! Deutschland wird den Euro nicht verlassen. Die Verpflichtungen sind nicht zu erlegen, die Forderungen nicht einzutreiben – Italien -386 Millis, 136 Aufbau in 12 Monaten! Seit Eurostart hat das Land wirtschaftlich kein Bein auf den Boden bekommen, die politische Klasse hat die Sessel mit billigem Geld gepolstert, Spanien -250, plus 90 in 12 Monaten.

6.3. Mit Uwe in einen gemieteten Trainingsraum zur Vorbereitung der nächsten Workshoprunde, sehr kreativ und unterhaltsam.

Ist schon Wahlkampf! MARTIN SCHULZ läuft in den Niederungen zu großer Form auf – oder ist es nur die große Sehnsucht danach! Alles mit dieser Gerechtigkeit und ANDREA NAHLES am Wehenschreiber, die ihn gleich mit Gesetzentwürfen beliefert (wird da der Drucker zu Wahlkampfzwecken mißbraucht, ey! Die näxde Patrone geht aber nicht aufs Haus, gell). Und die Gegenseite des Mitte-Komplexes? Seltsam und schweigsam, bisweilen kommentierend, so die Kanzlerin mit ihren ruhegehaltsfähigen Einlassungen – substanzlos wie die Bürgerlichen in Frankreich, wo sich das HOUELLEBECQ-Szenario ein wenig auffaltet. Mme. Le Pen braucht nur abwarten, die von Korruption zerfressenen Protagonisten wechseln sich zügig ab. „Unser Land ist krank", erklärt ALAIN JUPPÉ seine Weigerung, für den korrupten Kandidaten einzuspringen. – Das ist so wie bei BER, wo der 100. Geschäftsführer verabschiedet wird, also fliegt, ist ja ein Flughafen. Mit 800.000 Abfindung.

BANKSY eröffnet ein Hotel sieben Meter hinter der zwölf Meter hohen Mauer von Bethlehem. In der Präsidenten-Suite fließt das Wasser aus Einschußlöchern in den Whirlpool. Entfernung von Ritterhude 3800 km. Näher ist der Bericht aus der Platte Erfurt, Moskauer Platz. So ändert sich nie was.

Die Tagebücher des KONRAD KUJAU, die GERD HEIDEMANN dem ‚Stern' gegen 1,5 Millionen beschafft – vom Vorstand genehmigt. Darauf wird angestoßen auf der ‚Karin II' – der Fälscher kommt später dazu und liefert nach, 25 Tagebücher für 2,25 Millionen – Schriftexperten bestätigen Echtheit – verglichen wurde teilweise mit Fälschungen vom gleichen Autor – erst beim Verfilmen wachsen die Zweifel.

8.3. Otto Warmbier sitzt seit einem Jahr in Nordkorea fest. Der Student aus Ohio soll ein Plakat gestohlen haben, auf dem der Vater des Akutvorsitzenden gepriesen wird. Fürs Falten des Papiers, wodurch Chef-Chefe geknickt wurde, gabs daher 15 Jahre Zwangsarbeit.

MANUELA SCHWESIG hat derweil die ‚Sorgearbeitslücke' -wer ist eigentlich für das Erfinden von Sozial-Wörtern zuständig!- umgrenzt, die unbezahlte Hausarbeit der Frau, Erziehung eingeschlossen. Das möchte der Staat regeln und vergüten – eine echte Gerechtigkeitsattacke. Die Arbeit am Kind, ist zu ergänzen, beginnt nach der Zeugung, wenn sich der Mann trollt. Da stehen weitere neun Lückenmonate ins Haus, pauschaliert, Frühgeburt eingeschlossen. Gott vergelts ist ein frommer Spruch, diese Frechheit sollte die Ministerin gleich auch monetarisieren. Und am Weltfeministinnentag findet sich die tumultöse Frauenrechtlerin auch ein, zu dem das ‚Gruner & Jahr Brigitte Frauenmagazin' auf der fröhlichen Mittelschicht-Konsole heraushaut. Unter den gefeierten Netz-Feministinnen ist die Unterschriftensammlerin für eine Petition, die Mehrwertsteuer für Tampons herabzusetzen. Da zieht doch der Kettenhund durchs Dorf – mit Hütte! Solch pittoreskes Problembewußtsein, schamlos publiziert, macht dann doch den Unterschied etwa zur organisierten Massenschändung im Kongo aus.

Und ein langer Text des 85-jährigen KARL-HEINZ BOHRER über den Empörungsgestus der 60er Jahre, den er in die produktivere ‚Erwartungserregung' umzubauen wußte. Er setzte dem SARTRE, CAMUS – und ARTHUR KOESTLERS ‚Sonnenfinsternis' entgegen. Mir Mitläufer fehlte es daran.

Was mich verstört, ist der Fortschritt in der Gentechnologie (sic!). Da wächst das Gefühl, daß es mir an den Kragen geht mit dieser Uhr, die mir nach Blutentnahme das biologische Alter ausrechnet. Was hinnehmbar wäre, doch rechnet mir der Algorithmus zugleich die Restlaufzeit aus, basierend auf dem epigenetischen Alter. Was ein Kundendienst, legt mir die Stundenuhr vor! Das ist folgenreicher als die Aids-Warnung vor 27 Jahren. Wie alles, was in meine Bestände eingreift, wird auch dieses Clockwork-System der Heilung von Krankheit zugeordnet – mit Speck fängt man Mäuse, Herrschaften! – Ja, ja, alzheimert es zurück. Den handwerklichen Weg dorthin hat der Neurologe TONY WYSS-CORAY bereits gewiesen. Nicht die Krankheit sondern das Alter wird bekämpft.

Und das geht derzeit so: er hat zwei Mäuse aneinander genäht, die eine ganz jung, die andere alt, im Jargon nennen sie es Parabiose. Nach einigen Wochen wieder getrennt und untersucht, zeigten sich zwei Jungbrunnen mit durchweg runderneuerten Organen, darunter Leber, Hirn und Herz. Und das Verfahren FRANKENSTEIN, wer will das schon, wird durch Transfer von Blut der Jungen ersetzt, denn, so ULRICH BAHNSEN: „Altes Blut macht alt, junges Blut macht jung." Also statt 85, gut gerechnet, 170 – da macht die Kreditwürdigkeit aber einen Sprung, und die Prämie der Lebensversicherung erst, das Renteneintrittsalter gerät völlig außer Sicht. Nur die Beweislast bleibt, sonst kommt jeder. Mich Fortschrittsfeind ergreift ein Grausen. Wann treffe ich auf den ersten aufgeladenen Jungbrunnen? Dem ich nichts anmerke, nur diese kleine Überheblichkeit, der mit mir spielt. Schon die Uhr, die nicht meine rückwärtigen Tage zählt sondern sie hochrechnet, ist etwas Ungeheuerliches. Sie wird unscheinbar daherkommen, als Zierrat am Arm – und einfach messen.

Was hat sich doch getan seit jener jüngsten Zeit vor knapp dreißig Jahren. Als die Inder, froh über jedes kleine Geschäft, eine Niere hergaben, gegen Barzahlung und Quittung. Damit Bedürftige hier in Europa versorgt wurden, lebensverlängernd. – Jetzt kommt die Zeit des direkten Eingriffs, wie Ölwechsel und ganz ohne Rückgriff auf Dritte Welt. – Stopp! Es sei denn, die Nachfrage nach frischem Blut, am besten Neugeborener, übersteigt die gelagerten Bestände. Dann kommen die völlig überfüllten Regionen des Planeten wieder ins Spiel, die hundert Millionen unter zwanzig und ohne Aussicht auf Arbeit – natürlich unter Beachtung vertragskorrekten Umgangs. Sie werden kooperieren, müssen. Wir weiße Männer werden sie rüberholen, bevor sie wandern, ganz neue Willkommenskultur, Leute! – Gut, notfalls gegen Barzahlung, Geld spielt seine Rolle, wie bei der asiatischen Bauchmiete.

Der Preis ist das zweite Regulativ. Was es wohl kosten wird, das junge Blut und die Infusion? Es können Marktpreise sein oder politische Preise, vielleicht heißen sie auch Gemeinwohlpreise, je nachdem, wer die Hand drauf hat. Ihnen wird Herrschaft innewohnen. Also, jedes Politbüro würde sich wohl eindecken wollen, was meinen Sie? In Peking, in Brüssel, diese verstörenden jobs bekommen ganz neue Ausstattung. –

So wie ‚In Time‘ aus 2011, der zwei Abende weiter gezeigt wird. Science Fiction hat den Blick in die Zukunft an sich, zeigt auf Kommendes. Von all dem nur zu wissen, wirft dich schon aus der Welt. Die Koordinaten deines Daseins werden gezogen, justiert, neu gesetzt – war immer so, nur das Maß des Zugriffs wächst! ‚In Time‘ zeigt Menschen mit Zeitanschluß für Laden und Entladen, null ist Tod. Der Zähler unter der Haut lesbar. Jeder Zeitwächter, der die Papiere fordert, sieht die Restlaufzeit – daran knüpfen sich Gespräche. Ein hoher Preis kann tödlich sein. – Lacht nicht, laßt eure schalen moralischen Einwände stecken, auf SciFi ist Verlaß, der nächste Streifen ‚Altered Carbon‘ geht noch mehr ins Detail. Der Widerstand wird schon kommen, aber nicht von der Bühne moralischer Empörung, die dann leergefegt ist.

Verglichen mit der Arbeit am Embryo ist das alles Flickwerk. Denn GEORGE CHURCH, vielleicht wirklich ein Kirchenmann neuen Typs, jedoch Prius im Stande der Harvard-Genetiker, arbeitet am Anfang des Wort Gottes, der Petri-Schale, wo Ei und Samenzelle fröhliche Urständ feiern. Doch ist den Herren Stammzell- und Gewebezüchtern solch Gewusel nicht des Pudels Kern. Profanes Körperzelluloses genügt ihnen für den Plan des Organoids nach molekularer Neuprogrammierung, also eine Mischung, wie sie vor hundert Jahren das Nukleare bereits zu ungeahnter Ausdehnung brachte. Das Embryokörperchen ist dann, nun ja, nicht Mensch, aber doch eine „menschliche synthetische Einheit". In ansehnlicher, besser vertrauter Verpackung könnte man die glatt auf die Straße lassen, denke ich – und möchte nicht beim Nachbarn klingeln und um zwei Eier bitten.

So ein Zellhaufen, fährt MÜLLER-JUNG fort, ist im 3D-Format schnell gebacken – „Gastruloide" heißen die kunstvollen Archetypen mit dem „Primitivstreifen" als strategischer Baustelle. Bei konventioneller Menschwerdung, also nach nerviger Zeugung und nachfolgendem Firlefanz in der Gebärmutter, entspricht dem die „Körperachse und damit (das) Rückenmark", woran sich das Gehirn schließt. Es muß dann Vorlieb nehmen mit dem, was ihm als Primitivstrecke angeboten wird. Hauptsache einsatzfähig.

Zwei Wege führen mithin zum Neu-Mensch, mit dem zu rechnen ist. Welche Ausgabe zuerst kommt und also mahlt, entscheidet der fröhliche Wettbewerb der Züchter, heißen sie ELON MUSK, TONY WYSS oder GEORGE CHURCH. Ich werde die Spiele mitmachen, vielleicht unter Protest, mich nach der Leuchtschrift am Arm sehnen und mich weiterhin freuen, wenn der Nachbar Eier hat. Es wird meine einsilbige Kapitulation, oder meine Weigerung, wenn ich es hübsch machen will. Will ich aber nicht. Ich Ratloser berate bis zum letzten Tag, verlaßt euch drauf. Und es wird teurer.

Tags drauf, wieder jubelt ein Technologe: das Auslesen meiner Gedanken erspart das Interview, den Lügendetektor und sonstiges Ungemach des Ermittlers, wahrscheinlich kabellos – das Ziehen des Steckers entfällt, mein letzter Widerstand. Ich werde das Nachsehen haben, andere sind mir Jahre voraus, kennen Zustände und Ergebnisse, die weit vor meiner Zeit liegen.

9.3. Das Milieu definiert den Diskurs. Das Milieu sucht und schafft sodann Räume, in denen es seine Sicht der Welt, seine Weltbilder pflegen, ausstaffieren und einrichtungsgemäß nach draußen tragen kann. So werden Institutionen genutzt, gelegentlich mißbräuchlich, auch wenns sich informationelle Grundversorgung nennt. Auch Theater wird Milieu. SIMON STRAUSS berichtet aus der Züricher Gessner-Allee, wo eine Podiumsdiskussion mit dem üblichen links-alternativen Publikum geplant war, im Beipack allerdings ein Teilnehmer mit zugeordnet rechter Gesinnung. Eine ‚Gruppe Kulturschaffender‘ rief fürsorgesteuert Gefährdung ‚politisch Unbedarfter‘ auf und die Veranstaltung wurde abgesagt. Da ist es, das Ensemble elitärer Selbstreferenz, der gepflegte Narziss, der die Meinungsbildung des Plebs in der Hand halten möchte – und dafür flott sich selbst den Boden wegzieht. – Beim ‚Maxim Gorki‘ seis noch drastischer, erwähnt der Berichterstatter, dort wird solch Milieufremden gleich der Zutritt zur Veranstaltung untersagt.

Bremen ist der Flecken im Land, wo sich das Milieu zur Staatsform als Bundesland verdichtet hat, schwarzes Loch, welches das Licht verschluckt. Die Grünen als langjährige Teilnehmer dieser Aufführung und massiver Teil des Milieus wagten es gleichwohl, das sklerotische Netzwerk des öffentlichen Dienstes mit den exponierten Einflußrechten der Personalvertretungen als Thema aufzurufen. Die Trägheit dieses Geflechtes zeigt sich in dem stadtweit schlangenhaft anstehenden Publikum, welches Auskunft, neuen Paß oder Bescheinigung begehrt. An diese Herrschaftsbasis zu rühren, ist für die SPD aller Grund, zu den Waffen zu greifen.

Das System HANNELORE KRAFT hat noch nicht ganz Bremer Qualität, die Spitze plus Innenminister schließt jedoch zügig auf, ob Kölner Domplatte, Liegenschaftsverband oder die Sache mit

den ‚fortlaufenden Bezügen', ja, wo laufen sie denn! Der aufge-
flogene Fall des freigestellten und seit 2006 fortlaufend bezahl-
ten RAINER WENDT gehört in das Kontinuum unterlassener
Aufsicht – wenn die Chose damit angemessen bezeichnet ist.
Daß er in solch fürstlich vergüteter Freistellung zu dreieinhalb
glatt vergaß, die weiteren vier – abends sind es nachrichtlich
sechseinhalb- anzugeben, wer mag das verdenken im System
temperierten Wohlseins. Der gewerkschaftliche Bundesvorsit-
zende stellt sich glatt dahinter, woraufhin ein Tapferer das Vor-
standsgremium verläßt, immerhin. Dabei geht's in diesen Kol-
laboraten frei nach Recht & Gesetz zu, was woanders anders ist,
meine Herren!

10.3. Vom feinen Auftritt des SIGMAR GABRIEL als Außenminister
bei SERGEI LAWROW – geht doch.

Was gestern war, entfaltet sich heute: die weitere Recherche von
REINER BURGER liegt zum Frühstück vor. Die ‚causa Wendt'
blättert sich auf zum Netzausschnitt im System HK, mit den
Haltepylonen des Innenministers, mehr aber noch dem Gewerk-
schaftswesen, welches die Republik abdeckt mit freigestellten
Polizeigewerkschaftern zur Verbesserung der Mitgliederbetreu-
ung. Eingebunden ist zugleich der Parteien Flechtwerk, insofern
alle, die sich im populistischen Miteinander drängeln, solchem
Freistellen von Arbeit wärmste Empfehlung geben. Zahlt ja die
Steuer. Ein feiner Ausläufer des ‚PEP'-Systems. Sie mögen sich
erinnern, die deutsche Ausgabe der Korruption, ‚konvulsivi-
schen Zusammenwirkens', wie der Strafrechtsprof' mit Fliege,
das rechte Bein ins Geländer gestellt, mir im 2.Semester in Hör-
saal sechs, Frankfurt, lebhaft vorspielte. Gerne legislativ gesäu-
bert, damits auch alles nach ‚R&G' läuft. – Im November wird
Ermittlung eingestellt werden, da keine Hinweise auf „bewußt
pflichtwidriges (Handeln)" der Beteiligten vorlägen. Vom direk-
ten Vorsatz zum fehlenden Unrechtsbewußtsein ist es ein weiter
Weg. Aber wenn schon „gegen unbekannt" ermittelt wird, wird
schon nix zu finden sein.

Das systematische Unterlassen von Kontrolle solch skurriler Ver-
einbarungen wäre es wert! ‚Was sollmers prüfe, wemmers guhd

find!' Solch ewig „geübte <heißt ohne rechtliche Grundlage> Staats-(!)praxis", wies der JÄGER „proaktiv" erläutert, gibt der Sache die Qualität des Skandals. Schön dieser beständige Westwind, der die morastigen Gerüche nach Osten treibt.

Weitere zehn Tage drauf ist das gut gedeckte Flechtwerk der „jahrzehntelang geübten Praxis", wie es jetzt heißt, noch ein Stück gelupft. Stille Solidarität mit dem Entdeckten weht durch die Räume des Innenministers, wo die Freigestellten tagen.

HENRYK BRODER zählt 4,8 Milliarden zusammen, die der Türkei in sechs Jahren seitens der EU zuflossen, im Betreff: „Demokratie und Rechtsstaatlichkeit". Dort aber zieht der Staatschef mit der Rabie-Hand umher, dem Erkennungszeichen der ägyptischen Muslime und fordert Auftritte in Deutschland für sein Gottesstaat-Projekt. Echtes Mißverständnis.

Dem gewaltigen Projekt der Aufhebung der Altersgrenze für den Aufenthalt auf dem Planeten kontrastiert schmerzlich jenes der ‚Bildungsrepublik Deutschland'. Das war doch mit ernstem Gesicht ein Scherz, Frau Kanzlerin. Ich hätt' da einen anderen Vorschlag: die AfA, ein Kürzel aus dem Steuerparadies, kommt der Sache wesentlich näher. Denn bei ‚Absetzung für Abnutzung' kommt mir Schule in den Sinn, also als Abschreibungsmodell! Denn Schule wurde nun lange genug als Investitionsempfehlung herumgereicht und gehört als verlustreiches Engagement doch längst zu den Miesen, oder! Dann stieß ich auf etwas, das noch näher liegt: die AfS! Das ist ‚Absetzung für Substanzverringerung', vorwiegend eingesetzt bei Bergbauunternehmen, Steinbrüchen und ähnlichem Grundstoffumsatz, den „Verbrauch der Substanz" kennzeichnet.

Solche Abbruchprozesse finden sich im Steinbruch Schule zuhauf: WALTER OLDENBURGER aus dem Rheinland-Pfälzischen trägt die Abbaumaßnahmen zusammen, beginnend mit dem Verbot des Sitzenbleibens und des Notenverzichts, gefolgt vom Wahlrecht auf Anstrengungslosigkeit und dem Bewertungsverbot fürs Orthographische, schließlich der Abschaffung des ‚Fehlerindex' für englisch und französisch im Abitur. – Ein Elternbeirat erkennt in Ziffernnoten eh nur noch Körperverletzung, isso!, der Kulturminister gibt das Deutschthema fürs Abitur mit 21 Monaten Vorlauf bekannt, es wird im Unterricht ausführlichst vorbereitet, sodaß dem ‚Abitur für alle' und der Note 1 nichts mehr im Wege steht. Damit sind Noten doch jetzt auch überflüssig, oder!

Das ist Substanzvernichtung pur, deshalb nenn' ichs ‚AfS'. Damit landet die Schule im Steuerrecht. In dem Abfluß landet eh alles und man kann endlich diese leidvolle ‚KMK' abschaffen, ein Kürzel weniger! Nicht auszudenken, die Einsparung von sechzehn Ministerien.

Persönliche Kernsubstanz fürs Leben wird zielgerichtet gegen Null gebracht, Evaluation solch fixer Ideen verhindert oder ignoriert, das Folgedesaster beruflicher oder akademischer Ausbildung nachhaltig grundiert. Und nichts stört die verantwortlichen Kreise, der parlamentarische Populismus arbeitet an seinen ‚exo-USPs', seinen exotischen Alleinstellungsmerkmalen. Kein Abgeordneter, keine Fraktion nimmt auch nur zur Kenntnis, weder ein Sender, Funk noch Fernsehen sagt etwas zu solch katastrophaler Unterversorgung, komplett absorbiert durch Öko-Soziales. Eher wird der Weiße Wal vor Südafrika oder ein kalbender Eisberg stimmungsvoll bedauert, natürlich mit Brahms, 3.Symphonie.

Die Uni Münster hat nach reichlich ‚Vroni-Plag'-Meldung acht Medizinern wegen Abschreibung (sic!) den Titel entzogen, in 14 weiteren Fällen gerügt, na immerhin. – Schon wieder im Thema: Promotion als ‚Abschreibung für Substanzverlust', ja wennix da is, gell! Absetzung ginge auch, ins befreundete Ausland, da müßte aber noch was dazu kommen, Einbruch beim Doktorvater oder so.

Wir machen selten aus nach Filmende, so stoßen wir auf ‚5 gegen Jauch' und das ist verdammt unterhaltsam, wegen der Frauen. VERONA POTH gelingt es nicht nur, mit ihrem Decolleté ausgiebige Bewunderung ihres Busens und der schönen Brüste zu erzwingen -jedenfalls geht's mir so- sie ist auch von solcher Drein- und Reinrederei, daß ich nur noch sitze und, naja, bewundere. Ich wiederhole mich. Eine einzige Provokation in Aussehen und Auftritt, und doch ohne Allüren.

11.3. Sechs Jahre her ist der Tsunami, der Land und Leute wegschwemmte in Japan. Ein Bericht aus dem Brachland zeigt die Verwüstung. – „Nachts sieht man dort Geister", sagt Eine, „Menschen, die so schnell gestorben sind, daß sie es nicht gemerkt haben. Sie warten immer noch auf Rettung". Wie gefesselt liegen die Überlebenden in dem Ereignis, als hörte das nicht auf – die Umgekommenen in einem Zwischenstand, der nach den Lebenden greift. – Die Neugeborenen dieses Untergangs wären jetzt eingeschult worden, heißt es noch.

Marions Gutscheine nötigen zum Einkauf im Nachbarort. Ich fahre ohne Ambition mit und mache zügig die Hälfte des Umsatzes. Die Bedeutung schöner Bekleidung für das Lebensgefühl ist spürbar, das Gebaren der übrigen Anwesenden in Wort und Tat sehr unterhaltsam. Zwei Worte und der Laden lacht. – Zum Kaffee kommt die Nachbarin auf den Hochsitz.

Die atavistischen Verhältnisse stellen sich heute wie folgt dar, was morgen ist, weiß keiner: die ‚Duma'-Abgeordnete NATALJA POKLONSKAJA, ex-Staatsanwältin, empfängt Botschaften des letzten Zaren NIKOLAUS II., eine Büste habe zum hundertsten Todestag seiner Abdankung Tränen vergossen – es werde bereits gepilgert – die Büste stehe unter Beobachtung, falls sie wieder tränen sollte. Von LENIN- und STALIN-Büsten wird bereits Entsprechendes berichtet. – Im Bundesstaat Virginia wird die Höchstgeschwindigkeit für pizzaliefernde Roboter auf 18 Stundenkilometer begrenzt – wahrscheinlich flog das Zeug in Kurven in die Vorgärten. – Eines der Schwarzen Löcher zur Datenaggregation heißt ‚Palantir', so heißen bei TOLKIN die ‚Sehenden Steine', wem soll ich mehr trauen? – Im Fernsehen das Übliche: Männer in schwarzen Limousinen und schwarzen Brillen jagen junge Frau mit Rucksack.

12.3. SONNTAG. 2 Grad, Sonne und MARTIN SCHULZ im Gerechtigkeitsmilieu unterwegs, er fordert die Jusos auf, „Martin" zu rufen. Wenns hilft. – UDO LINDENBERG (70) plant siebzehn Auftritte, darunter vor der Meyer-Werft, wo das 150. Kreuzfahrtschiff aufliegt. Er will es zum Kentern bringen, wenn er nicht drauf darf. Das ist Action. – ‚Thick as a brick' tritt im ‚Meisenfrei' auf, Samstag! Hörte ich aber schon 1973. Bei ‚Pink Floyd' vor so 45 Jahren, da war „Alles klar auf der Andrea Doria", grade auf Durchbruch gestellt. – Der Blick auf eine Terrasse über dem 70. Stock, darauf Touristen, Investoren hinter drei Meter hohen Glaswänden, Blick auf NYC, ‚investors playground'.

Ich trage sechs Formate hoch und verpacke sie auf das Versandfertigste, für die Ausstellung in Baden-Baden, Freudenstadt, er nervt wieder. – Der Workshop in Kirchseelte kommt heran. – Gestern das erste Angebot eines Verlags, der die 1500 Gramm in zwei Teile zerlegen und dafür 11.000 will – Halloooo!

13.3. Um sieben Uhr raus, durch die Stadt, um 9 Uhr am Start, für L.earn 1. Sehr unterhaltsam, Lifo-Gespräche, Tränen. – Tags drauf bis halb zehn, ich bin feddich. – Mittwoch: der Frühling knackt, schönes Land, den Workshop zu Ende gebracht, Hans-Jörg zum Bahnhof gefahren zurück ins Haus, meine liebe Frau begrüßt.

RY (-LAND PETER) COODER wird 70. – Schön, daß viele, die ich kenne, so mitmachen beim Altwerden, Projektionen meiner Melancholie, Trost zum Weitermachen.

ANGELA MERKEL war auf ‚Hausbesuch‘ bei DONALD T. Als stände die Alternative auf altem Plattencover wieder auf: „Nuke or Nurse", wie einst bei Pink Floyd. Den zweiten Part wird sie beherrschen, vielleicht kann sie mit weißer Haube vom ersten Vorschlag abraten. – Hollands Regierung verweist die türkische Familienministerin des Landes, „Hauptstadt des Faschismus" urteilt Chefe-Turk. Besser als dauernd Berlin, frotzelt die Apokalypse.

16.3. Beim weißen Mann, zu dessen Spiegel immer häufiger wird die weiße Frau, grassiert derweil Unterwerfung: an der ‚Cardiff Metropolitan University‘, Small Britain, wird seit zehn Jahren an einer ‚Schwarzen Liste‘ gearbeitet, einem Sprach-Kodex, der auf den ‚Rundum-Sorglos-Zustand‘ setzt. In dem hat das Geschlecht nichts zu suchen, weil seine Benennung bereits das andere diskriminiert. Es soll nicht in den Mund genommen werden, das Wort, bitte! Damit nicht genug, nach der Freilegung von an die fünfzig weiteren Identitäten muß Ordnung geschaffen werden. Diese Ansammlung von Besonderheiten unter einen Hut (gern auch einen Damenhut) zu bringen, müht sich eine Versammlung, Sprechstunde 24 Stunden täglich. – Der Ärzteverband im Gebiet ist schon verseucht, er empfiehlt die Ersetzung der ‚werdenden Mutter‘ durch die ‚werdende Person‘. Bei dem Problembewußtsein ist ja völlig unabsehbar, wer zukünftig außer Frauen noch alles Kinder kriegt. Was da also seit altersher wird, eine Mutter, das mutiert zum Rätsel. Davon wollen die Besorgten freikommen, den Betroffenen wird einfach ein zusätzlicher Hinweis aufgenötigt, etwa: „Tach auch, ich werdende Person krieg übrigens ein Kind", damit ahnungslose Dritte nicht im Dunkeln stehen und auf eine Verdauungsstörung tippen.

Wers nicht glaubt, besuche die Hörsäle und Salons von JUDITH BUTLER – dort geht es nicht nur poststrukturalistisch, wenn Sie noch folgen mögen, sondern auch postfaktisch zu. Sie sei Chefin des „Queer-Feminismus" und verstehe das Geschlecht als „frei wählbare Variable ... unabhängig von Körper und Umwelt", meint THOMAS THIEL. Alles reines Kopfkino – der „Körper nur noch Projektionsfläche von Diskursen". Was ist denn im Angebot außer der Erde!

Solche Reinigung der Sprache von der Substanz des Lebens gleicht der Wesenlosigkeit rechenhafter Erfassung durch die Maschine. Die soll ja auch an die Stelle des Lebens treten, irgendwann – oder in Kürze. – Zur Versammlung der Eifrigen gehört die Studentengewerkschaft und ein wachsender Teil des lehrenden Personals. Wenn solch „Regelwerk zur Staatssache" gemacht wird, schließt GINA THOMAS, könnte Ruhe einkehren. So hoffen die Eifrigen. – Jene Stätten des Geistes, des freien, mutieren zu Treibern in die Diktatur, in der die Welt aus der Perspektive der Besonderen neu sortiert und sodann für die Allgemeinheit verbindlich organisiert wird. Der Planet ist ja voll der Vorbilder.

17.3. Beim Öffnen des Laptops erscheinen ‚White Sands', New Mexiko – solch Abstand des Natürlichen vom Gesellschaftlichen entlastet. Natur kann Komplexität zurückführen auf blanke Konfrontation.

‚Menschenkataloge' waren dem Nazi- wie dem SED-Regime eigen. Und die „armselige Technologie", welche KATE CRAWFORD in Austin -SxSW- als Problem dieser Diktaturen benennt, war kein Hindernis. Sie genügte zur Erfassung des jüdischen Grundbesitzes in Berlin wie zur flächendeckenden Sistierung von Dissidenten im ostdeutschen System von Anstalten und Zuchthäusern. Gleichwohl, es wächst das Potenzial von Erfassung, „feingliedriger Katalogisierung" und Einstufung von Menschen in Gefahrenklassen exponentiell.

PETER THIELS „Palantir", „a mission-focussed company", immerhin auch „working for the common good and doing what's right", wie es das Glaubensbekenntnis im Netz ausweist, dieses Geheimnis vollendet grade sein „Investigative Case Management"-Werkzeug, womit es Jedem auf die Spur kommt. Wie anders die Organisation der doch wortreichen Terrorabwehr in Old Europe. „Alt und langsam" nennen F.J.WEISE und HOLGER MÜNCH die hier installierten Datensysteme, die behördliche Zusammenarbeit „träge bis zufällig", die Rechtslage „holprig" und das NRW-Regime „beispiellos disruptiv". Die haben nicht mal die ‚zentrale Erfassung' übernommen, so daß Gangster Amri überwachungsfrei zwischen Berlin und NRW pendelte. – Das Pendeln zwischen den Polen organisierten und unterlassenen Wahnsinns nimmt der Gemütlichkeit die Fläche, Flucht aufs Land kann empfehlenswert sein, rein nervlich.

Das Bremer Lokal-Regime als Klein-Griechenland zu bezeichnen, tut jedem Mittelmeeranrainer wahrscheinlich unrecht. Das legt der aktuelle Bericht des Rechnungshofes nahe. Die finanziellen Restriktionen werden befolgt, indem Erhaltungsinvestitionen unterlassen werden, also die Anlage Bremen verrottet, von ein paar Topfpflanzen an der Weser abgesehen. Die Behörden haben diesen Zustand längst erreicht. Dort funktionieren weder Leistung noch Aufsicht. Die Berichterstatterin nennt fehlenden Überblick über Einnahmen und Ausgaben, teure und zweifelhafte Werkverträge mit ehemaligen, also pensionierten Beamten, fehlerhafte Zahlungsvorgänge in 58%, in Worten!, der geprüften Fälle, Beauftragungen ohne Leistungsabgrenzung und ohne Abnahme kontrahierter Leistungen. Vorträge von Beamten wurden mit 60 Stunden Aufwand abgerechnet – so lange rede noch nicht mal ich! Es ist das gleiche Schlaraffenland des öffentlichen Dienstes, welches die Westfläche der Republik im Schlagzeilenmodus hält. Das geht so seit mehr als vierzig Jahren – ups, wie westlich!, wird kontinuierlich gewählt und in der Bürgerschaft übt sich das Mandat im Ritual, schläfrig. Keiner sagt, er hätte es nicht gewußt – jeder fragt, wie lange muß ich noch.

Da Bremerhaven zu Bremen gehört, findet sich hier Vergleichbares, hoch konzentriert und bestens kontaminiert. Die neue Freizügigkeit für Rumänen und Bulgaren weiß ein gewitzter Abgeordneter für den Ausbau eines über fünf Jahre reibungsfrei laufenden Regimes von Sozialleistungsabzweig zu nutzen, also wie in Marxloh. Die ‚kickbacks' kommen von 1000 Zugereisten und Behördenleiter, Jobcenter, Polizei und Staatsanwaltschaft glänzen durch Nichtstun – vielfachen Informationen zum Trotz. Das alles wird ein Untersuchungsausschuß Anfang 2018 berichten. -Aber Gemach! Es ist nur ein pikanter Ausschnitt aus dem bundesweiten Grasen von Räuberbanden mit kyrillischem Einschlag, Adresse: *RUP@mafia.com*, durch die Weiten der Sozialstaatssklerose, vulgo: Sozialgesetzbuch eins bis zweihundert. Reisefreudige Rumänen und Bulgarien geben den Rohstoff für geile Umsätze ab. Bis die Staatsanwaltschaft den Kram übersetzt hat, sind sie schon ein Hemd weiter. Alles kyrilli!

Bei rund 1000 Russen-Pflegediensten in der Republik stehen die mit rund 7 Mio Abgezweigten im Preis-Leistungs-Verhältnis mit an der Spitze. Dabei geht's immer um Kleingeld, so Hilfe beim Anziehen von Kompressionsstrümpfen, 9, oder Körperwäsche, 25 Tacken und am Monatsende Abzeichnen für ein Taschengeld. Es läppert sich einfach. Ich spar' mir das Geld. Der Russ' kommt mir eh nicht ins Haus, wahrscheinlich ist er schon im Keller!

Das zwanzigste Resumé der Schulsituation von REGINA MÖNCH beginnt heute mit Neumünster. Dort warfen Sprachschüler, vorwiegend aus Rumänien und Bulgarien, mit den Tischen, Schüler die Treppe hinunter und bedrohten und beklauten die Lehrer. Die Reaktion ist Unterwerfung: leugnen, bis sich alles biegt – die Rüpelklasse umverteilen – die Öffentlichkeit durch Neusprech beruhigen, abschmetternd, nichtssagend beantworten. Oder auch: bis das letzte Rückgrat gebeugt ist. Die ‚Abstimmung durch Wegzug‘ aus diesen Gebieten bringt zutage, was die Wohlgesinnten der populistischen Mitte vermeiden wollten: eine „beispiellose Segregation, die das rundum kompetenzfreie Schülerpotenzial auf 80 bis 90% einer Klasse treibt.“

Das Land, er meint dieses Land, hat noch alles vor sich, was den Selbstschutz betrifft. Schwerwiegender als der Donnerhall aus dem Weißen Haus wird dieser EU-Zustand die Lage Deutschlands verändern: wenn der ‚Brexit‘ vollzogen ist, so HANS-WERNER SINN, wird der ‚D-Mark-Block‘ unter die Sperrminorität geraten und zum Zahlmeister der „lateinischen Münzunion“ reduziert werden. Die Spaltung Mitteleuropas sei eine politische Konstante französischer Politik seit RICHELIEU, notiert der Ökonom. – Das ist Unterschied zum Land ohne Konstanten.

18.3. Vor der Literaturbeilage der Zeitung fühle ich mich zurückweichen, Schritt für Schritt. Was da an Großem Roman besprochen wird, ließe mich atemlos zurück, wenn ich es denn läse. Die Formulierungen der Rezensenten ängstigen mich. Würde nur eine meiner Seiten vor ihrem Blick, ihrem Geist bestehen! – Und ein Roman muß eine Geschichte sein. Ich bin zwar eine Geschichte, aber nur als physisches Ensemble, allenfalls mündlich. Das tritt mir so unvermittelt, längst wartend, in den Weg bei STEPHAN LOSES ‚Ein fauler Gott‘, das HUBERT SPIEGEL vorstellt. Eine Geschichte, die ihren Stoff nicht aus dem bezieht und illustriert, was zwischen den Menschen ist, bleibt synthetischer Kretinismus. Wie ich darauf komme? Es kommt auf mich.

Und in diesem Empfinden schreiben, voller Wunsch und Abscheu, voller Sehnsucht und Abwendung, in der verfügbaren, weil begrenzten Zeit. – So wie unser Hund heute Abend: wir kommen vom Gassi-Gang und in seinem großen Korb liegt – eine Brötchentüte, leer. Ich hebe sie hoch mit der üblichen drohenden Frage: was ist das?! Und Elvis duckt sich unter mir weg in den Korb, wo er sich flach macht. Sodann verschwindet er nach oben – bis Marion vom Doppelkopf zurückkommt. Jetzt folgt die ‚Körperarbeit‘ „liep sein“, er weicht nicht von mir.

20.3. Was macht die deutsche Seele aus! Wer weiß, jedenfalls solls gerecht sein. Das ist biblisch, erfüllt aber die Kandidatenpartei aktuell mit 100 Prozent Frohsinn: sie hat jemanden, der die mühselig zu schubsende Kanzlerin aus dem Amt kegeln könnte. – Dann würde ein Biedermann das Land vertreten, den es so noch nicht gab! – Aber es wird eine Herkulesaufgabe, denn die Deutschen sinds zufrieden, wie grade DIW-Chef breiter Umfrage entnimmt, der ja offen mit SPD sympathisiert. Es muß richtig was losgetreten werden, solls im Herbst klappen. Die Partei des Teufels rekrutiert sich aus der Mitte, verkündet eine weitere Demoskopie, vielleicht läßt sich da was zurückholen.

Und dem gepflegten Selbstmitleid setzt MARTIN DORNES auch die Hörner auf: denn zwei der drei ‚Ismen‘, die schon Hitlers Weltbild markierten, sitzen weit oben im Diskurs der Eliten als Antiamerikanismus und Antikapitalismus. Letzterer wird im Monatsrhythmus bedient von der Hundertschaft der Sozialagenturen, deren eines von vielen Klageliedern lautet: Arbeit macht krank, seelisch jedenfalls, psychisch ohnehin, dazu mental, das schlage auf die Familie, die Kinder, den Hund durch. So schleppe sich eine Generation Gestörter durchs Leben. Daraus weben die Verbündeten ihr Geschäftsmodell. Geändert habe sich unter solch geschäftlichem Einfluß „die Aufmerksamkeit, die Bereitschaft, vormals undiagnostiziertes Leid in medizinische Diagnosen zu überführen“, so DORNES. Den Stand der Mediziner läßt solch neue Diagnostik natürlich nicht ungerührt. So stiegen die Diagnosen innerhalb von fünfzehn Jahren aufs 20-, 40- oder auch 200-fache, seis Asperger, Dispraxie, Autismus, Burnout oder Depression. Auf dem Speiseplan stehen folglich vermehrt Antidepressiva, typisch Ausbeutung, tönt der geschult Wissende. „Leiden an der Freiheit“, nennt es ALAIN EHRENBURG. Zeitgleich mit den ideologischen Stürmen baut das System aus: je dichter die Versorgung, desto ausgeprägter die Leiden, wenns nicht reicht, hilft das „up-coding“. ‚Dann werdmer begrabe, obwohls noch gehd!‘

Nach dem Scheitern der Revolutionstheorie hat die Opfertheorie das Sagen, vielleicht klappts ja damit, gell Maddihn. – ‚Daß die Loid schon vor hunnerd Jahn feddisch midde Nerwe wahn‘, zeigt in beispielloser Präsenz ‚Der Schrei‘, nein, nicht mein Schreikrampf, der von dem EDVARD MUNCH!. – Das alles schließlich bestätigt den heuristischen Wert der Arbeitshilfe „Geschäftsmodell“, Oma sagte, mit Speck fängt man Mäuse.

„Das bunte Leben“ malte WASSILY KANDINSKY 1907. 2017 beginnt in Manhattan ein Raubkunstprozeß. Das Bild hängt seit vierzig Jahren im Lenbachhaus, im Eigentum der Bayrischen Landesbank. Die erwarb es 1972 von S.B.S.SLIJPER, von der Witwe. Der Gatte kam zu dem Bild über eine Auktion im Oktober 1940. Ein holländischer Kunstsammler hatte das Stück

eingeliefert. Wie er darankam, kurz nach der Invasion der Wehrmacht, bedarf der Klärung. Die Kinder eines 1930 verstorbenen Nähmaschinenfabrikanten hatten das Werk dem Stedelijk Museum zur Aufbewahrung übergeben, bevor sie nach Südfrankreich und weiter nach Moçambique flohen. Das alles hängt, klebt an der Leinwand wie die Fingerabdrücke des bösgläubigen Sammlers, Profiteurs und der geschäftstüchtigen bayrischen Sammelwut.

Mit der „Frau, ihr Gesicht verbergend" zieht ein weiteres Schicksal von Mord&Totschlag durch Europas Mitte, ein Werk des EGON SCHIELE von 1912. Der Eigentümer FRITZ GRÜNBAUM, ein österreichischer Schauspieler, Regisseur und Conférencier, wurde in Dachau ermordet. Die Erben ersuchen seit

Jahrzehnten um die Rückgabe dieses wie weiterer Stücke. Der ‚HEAR'-Act des amerikanischen Kongresses, ‚Holocaust Expropiated Art Recovery Act', soll helfen, nachdem Schiedsgerichte in mehreren Verfahren die Ansprüche der Erben zurückgewiesen hatten: die Nazis hätten die 449 Stücke wohl beschlagnahmt, doch nicht geraubt. So wechselte das Material quer durch Europa in verschiedenste Hände, die Erben immer hinterher. Erst als sie 2015 in Manhattan eingeliefert wurden, konnte ein erneuter Verkauf und Transport unterbunden werden. Die Erben sind inzwischen ‚experienced' im Kampf um Rückgaben, so in der ‚seven-year court battle' um SCHIELES „Torso" von 1917, den sie schließlich 2012 verloren. Die Anspruchstellung liege zu weit zurück. So wurde die Zeichnung, einst für 4300 $ erworben, für 1,3 Millionen versteigert. Das ist eine der unsichtbaren Landkarten, die über dem Land liegen. Sie verzeichnen alles, was geschah und was getan wurde.

Schlage ein Buch an der falschen Stelle auf, bitte um eine archivarische Auskunft, finde beim Abbruch alten Gemäuers eine Kiste, verstaubt, wie neulich in einem Münchener Auktionshaus – und der Untergang eines Jahrhunderts steht vor dir, ganz ungebeten und an sich unerwünscht. So liegt die Gegenwart mit ihrer Netzwerkelei unter den tragenden Netzen der lebendigen Vergangenheit. Das kann zur Gewißheit werden, die das Unbewußte besetzt hält, bis in die Träume – Erbfolgeschäden derer, denen man nach dem Leben trachtete. Nicht nur der Krieg setzt sich in den Kindern und Enkeln fort, in Tätern und Opfern.

Oder nimm den Turm, wo du jetzt so vertraut bist mit den Familien der Bilder. Den ‚Turm' malte FRANZ MARC 1913, bevor er begeistert in den Krieg zog, wo er 1916 sein Leben ließ. Das Bild kam 1919 in die Nationalgalerie Berlin, wo es die Witwe erwarb. Aus dem Kronprinzenpalais verschwand es 1937 als Beispiel für ‚Entartete Kunst', abgehängt und beschlagnahmt, Teil der Sammlung des Kunsträubers GÖRING – auf Protest des Deutschen Offiziersbundes nach Schloß Niederschönhausen verbracht – GÖRING wählte 13 Stücke aus -?- – nach dem Krieg ist es verschollen, zerstört oder verschleppt.

Oder PICASSO – von Dutzenden Portraits der ‚Dora Maar' geriet jene „Femme assise, robe bleue" vom Oktober 1939 in die Plünderungsorgie der Okkupanten. Beim Freund des Malers, PAUL ROSENBERG, beschlagnahmt, wurde es von den ‚franc tireurs' zurückerobert, wohl schon auf dem Weg nach Deutschland. Nach 72 Jahren wird es zur Auktion bei Christie's eingeliefert, Taxe wie üblich.

Auf vielen Raubzügen liegt der ‚gute Glaube'. Wollen sie ihn widerlegen, müssen die Erben der Ausgeplünderten am Ball bleiben. In Wien gelang das im ‚Kinsky's', eine Stunde vor Beginn der Auktion, nach etlichen ‚good faith deals' seit Ende des Krieges. – Die Plünderer hatten 1943 die Sammlung der jüdischen Familie Schloß in Frankreich verladen, um das ‚Führer Museum Linz' auszustatten. Von den Siegern sichergestellt, wurde ein Portrait des BARTHOLOMEUS VAN DER HELST (1647) kurz darauf erneut gestohlen. Siebzig Jahre später steigen die Chancen der Erben auf Rückgabe. Eine Versteigerung wurde vergangenes Jahr schon einmal unterbrochen, auf den Protest der französischen Regierung hin. Das ist die Nachkriegszeit in den Mehr-Generationen-Haushalten.

Meine Ambition verursacht Depression. Form braucht Disziplin. Disziplin ist Arbeit, Arbeit, Arbeit. Und ich bin faul. Also kein Grund zur Depression. – Das hat geholfen. – Gleichwohl, vor mir Weltliteratur, hinter mir das Leben – das ist ein guter Mix, täglich, fehlt nur die Arbeit an den Zutaten. Der Band ist raus, doch keiner will ihn. – Im neuen Merkheft von ‚2001' gibt's sogar ein Buch über Gelassenheit, im Alter! Für Therapie ist es zu spät. Da liegt das Gartenbuch ja näher, dort wird der langstielige Damenspaten empfohlen, leicht obszön, finden Sie nicht? – Dann eine ganze Seite des Finanzministers zum Thema, ‚mer brauche mehr Eurohba', irgendwie hat er wahrscheinlich recht.

Auch ohne ISBN sei ich ‚sammelpflichtig', belehrt mich die Deutsche National Bibliothek. Zwei Stücke soll ich auf den Postweg bringen, das sind 3000 Gramm, wertes Publikum! – Zugleich fünf Formate nach Baden-Baden verfrachtet, in diese Prinzen-Galerie.

21.3. Achtzig Milliarden habe der Russ' übers EU-System von Banken & Briefkästen gewaschen. Da staunt die Kommission. In hiesigen Waschsalons wäscht gegen Einwurf von Münzen nämlich Kreti & Pleti, Herr Kommissar – die Mafia-EU, die Kartelle-Südamerika, der IS und sonstwer! Aber wenn Blut fließt, wird ermittelt, zumindest aufgewischt. – Gerecht bin ich nicht.

Eisschmelze – Klimawandel – CO_2-Autos, „darüber ist sich die Wissenschaft einig", so geht das drei Minuten lang um 20 Uhr.

Mit Jonas zum Start-Up-Training in die Stadt – gut geführt und unterhaltsam, wir schildern den Familienstreß mit unserer GmbH.

WARREN BUFFETT mit 75 deutlich hinter BILL GATES, der 86 verwalten läßt, popelig MARC ZUCKERBERG (32), mit bummeligen 56. Tut nicht so, als sei euch Geld scheißegal, aber bei Mc Donalds wieder die Kassiererin bedrohen, ihr Möchtegern-Heiligen, hier noch einer – Target bei 804. Nix verstehn, daher: na und! Denkfaules Pack.

DAVID ROCKEFELLER starb, mit 101.

22.3. Das „freudige Leben in gerechter Wirtschaft" des GUSTAV LANDAUER sei die Essenz des MARTIN SCHULZ. – Im Narrativ des „Psycho-Bürgers", wettert CHRISTIAN GEYER, maße sich der Kandidat eine Zuständigkeit fürs persönliche Wohlbefinden an, welche die Trennung von Bürger und Person aufhebe. Solche „Politisierung der persönlichen Gefühle" war dem Anarcho-Sozialismus eigen, wie dem kommunistischen Utopie-Diskurs überhaupt. Den -ja stigmatisierten- Populismus läßt solche Ergreifung des Menschen weit hinter sich. Mehr noch, der harte Kern des totalitären Konstruktes kommt ins Programm, ausgehend von der Zuschreibung allgemeinen Frustes. Keine aktuelle Untersuchung kann das bestätigen. – Die Kanzlerin bewegte Ähnliches vor Jahr und Tag, doch ging sie's anders an: sie stellte Leute ein zur Erforschung des guten Lebens.

Ein Leserbrief kurz drauf attestiert dem eingeflogenen Kandidaten die Beherrschung jener verbalen Attitüden, wie sie GUSTAVE LE BON 1911 in seiner ‚Psychologie der Massen‘ entwickelte: genau jenes zugespitzte und populistische Programm, jene projektive Propaganda der Anbiederung und der dreisten Versprechen ohne Substanz.

In Altenburg ruft das ‚Bürgerforum‘ zum Boykott des örtlichen Theaters auf. Das ‚Kauft-nicht-beim-Juden‘ ist die Antwort auf dessen Flüchtlings-Engagement. Der Bürgermeister reagiert, nach Monaten.

23.3. Es gibt ein Innehalten, dem ich mich anschließe: dieser Moment der Übergabe von JOACHIM GAUCK an WALTER STEINMEIER im Präsidentenamt zeigt das Land nicht ‚aus den Fugen‘, mit und trotz all der aufgeladenen Themen und Ereignisse, und das im Vergleich mit der näheren europäischen Umgebung und mehr noch mit den weiteren Gewalt- und Wahnverhältnissen. – Es hängt am Selbst: was war und ist mir vergönnt, niemand zwang mich, nur die inneren Dämonen, es ließ mich tun und machen – ich allein tat es, mit und ohne Einsicht, es lag und liegt bei mir. Ein Glück.

Das organisierte Verbrechen, soweit es auf den Namen ‚N'drangheta‘ hört, haust bekanntlich in Kalabrien. Kippt die Stimmung, führen die Clans Krieg, so aktuell der Clan des Heiligen, ‚Santo Vottario‘ gegen den des ‚Nirta Strangio‘, wenn Sie folgen können. Dabei erschoß Chefe Vottario 2006 die Ehefrau seines Feindes Strangio. Dafür zahlten sechs Beteiligte im Jahr drauf mit dem Leben, Tatort ‚Da Bruno‘ in Duisburg. Vottario, mittlerweile in die Gruppe der „meistgesuchten Verbrecher Europas" aufgestiegen und bereits zu dreißig Jahren schweren Kerker verurteilt, konnte sich verbergen, im Örtchen Ricciolino di Benestare (si!), bei der Familie. Nach der Aushebung von vier Verstecken in diesem vielstöckigen und verwinkelten Haus, ohne Erfolg, gelang den Carabinierei jetzt der Fang: unter einer vermauerten Falltür saß Chefe, inzwischen 44-jährig. Es gibt Geschäftsmodelle, deren Reiz von der Anstrengung überlagert wird. Erlösung wird dann zur Hilfe aus tiefer Not.

Auch bei der ‚Camorra' läufts nicht rund. Kleingangster ‚Okkie' Durham verlor seine Mütze, als er 2002 im Van Gogh Museum zwei Exponate des Meisters über die Dachluke mitgehen hieß. Da seine DNA bereits hinterlegt, vulgo bekannt war, hats ihn jetzt erwischt, d.h. die Polizei hat geklingelt und mitgenommen. Wo das Zeug blieb, hat er nicht verraten, erst nach dem Einsitzen kam er damit raus. Einem ‚Cor van Hout', der Perle des Verbrechens in Amsterdam, hatte er die eingerollten Leinwände angeboten. Der hatte, nach Kidnapping, Flucht und elf Jahren Knast, wieder neu aufgemacht im Geschäft mit Schwager Willem Holleeder, Bereich Prostitution. Am Tag der Übergabe ließ der Schwager ihn jedoch umlegen, Folge gravierender Meinungsverschiedenheiten. – Das nötigte Durham zu weiterem Umtrieb. Er ging jetzt direkt an den Vertreter der Camorra, Region Nordeuropa, Raffaele Imperiale. Dieser zeichnet verantwortlich für Großimporte kolumbianischen Kokains. Sein ständiger Wohnsitz ist Dubai, wo er Geld wäscht und Distanz zu den Carabinieri hält. Raffaele kauft Durham also die Lappen ab für 350' und hofft auf profitable Weiterveräußerung. Jedoch: in Castellammare di Stabia schält die Guardia di Finanza die Preziosen jetzt aus einem Wandversteck – und er hat bereits 20 Jahre in Abwesenheit kassiert. – ‚Mer hads ned leischd, aber leischd hats ein'n', Zitat.

Fünfzig Prozent des Konzerngewinns kommt von Porsche, daraus 9.111 Bonus pro Mitarbeiter.

Einwohner zerlegen ein Pferd, am Flughafen Tempelhof.

Auf den Terrorismus des Tages folgt ANDREA NAHLES mit 600 Seiten Armut, die sie ausgreifend extemporiert. Am Ende sind alle ein bißchen arm und abgehängt, bis auf das Pack der Schmarotzer. Das ist eine Regierung, die so richtig am Stimmungsbarometer arbeitet – wo bitte sitzt das Desaster. Drei Interviews sekundieren und stabilisieren das. – Vielleicht hilfts ja dem Kandidaten, gell Frau GEZ.

Sind die „Mystifizierer Europas", vor denen LUDWIG ERHARD warnte, Populisten? – Im Definitionssinne von KIELMANNSEGG sicherlich. Sie brauchen die Mystifizierung, um Sr. DRAGHIS Zinszeiträume zu sichern, um den Prozeß der Vergemeinschaftung von Schulden und Verantwortung zu stützen. Zu etwas Anderem sind sie nicht in der Lage – Verantwortung für die Nation verliert sich in den Giftwolken europäischer Mystifikation. In diesem kernpopulistischen Gebräu hat die Sozialpolitik hyper-populistischen Vorrang, AN war die erfolgreichste Ministerin – was will der Kandidat eigentlich noch? – Wirtschaftspolitik war abwesend, wie der Minister.

24.3. Das System HOLLANDE, besser die Spinne in seinem Netz ist die ,Einheit Tracfin' im Finanzministerium, geleitet vom Stubenkameraden aus Armeezeiten, SAPIN. Auch der Direktor für kriminelle Angelegenheiten ist Stubenkamerad. Das System arbeitet Chefe und dem ,Schwarzen Kabinett' zu. Exekutive Vollmachten sind schwer zu beschränken. Das System PUTIN arbeitet auch mit zahlreichen Stubenkameraden aus Geheimdienstzeiten. Vielleicht ist der Stubenkamerad aber einfach eine zentrale Figur beim Regieren. Der Abstand etwa zu Albanien bleibt nennenswert: dessen Staatsaufbau sei vom organisierten Verbrechen geprägt – man möchte gleichwohl in die EU.

Ich reise zur Buchmesse. Da sich alles verspätet, komme ich um halb acht in diesem Prachtbahnhof an, 24 Gleise. Seine weiträumige Leere erinnert an die einstige Fülle. Zuletzt habe ich hier die Bahnhofschefin gecoacht und die Abende in ,Auerbachs Keller' verbracht. – Das S-Bahnsystem ist vom Feinsten, zwanzig Meter unter Null rollt alle Minute eine andere Linie ein, obacht! Sodann geht's vierzig Minuten raus ins Sachsenland, wo ich im Finstern aussteige. Wir holen Sie ab, sagte eine nette Stimme am Telefon – und so geschieht es. Zehn Minuten später stehen wir in einem restaurierten Herrenhaus, Eingangssäulen tragen das Gewölbe, Marmorgeländer am beidseitigen Aufgang, gradeaus eine wohl acht Meter hohe Halle. Ich werde in das stilvolle Zimmer geführt – und bin platt. Er, Jahrgang 50, hat die Welt bereist und nach fünfzehn Jahren Rumänien mit seiner dort gefundenen Frau hier alles restauriert, was innerhalb der 5000 Quadratmeter liegt, über Erkanntes zwei Bücher geschrieben. Jetzt bringt er mir noch zwei Bier, ‚Sternburg Diesel', um 9 Uhr ist Frühstück. – Der Osten ist schön, wie er auch ist. – GEORGE BATAILLE über den „Großen Zeh".

25.3. Sehr weitläufiger Angang zur Messe der Literatur – dort ist der Teufel los. Halle 5 beherbergt die ‚Manga Convention'. Das junge Volk in skurrilen Kleidern drängt aufs Gelände, ich suche Orientierung in diesem Literaturauftritt. Wo bleibt nur Hafi, mein Schulfreund und Literaturhelfer! Der kommt hier jedes Jahr her mit seinen Freunden des ARNO SCHMIDT-Vertriebs. Ein Buch dieses Meisters las ich noch nicht, sag ich aber nicht, er fragt auch nicht. Aber seine vernichtenden Bemerkungen über die Tagebuchschreiber kenne ich. Also taste ich mich durch die fünf Hallen. Am Stand dieser geschäftstüchtigen Zeitung lege ich den ersten Stopp ein und spreche eine dieser schönen Frauen im schwarzen Hosenanzug an, nach Überwindung, denn – kennen Sie die letzte Literaturbeilage, werde ich sofort gefragt, ja, ja, die kenne ich, weiß wo die Latten liegen – hoch, sehr hoch, Sie Pieselottensammler – macht, was ihr wollt damit, aber mutig bin ich schon, Leute!

Damit habe ich mich schon über viele Bedenken hinweggesetzt, oft kostets. – Sie hält das Gewicht in der Hand, zehn Stück pro Tag erhält die Redaktion, die sollte ich anschreiben. Entmutigt ziehe ich weiter, drei Exemplare ziehen die Tasche zu Boden, ich wollte mich einfach erleichtern. Die karnevalesken Kleider und Masken füllen alle Gänge, viel zu gucken, auch Ausschnitte und Beine, viele Schöne, Dicke, Kleine, der Blick verliert sich hier und da.

Es ist mittags und ich mache beim österreichischen Literatur-Imbiß halt, der hat Weißwein, dazu ein mächtiges Brot Salami. Es liest ein Mann, mächtig, schwergängiger Bau aber floretthaft formulierend, wobei doch der alpenländische ductus eher breit daher kommt, eben diese attraktive Melange. Es geht um eine dieser Dynastien vor dem Lauf ins katastrophische Jahrhundert. – Ein Mittagsschläfchen wage ich nicht, ich packe und ziehe weiter, vorbei an den Ständen des Ostens, Litauen, Ukraine und passiere den Verlag, dessen Angebot zu Hause liegt. Es ist gestorben mit seiner erbetenen Handsalbe von 12', ich trage schon genug Risiko, Leute. Na ja, sieht auch schrammelig aus die Auslage von zweihundert Titeln, kein Fokus, kein Publikum. Um die Ecke ist lustige Unterhaltung, ich taxiere und mache Halt am Tresen, bestellt mit zwei Herren Ende vierzig, seitlich akkommodiert von zwei deutlich hübschen Frauen, die unterhalten. Packe den Dreipfünder aufs Brett und mache Text dazu. Schnell wird's lebhaft, der eine nimmts und blättert, Verlagsvertreter, der andere, Schweizer Agent, spricht interessiert.

Das könnte was werden, ich sollte das Manuskript zuschicken. So ein fertiges Buch schreckt eher ab, erfahre ich. Ich mag es inzwischen sehr. Es wird so unterhaltsam, daß ich nach meinem ,die girls von der Heide sind eine Augenweide' -wie peinlich ist das denn!-, gibt's die noch, fragt der offensichtlich informierte Verlagsmann, also 2005 hatten die noch Auftritt, behaupte ich, die EAV, naja, auf Frage, einen Weißwein könnt' ich jetzt schon – gleich sucht einer Gläser, geht auch ein Sekt, ein Roter, fragt er von hinten und wir stoßen an. Wenigstens das geht. Ich nehme die Kärtchen, sage Dank und ziehe weiter.

Darauf eine Schlange Wartender, lang, um die Ecke und die ganze Breite zwischen zwei Gängen verschließend, was gibt's denn! Noch einmal um die Ecke und der Kopf der Schlange erscheint – ein Titel des Heyne-Verlags, die Autorin sitzt und signiert, kaum dreißig Jahre alt, stellt sich jedes Mal mit dem Kunden auf fürs Selfie, setzt sich und signiert wieder.

Wie leicht kann das Leben sein, wenn man sich auf die Sonnenseiten konzentriert, sage ich mir, Schattenmann bin ich, und setze meinen Gang im Transportmodus fort, passiere erneut die FAZ und bleibe auf einem der weißen Sitzpolster. Der Autor von ,Zuckersand' im Interview, wie alt? Ich sage 45, sehr flüssig, leicht verrückt, das ist produktiv. ,Das äußere Kind' wollte er's nennen, der Lektor riet ab, zu komplex! Kenne ich, in Potenz! Deshalb trage ich ja so schwer. Nach zwanzig Minuten ist der freundliche Spuk vorüber und ich habe mich entschlossen, gehe auf die

Schöne zu, jetzt müsste sie milder sein – sie hat mich erwartet, denn sie hat in der Redaktion angerufen und die Zusage bekommen. Bei Ablehnung bekäme ich das Werk zurück – schreiben Sie drauf „wegen Kleinauflage". Ich halte mich zurück, voller Freude – und werde nichts mehr hören, bekomme auch die Ware nicht zurück, frage an, keine Antwort, echt! – Weiß ich aber im März noch nicht und ziehe, spürbar erleichtert, weiter, während sie sich mit Reinigungsmitteln über die Reste der Kundschaft hermacht. Gar mancher hinterläßt, ohne jeden faux pas, eindringliche Spuren auf dem Kunststoffweiß. Der Kollege kommt mit Massivchemie zu Hilfe und das Weiß ist wiederhergestellt.

Dann erreicht mich Hafi aus dem Antiquariat in Halle 5, er hat sein Handy zu Hause gelassen, er mag es nicht. – Wir machen zusammen zwei Anläufe bei Book on Demand, dann folgen wir der allgemeinen Bewegung ins Freie, er zum Bus, ich zur feinen S-Bahn, finde Halt auf dem Bahnsteig und gehe auf einen Ecksitz, Metall, bis zum Hauptbahnhof. In Bennewitz ist es Nacht und zum Herrenhaus Schmölen fast zwei Kilometer, Stadt – Land – Dorf. Mit zwei Flaschen Bier zum Abend fasse ich zusammen: welch Aufwand.

Ich bin kein Meister in eigenen Angelegenheiten, werde aufmerksam Absagen empfangen und etwas anderes finden, den Agenten in der Schweiz bitten. Das wohlwollende Fernsehen zeigt die einbestellten Demonstranten zur Feier der ‚Römischen Verträge'. Ich sage euch etwas, denke ich beim zweiten Bier, mein Buch mit all seinem Schwund gefällt mir immer besser, weils stimmt! Und ist zu wertvoll, als daß Sie Ihre Kopien ziehen, so. Aber die Form, kommt es – zweimal wurde ich gefragt, ob ich Kulturpessimist bin. Das verstehe ich nicht, es ist wohl grade das Positive gefragt. Ich kann das Positive ja mal ins Pflichtprogramm nehmen, es ist übrigens massenhaft Positives drin! Mein Tatsachen-Training ist unübertroffen, das macht mich fast wohlfeil gegen solche Fragen.

26.3.   Frühstück und Abwicklung im kühnen Frühstücksraum, angenehm. Das Paar, Herr und Frau FRANCK, sitzen auf der Bank im rückwärtigen Park in der Sonne. Sodann fährt mich der Autor der ‚Geschichten vom Mond' zum Zug, übergibt mir ein Exemplar und ich wechsle in den ICE nach Hamburg. Viele Frauen mit strengem Gesicht reisen hier, eine davon in ein Manuskript vertieft. Da ist sie wieder, die Prüfungsangst, so einer werde ich ausgeliefert sein bis zum „Setzen, sechs!" Und dann holt die Gutachterin zum vernichtenden Urteil aus, am schlimmsten: sie wird mir abschließend alles Gute wünschen. Ich werde merken, wie das ist, wenn man nicht auf der Gönner- sondern auf der Empfängerseite so eines Satzes steht. Ihre Gesichtszüge verraten nichts, nur ihre Lippen sind widerständig geschürzt. Der würde ich meinen Text keine fünf Minuten überlassen, könnte grade aufstehen und sie nach ihrem Tun fragen. Vielleicht ist sie ja ganz anders, nur mein Text bleibt so, verstanden.

Ich fahre fort mit den ‚Geschichten vom Mond', des Herrn FRANCKS Gottesbeweis. – Seltsam diese vielen Frauen, wie die dunkle Materie. Sie tragen aus, nähren und erhalten. Der Mann verbraucht. Die englische Begrüßung aus dem Lautsprecher hat nach wie vor den Stand von Werner Lamps ‚wesser-report' bei AFN-Frankfort in den sechziger Jahren, wo dann von ‚klaudi skais' die Rede war. – Stopp in der Berliner Kathedrale. – „Zum Wesen der Zeit gehört, daß die Null vor der eins kommt", das provoziert. – Ein muslimisches Paar bittet um die Fensterplätze, beide mit Knopf im Ohr, kontinuierlich telefonierend, ein ICE streift unseren, Parallelfahrt, Entspannung in Spandau. Jonas wartet am Bahnhof und bringt mich nach Hause.

27.3. Seit bald fünfzehn Jahren gibt es die ‚Nine-Eleven-Regel' im Ausländergesetz, wonach Gefährder ins Ausland verbracht werden können. Die wurde jetzt zur Überraschung aller aufgerufen. Es hilft nicht mal, wenns geschrieben steht – wenn die Gesinnung regiert. Vulgo: wer nicht grade mit zehn Kilogramm Dynamit unterm Einsatzfahrzeug der Polizei hantiert und auf Befragen undeutlich antwortet, weil er ein Messer im Mund hat, bleibt ungeschoren.

Berlin ist die Hauptstadt der Ratten – das ist Literatur! Zugleich stimmt es. Sie siedeln in niedriger einstelliger Millionenzahl, wie die übrigen Einwohner. Das ist eine gute Nachricht, denn dann sinkt die Stadt nicht. Das merken Ratten sofort.

Die Ruinierung der maßgebenden Ressource für Reichtum, Geist und Witz, also alles, was Land & Leute ausmacht, also diese Ruinierung der Kinderhirne gelingt der ministeriellen Pädagogik selbst im Sektor Mathematik. HANS-JÜRGEN BONDELT überblickt die Dekaden der Verwüstung, die in der Kompetenzfrage des 8.Schuljahrs kollabierenden Ausdruck findet: Bitte verorte im Balkendiagramm die 65 zwischen 60 und 70, versuchs wenigstens! Bei Erfolg hat er dann die Leitidee L5 getroffen. Vom Ablesen des Fieberthermometers als weiterem Kompetenznachweis soll nicht weiter berichtet werden, es schürft mir das Hirn auf. Von zermürbten Hochschullehrern jedenfalls will KRISTINA REISS, deutsche PISA-Fröhliche, nichts wissen: „Wir holen die Studienanfänger da ab, wo sie stehen!" Der Weg wird eben nur länger, immer länger. Sport hält fit, wird sie mich Einwender zügeln. Und was sollen die sich bewegen, bei dem Full-Service. Bevor ich in die falsche Richtung laufe, stehe ich. Bei solcher Ganztagsbetreuung heißt es einfach immer wieder: zurück auf Anfang.

Was schon KARL SCHLÖGEL geschah, widerfährt auch Kollegen JÖRG BABEROWSKI, der im Stalinat forscht, dazu HERFRIED MÜNKLER. Sie werden von einem US-basierten ‚International Youth and Students for Social Equality'-Laden, einem substanzfreien, aber finanzstarken Hirnriß aus dem Trotzki-Milieu so lange beprangert, bis sie das Weite suchen. Asta Bremen und Hamburg werfen sich in die Bresche dafür. Der Aufkleber ‚rechtsradikal' kostet ja nix. HEIKE SCHMOLL über das „schleichende Gift des Rufmords".

Dabei steht solche Zuschreibung mitten im gesellschaftlichen Raum, ist sozusagen ‚populär', wenn Sie verstehen, was ich meine. Dieses schrundigen Titels wird sich leichthin bedient, von der Linken ohnehin, von Bündnisorganisationen, diesen herrlichen Verkleidungen ebenfalls, etwa die ‚Solidarische Moderne', selbst der Kandidat nimmts gerne. Kurz vorm Wahnsinn reime ich. Und dann erst abends, 19 Uhr – 20 Uhr – die ‚small talk round tables‘ – Ich kriegs am Kopf, „Reichtum umverteilen" tobt es bei 3sat, kaum habe ich den emotionalen Hype der 19-Uhr-Hysterie überstanden. Ich werde den Arzt konsultieren, mein Herzkasper hatte sich gerade beruhigt!

Irgendwie müssen wir den 25. Jahrestag mal festmachen, wollen wir das mit den Trauzeugen machen, mal anfragen, fragst Du – willst Du das nicht machen, frage ich zurück, wie heiße Kartoffel! – Nein, du bist der Heiratschef, ich wollte das nie, habe mich aber nicht widersetzt. Und, ich halte mich an Abmachungen, arbeite die ab – ups – geht noch weiter: gucke nicht dauernd, geifernd und sabbernd, nach links und nach rechts – ja, denke ich, gäbs euch nicht … und was das Heiraten betrifft, so schlagen wir einfach Band eins auf, gell!

„Es darf bei einer modernen Ehe nicht darauf ankommen, welches Geschlecht die Beteiligten haben", tönt, nein donnert der SPD-Fraktionschef im Wahlkampfmodus. Da braut sich was zusammen. Die Sache ist ihnen heilig, die Enteignung.

29.3. HOLGER STELTZNER macht den Kassensturz zum ‚Brexit‘. Was ist das eigentlich für eine Gemeinschaft, die ein Mitglied für einen Austritt bestrafen möchte. – Die Leute hatten recht, die vor 25 Jahren den Positionswechsel aus den kommunistischen Nomenklaturen in die Brüsseler Paläste ankündigten, als neue schöne Welt. Aus dem einstigen Ansatz wirtschaftlicher Integration wird eine Sozial- und Transfer-Versorgung der Unwilligen durch die Willigen. – Sein Kernsatz: anders als Deutschland haben Italien und Frankreich eine Strategie – und die Strategen werden sich der gegebenen Abstimmungsmodalitäten bedienen, echt demokratisch, gell, wobei die nur die Lieferanten bei Laune halten müssen. Fehlt noch das Links-Format im Herbst, dann ist totale Synchronisation zwischen nationalem Projekt ‚Reichtum umverteilen‘ und Brüssel-Kommissariat: abliefern, was übrig ist. – Als SAT-3 damit anfing, empathisch, wandte ich mich der Fahrt eines Flugzeugträgers zu, anders komme ich nicht frei.

‚Mit der S-Bahn ins Museum', warb man in Berlin voreinst. Das taten jetzt ein paar Korpulente aus der Abteilung Auftragsarbeit im organisierten Verbrechen, intervenierten über die Fenster im zweiten Stock, zerschlugen mit ‚schwerem Gerät' (Axt) die Panzerglasvitrine – keine Reaktion, schleppten die 100-Kilo-Goldmünze ans Fenster – keine Reaktion – und donnerten sie aufs Pflaster, von keinem Alarmglöckchen behelligt – weg sind sie mit dem Wertstück. – Mitte Juli sitzen die ersten Teilnehmer fest, Angehörige eines ausländischen Clans. Sie erläutern, daß die Abfuhr zweimal geprobt wurde. Als das ohne Behinderung durchging, schritten sie eben zur Ausführung. Tatwerkzeuge sind in Berlin gemeinhin die Axt (Baumarkt), das Rollbrett, Torkeil, Schubkarre und Leiter. Da muß mehr drin sein oder ist Berlin jetzt alle!

Der Chef des nationalen Finanzamtes der Ukraine, Roman Nasirow, bekommt vor Schreck einen Herzinfarkt, als er verhaftet wird. Daher liegt er hinter Gittern – es war so nicht abgesprochen, wird er denken. Seine Barschaft übertrifft allerdings die von Chefe PETRO POROSHENKO um fast das Doppelte, das provoziert einfach. Von weiterem Besitz abgesehen. Zwei junge Ermittler setzten ihn fest, „es ist nicht leicht" bemerkt Artem Syntek, erster Antikorruptionsanwalt in einem Netzwerk von Korruption.

Beim zweiten Druckvertragsangebot stehen 14 Tausend zur Zahlung an.

WARREN BEATTY wird 80, dieses ‚free wheeling' der 60er Jahre, als wir uns ‚Bonnie und Clyde' ansahen und beim Bankraub mit FAYE DUNAWAY applaudierten.

Der Himmel über Berlin ist besonders, mehr Teil der Stadt als sonstwo. Nach WIM WENDERS macht OLIVER HIRSCHBIEGEL damit einen Dreiteiler, ‚Der gleiche Himmel'. Die Sicht ist radikal verhärtet in den Figuren, der Handlung, der Szene, es geht um Spionage und Antworten darauf. – Das Aufnehmen mit unserer komplex-antiken Technik mißlingt, so sitzen wir um halb zehn vor dem Laptop. Es paßt zum Blick in die Verhältnisse von 1974, daß keiner der Handlungsstränge entflochten oder geklärt sondern mit einem Satz in den Abspann entlassen wird. Tolles Machwerk voller Typen und Charaktere, das unterhält die Gier nach mehr und hingucken, BEN BECKER, FRIEDERIKE BECHT.

Roger ruft an, auf dem Weg zurück nach Simbach, Mimi bekommt tägliche Infusion, „sie hat mir versprochen, wieder zu essen." Ich verstehe seine Ambition.

Wir hatten den wärmsten 31. März seit Beginn der Aufzeichnungen, ein schöner Tag.

2.4. Über eine ganze Seite zeichnet REINER BURGER den Weg des ANIS AMRI nach. Darin bewegen sich vierzig Behörden, Dienste und Ressortchefs – auf der Stelle, ohne Entscheidung, mutlos. Alle sind verantwortlich, daher schieben sie.

„I am not your negro", gab JAMES BALDWIN zurück, als Dick Cavett ihn als solchen in seiner Show vorstellte. So auch der Dokumentarfilm, worin die „politische Apathie und moralische Armseligkeit" zum Preis gehört, den die Weißen für ihren Rassismus zahlen.

3.4. Früh raus mit Sack&Pack nach Nutzhorn für zwei Tage ‚L.earn 2' – wir sind unverschämt zufrieden – die Teilnehmer geben auch allen Anlaß.

4.4. Abends zurück – gassi – das Portemonnaie ist weg – soll ich nochmal gucken, fragt Marion später – sie wird es finden – es lag auf dem Dach, Schatz – ich schließe die Garage.

5.4. Das Vexierbild der Fürsorge ist Enteignung, wenn Fürsorge nicht reicht, kommt als Hebel Gerechtigkeit hinzu, das Instrument ‚Sozialpolitik'. Das ist traditionelle sozialdemokratische Agenda. Infam die Sonderausstattungen der Zielgruppen mit verfassungsgründendem Schwurbel. So treibts aktuell HEIKO

MAAS mit dem Kindergrundrecht. Ist erst das Kind mit Verfassungsanspruch dem biologischen, elterlichen Zusammenhang ‚entsteißt‘, haben Staatsaufsicht und öffentlicher Eintritt in Fürsorge und Erziehung leichtes Spiel. Zur Begründung wird auf Verwahrlosungen verwiesen. Die ‚Herrschaft über die Kinderbetten‘ ist nahe, die ‚historische Familie‘ eh verdächtig, die ‚Ehe‘ mit allen und sodann ihre Gleichstellung Herzenssache solchen Ansinnens. Herrn TAUBERS Einwände sind Ritual ohne Überzeugung. In diesen politischen Spielen bildet die Auflösung von Zusammenhängen den Anfang Frankenstein'scher Montagen. CHRISTIAN GEYER nennt es „eine Frechheit", diesen Angriff auf das Abwehrrecht der Eltern gegen den autoritären Staat. In China gibt's keine Probleme im Staatsverständnis, dort kann bald jeder den ‚Sozial-Status‘ des Nachbarn auf der App ablesen. Das ist sowas wie der Flensburger Punktekatalog, aber für alles!

„In Kürze erreichen wir die schönste Stadt der Welt", kommt es begeistert aus dem Lautsprecher. Und er hat recht, geht mir durch den Kopf, als ich dreißig Minuten später in diesem alten Intercity zwischen Hauptbahnhof und Dammtor über die Brücke und durch die Berge von Erinnerungen rolle -zwischen VURAL OEGERS Reisebüro, Hochschule, Vierjahreszeiten und der Adolphsbrücke mit ihren Geschlechtertürmen von Kanzleien. Dabei nichts zu sehen von den Katastrophen, die mich wie der Wind durch die Straßen trieben, von Bache Halsey Stuart zum Gänsemarkt 48, von den Colonnaden zur Geldübergabe an Gleis 14, schließlich zum Strohhaus in die Verhöre und später in die Anhörung vor den türkischen Investoren, im rückwärtigen Raum der Pizzeria. Wer bin ich, diese Summe von schadensgeneigten Ereignissen! Der Zug hält mich zusammen, fährt einfach dran vorbei, toll so etwas – sucht jemand ‚Elvis‘? Ich bin bereit, das Beinkleid im Schrank, ‚I got Stung‘. Die Brachen hinterm Dammtorbahnhof weiterhin in zügiger Bebauung, diese bahntypischen Birkenwäldchen im Gleis, auch so eine zurückgelassene Zeit, ein aufgespannter Schirm. Ein Fahrdraht acht Meter tiefer zeigt an, daß dort eine Strecke unter Wasser steht. – Der Kaffee beim ‚Starbucks‘-Depot war gut, die Franchise-Familie, Vater, Mutter, Sohn, war sehr unterhaltsam. Bei den Preisen kann der Kunde das aber auch erwarten! Das Croissant ist zäh. Der Intercity ist ein echter Reisezug, wenn er alt ist.

Mit der gleichen Unverfrorenheit wie sein Justizkollege schwärmt und plädiert der Kassier-Chef, gemeint, der Wirtschaftsminister, für die effektive Durchsetzung des Zinslos-Regimes dieses Frankfurter Zauberlehrlings aus dem sonnigen Süden, ciao bella! Das sei nämlich die beste Vorbereitung für ein bargeldloses Leben. Da sitzen die Meisterschüler der Eingriffsverwaltung voller Eintracht neben dem Altbarden des fiskalischen Durchgriffs in jeder Hütte dieser Republik. Bei aller Schubserei in der politischen Mitte, womit sich die Herrschaften gerne umfloren, die Agenda von ‚erfassen – überwachen – festsetzen – durchsetzen‘ ist längst Teil ihres politischen Gens. Und sie überbieten sich in der Lobpreisung unter der großen Tarnkappe Europa. Und es ginge ja gegen die Kriminalität, gell! –

Der geneigte Leser möge es wiederholt nachsehen, aber ein Schlag Belehrendes muß wieder rein: das Konzept der Parlamentarischen Demokratie, welches ja als kostbares Exportgut angeboten wird, sieht den Staat nicht zuletzt in der Rahmenaufgabe, Leben und Wirtschaften der Privaten zu gewährleisten. Davon ist bei diesen Hohlraumideologen nicht mal mehr ein Aspekt zu sehen. Ist kein Mikroskop zur Hand! Die ruinöse Wirkung dieser Zinsdiktate interessieren diese Staatsapokalyptiker gar nicht. Nur die Staatsschutzfunktion zählt, die das verantwortungsfreie PEP-System gewährleistet – so echt Louis-Quatorze-mäßig, si vous comprenez, ce que ... und so weiter. Isso.

Das Kommissariat autorisiert Kreditinstitute zum Durchblick in die Kontenverhältnisse. Damit will es den Wettbewerb fördern. Das sei, so die Zeitung, erklärtes Ziel. Ich habs wohl nicht genau verstanden, das ist jedoch uninteressant – interessant ist, was nicht erklärt ist. Die Einrichtung solcher Durchgriffe wird auf Sicht schon von fürsorglichem Nutzen sein. – Die dritte Begründung auf zwei Seiten, welche das Motiv tarnt, folgen Sie mir weiterhin.

Was im Osten die Oligarchen, sind hierzuland' die im populistischen Schmuck eintänzelnden Fiskalathleten, in bronzeschimmerndem Ornat, sprich legislativ. Der kritische Kommentar kommt allerdings Unterstützung gleich, wenn er von „Irregeleiteten" spricht, die solchem Ansinnen „auf den Leim" gehen. – „Am Arsch die Räuber", heißt es dazu in Offenbach.

Meinungsäußerung und Meinungsbildung, also Mengen in der Abstimmung, werden im Netz noch nicht überwiegend durch Programme generiert, aber bereits in erheblichem Umfang: das System marginalisiert Teilnehmende aus seiner Logik heraus. Einstweilen sind es noch preiswerte Angestellte, welche durch ‚bots' Meinungen ‚hebeln', Absichten sind programmierbar, es genügt dann der ‚Push-Bottom'. – Wenig später teilt die ‚FAS' Preise mit: für 1,7 Dollar gibt's hundertmal ‚Dislike', die ich jeder Netzäußerung anhängen kann, für 20 $ gibt's gleich tausend! Mit 55 Tausend trete ich eine Kampagne los, für 200 Tausend öffentlichen Protest. Natürlich kann ich auch, so ganz analog, Leuten Geld geben, damit sie auf die Straße gehen, sagen wir – ‚für mehr Europa'. Was das kostet? Also die Mafia zahlt, cisalpin, 50 für eine gekaufte Stimme. – So geht die ‚gigantische Nonstop-Abstimmungsmaschine' des Internet, wie ECKART LOHSE zusammenfaßt.

PS.:
‚Mindestens 15% der Twitter-Profile sollen Bots sein', heißt es kurze Zeit später. Die Manipulation von Debatten im Netz, die Kopie von User-Profilen treibt die Steuerung der Meinungsbildung durch große Meinungsmacher.

Elmshorn 1978 – Kraft General Foods – seitdem kannte ich Eckhard – Eckhard ist tot – Manfred und Elisabeth machen noch, wie ich – schwarze Schafe, weiße Schafe, welchem geht es besser! Tausend Häuser, tausend Wege – es gibt kein richtig und kein falsch.

6.4. Gestern lief ich um die Südspitze von Amrum, mit Blick auf die langen Zyklen des Aufbaus neuer Sandflächen, des Wachstums und Verschwindens der Grashügel, zurück ins ‚Schneckenhaus‘. Heute morgen bis zum Abschied, vielleicht dem letzten, mit den vielen Anzeichen des Endes dieser 95 Jahre, zwei Drittel davon waren wir miteinander. Wir versprechen Grüße auszurichten. Vielleicht ist ja doch was dran. Hoffentlich geht es ohne Schmerzen, flüstert Mimi, dann bringt Sabine mich zur Fähre. Beim Verlassen des Hauses kommt Sehra entgegen mit einer Eistüte zweier Kugeln, die teile ich mir mit Mimi, sagt sie, eingehüllt in ihr Kopftuch. Sie ist hier geboren und kennt Land & Leute. Manche wechseln den Bürgersteig, aber das macht ihr nichts. Es soll beruhigen.

‚Sabots‘ nannten in Frankreich die Landarbeiter ihre selbst hergestellten Schuhe. Sabotage war es daher, wenn sie ihr Schuhwerk in die mechanischen Erntemaschinen warfen, die ihre Arbeit überflüssig machten – oder sie antrieben. Im Bahnhof Niebüll finden sich Text und hübsche Wandmalereien zur jüngeren Geschichte, bis zur nächsten Renovierung. – Und dann wird die Fahrt mit diesem rüttelnden Nah-Expreß nach Hamburg von tiefster Erschütterung begleitet, Tränen dazu – oh Gott, ich bin künftigen Ereignissen nicht gewachsen, das sage ich Dir jetzt schon. Es ist ANDREJ PLATONOWS ‚Baugrube‘, wo das rohe Existieren unter der Sowjetmacht unterbrochen wird von den Flecken der Vergangenheit, Gehöften und Dörfern, die noch nicht heimgesucht wurden. Ein auch in seiner surrealistischen Diktion wahrhaftiger Vorgänger der ‚Sonnenfinsternis‘, die ARTHUR KOESTLER sieben Jahre später schrieb.

Ständig totes Gleis neben der Spur, bisweilen fünffach als Birkenwald, im toten Gleis wächst eben nur Birke, die macht Toterde lebendig. Erde ist immer lebendig! Und nach jedem Halt wechselt das Publikum, viele junge Stimmen, die von Schule, Bafög, Umzug oder Sozialamt erzählen. Ab Itzehoe elektrisch. So schön ist es auf dem Land, weil unterhaltsamer, nicht diese stumme ICE-Fahrt. Die Leute sprechen und helfen sich, auch die Ansager sind deutlich unterhaltsamer, die sind in Stimmung. Durch Altona, fünf Plätze sind mir hier vertraut, ab Hauptbahnhof kommt Zug in die Bahnfahrt: brechend voll, an meinen Tisch kommen drei

Business-Freaks – erst drei handy-talks, Filmbranche, NDR und normal – drei Laptops im ‚klapp auf‘ und ab geht's. Der Einzelmann gegenüber kriegt das ganz andere Programm! Drei Ladies, die sich auch noch kennen – und, Gläser im Gepäck, einen Schampus aufmachen – worauf es laut und lustig wird. Kein Wunder, daß Frauen weniger verdienen, gell! Spaß wird schließlich nicht auch noch bezahlt, ja. Aber sie nutzen die Zeit besser, offensichtlich. Der Mann erträgts, immerhin. Es ist der Zug der Wohlhabenden, derer, die mit ihren Talenten wuchern – und deren Steuerlast das Auskommen der Anderen trägt.

7.4. Der Justiz(!)minister installiert die ‚Fake News-Polizei‘. Das eröffnet dem Regime der sauberen Oberflächen neue Konzerthallen. Sofern sie nicht direkt ihre Putzkolonnen losschicken, sorgen sie für die Saubersteuerung.

Die Diktatur der Wohlgesinnten, die ‚Faktenfinder‘ der ARD, ‚News Feed‘, ‚First Draft‘, ‚Klicksafe‘, ‚Correctiv‘ und ‚Hoaxmap‘ mit CAROLIN SCHWARZ, so geht das subventionierte Gutsein. Ein illustrer Kreis schließt sich kurz mit der Aufsicht der öffentlichen Hand.

Der Präsident des Bundestages möchte die Regeln für den Altersvorsitz ändern, bevor die AfD mit ihren alten Herren ins Parlament einzieht, eine weitere Hygiene-Maßnahme. Beim seinerzeitigen Alterspräsidenten STEFAN HEYM, immerhin Aktivist jenes Schriftstellerverbandes, gabs keinen Einwand, heißt es. – Da war man wohl noch nicht so empfindlich!

Mit seinen flotten Bemerkungen zur konsumtiven Fiskal-Mißwirtschaft in Südeuropa holt sich JEROEN DIJSSELBLOEM eine echte Affaire mit überschießenden Ausfällen ab. – Die konservative Fraktion in Straßburg verteidigt ihn und beiläufig wird die politische Mechanik dieses Turmbaus deutlich: diese länderübergreifenden Zusammenschlüsse in politischen Blocks nehmen das Handeln der Einzelstaaten aus der Schußlinie und damit aus der Kritik. Denn solche nötigte zur innerfraktionellen Auseinandersetzung – und fehlende Geschlossenheit bedeutet Vorteil für die anderen Haufen, parlamentarisch: Fraktionen.

Vermeidung von Länderkritik wird so zur Folie politischen Einvernehmens. So eignet sich diese Einrichtung weder zur Kritik des Gesamtsystems noch zur Rechenschaftsforderung an einzelne Mitgliedsländer. Solche Kritik ist gewissermaßen institutionell exterritorial gestellt, son bißchen Volkskongreß, das Ganze. Das EU-Parlament ist nicht nur ein grandioses PEP-Modell, dazu gut funktionierender Integrator. Das kann das Politbüro nur freuen. Und es hat mit der klassischen parlamentarischen Vertretung eines Volkswillens wenig gemein.

HOLGER STELTZNER umfaßt erneut die Gesamtrechnung des Eurokratie-Projektes – es ist alles gesagt, es gibt nichts hinzuzufügen, es wissen alle, es interessiert keinen, es macht einfach Spaß, ,wemmer debei is'.

Um 20 Uhr zum Bus und ab in den Süden.

8.4. 10 Uhr beim Schweizer Rastplatz, sodann hoch ins Gebirge, um 11 Uhr an Saas Grund.

9.4. Auf gut 2000 Meter hoch zum ,Kreuzboden' an den Start mit flacher Neigung zum einüben.

10.4. Entschlossen mit dem Bus nach Saas Fee und weiter zur großen Gondelfahrt. Dort kommts zum ersten fatalen Ereignis, verfilmt als ,Bügelpolka unterm Alladin'. Wir sind oft zu zweit im Bügellift gefahren. Geheuer war mir diese Einrichtung vom ersten Tag an nicht, das war 1998. Und heute unterliege ich erneut. Der Ex-Bürgermeister springt rechtzeitig ab und fährt vor – ich ergreife die nächste Doppelhelix vor vierzig Wartenden – und hänge mich mit den Oberarmen links und rechts ein, d.h. stemme mein Körpergewicht mit den Armen. Das ist technisch und körperlich kaum zu schaffen und ohne grafische Unterstützung nicht erklärbar. Es geschieht aber. Völlig erschöpft erreiche ich den Ausstiegspunkt, fahre den Ski jedoch in den Hang und, mich fast überschlagend, komme zum (Er-) Liegen. Die Welt hält den Atem an. Im Verlauf des Tages keine weiteren Vorfälle.

Abends zu dritt beim Pflaumenschnaps der Ritt durch die zweite Jahrhunderthälfte. Die liegt ja näher als das Neue. Der MAD war wöchentlich im Standort, um Sabotage zu klären. An 25 der 30 MAN-Fünftonner waren die Radmuttern gelöst. Als ein Rad verloren ging, fiel es auf.

11.4. Heute vor dreißig Jahren starb PRIMO LEVI, an den Folgen, an sich selbst.

Mein Ski-Tempomat mißt 70, ohne daß ich lang hinschlage. Stolz zeichnet meinen Auftritt. Jeder Tag gleißende Sonne, wolkenfreie Sicht und die Fahrt oberhalb des Kreuzbodens erfüllt alle Wünsche. – Donnerstagabend: Gesang mit zwei Gitarren, wir geraten in helle Aufregung und singen bis Mitternacht. Alle Texte sind präsent, „wir nehmen euren Blues und eure Flugzeugträger".

Freitag auf ntv: KLAUS FUCHS wurde enttarnt, zu zehn Jahren verurteilt, nach fünf Jahren wegen guter Führung entlassen – und ging in die DDR, um seinen Spionageauftrag zu vollenden. In der Schülerbank saß Chinas erster Atomwissenschaftler und notierte die Tricks aus Los Alamos. Kurz drauf stand der Atompilz auch in China. CHRUSCHTSCHOW bekam Angst wegen MAOS lockerem Umgang mit dem Menschenmaterial, schließlich war er durch die Schule des Stalinats gegangen. MAO wollte nach Korea gerne auch Taiwan ins kommunistische Programm zurückholen, auch um den Preis einiger Millionen Verstrahlter. Daher zog der Russe seine wissenschaftlichen, sodann auch die militärischen Berater aus China ab.

Abends großer Abschluß wegen großer Freude bei allen, zweimal Elvis, dann zum ‚Platzhirsch'. Samstagmorgen: Abfahrt unter Wolken.

16.4. SONNTAG. Zum Geburtstagsbrunch nach Achim, wo es sehr unterhaltsam wird. Nachmittags rüber auf die B 74 und Elvis, also den Hund, zurückgeholt, keine Unfälle. Die Temperatur sinkt unter strahlender Sonne.

Das dritte Verlagsangebot liegt bei 26 Tausend Eigenbeteiligung – da ist ja die eigene Druckerei billiger, ihr Wegelagerer.

17.4. Zum ökumenischen Dienst nach Scharmbeckstotel, vier Prediger zelebrieren im übervollen Gemeindehaus, wir singen. Es grünt bei acht Grad. Nachmittags zum Tortenvernichten beim Nachbarn. Zurück, liegt die Brötchentüte im Hundekorb, Elvis zittert am ganzen Leib vor schlechtem Gewissen und kriecht zu Kreuze. Die übliche Gardinenpredigt. Was meint bloß dieser Begriff.

Morgen ist Termin zur Krebsuntersuchung – mir tun einige Stellen weh – im Netz steht, 70% der Metastasen nach Brustkrebs befallen die Knochen – soll ich das nicht sagen – doch, doch – dann bräuchte ich keine neuen Skistiefel, naja. –

Irgendein Satz traf mich kalt. Ich möchte der Sonne nachlaufen, bis zur Erschöpfung. Gestern wollte ich noch nach Las Vegas. Wohin bloß, wo das Ende noch aussteht. Sich an den Tatsachen davonstehlen, weiter sammeln, jagen, zusammenstecken, was nach Sinn sucht – der endet im gleichen Moment! Welch heroische Aufgabe, mit Sicht auf das Ende zu sein, beschämend der Hader, das Hängen an dem, was ist. Weil zu sein alles ist, das Größte, was möglich war, und endet. – Zwei 16- und 17-Jährige stehen zwischen den Eltern, der „austherapierten" Mutter mit Blick auf das ‚aus' und einem Vater, dessen Demenz nach einem Schlaganfall die Erinnerung ausgelöscht hat. An die Küchenwand haben sie das Regelwerk dieses Weiterlebens geschrieben:

> „Life is short, break the rules, do more,
> need less, smile often, be brave,
> stay true, dream big, forgive quickly,
> kiss slowly, love truly, laugh uncontrollarly,
> and never regret anything that made you smile."

18.4. Dabei ist das alles nichts als das Zumutbare, weil Unvermeidbare, zwar bis zur Lächerlichkeit Veränderbare – aber als Sein das Stabile: dieses „alles hat seine Zeit" des Predigers, vielleicht noch das „vergiß es nicht, aber lass dich nicht bannen".

– Und bei all dem dieser gewaltige Trost: ich lebe nicht in diesem „selbsttragenden politischen Wahnsystem" Nordkorea, dessen Volk, sofern nicht in den Lagern siechend, im Applausmodus erstarrt, ein fetter Dreißigjähriger „einer womöglich einmaligen Dressur unterworfen hat", so VOLKER ZASTROW, – ich lebe auch nicht unter dem großen Vorbild des Ostens, dem Stalin, der ‚Baugrube' des ANDREJ PLATONOW, wo einer die Särge zurückfordert: „Bei uns lebt ja jeder erst davon, daß er den eigenen Sarg hat." Das war letzte Ausflucht, denn so ein Automat: „Wir sind ja, gemäß des Plenums, verpflichtet, sie mindestens als Klasse zu liquidieren." Das waren die Kleinbauern, die Mittelbauern, Kulaken, ja alle, die das ‚claqueur' verweigerten, oder das Lauschen dem Gebrüll der Errungenschaften und Direktiven aus den mitgeführten Lautsprechern. – Auf, daß „das gesamte Proletariat das Bildnis seiner Avantgarde annimmt". Dieses Verschmelzen des Proletariats mit der Avantgarde erleichterte das Zertreten des Abweichlers wie eine Schabe. So etwas vertreibt die Wahrnehmung, die sich in die Sehnsucht nach dem Schmerz verwandelt.

Ja und ich lebe auch nicht unter dem Rassenwahn, der sogleich mit der Eröffnung der KL begann. Alle noch zivilen Flächen des Reiches mit den lachenden Mädels und den stramm aufmarschierenden jungen Männern, ja noch den letzten bürokratischen Staubfänger in den Tarnfarben des Reichsgesetzblatts unterwarf er rassistischer Formatierung. Wer meinte, nur seine Arbeit zu machen, war willkommen, weil willfährig. So wie Brunhilde Pomsel, nachdem alles passiert war: „Ist es denn schlecht, wenn man tut, was zu tun ist, an dem Platz, an den man gestellt wurde?" Die Sekretärin des JOSEPH GOEBBELS folgte bis in den Bunker. – Ich habe dort nicht gelebt und mußte nicht Stellung nehmen und keine Entscheidung treffen, als das Gold aus den Banktresoren verschwand, das jüdische Haus- und Grundbesitzeigentum Berlins akkurat erfaßt, kartografiert und ‚gemeldet' wurde, als Kunstwerke erfaßt und beschlagnahmt wurden, als Menschen als Juden erfaßt, über Jahre mit System aus dem öffentlichen Leben verbannt und in ihrem Dasein reduziert wurden – bis auf die nackte Haut, mit der sie, einen Koffer in der

Hand, in den Transportwagen stiegen. Vorher haftete der Stern an ihnen, Stigma, wurde der Pass eingezogen, sodann der Führerschein, den Wohlhabenden das Auto entwendet, der Mercedes dem Opernsänger RICHARD TAUBER, der Roadster der Schauspielerin GITTA ALPAR, der Opel dem VICTOR KLEMPERER, der Mercedes dem Kaufmann KARL LÖBL. Das trägt PETER CARSTENS zusammen und befragt die Leiter unserer properen Technik- und Automobilmuseen, wo das Zeug denn wohl geblieben sei. Schließlich ist das Sammeln von Oldtimern ubiquitär. „Das Museum hat keine Ahnung", kommt vielfache Antwort.

Dennoch, sage einer, die Sache sei vorbei, gegessen – es wird noch hundert Jahr' so gehen, vielleicht hätte auch ich nichts gesehen, nichts gehört und nichts gewußt und danach mich im Vergessen geübt – bis es vergessen ist und nur in den Träumen sich noch umtreibt, unter Dämonen. Solche Übung geht über Generationen.

Ehepaar ohne Kinder darf 53, ein ‚Single' gar 54 Prozent behalten. Arbeitende sind nicht Klientel der Sozialstaatsindustrie, deren Plünderung über Steuern und Abgaben daher kein Thema. Der OECD-Vergleichsrahmen stellt daher das Land an die zweite Position. Das populistisch-phrasierende Linksspektrum vermißt dessen ungeachtet gleichen Zugriff oberhalb der so Geplünderten und macht daher mit Steuererhöhung Wahlkampf. Aus diesen Kreisen der oberen zehn Prozent kommen schon 55 Prozent. Das könnte doch ganz populär sein, stört aber die Programme.

EMMA MORANO starb mit 117, ‚Parlami d'Amore Maria', war ihr Lieblingslied.

MARCIA HAYDÉE ist Tänzerin und wird achtzig. Ihr Vertrag am Ballett von Santiago de Chile wird gerade um sechs Jahre verlängert. Ich lese erstmalig von ihr, gesehen habe ich nichts, selbst dann kennte ich sie nicht – doch täglich versammelt sich das Jahrhundert.

Kandidat MACRON pointiert stark antideutsch, so bekommt er wohl Stimmen. Die italienischen Europäer schon lange: sie ignorieren die grade gebastelte EU-Abwicklungsrichtlinie zum dritten Mal mit Milliarden staatskreditiert an ‚Monte dei Paschi‘, an ‚Banca Populare di Vicenza‘ und am ‚Banca Veneto‘, da tönt es aus dem zentralpop‘ Spektrum nach dem Motto ‚Haltet den Dieb‘, Deutschland habe den sonnigen Süden in die EU gelockt. – Das schöne Land stand 1998 vor der Pleite und wurde unter Bruch aller Kriterien in den Heimwerkerladen aufgenommen, in die Fluten des Euro, wie Griechenland. Ab dann hieß es, Oberwasser halten in der Sintflut.

Im ‚completely failed‘ Griechenland haben sie über ein Dutzend Jahre nicht einmal ein Grundstückskataster zusammengenagelt, wie beim Eintritt ins Disneyland vorgeschrieben, unterschrieben, versprochen und mit schlappen 500 Millionen ‚gefördert‘. Nur der Fluß des Geldes lief ohne Hindernis, dafür müssen die Banken in Abständen von Schrottkrediten befreit werden, knapp die Hälfte des Volkes zahlt keine Einkommenssteuer, die anderen reichlich, was sie auch nicht amüsant finden und gehen in Transfer. Und Chefe TSIPRAS erpreßt die Kommissare.

Auf dem Weg zum fleckenreinen Guten kennt der Justizminister kein Vertun – und das Kabinett folgt ihm. Eine Gesellschaft, die sich solche Regeln zur Netzsauberkeit gibt, sollte sich nicht mehr freiheitlich benennen, kommentiert HENDRIK WIEDUWILT. Aber sauber, also saubere Gesellschaft.

23 Uhr sms: um halb neun ist Workshop!

Nahezu allabendlich bezieht sich die Tagesschau für ihre Erzählungen auf Recherchen von NDR, WDR und Süddeutscher Zeitung – ein Komplott?

20.4. … in die Stadt zum Coaching, ‚Juli‘ fühlt sich wohl, also machen wir Schluß, NicoleM ist im Termin, grade will ich los, da biegt Reinhard um die Ecke und winkt mich ein zu Kaffee und Zigarette ins ‚4You‘ – wir reden vom Ende, von den sterbenden Müttern, vom offenen Himmel, vor dem jetzt niemand mehr steht. Wir sind frei für den Abgang, oder für den Aufstieg, niemand mehr davor – und vom Glück der Kinder und vom Schrecken verbleibender Zeit – und vom Auftrag, das Leben zu genießen, auf das es erfüllt ist. – Danach zu Nicole. Sie gibt mit der ihr eigenen Wucht Status und Auftrag, Termin und zurück aufs Land. Auf der Heimfahrt erwischt mich StefanL, ob ich Zeit hätte im Herbst, Premiere sei im Oktober. Ohne Übersicht, aber provoziert sage ich zu. Nachts fällt mir ein, daß wir in Südafrika sein werden.

– Mein Schatz hat Leckeres zubereitet. Die Handwerker trommeln auf dem Dach.

Dauernd sind neue Planeten im Angebot zum Übersiedeln, aktuell einer im Sternbild Walfisch. Es klingt vertraut, so gleich um die Ecke, mit „habitabler Zone", versichert die Agentur, „nur 39 Lichtjahre entfernt". Nichts wie hin, bloß nichts vergessen. „Vergiß das neue Kind nicht!", mahnte Benno Hundekoffer 1987 beim Hinausgehen. Wasser wäre schon da, das muß also nicht mitgeschleppt werden. Außerdem wollen wir den nächsten Planeten nicht wieder so verwüsten wie die Mangrovensümpfe in Bangladesch, wo das Wasser vor lauter tänzelnden Plastikflaschen nicht zu sehen ist. Der Haken kommt jedoch: bei 18 Tausend Kilometern Durchmesser kriegst Du kein Bein hoch, das wird mir zu viel im Alter. Und baden kann man auch nicht im Ozean, der ist nämlich aus Magma.

Als Vorhölle empfindet der Dichter das Leben im Odenwald, speziell in der Dorfkneipe, notiert die Rezension des neuen KURT DRAWERT. ‚Der Körper meiner Zeit', dieser drastischen Metapher des Verfalls. Abschließend: ‚tief im Holunder verrottet der Plunder' – zwischendrin: die Krakenarme des Finanzamts, denen kein Cent entgeht aus den ‚Krümelbeträgen'. Seine Suche nach einem Briefkasten, der sich als abgebaut und verlustig herausstellt. Mir Altjuristen kommt die schöne Zweiteilung des öffentlichen Regimes in Eingriffs- und Leistungsverwaltung in den Sinn – Achtung! Wir lernen: die obszönen Eingriffstechniken sind kapillarfein ausgebildet, sie räumen noch die leersten Taschen, Typ Krake – hingegen der Leistungsbereich, Typ Sklerose, dort herrscht frühzeitliche Ödnis, wie Post: ihren prozessierenden und profitablen Portopreis läßt sie sich fortlaufend absegnen, immer schön gesetzlich. Ihre gelben Kästen für die Kunden mußt du per Satellit, vulgo: Google Map, suchen. Wenn du ihn hast, schreib schnell, er kann morgen schon weg sein, oder umgehängt. – Ich gehe Holz hacken.

Frankfurter
Erster Juli 1990, an diesem Tag begann das Tagebuch sich aufzuhängen, wie es digital heißt. Ich schrieb weiter wie bisher und hatte rückblickend auch den Eindruck, das zusammenhängt, was da stand. – Die Schaltwarten der grade vergangenen Zeit rauchten noch, die Todeszone von Tschernobyl war abgesteckt, die Todesmutigen gruben sich durch das Unsichtbare, wußten um die Kurzzeitintervalle, wollten aber was wegschaffen von dem, was sie ahnten. Die Impulsgeber in der großen Hauptstadt in Richtung Ural nannten es Heroismus und blickten auf die in Karés aufgeteilte Welt an der Wand, deren Steuerung grade ausgehängt war. Die Aussicht blieb endlos, bis in trostlose Weiten. – Fast war das Unsichtbare im ukrainischen Dunstkreis erkennbar, hielt man den Blick nur ausdauernd aus dem Zentrum Berlins in dieses Magistralenformat der Frankfurter Allee. Die Erde im Osten war vor ihrer Verstrahlung bereits rot gefärbt. Dem wurde, wohl nach Abstimmung mit den Ansagern, frühzeitig Respekt gezollt und, an die Karl-Marx-Allee anschließend, aus der Stalin- wieder die Frankfurter Allee gemacht. Die Substanz dieser Ausfall- oder Einfallstraße nach Osten blieb, von hier ging es schnell bis an die ukrainischen Schädelstätten. –

Planlos am Thema hängend, die Landkarte von Google aufrufend – als zeigte sich da zwischen Mc Donalds, der Polizeistation und Burger King etwas davon, was auf dieser Frankfurter Chaussee, Höhe Fredersdorf und östlich der Querung der A 10 geschah.

Googles Landmarken lauten anders und wechseln das Thema radikal. Der Tornister mit Proviant ist ebenfalls Geschichte! Dabei hat es Tröstliches, wie sich die neue Nomenklatur von Reisen,

Freizeit & Shopping über diesen Weg zu den Seelower Höhen legt. ‚Recycling Baustoffe' liegen am Rand, sind ‚Sakret Bausysteme' der nächste Halt oder erst ‚Wattenfall Europe'?

Die Wahrnehmung prügelt sich mit dem Interesse, ich suche, was unsichtbar scheint. Selbst der Stienitzsee notiert mit dem Appendix ‚Real Estate'. Die Leute werden sich bedanken, denke ich. – Sodann verliert die ‚Reichsstrasse 1', da ist etwas, den geraden Verlauf, trifft vor Müncheberg auf die B 168, umgeht als ‚Berliner Chaussee' in jetzt doppelter Nummerierung ‚B1/B5' die Siedlung, um sich weiter südlich wieder in die Frankfurter Chaussee nach rechts abzuzweigen. Als B1 setzt sie ihren Weg nach Osten fort. –

Noch keine Menschenseele getroffen! Wie auch. – Da kommt von links hinten die Seelower Straße. Ob jetzt schon was zu sehen ist? Die Gerüche des Januar 1945 werden sich verzogen haben. Ob Google davon überhaupt was weiß! Die kennen doch nur ‚Kunden', bei ‚Tornister' müssten die schon nachschlagen. – Dann nichts mehr, kein Baum, kein Strauch, kein Haus, kein Firmenschild -ist es das schon?- bis zur Trebnitzer Straße, L 36, später die „Straße des Friedens" in neunzig Grad, immer diese Beschwörungen! Dann ein veritables Kreuz, Straßenkreuz, ohne Besiedlung. – Irgendwann erlöst das ‚Autohaus Wieczorek' aus der Ödnis, gegenüber Schloß Diedersdorf, Zahnärzteberatung findet dort statt, welch drastische Umwidmung des Schuppens! Das kann doch Google aus dem Weltraum niemals erkennen! Und der Dorfkirche gegenüber residiert eine ‚Firma Berlin'! Sie behält ihr Geheimnis für sich.

Die ‚Eins' zieht weiter, nordöstlich, nimmt nach kurzer Zeit -als laufe ich die Strecke ab- die 167 auf und gelangt an die Oderhänge mit Haupt- und Abzugsgräben. Ein ‚Paket-Shop' wird annonciert und der ‚Verein Fort Gorgast', es riecht nach stehendem Gewässer, fauliger Geruch steigt mir in die Nase. Dann ist die Alte Oder erreicht, unreguliert in ihren Ausbuchtungen und Versackungen. Panzertruppen? Unmöglich! – Erneut eine Karl-Marx-Straße, dieses Mal von vorne, aus dem Bestand des Jahrhunderts, als Küstrins Hauptstraße. – Die große Straße aus dem Westen Deutschlands -allein der Gedanke überfordert mich- erreicht den Vorflutkanal, sodann den Oderstrom. Dort gibt sie ab, wegen Staatsgrenze. Der Weg nach Königsberg verläuft nach Norden und trägt einen anderen Namen.

Alles ist unauffällig, als sei große Ruhe eingekehrt. Die überarbeitete Oberfläche liegt auf dem Vergangenen. Die Erinnerungen sind vergraben und schwinden mit dem Alten. Noch ein paar Namensänderungen entlang der Küste von Stettin nach Danzig/Gdynia und dann verschwindet die Schreibweise, die ich kenne. Google hilft noch aus mit Kaliningrad. – Ich weiß jetzt, wo sie herkommt, die Frankfurter Allee, oder wo sie mich hinführte, machte ich mich denn auf den Weg. Schon dieser Zugriff, diese Ansicht ist von frappierender Direktheit. Zugriff kenne ich aus dem Aufklärungs- und Ermittlungsmilieu, als Befehl an bereitstehende Bewaffnete, jeden Sonntagabend, ARD.

So ist das mit dieser Weltkarte auch, als erstem Zugriff, als Orientierung. Sie bedeutet jedem, der davor sitzt, etwas Anderes. Wie die Gründer-Architektur Kölns. – Und als mit der Vergrößerung des Maßstabes Moskau erschien, und Odessa, und St. Petersburg, übernahmen die inneren Codes die Führung der Augen und der Themen: es war der Feldzug, der Zug der Armeen nach Osten, Norden und Süden. Die Ortsnamen erzählen nur Krieg, wo der Zug zum Stehen kam und in den Rückzug überging, die Verwüstungen des Hinwegs, das Krepieren der Millionen in den Gulags und KL. Die zogen aus der Frankfurter, kommandiert, ein Jeder mit seinem Motiv, seinem Weltbild, nach vorne bis zur Erkaltung, hinter sich die Besiegten, von der „Säuberung" erfaßt und exekutiert. Die gingen dann zurück, schlugen sich mordend und sengend durch, verwüsteten Störendes und erreichten wieder die Frankfurter Chaussee, die Frankfurter Allee, was noch konnte. Als die letzten durch den Schutt kletterten, verließ sie der Anführer. Und die russischen Armeen drückten sie, über die Seelower Höhen hereinbrechend, in die U-Bahnschächte und Keller, wenn sie nicht in ein Erdloch auf dem Land flüchten konnten.

Einmal Frankfurter und zurück, so könnte das Ticket lauten. – Ich hätte Angst, dorthin zu fahren. In dem, was ich sähe, suchte ich nur nach Spuren dessen, was war. Es ist ein Aufwand, ohne Vergangenheit hinauszufahren, noch schwerer aber, ohne die Codierung wahrzunehmen, was ist. Diese Codierung mit ihrem zielsicheren Netzwerk aus Biografie, Familie, Erziehung, Stadt & Nation.

Marion hat eine Art e-bikes zu bestellen – es ist ein Vergnügen, einfach nur zu hören.

21.4. Tolle Idee der Eltern, das praktizierte ‚Schreiben nach Gehör' als unterlassene Hilfeleistung zu qualifizieren. So gelangen die Bildungsübungen der KMK und des angeschlossenen politischen Personals in den „föderalen Gärten der deutschen Schullandschaft" (WOLFGANG SCHIMPF) endlich auf die strafrechtliche Ebene. Der Abstand zwischen Berechtigten und Befähigten wächst sprunghaft. Die Inhaber solch zweifelhafter Zertifikate bestätigen es. – Das Katastrophensystem Niedersachsen wird genannt: dort zwingt das Verordnungsquotensystem das Gymnasium zur Gesamtschule. Den Rest besorgt Inklusion. Ruinierung der Ressourcen und ein schönes Leben haben, das ist Liquidation freier Entfaltung von Persönlichkeit, also eine Aufgabe für den Verfassungsschutz.

Und es folgt, wie bald alles, dem ideologischen Drusch der Wohlmeinenden: das Bildungssystem für ihr Elend ‚sozialer Gerechtigkeit' zu mißbrauchen, statt es seinem Auftrag gemäß zu entwickeln. So liegt die Abiturquote im nationalen Bildungs- und Sozialdesaster-Zentrum Bremen bei 57%, weit über dem Durchschnitt der Republik.

Wann wird dieses impotente PEP©-System abgewickelt? – Gar nicht! Es arbeitet nicht nur mit abgrundtiefem Vorsatz, sondern tarnt seine Ereignisse mit der gleichen Energie, so durch Umformatierung der Statistiken, wodurch Vergleiche von Leistung und Ergebnis verhindert werden. HEIKE SCHMOLL muß kochen angesichts dieses Noten-, Leistungs- und Sozialdumpings.

KIM JONG UN, von Ansehen bekannt, eröffnet die Prachtstraße ‚Morgendämmerung‘. Wer nicht Hand anlegt, applaudiert, eilfertig. Seit STALINS Aufzügen ist in Fleisch & Blut, was unterlassener Applaus zur Folge hat. Abends zeigt ein Film die Vernichtung Nordamerikas.

22.4. 146 gesparte Milliarden an Zins in neun Jahren. Auf der anderen Seite steht das ‚Volksame‘, welches dem Staat dient, dem Komplott aus Staat und Finanz. Urbi@Orbi ist heute Schäubli@ Draghi. – Das umschwärmte Europa leistet sich zwei Sonnenkönige. Der eine hält seine Hand über die Unwilligen, der andere nimmt den Löwenanteil der Kosten in seine Schuldtürme und hält sich schadlos am Volk der Willigen. Er streicht nicht den Zehnten ein, wies Usus war zu Olims Zeiten, nein den Zweiten nimmt er, jeden zweiten Cent, den Reiche, Begüterte und alle an den Springquellen des guten Lebens Arbeitende hervorbringen. Ich zeig euch die Abrechnung, gehöre zur Gruppe drei. Er thront auf dem 2-Billionen-Dollar-Baby, vulgo Schuldenberg. Und sein Drei-Stufen-Plan beginnt mit dem Plünderungsmodus 1, den er beschweigt. Modus 2 bedauert er gerne, beides betreibt er: Volkes Schuldengebirge kostet ihn nichts, das ist der Kern seines Europa-Deals! Also, wenn er wieder anfängt mit ‚mer brauche mehr Euroba‘, Obacht!

Den Italiener mag er nicht, dessen Herz für ‚Monte dei Paschi‘ & Co. schlägt und hinter den Alpen wird ohnehin nur gelästert über den Norden. Damit kommts zum Modus 3, den er auch gerne beschweigt: Plünderung, die zweite, als Kollateralschaden: was dem Staatsschuldendasein frönt, wird dem bereits geplünderten Volk zusätzlich entzogen: die Zinsmanipulation des Sonnenpartners spart oben und zieht unten. Einzige Animation: Schulden halten und neue machen.

Aber so ist das Volk nicht, das fügsame – nix da Gerechtsame, Herr unterm römischen Himmel! Bleibt anzumerken, daß der Sonnenkönig-B (= Berlin) und Entourage die Hand über die Seinen hält. Öffentlicher Dienst ist nicht nur Schutz vor dem frischen, bisweilen stürmischen Wind von Wettbewerb & Wandel, es ist auch feinste Handsalbe, im Vermögensaufbau daher Gruppenerster. Böse Zunge: ein einziges PEP-Biotop.

Schließlich muß in diesem Flächen-Flechtwerk noch das sonst so Öffentliche erwähnt sein, von wohlwollender Hand in reißfestem öffentlich-rechtlichem Gewebe gebettet. Dieses bedient jenes, im Wechselbad von Beschweigen und Alarmismus, eigentlich in echtem Populismus also, wäre der nicht exklusiv für Links- und mehr noch das Rechtsfähnchen belegt. In der so sauber gehaltenen Fläche tummelt sich ein Kontinuum von Umweltklage, Armutsbeschwörung und Flüchtlingsdrama, wofür unüberschaubare, also zahllose Organisationen beständige Aktualisierung liefern. Hier kommt weitere Staats-Wohltat zum Einsatz: Massen dieser Verbände sind grund- und dauerfinanziert aus den Füllhörnern der Ministergärten. Es ist ein System öffentlicher Aufregung in einem Themenkanal installiert, wogegen Wesentliches, das zu diskutieren wäre, unberührt, ja unbemerkt bleibt. – So unterwandert das Nachrichtenportal im Zweiten abends das Thema ‚Wissenschaftsfreiheit' hinterrücks mittels des Klimawandels gleich mit ‚menschengemacht' – wers bestreitet, ist – ei ein Wissenschaftsfeindchen. Schönen Abend noch!

Wie wars doch einst so klar, als die königliche Kanzlerin, aus Asien zurückkehrend, davon berichtete, sie sei gefragt worden, ob eigentlich Demokratie in Europa bedeute, den Leuten das Blaue vom Himmel zu versprechen. Dort schien klar, was Populismus ist.

Und dabei schaut alle Welt auf dieses propere Fleckchen Erde in Mitteleuropa – und staunt, bewundert. Herr Bergmann aus Luxemburg staunt auch in einem Leserbrief ‚Armutsdebatte ohne Armut' und bricht eine Lanze für „die arbeitende Bevölkerung", die vom Sonnenkönig 2 so sorgsam geplündert wird, oh, ich wiederhole mich ... ein im Kern asoziales System, das sich mit Verteilungsorgien beliebt macht, im Sinne des Wahlrechts.

JACK NICHOLSON wird 80. Das stimmt natürlich nicht. Er wird irgendwas, sagen wir älter. Und wenn, ist es schon vorbei.

Das ‚Klassenverhältnis' war gesellschaftliches Biotop. Die Wahl des PCF die Bestätigung. Doch alles verschwindet langsam, zurück bleiben die Leute, Orientierung suchend. In Frankreich mit seinen Revolten, in den USA in seinen Weiten, in denen Armut sich verliert. In Deutschland ist das anders.

Die Türken hier, in zweiter und dritter Generation, votierten mehrheitlich für ERDOGANS Kurs, erinnert an dieses ‚Right or Wrong – my Country'. REGINA MÖNCH wettert gegen deutsche Weltbefindlichkeit, die sprachlos und bekümmert ist. „Ihr seid zu wenig deutsch", hieß es kürzlich aus dem Osten von Leuten, die lieber bei sich bleiben. Entkernte Deutsche sind es, die nichts im Kopf und nichts im Rücken haben, die vor Offenheit nach allen Seiten nicht mehr ganz dicht sind. Das sind meine Worte von der Enteignung des Menschen. Diese Zersetzung gelingt nur deshalb, weil zeitgleich das Konservative aufgibt. Vollgefressen, rülpsend und die Restlaufzeit berechnend, Hauptsache ‚Schotter blau gebündelt', sorry, so wars unter der Mark.

Was die türkische Parallelgesellschaft hier betrifft, so wurden ihren Angehörigen früh ein verpflichtender Spracherwerb erspart und die doppelte Staatsbürgerschaft zugesprochen, alles von Staats wegen. So wurden die Eingewanderten geradezu ermuntert, die Isolation zu pflegen.

Mit den Deutschen verfahren diese Weltoffenen genauso, etwa mit dem massiv subventionierten Gender-Programm und den

daraus finanzierten Lehrstühlen. Das von ‚Mann und Frau' geprägte Menschenbild illustriert danach nur eine „Heteronormativität", wogegen die Welt voller unendlich vieler Geschlechter sei. Woraufhin die Schreibregeln ‚neutralisiert', und weltläufige Ereignisse umfirmiert werden, etwa Weihnachten in ‚Winterfest'. Schon die Öffnung der Konsulate durch jenen Außenminister FISCHER war Beispiel solcher Schwingtüren-Weltoffenheit, die über sich selbst nichts mehr weiß. –
So haben, wie in der EU, alle anderen „eine Strategie", wir haben Arbeit und Geld und nichts zu sagen außer „Willkommen".

Wir hatten dann abends so ein richtiges Oster-Tonnenfeuer mit dreizehn Leuten aus der Umgebung, äußerst unterhaltsam, kaum jemand hielt hinterm Berg. Christof briet die Würstchen-Packungen durch, Marion ging mit Hochprozentigem durch die Runde, später zum Abschluß in den Wintergarten, damit der Regen ungestört blieb.

24.4. Mittags Kassette Nr. 30 von 1989 mit Musik von 1945 und dem Kratzen der Platte – wer hat dieses Cornett geblasen zu einem Klavier, das drum herum sich anschmiegt und abspringt, dann Saxophon, gestopfte Trompete – weiß es keiner? Ich bin begeistert, klingt echt wie damals, isses ja auch, Seite A setzt das fort, dirty and nasty stuff, younger than ever!

Die Welt mag bunt aussehen, jedes Land in anderen Farben, sie funktioniert aber nach wenigen Prinzipien, unter denen das Geld führt. Das wurde spätestens 1986 mit nicht hintergehbarer Präzision formuliert: „Es beherrscht der Obulus ...", sorry. So auch im Reiche PUTIN und seinen dreizehn oligarchisch geführten Wirtschaftskreisen. Bei TAYYIB ERDOGAN ebenso. RAINER HERMANN zeichnet den Aufstieg und seit Ende der 90er Jahre den kriminell-krakenhaften Ausbau seines Systems mit der Familie im Zentrum nach. Auch der Schwiegersohn ist ambitioniert und bereit. Der Staatsumbau folgt den Anforderungen eines Imperators, der die Beute sichern will. – Sicherheiten bieten nur noch Gleichgesinnte. – Die Geschäftsmodelle auf dem Erdball bleiben übersichtlich, bisweilen hinter aufwändiger

Verpackung. Und dennoch ist es nur der Kern, das Skelett des Treibens. Die Menschen ergötzen sich am Schmuck, den die Anführer pflegen.

ANDREA NAHLES teilt aus, im weißen Kittel, in der Berliner Suppenküche, in ganz weltlichem Auftrag, wie Mutter Theresa, unbeugsam.

TOM WOLFE hat das „Königreich der Sprache" verfaßt. Das ist Pflicht.

Auch der Vulkan sündigt wider das Klima! Der Pinatubo neulich, von Ansehen bekannt, mit schlappen 20 Millionen Tonnen vom SO^2, dem Schwefeldioxyd! An einem Tag, der ‚El Chicón' aus Sombrero drei Millionen Tonnen, „innerhalb weniger Stunden"! HORST RADEMACHER stellt die Rekordhalter vor: ‚Ambrym' im Pazifik täglich 7000 Tonnen, alle ruhenden Vulkane so 23 Megatonnen, das ist jährlicher Durchschnitt. – Anthropogen seis aber noch mehr, meint er abschließend. – Man kann ja dem Wahn nicht in den Rücken fallen, denke ich. – Dann noch eins, was lese ich aus 2014! Pinatubo, die Sau, warf dazu 234 Megatonnen vom Kohlendioxyd raus. Die fehlen hier – ich glaube euch also weiterhin kein Wort. Tutti complotti, guxdu unter 23.7.2014, erscheint demnächst, ihr Geier.

25.4. ‚I am not Your Negro' – JAMES BALDWIN auf Arte, verfilmt von RAOUL PECK – die ‚moral monsters', die Apathie, das Unwissen – das BOBBY KENNEDY-meeting – ich mache mir Sorgen über den Zustand der Nation, die das Foto von dem weißen Polizisten zeigt, dessen Knie auf dem Hals der schwarzen Frau liegt, sein freundliches Gesicht und seine Müdigkeit, die er wie eine zweite Häutung trägt – das Land weiß nicht, was es mit seiner schwarzen Bevölkerung anfangen soll – die Reinheit hat keine Tragfähigkeit – diese Diskrepanz zwischen ihrem öffentlichen Auftritt und ihrem privaten Leben – dieses Problem, das sie erfunden haben, um ihre Reinheit zu retten, hat sie zu Verbrechern gemacht – die Wurzel für den Haß der Weißen ist Angst, und eine infantile, verklemmte Sexualität – der Verkauf des Negers, cheap labour in the south – ... wird allein ihre Anwesenheit den amerikanischen Traum zerstören – HARRY BELAFONTE – es geht nicht um Bescheidenheit – Unreife als Tugend – es geht um akzeptieren – JOHN WAYNE, der die meiste Zeit auf der Leinwand damit beschäftigt war, Indianer zurecht zu weisen, brauchte nie erwachsen werden – sie brauchten uns zum Baumwollpflücken, jetzt brauchen sie uns nicht mehr – wenn ein Pole, ein Israeli usw. zur Waffe greift, ist er ein Freiheitskämpfer – so verantwortungslos, so tot –

Im Bus auf der Rückfahrt vom Skizirkus las ich GEORGE BATAILLES Betrachtungen über den ‚Großen Zeh‘ von 1970, als Ein-Euro-Heftchen von ‚blauwerke‘ nebst ausführlicher Kommentierung herausgegeben, also jenseits allen Geschäftlichen. Der Surrealismus ist ja die Rebellion gegen die Formatierung der Welt, ohne die Zusammenhalt wiederum nicht möglich ist. Schon gewußt? Weiterlesen, ihr Spanferkel!

Die Bewegung bündelte und zelebrierte das Unbehagen, vielleicht wie es SIGMUND FREUD grade als ‚kulturelle Sublimation‘ beschrieben hatte, wie es JAMES BALDWIN für die Gesellschaft seines Lebensraums geschliffen zuspitzt. Seine Rede von den ‚moral monsters‘ ist von brachialer Aktualität, die sich bei beliebigem Anlaß zusammenstellen wie jene ‚namenlosen Provinzhochzeitsgesellschaften ... gnadenlos familiär, gnadenlos frontal aufgereiht‘, wie VALESKA BERTONCINI bei BATAILLE kommentiert. –

Die Verkleidung der Fotografierten gebe nur Hände und Gesicht frei, wobei, weiter den Surrealisten DELEUZE zitierend, „die menschliche Gestalt in ihrer weiß-westlichen Form ... ohnehin vornehmlich aus Gesicht (bestehe)." – Wie BALDWIN antworteten die Treiber dieses anhaltenden Aufstands „dem Durst nach Integrität mit dem Salz der Inkongruenz". – Format 99 aus 2014 beginnt mit eben diesem Starrsinn der Physiognomien einer feiernden Gesellschaft, ‚Gespenstern auf der Stange‘ (VB), die ab 1914 zerfällt.
Bereits umstellt von möglicherweise den gleichen Herren, jetzt

mit Gasmaske, erhalten diese sodann den Befehl, der unerträglichen Idylle ein Ende zu setzen. Das Ganze rahmenhaft garniert vom Interieur des wohlhabenden und geordneten Haushalts. Im vertikalen Bildverlauf zerfällt die Provinzgesellschaft, Schatten erinnern an den Platz der im Gas Erstickten. Das Ganze kommt in der Fußleiste an, die vollgestellt ist mit der Mao-Ikonographie des ANDY WARHOL. Im Zentrum, über ‚schwerer Technik‘ des 20. Jahrhunderts, hält der Versuch weiblicher Zartheit dagegen. ‚Maos Schweine‘ heißt das Format. Nicht zu wissen, warum so etwas entsteht, läßt dem Erkennen seinen Raum. – Wie dieser Satz des BALDWIN vor 50 Jahren, vor denen der zum Gespräch geladene Justizminister KENNEDY sprachlos blieb. – So ist es mit den Straßenfluchten Kölns, deren Schicksal den Blick eintrübt, „Fotografie als Spürmedium“ (VB). Manchmal laufe ich wie im Käfig, dann wiederholen sich die Bilder.

Die Tagesschau ist ‚öko‘, dann kommt CHRISTIAN EHRING – mit was? Mit Diesel – Abgas – Skandal, also dem Gleichen, solch gequälte Satire ist komplett absorbiert. Der war mal so gut. – Wir wechseln auf ‚The Revenant‘, Amerika und seine Indianer, das Gewissen an der Arbeit. Die Weißen folgen dem Racheinstinkt. Der Indianer baut ihnen eine Schwitzhütte im Schneesturm. Später reitet er tonlos an ihm vorbei. Schöne Bilder, kein schöner Film.

Wir nehmen den Tee bei den Nachbarn, um Netzzugang zu nutzen, nach 60 Minuten mit den Laptops zurück. – ‚Werder‘ seit 10 Spielen ungeschlagen, 2 zu 0 gegen ‚Hertha BSC‘, erstes Abendbrot nach Westen. – ‚Allmen und das Geheimnis der Libellen‘, darin HEINO FERCH. Ich bin animiert nach ‚Felix Krull‘, dieser Figur, die so ein Leben verkörpert.

Das letzte Hemd, so die weise Rede, hat keine Taschen. Das trägt der, dessen Leben aus dem Körper ging. Solche Beutezüge machen den Prozeß der einen Rasse wie der reinen Klasse aus, exekutiert erst an den Dissidenten, sodann an den Unterworfenen. Die Juden wurden bis aufs Hemd geplündert, erst in Berliner Rechtsform, für die, welche für alles ein Gesetz brauchen, sodann hingerichtet, wofür der kriegerische Aufruhr den Vordergrund gab.

Nicht zu vergessen den Hintergrund des jahrhundertealten und organisierten Judenhasses, dem Neid und Plünderung immer zur Seite standen und zur Manifestation, dem Progrom verhalfen. Das Regime konnte sich auf einen epigenetischen Fundus stützen.

Das Regime im Osten stellte die Vogelfreiheit, die Freiheit der Jagd und des Abschusses bereits zehn Jahre zuvor her: die Enteigneten, Verhungernden wanderten im letzten Hemd über Land, in die Stadt, lagen und verendeten am Straßenrand. – SARTRE sagt in der ‚Judenfrage‘ verächtlich, dem Demokraten sei alles gleich.

Damit ist er aktuell in neuer Bedeutung. Die Grünen-Partei, wo sie denn exekutive Sitze hat, geht dem kulturell Eigenen ans Leder, weil es, so ihre Rede, Muslimen die Integration erschwert. Sie projizieren die eigene Abspaltung, den Mangel an Bezug zur Eigenart, auf die Fremden. Dazu mißachten sie deren Bedürfnis nach Wahrung hergebrachter Riten. Und sie zwingen diese kulturelle Enteignung mittels demokratischem Beschluß der ganzen Bevölkerung auf, soweit eben ihr regionales Mandat reicht. Das ist wider alles verfassungsrechtlich Gewährleistete. Sie finden dafür auch Koalitionäre, die historisch aus diesem Vorwurf der ‚vaterlandslosen Gesellen‘ kommen. Dieses Stigma verbindet die Beschlußfassenden. Die minoritäre Opposition, selbst konservativer Bezüge ledig, sieht keinen Anlaß für Widerstand.

Typisch für Deutschland sei, im Unterschied zu Frankreich etwa, daß die Frage nie aufhöre, was eigentlich sei deutsch. Das konstatierte FRIEDRICH NIETZSCHE, wohl 150 Jahre zurück. Und SARTRES Bissigkeit vom gleichgültigen Demokraten findet im Gender-Format mühelos Anschluß. STEPHAN HERMLIN sprach 1996 von der zur Toleranz erklärten Gleichgültigkeit, womit sich die bürgerliche Gesellschaft ziere. Sie sei gleichwohl die bessere Heimstatt des HEINER MÜLLER als das stumpfe Mißtrauen des Sozialismus, fuhr er fort, im Nachwort auf dessen

Ende. – In Summe: solches Austrocknen der Mitte erst bringt die Rebellion auf den Plan, sei es als AfD, seien es Identitäre und was sonst alles auf Suche ist, nach der eigenen Mitte.

Ich rief den Freund an, ehemals, dem ich meinen Dreipfünder zugesandt hatte, wegen seiner Beiträge darin – nach Zögern, ich hielt es dann für geboten – und hörte nichts. – Wir sprachen über die Söhne, bis sein ,jaja, die Kinder sind Opfer des Neoliberalismus‘ mir den Mund verschloß. Ich unterließ eine Bitte um Erläuterung und wir sprachen weiter über Belangloses. – Als habe sich nichts verändert seit der gemeinsamen Zeit in der KP. Er werde sich melden, sind seine Schlußworte, was er nicht tut. Sag ihm, er soll das Buch zurückschicken, meint Marion. – ,Wenn deutsche Intellektuelle nicht denken wollen, benutzen sie gern ein ganz bestimmtes Wort‘, formuliert RALPH BOLLMANN in einer Betrachtung, wie der Begriff des Neoliberalismus strapaziert wird, in voller Unkenntlichkeit. Mit solcherart grobem Keil pflügt auch der Berliner Kultursenator durchs Gelände. KLAUS LEDERER aus dem Berliner Linksruck-Milieu warnt vor dem „Gestus der Neoliberalisierung“. Das Publikum, soweit es ihm lauscht, beginnt mit dem Rätseln. – Der Zustand der Hauptstadt hat andere Ursachen, Meister.

,Twelve Years a Slave‘, STEVE MC QUEEN zeigt den Sklavenmodus von innen heraus – daneben der ,Todestango für die zerbrochene Welt‘, PAUL CELANS ,Todesfuge‘ aus der Bukowina, aus der anderen Welt, ist es die dritte, die vierte, die fünfte?

JAN KALBITZERS Plädoyer ,Die Schönheit der Andersartigkeit‘. Welche Arbeit des Sisyphos bringt schnelleres Ergebnis, was ist der größere Reiz. Der Mensch ist nicht gut. Er ist auch nicht schlecht. Er ist sogar einsichtig, trägt auch Hass in sich, so FETHI BENSLAMA, Mann vom Menschenfach. – Aber der Tag ist härter. Der Tag bringt die Überzeugung. Der Andere provoziert. Und steht außerhalb. Jan Kalbitzer zitiert das Paradies. Das Leben findet statt zwischen Paradies und Hölle. Und was gesagt ist, bleibt nicht stehen. Es eskaliert, geht ins Drama, ins hoch organisierte. – Aber, Werbung für das Paradies? Klar doch, Teil des Wettbewerbs! Den zu akzeptieren, wäre Quantensprung, der eine möchte, der andere sollte ihn akzeptieren. Sagt Kalbitzer auch.

Jeder kreuzt den Weg der Läuterung und mancher biegt ab, vom Streben nach Reinigung geführt, oder getrieben, vor die Frage nach dem Sinn gebracht. Das hält auf Distanz, die Apokalypse.

In Rußland schütten sie Oppositionellen jetzt Desinfektionsmittel ins Gesicht, sogenannte Unbekannte. Das ist die aktuelle Arbeitsteilung.

2.5. Die SS-Division ‚Das Reich‘, in Rußland zur Ansammlung von Schlächtern vertiert, auf ihrem Weg durch Frankreich mit OTTO KAHN, seit 1940 im Liquidieren, im Völkermord erfahren, schöpft in Frankreich aus den Erfahrungen unter der Abkürzung ‚MobSK‘. ‚Strafaktionen‘ nannten sie es, als sie 628 Dörfer niederbrannten und dem Erdboden gleichmachten, jeden zweiten Tag ein Dorf – am 10.6.1942 Lidicé, die Kinder zur Vergasung ins Lager Chelmno / Kulmhof, die Frauen ins KL Ravensbrück, die 186 Männer erschossen – am 10.6.1944 Oradour sur Glane unter ADOLF DIEKMANN mit dem Befehl „alle zum Marktplatz!“, Männer und Frauen getrennt – die Männer in eine Scheune, die wird in Brand gesetzt und die Soldaten eröffnen das Dauerfeuer auf die brennend Flüchtenden – die Frauen in die Kirche, der SS-Sturmbannführer trägt eine Kiste Dynamit hinein, die explodiert und Schreien erfüllt das lodernde Gotteshaus – jeder Ort wird vor der Vernichtung geplündert – die Soldaten besetzen eine Schule und feiern bis in die Nacht und hinterlassen 624 Tote – so geht es in Italien, St.Anne d'Istanzino, 560 Tote, Marsabotto nahe Bologna, 955 Tote – so geht es in Belgien, in Griechenland, nach dem ‚Muster Ukraine‘ und Weißrußland – der SS-Scherge verpflichtet die Mannschaft im Blutrausch zum Schweigen, bei Nachfrage sei es um den Verdacht von Waffenlagern gegangen – am nächsten Tag kehrt die Truppe zurück und beseitigt die Spuren ihrer Taten – sodann weiter in die Normandie – am 12.6. über Tour und Poitier – HEINRICH LAMMERDING verwundet, PÉTAIN beschwert sich, als das Ausmaß von Mord und Verwüstung bekannt wird – auf fünfzehn Prozent dezimiert, macht die Division weiter Jagd auf Partisanen – 100 Tausend Soldaten, aus den Resten von dreißig Divisionen zusammengestellt, unter Dauerbeschuß der Alliierten, 50 Tausend gehen in Gefangenschaft – Rückzug in die Ardennen – ab Gare de l'Est gehen noch am 8.August Deportationszüge ins KL Ravensbrück und in die Munitionsfabrik Torgau – mit dem 26.12.1944 bricht die Ardennenoffensive zusammen – von 130 Tausend Deportierten nach Ravensbrück überleben 40 Tausend die ‚Vernichtung durch Arbeit' und die medizinischen Experimente der SS-Ärzteschaft – 1953 wird HEINRICH LAMMERDING von einem Gericht in Bordeaux zum Tode verurteilt.

Der immer Anwesende war hier ausgerechnet abwesend – der vielfach Gezeichnete und Ausgezeichnete wurde regierungsamtlich vor Anwesenheit beschützt – als man ihn entdeckte, in Deutschlands Telefonbuch, wo er verzeichnet war mit Klarnamen – so sicher war er seiner Sache und die Forderung nach Auslieferung brach sich am behördlichen Widerstand – deutsche Gerichte bestätigten das und nahmen Abstand davon, die bekannten Untaten zu verhandeln – es sei ja schon geschehen, in Frankreich, in Abwesenheit – so führte der Unbehelligte bürgerliches Leben – der Ausgezeichnete mit dem Abzeichen des SA-Treffens 1931, mit dem Ehrendegen des Reichsführers SS, mit dem Totenkopfring der SS, mit den Eisernen Kreuzen, mit dem Deutschen Kreuz in Gold, mit dem Ritterkreuz, dem Allgemeinen Sturmabzeichen, all den Dingen, die seine Brust zierten – der Beförderte zum SS-Obersturmführer, zum SS-Hauptsturmführer, zum SS-Sturmbannführer, zum SS-Obersturmbannführer am 1.September 1941, zum SS-Standartenführer am 30.Januar 1943, zum SS-Oberführer am 9.Dezember 1943, zum SS-Brigadeführer und Generalmajor der Waffen-SS am 20. April 1944, zum SS-Gruppenführer und Generalleutnant der Waffen-SS im Januar 1945 – dazwischen seine Züge durch den Osten und Westen Europas, deren Ereignisse ihn so beförderten. Sie müßten in die Räume zwischen seinen Beförderungen gesetzt werden, um Taten und Belobigungen in fühlbaren Zusammenhang zu bringen.

Seinem Davonkommen stand nichts im Wege, wie seinem Fortkommen, das bis 1971 währte. Am Grab trafen sich, die schon lange zusammenstanden, zweihundertzwanzig von der SS. – SS-Kollege OTTO KAHN verstarb sieben Jahre drauf, von niemandem über seine Last befragt, von niemandem behelligt.

Weil das alles so sanft weiterging, so reintegrativ, so ohne Aufsehen, allseits befürwortet und unterstützt – nach den Aufregungen am Ende der bewaffneten Handlungen, diesen besatzungsgeführten Großprozessen. Weil endlich Ruhe einkehrte, ist nichts erledigt. Weil dieses ruhige Dahinsterben die Überlebenden allein ließ, ist nichts vergessen. Nur erinnert sich keiner mehr dran. Darauf setzen die Nachfolgenden. Auf das heilende Vergessen. Was willst du noch! Ja nichts – wenn nur nicht dauernd daran erinnert würde. Wenn die alten Dinge, die mal schön waren, Häuser, Möbel, Menschen, nur nicht so kontaminiert wären. Da gehört Entschlossenheit zu, das Zeug gleichwohl zu sammeln.

AR PENCK starb, 77. Wenn ich dem Nachruf glaube, war er mir völlig unbekannt.

3.5. SYBILLE STEINBACHER übernimmt die erste ‚Holocaust-Professur' am ‚Fritz-Bauer-Institut' der Uni Frankfurt. Eins zu zweihundert – für die Gender-Professuren im Land. Die Frage ist und liegt zugrunde: was interessiert. Das Institut wurde 1995 gegründet, als die Täter ihren Lebensabend beendeten. Die Figur der ‚invisible hand' hat doch einiges für sich. Interessieren taten sich die Amerikaner, das ist Teil des unterhaltenen Anti-Amerikanismus mit seinen rasch wechselnden Anknüpfungspunkten.

SYBILLE STEINBACHER zitiert aus einem Dokument des Leiters der Sicherheits-Polizei in Prag. Der organisierte die jüdische Auswanderung, d.h., er machte deren Wohnungen frei für Deutsche, damit die ‚sich die Einrichtung unter den Nagel reißen konnten'. Dabei beschwert er sich darüber, von deutschen Beamten angepöbelt zu werden, die ‚möglichst schnell eine ... ‚Judenwohnung' haben wollten'. Dem Räuber tut es nichts, sich in fremdem Eigentum einzurichten. Der Beraubte hält es kaum aus, in seinem beraubten Domizil weiterzuleben. – Da war sie, die freigesetzte Raubgier des kleinen Mannes. Das lief in Berlin nicht anders auf den Katasterämtern. Und im Felde, wo das Plündern nach Regeln freigegeben wurde. Solche Teilhabe schuf Akzeptanz und Anhängerschaft. – So blieb der Massenmord unbehelligt. Wer A akzeptierte, wollte von B möglichst nichts wissen. Im Plündern waren Teile des Volks und Führer vereint.

Das ist die von GÖTZ ALY ausgeweidete Hypothese seit ‚Hitlers Volksstaat‘ gegen einen Forschungsansatz, der die Täter isolierte und so nach Art der Pharisäer im Tempel der Beschwichtigung Raum gab: Herr, ich wars nicht, ich bin anders als die.

Kurz drauf massive Unterfütterung in der fulminanten Rezension des ‚Mordes an den europäischen Juden‘ von CHRISTIAN GERLACH. – Die vom Nazi-Apparat losgetretene ‚weltgeschichtliche Vernichtungsorgie‘, wie K.-D. HENKE es umschreibt, hatte ihre Grundlage in einer diffusen ‚Rassenlehre‘, am Ende in einem ‚volkstümlichen Ressentiment‘ – gucks nach bei NIETZSCHE. Damit wurde der ‚entfesselten ... Massengewalt ... breitester Handlungsraum‘ eröffnet. Es waren ‚handfeste materielle Interessen‘ neben dem politischen und ideologischen Korsett, Treiber fürs teilhaben am Furor.

Die Bertelsmann-Stiftung hat einen Ruf, grundiert mit ihrem Strategie-Entwurf aus 2009, der sich dem Herrschaftsmodell der Zersetzung verschrieb, Kopie totalitärer Praxis, Widerstand in der Bevölkerung zu brechen und zu unterlaufen. Diese Mischung aus Arroganz und Dummheit stand in aller Offenherzigkeit im Netz. Ob sie ihre Kapazität in die Dienste der KMK oder der Eurokratie stellt, bleibt im Moment ungewiß. JOSEF KRAUS könnte es sich vorstellen in seiner Studie ‚Wie man eine Bildungsnation an die Wand fährt‘. – Dazu hat HEIKE SCHMOLL bereits mehr als hundert Prozent vorgetragen. Es interessiert nur nicht, die Akutchefin der KMK weiß von nichts und erklärt alles.

5.5. Ein Tag wie ein Trapez! – Und alle Ecken angefahren, morgens zum Reifenwechsel in die Stadt, das geht noch, Gelegenheit zur Lektüre der ‚Berliner Schloß-Zeitung', die den Bogen von LENIN über KARL LIEBKNECHTS Ausrufung der ‚sozzjalisdschen Rebubligg', ich kanns nicht lassen, zu WALTER ULBRICHTS abgrundtiefem Beschluß der Sprengung schlägt. Beim Sichern eines Portals, der Gewissensnot folgend, ging noch einmal die Hälfte zu Bruch. Es ist aufregend, was sich über Steine erzählen läßt, die gleichen Geschichten wie über Menschen, nur eben in Stein gehauen! Oder gesprengt. – Darüber bringt mir der flotte Serviceman die Schlüssel und ich rolle zurück, beständig mit dieser Luther-Musik im Kopf ‚Wer sich die Musik erkiest, hat ein himmlisch Gut gewonnen'.

Das soll im Chor der Alten zur Aufführung gebracht werden, wenn die Gemeinde Lutherjahr macht, wie alle. Der Peter macht das sehr gut, sich mit den Texten so verbinden, daß der Sinn im Ton sich findet. Wenn du dir den Sinn klar machst, singst du anders – ganz einfach. Wie im Workshop: E-V-A! Oder wie heute AIMAN MAZYEK, Chef des Muslim-Zentralrats hier, der das ‚Einigkeit und Recht und Freiheit' unseres Herrn HOFFMANN VON FALLERSLEBEN in Sachen Leitkultur aufruft, könnte genügen! Beschämend gut sein dictum, wie neulich KERMANI Bundestag.

Manchmal stehe ich als Einzeltenor vor Peter – und der hört jeden Ton! Ich singe nämlich nur, was ich höre, nicht, was da steht – das ist bisweilen fatal, wenn Enno und Peter 2 nicht da sind. Geht's aber gut, sind die Noten hilfreich, aber nicht als Werte sondern als Bild, verstehst Du! Wenn also Peter sagt, ich solle nicht ‚fis' sondern ‚ges' singen, dann steh' ich im böhmischen Dorf. Dort ist es der Legende nach zappenduster. Dann singt er vor und ich ihm nach. – Und noch was: beim Sendersuchen im analogen Zeitalter gabs ja oft diesen Einschlag eines anderen Senders in den grade gefundenen. Wenn also Opa in Bad Doberan 1954 den Deutschlandfunk einstellte, passierte das, beim Aufnehmen der Beatles aus dem Radio 1965 konnte ich zum Wolf werden, wenns dazwischenhaute. So ist das manchmal, wenn wir gut singen, dann möchte ich -switch!- Elvis raushauen, sofort füllt das Intro von ‚A Big Hunk o'Love' den Kopf – und zack, Fehlpaß im Außen! Isso, Peter 2 guckt dann komisch. Der weiß ja nichts von dem, was sich gerade in mir ereignet. Soviel zu meinen Zuständen.

Im Garten stehe ich vor dem Riesenbusch, dessen Namen ich seit zwei Tagen suche, davor habe ich den Namen ‚Basilikum' gesucht, Sie auch? Und als ich ihn ‚bekam', habe ich ihn mit dem goldenen Dom von Monreale hinter Catania verbunden. Mit ‚Phil Collins' geht's inzwischen. Ich muß Leute fragen, ob die das auch haben. Marion sagt sofort Demenz! Und meine Mutter ist schließlich daran verzweifelt. Jochen traf es erst später. Ich bleibe am Ball. Ein Jahrzehnt noch wäre doch schön, wo die Welt mir so gefällt.

Nachmittags kommt Jonas, wir müssen reden, hatte ich geschrieben. Es geht um unseren L.earn-Vertrag. Wir müssen es verändern, sage ich. – Ja, sagt er. – Wir hatten eine große Illusion, sage ich. – Ich bin in einer ‚Blase der Freiheit verendet', sagt er. – Und die Familie ist wichtiger als die Geschäftsbeziehung, sage ich. – Marion wollte es von Anfang an nicht, sie hat recht behalten. Ich habe nachgegeben, jetzt ist die Erfahrung da, sage ich. – Nach drei Stunden fahren wir zum ‚Bierfest' in den prachtvoll restaurierten Bau der Union Brauerei. Brechend voll, 20 Kleinbrauer mit Ständen und 200 ‚Flavours' von Ale, Bock & Consorten, äußerst fröhlich und unterhaltsam. Werder schlägt sich schließlich trotz 3:4 gegen Köln durch auf Platz 6.

Deutscher Target-Saldo per Anfang Mai 843 Milliarden, die Forderungen sind das Papier nicht wert, Italiens Nasse bei 420, die Verpflichtungen sind pure Vergangenheit, Spanien bei 375, Griechenland bestimmt bei 300.

Das EZB-System grassiert ins PEP©-Format, die Regulatorik zieht die „wundersame Vermehrung von Generaldirektorenposten" nach sich. Grade hat sich FRANK SMETS bereit erklärt, enger Vertrauter Goldfingers und von den belgischen Stämmen herkommend. Zwei Stellvertreter hats per Automat in die gleiche Position gebracht, man möchte sich abstimmen. Günstlinge seien es, jetzt 19 im Direktorenrang. Der Personalkostenblock hat die 350 Millionen erreicht. Macht ja nix, finanziert sich von alleine!

7.5. SONNTAG. Die Stundengeschwindigkeit der Erde liegt bei 107208 km, sagt VOLKER ZASTROW, kaum zu merken, fast windstill! Also die Erddrehung und Ausdehnung des ganzen Ladens nicht mitgerechnet, sagt er noch.

Alle freuen sich auf Herrn MACRON, das Schiffe versenken geht dann weiter. – Frau MERKEL im Schweigemodus zögert noch, sich der lateineuropäischen Koalition anzuschließen. Sieht THOMAS MAYER wie H.-W.SINN. Geht eh per Abstimmung, sone demokratische Mehrheit, wenn Sie verstehen.

KERSTIN HOLMS aktueller ‚russischer Querschnitt' erzählt von der ‚Renovazia', dabei werden 1,5 Millionen Moskowiter ‚umgetopft', d.h. aus ihren Wohnungen geworfen und -nach dem Abriß- in dreißigstöckige Neubauten wieder eingesetzt. Dann gibt's noch eine ‚Junarmia', eine Jugendarmee mit Kalaschnikow-Ausbildung. Im militärischen Trainingspark ‚Patriot' steht ein Modell des Berliner Reichstags, „damit die Jugendlichen ein passendes Objekt stürmen können", soll der Verteidigungschef erläutert haben.

‚Apple' machte aus 53 Milliarden Umsatz 11 Profit, in Q2, also 20% Bruttorendite, lecker, das Geschäft des TIM COOK.

An GEORG BASELITZ hängt, an ihm klebt das Spiel des Ego, welches die Verbindung zum Ich verliert. An diesem Zerreißen schrundet der Charakter lang und zurück bleibt ein schlechter Geschmack. Schon wieder, wie Jahre zuvor, widmet ihm die Zeitung ganzseitige Betrachtung, konfrontiert mit dem, ja was, dem Bruder GÜNTER KERN und den Jugendfreunden, Künstlern PETER GRAF, RALF WINKLER, später A.R.PENCK. PETER GRAF blieb zurück in der DDR und schlug sich mit seiner Kunst und der Macht herum. Am Ende der Verleugnung gerät alles ins

Rutschen, BASELITZ' Distanzierung, seine Kunst, seine Karriere.
Verstörend bleibt solche Tilgung eines ganzen Lebensabschnitts, was JULIA VOSS und NIKLAS MAAK da ausbreiten. Auch bei NEO RAUCH und auch bei GERHARD RICHTER bleiben die Arbeiten, ja der biografische Anfang unter dem Politbüro im Depot und verborgen. Auch vor siebzig Jahren waren Geld und Karriere Gründe, das Leben unter dem Hakenkreuz zu verwischen. Wie spätgeboren muß einer sein, es mit dem weißen Tuch des ,so ist der Mensch' abzudecken. Dabei kommen sie alle aus dem Osten, diese eineinhalb Meter im oberen Regal. Sie wären größer, würden sie sich auf den Anfang stellen. Die Brüche, die Drohungen und die Möglichkeit des Gebrochenwerdens, das Einverständnis oder der Widerstand bis zur ,Ausstellung auf der Toilette' sind schließlich Wegmarken für alles, was danach gekommen ist. – Und kein weiteres Urteil, mein Lieber!

8.5. ,Azerbaijan is a blueprint for the tolerant coexistence of people of different cultures', verlautete MARTIN ROTH, zurück aus London und Chef des Instituts für kulturelle Auslandsbeziehungen. – ,So, with respect to position 162 out of 180 ranking in suppression matters, he came under fire', notiert ,Artnet News'.

11% hat er gemacht, der KUBICKI mit der FDP in Schleswig-Holstein.

Mehr als 30.000 kommen zum ,Woodstock des Kapitalismus' in Omaha, Nebraska, dem Aktionärstreffen des WARREN BUFFETT (86). Der Verlust in Q1 fiel auf vier Milliarden, schöne Scheiße. Ob Stellvertreter CHARLIE MUNGER sein Nachfolger wird, bleibt offen. Der trägt immerhin 96 mit sich rum.

Schon Weimarer Politiker sprachen vom ,Saisonstaat Polen', wie schon Wilhelm-Zwo im Weltkrieg von der anstehenden ,Lösung der Slawenfrage'. Der Pakt der Diktatoren war die ultimative Verabredung zur Aufteilung unter die monströsen Nachbarn. – In den Opfern liegt ein Identifikationskern, wie der Bericht von GERHARD GNAUCK über die Eröffnung des ,Katyn-Museums' freilegt. Die Nachfahren der Ermordeten bilden die ‚Katyn-Familie'.

Wie für die Verfehlungen industrieller Planziele nicht etwa chronischer Mangel und Unproduktivität sondern ‚Schädlinge, Saboteure' und zwanzig weitere Sortierungen konterrevolutionären Typs in Verantwortung gehievt, sodann liquidiert wurden, so gings auch auf dem Land: 111 000 Sowjetbürger polnischer Herkunft wurden als Schuldige an den Hungersnöten auf die Erschießungslisten des Sowjetführers gesetzt und im Großen Blutrausch 1937/38 liquidiert. Zwei Jahre drauf jene 22 000 ‚nicht umerziehbaren Elemente', die in Katyn und weiteren Orten erschossen und verscharrt wurden. Seit 1989 wurde ausgegraben.

Nichts erfand der ADOLF HITLER, alles fand er vor und trieb es in die Exekution. Selbst den ‚Tag von Potsdam' mit der Vereinnahmung Preußens für sein völkisches Projekt gabs als Vorlage, wenngleich die ihm unbekannt geblieben sein wird. THOMAS MANNS Kriegsbegeisterung 1914 kulminierte in dem Satz „Deutschland ist heute Friedrich der Große". Das sind Parallelen mit Substanz. – Von den vielen Anderen hier noch eine: „Die Jungen ... geben sich mit Jauchzen. Sie geben sich wie eine reine schlackenlose Flamme, die steil zum Himmel steigt", notierte KÄTHE KOLLWITZ im September 1914. Drei Monate drauf war der Sohn gefallen. – Urteile nie.

GERALD STIEG entwickelt anläßlich des 300. Geburtstages der Kaiserin MARIA THERESIA den Gegensatz von Österreich und Preußen als historisches Kontinuum mit allen Tiefen, die Europa bot. Nannte sie ihn den ‚bösen Mann', so er sie, bar jeder Facon, eine der drei ‚größten Huren Europas', neben der russischen Zarin und der Mme. Pompadour. – Solche Entblößung gibt den Fluchtreflex in das Massentöten frei. Ein Fall für den Beispielekanon des KLAUS THEWELEIT. – ‚Der Körper der Frau ist eine Quelle von Fruchtbarkeit und unvergleichlicher Macht', zitiert der Autor abschließend aus ELISABETH BADINTERS Biographie der Kaiserin – und selbst, Schlag ins Gesicht des männlichen Kontrahenten, ‚der reale Mutterleib mit sechzehn Geburten gesellt sich zum symbolischen Körper der Herrscherin'. Das wird in Europa seit 2000 Jahren ausgetragen. Gegen diese ‚unvergleichliche Macht' zieht der Mann zu Felde, dabei brennt er gerne Haus & Hof & Insassen nieder, bis Einhalt erzwungen wird.

THOMAS PYNCHONS 80. Geburtstag. Wie ANDREAS PLATTHAUS darauf kommt, wird nicht ganz klar, wie eben vieles bei TP – Paranoia oder Anti, diese Alternative sah ELFRIEDE JELLINEK schon vor vierzig Jahren, eine klare Entscheidungsachse fürs Hiersein.

Die Wahrscheinlichkeit, zu Hause kein deutsch zu sprechen, liegt bei Vier- bis Fünfjährigen in Berlin, in hessischen Städten und NRW bei 75%, in Offenbach bei 90%.

Ein Viertel des Volkes beherbergt dieses NRW, es ist so runtergewirtschaftet wie nur noch Bremen, was Staat und den öffentlichen Raum betrifft. RALPH BOLLMANN schildert die Bonner Zustände und summiert die Eckdaten eines fiskalisch inkompetenten Systems mit dem vierthöchsten BIP der Republik.

Die Marktrepression macht das Geld zum Spielgeld und die Bank zur Spielbank. Erst verschwindet der Zins, dann enteignet er Sparer, Altersvorsorger, macht gängige Geschäftsmodelle kaputt. Das Staatsschutzsystem macht den nächsten Schritt in den ‚negativen Zins', welch ein Unsinnswort! Jetzt nimmt das große Spiel historisch einmalige Form an: Menschen und Organisationen zahlen Geld für Guthaben, verschuldete Staaten entlasten sich am Schuldenberg. Damit ist im Enteignungsgang die zweite Stufe erreicht: aus den Einzahlungen zur Renten- und Krankenversicherung zweigen die Banken zweistellige Millionenbeträge als ‚Strafzinsen' ab, sie sind angehalten dazu. Das SCHÄUBLE-Lager saniert sich und Griechenland hat aus dem 300-Milliarden-Schuldenberg endlich wieder Einnahmen, aber eh wurscht, denn erforderliche Zinszahlungen laufen über neuen Kredit, Schneeballsystem ohne Schnee. Alles steht auf dem Kopf, da hat BASELITZ recht, WS schwurbelt im 7. Jahr analyse- und diagnosefrei, es sei alles auf dem Weg der Besserung. Echte Durchhalteparolen, die können wir.

Er meint natürlich den 3. Schritt, die Eurobonds, MACRON ist der Protagonist. Europa ist das Ziel, nichts soll mehr zu verfolgen sein. Wenn erst der Finanzminister im Schwarzen Loch Brüssel umrührt! Vorher noch die Herbstwahlen.

10.5. Heute ziehen die Langstreckenraketen durch Moskau. Anlaß ist das Kriegsende, die Aufführung hat etwas Dialektisches.

Und das alles hier schreibe ich auf, hefte die Materialien ab, sammle sie in Mappen, thematisch sortiert, fülle die beweisträchtigen Abhandlungen, zuletzt die des HANS-WERNER SINN mit ergänzenden, bestätigenden, ja zwingenden tagesaktuellen Nachrichten, im vierten Regal stehen da ein Dutzend dieser akribischen Abhandlungen – und es interessiert nicht! Staub legt sich drauf. Je länger es liegt, desto größer die Wolke beim Aufheben. Der Kreislauf dieses Materials kennt nur einen Passanten: mich. Eine Zeitlang habe ich, auf der Suche nach kleiner Wirksamkeit, ausgewählte Stücke an ausgewählte Freunde versandt, und es wieder eingestellt. Jetzt beschränkt sich wieder alles auf diese dreieinhalb Meter im Quadrat, mein Eckzimmer mit den bodentiefen Fenstern zum Garten, welch ein Glück.

Marion fährt zum Töpfern, soll ich dir was töpfern, Schatz ... einen Aschenbecher, oder eine Urne – wie, isses soweit! ... vielleicht ja für mich ... oder eine für uns beide ... wenn die nicht gebrannt wird, kommt sie in die Erde und löst sich auf.

Früh raus, Marion ist früher, und zur Sparkasse. Ein Bewerbungsgespräch bringt den Coachee in helle Aufregung. Die legt neue Zugänge frei. Rüber zu PE, Vorbereitung auf die Versammlung des Managements. Im Foyer kommt Reinhard entgegen: ‚ich lese dein Buch – das ist ja Wahnsinn‘. Das ist mir bekannt, ich freue mich, schon der Dritte, der es liest – und es auf den Punkt bringt. – Nachmittags habe ich das Gefühl, Museum zu sein. Es ist, als sei ich Museum. Als sei alles gesagt, und alt genug bin ich auch. Kennen Sie das? Diesen bedenklichen Gedanken, es sei genug, nur noch Wiederholung. Ich sträube mich. Vielleicht hat

das schwere Stück des romantischen Malers FLEURY-RICHARD hinter mir rechts gestanden ‚Intérieur du Chateau Bayard' oder der Katalog über RILKES Liebe zu Rußland. Auf dem pelzig-matten Einband bleiben die Fingerabdrücke für einen Moment sichtbar. Irgendetwas hat mich angefaßt.

Sechs Uhren im Abstand von zwanzig Metern in ‚Canary Wharf'. Sie zeigen die gleiche Zeit, wie zur Bekräftigung. Als hätte jeder seine Zeit.

Um 20 Uhr steht Theater in der ,Union Brauerei' an, vierter Stock, DARIO FOS ,Bezahlt wird nicht'. Das ist unterhaltsam und voller Witz, mit dem italienisch-notorischen Anteil an Klassenkampf. Das fremdelt, dabei war es normal.

11.5. Wieder ziemlich früh raus und ins Universum Bremens, wo der Vorstand die Führungskräfte versammelt, um das Community-Banking in die Umsetzung zu treiben. Mit Uwe mache ich mich an die Gruppe Vorstand und Umgebung. Sehr unterhaltsam und eine respektable Debatte. Nachmittags bin ich fertig, fahre zurück, auf die Matte um halb sieben zum Chor für die Luther-Gespräche. Das wird gut, Enno ist sich da sicher, geneigte Zuhörer auch.

12.5. Zurück aus dem Digitalisierungs-Workshop an den Schreibtisch, stelle ich fest: ich bin ein ,Leitz-Mensch', aus der Ordner-Generation, Schreiber, Buchhalter – nicht nur alt, sondern veraltet. Wer ändert mich! Laßt bloß die Finger von mir. Ich beiße.

Eine Köstlichkeit aus dem delektierlichen Finanzzirkus des Kontinents – bitte schnallen Sie sich an, er nimmt Fahrt auf, die Feder führt der Ex-Vize der Bundesbank, ZEITLER. Sein Urteil, das System, nein, das Konglomerat -das hat weder was mit dem Kongo zu tun noch mit Meriten, Sie Freund des appetitlichen Fremdworts, hier geht's schlicht um den Haufen Brüssel und seine Metastasen quer durchs angeschlossene Gebiet- also nochmal, seine Ansicht, diese Struktur, nein dieses amorphe Flechtwerk -jetzt kommts- sei nur „durch die Jahresringe politischer ad hoc-Entscheidungen zu erklären". Dieses schöne Bild, in der Draufsicht eines fetten und feisten Baumstamms, zeigt schon alles, nämlich

- daß es weder eine Strategie in Finanzdingen gab und gibt, von den Absichten und Sprechblasen muß in der operativen Phase abgesehen werden,
- noch eine zielführende Organisation,
- daher auch keinen steuernden Einfluß auf die Forstmeter Bares, das von Umwälzpumpen über Land & Leute geblasen wird.

Daher, so sein weiteres dictum, bleiben die ausgelösten, versickernden oder prozessierenden Katastrophen im Anlage- und Abzockergebiet bis zur Stunde „leider ein blinder Fleck" in der Arbeit der Hundertschaft der Regulatorik. – Das, Damen und Herren, nehme ich als veritable Bestätigung meiner in der Laiensphäre geborenen Maßstäbe fürs Schwarze Loch -Obacht, ‚terminus technicus'- und seine Hühnerhöfe, ‚Sau durchs Dorf' und ‚mach dich vom Acker'-Motive: ‚Posten-Einkommen-Pensionen' sind der wahre Grund fürs JANOSCH-Schnuddel-Buddel-Haus quer durch den Kontinent. Das kommt davon, wenn man so groß sein will wie die Großen.

Denn, so mag der geneigte Leser weiter erfahren, das ‚Dicke Berta-Schießen' von Goldfinger, vulgo seine Frankfurter Anleihetanks und sein Kunstwerk der ‚Negativzinsen' -die Wissenschaft ist verzweifelt- befeuern genau das, was die sogleich zu benennenden zwanzig Ausschüsse mit beinharten Schienen sodann zu vernageln, verkleben und verkrusten suchen.

Die organisierte Paranoia versammelt im Akut-Wahn, so der Autor weiter, das nachfolgende Abkürzungsgesindel, dem die Vollwertkost, d.h. die Ausschreibung, beigegeben wird. Das illustriert, was einer Öffentlichkeit zugemutet wird:
Da steht tatsächlich zu Beginn, Schlag ins Kontor, die Arroganz eines ‚Europäischen Systemrisiko-Ausschusses', eingesetzt zum Krisenbeginn 2009, feiert also bald zehnjähriges Maniküren und wird in Abständen beim Totlachen erwischt. Dieser Krisenbegleiter, so eine Art Parallelfahrt in der ganz eigenen Parallelwelt, tarnt sich hinter dem Kürzel ‚ESRB'. Das reicht auch als Information. – An sich ist mit diesem Auftakt-Club alles Wesentliche gesagt – das Publikum, auch beim Totlachen, um sodann schreiend die Kneipen der Umgebung anzusteuern – jedoch, es ist der Anfang, Herrschaften! Das Einzige, was dem Krisenadlatus in acht Jahren einfällt, sind diese vergifteten Eurobonds, womit das Schwindelsystem zur Kesselschlacht erweitert wird, Motto: keiner verläßt das latein-europäische Geschäftsmodell, vor allem nicht der Einzahler – der bekanntlich alles mit Geld macht.

Sodann, um endlich an die Bilderreihe zu kommen, haben die Phantasten des Politbüro-Stoßtrupps einen Stabilitäts-Mechanismus nach dem anderen losgetreten, wobei die Namensgebung das Schlüsselthema war: denn alle machen das Gleiche, müssen aber Unterschied fingieren, damit nicht einer auf die Idee kommt: was soll das! Daher feiert parallel zum Org-Wahn der Sprech-Wahn fröhliche Urständ:

Nach ESRB heißt der nächste Haufen FSB, klingt nach russischem Geheimdienst, ist aber der ‚Financial Stability Board' – hätten Sie's gewußt?

Im Parallelorbit der BIZ-Basel müht sich zeit- und aufgabengleich das, bitte zurücktreten, ‚Committee on the Global Financial System' unter der Adresse CGFS.- Weiter, Achtung Kurve!, unter dem Finanzministerrat, dem unentwegt konsolidierenden, wird gleich mehrfach separat gewirtschaftet: da ist etwa Pürzel, sorry, Kürzel EFC, das -wer hätts gedacht- ‚Economic and Financial Committee', permanent bedrängt vom FST, who the fuck ..., dem ‚Financial Stability Table' – was der macht? Ei am Tisch sitzen und gucken, ob der wackelt. Also schön stabil bleiben angesichts der suggestiven Titelage, alles reine Warenästhetik! Der Stabilitätstrupp sitzt bestimmt am Dreibein-Tisch! Weil ständig einer dran sägt, das nervt beim Monopoly – wemmer dannoch grad im Gefängnis hockt!

Wer die Neidhammel sind, zeigt sich beim nächsten Hühnerverein – stellen Sie sich einfach vor, es säßen nur Hühner am Tisch und kein Mensch dürfte dazwischen reden, ein paar Körner und es wäre Ruhe! Aber nein, es tobt und tagt neben dem Stabilitätstischchen das FSC -nein, das war noch nicht!- mit dem gleichen job, nämlich die Aussicht auf Stabilität zu prüfen, die einen im Tisch-Format, die zweiten als Committee, die einen im achten Stock, die anderen im 10. Absprache ist das A und O, damit diese Parallel&Paranoia-Clubs, Kürzel: ‚PCC', nicht jedem was anderes erzählen, am besten wär' ja garnix. Man stelle sich vor, die eine meldet schönes Wetter und gute Aussicht, der andere hört die Mäuse melken und beschwört Sturm und Schock schwere Not!

Doch, kein Ende in Sicht! Vielmehr kommts knüppeldick – geht dieser Zirkus vielleicht noch als Einakter, im Modus ‚forcierter slapstick‘, so schlägts jetzt dem Faß den Boden aus zum 4-Teiler. Denn es erscheint mit schwerem Gerät die -Obacht!- ‚Macroprudential Policies and Financial Stability ... -da isses wieder!- ... Contact Group‘. Wer sich diesen Komplex ausgedacht hat, ist längst in Rente oder Dauerkrankschreibung wegen systemischer Erschöpfung, da ist Attest überflüssig, weil Selbstgänger. Das schreibt sich selbst! Wer aber in diesem sphärischen Gebräu Mitglied ist und Platz nimmt, der schwört auf Verkürzung der Restlaufzeit in dieser MFCG, und dann nichts wie weg, nach Afrika an die Wünschelrute. –

Weitere Schüßchen arbeiten dem Systemrisiko-Abschuß zu. Der spürbar mit den Nerven fertige Autor begnügt sich jetzt mit den Kürzeln, jede Tätigkeitsbeschreibung wäre Wiederholung. Dazu gehören der ‚ASC‘ und der ‚ATC‘, vielleicht gar eine ‚die‘ ..., ist aber auch wurscht unterm Gender-Mandat. Machen Sie doch auch mal einen Ausschuß! Die Grundausbildung haben Sie jetzt, jedes Kürzel in Langtext zu bringen. Hier meine Idee: ASC = Asymetric Selffulfilling Committee, ATC = Anger & Trouble Confidence Area, da fehlt ein A, das müßte an der Bürotür ergänzt werden.

Diese Zuschußläden gibt's, um das Elend abzuschließen, in allen angeschlossenen Ländern und alle machen flächendeckend ‚Analyse‘ – wenn Sie verstehen, was ich meine, schicken die Scheiße querbeet und gehen in Frühestrente. Die ist nämlich höher als die Handsalbe im laufenden Betrieb, zieht man die Not des aktiven Daseins ab. – Abschuß, pardon, abschießend, also abschließend -den Laden dicht machen, bietet sich in der Tat ansei auf die volkstümliche Verwendung des Begriffs verwiesen: Abfall.

Ich habs ja am Kopf – aber, ich schwör‘, tags drauf kommt son ‚proof oft the pudding‘! Es erscheint ein FSB-Check mit der ‚Wer wird Milljonär‘-Frage: wieviel regulat-freies Kapital ist in der Umlaufbahn! Diese Bordüre definiert, beobachtet, hat keine Daten und sagt, so schlimm seis nicht: also 194 Billionen Unregulierte -bitte in 5-Euro-Scheinen-, im Grunde nur 75, bei genauerem Hinsehen in pechschwarzer Nacht seien es schlappe 37 Bios. Luxemburg als Kern des Finanzlochs, macht gar nicht erst mit. Der Tante FSB fehlt also wirklich alles. Das substanzielle Resultat solchen Zirkel-Trainings heißt Gelassenheit, wenn möglich, in die Zukunft schauen, die Gegenwart ist eh vorübergehend! Dafür kann man nicht genug Leute einstellen, schließlich sieht jeder was anderes in seiner Glaskugel, gell!

Wenn der Rahmen fällt, der die Einhaltung elementarer Gebote erzwingt, dann ist die Plünderung wohl einer der ersten Reflexe. Das gilt für viele Revolten unter den Zaren, das gilt, wenn racial riots brennende Städte in den USA zur Folge haben. Es ist dem Menschen ohne Disziplinar-Korsett eigen. Und das gilt insbesondere, wenn antisemitische Freistellung hinzukommt, diese Staatsraison im Regime Hitler, weiter östlich häufig zündendes Additivum für die Gründlichkeit von Morden & Sengen, im Pogrom führend.

Das Aufschließen zur 2%-Menge im vereinbarten NATO-Budget ist SIGMAR GABRIEL nicht wichtig, hingegen Herzenssache die Schaffung eines originären Haushalts auf EU-Ebene, also die weitere Deregulierung verfassungs-rechtlicher Kernkompetenz, hier des nationalen Budgetrechts. Die Ablösung des Schwarzen Lochs Brüssel von den Geldgebern ist ja auch Herzenssache des JCJ, welch ein Herzensverbund! Jetzt noch die Eurobonds und schon ‚steht die Hecke‘, dahinter die nationalen Quoten für die Schuldscheinberge.

13.5. Um 9 Uhr stehe ich auf dem Hochsitz in Augenhöhe mit der Buche, jawohl, die jetzt ins tiefe Rot wechselt, allerdings dreißig Meter mißt. Aus dem ersten Stock geht der Blick in die ansteigenden Doldenberge der Kastanie, ganz in weiß! Gleiches gegenüber mit dem Weißdorn. Schön, wie das gedeiht! – Der Schweizer Agent bekommt, was er wünschte.

Abends kein Halten hier, der ‚European Song Contest‘ tobt.

Geht die Kamera auf Abstand, sitzen da 20 Landesvertretungen in kleinen Schüsseln und klatschen frenetisch, Fahnen schwenkend. Kriegen die auch was zu trinken, fragt Marion – natürlich, beruhige ich sie, bei der Beleuchtung verdunsten die sonst. Derweil ist auf dem Rondell davor der Bär los, mit Kette, etliche schreien sich die Stimme aus dem Hals – ist kein Notarzt zur Stelle, die Leuchtreklame taucht alles in gleißendes Weiß. Zur Abstimmung kommt die Frau im Kettenhemd in den Ring, sie gewann voriges Jahr. Der Grundtenor ist laut.

14.5. Nachmittags 90 Minuten Hochsitz zu viert, Züge und Bäume unter Beobachtung.

15.5. Früh raus nach Ganderkesee, dort warten fünfzehn aus der Sparkasse auf L.earn 3. Wir inszenieren einen zweitägigen Lauf vom Feinsten, situative Varianzen eingeschlossen. Die Frauen fordern L.earn 4, ich verkaufe mein erstes Exemplar des Privatdrucks. Mit Inbesitznahme geht das Risiko bekanntlich auf den Erwerber über.

Aus Luxemburg kommt das Signal zum Einsatz daselbst. Wir zwei vom Stamme Dream-Team sind vor Erfolg erschöpft. Die 20-Jährige reist ab, gibt nicht mal die Hand, ich Mann voller Sehnsucht, mein Alter schützt vor Torheit nicht. Dann fahren die 30- bis 40-Jährigen ab und trösten mich. Finger weg, kommts vom Partner, wir packen und ziehen ab. – Oh Herr, nimm mir das Wollen.

DON EDOARDO SCORDIO war bis jetzt Ortspriester der Gemeinde Capo Rizzuto und leistete über zehn Jahre ‚spirituelle Hilfe' für Flüchtlinge in der Obhut der Bruderschaft ‚Misericordia di Isola di Capo Rizzuto'. Soweit, so gut, auch die enge Zusammenarbeit mit Bruder LEONARDO SACCO in der Gemeindekirche ‚Maria Assunta'. Doch war der Schuppen das Zentrum hochkriminogenen Tuns, denn DON' fälschte Rechnungen am Band, fingierte Steuererklärungen und trug auch zu sonstigem Dienst eifrig bei, der gemeinhin das Geschäftsmodell des organisierten Verbrechens prägt.

Chefe SACCO durfte sich intimen Kontaktes zu ANGELINO ALFANO rühmen, seines Zeichen zuletzt nationaler Betreuer der Migranten, jetzt Außenminister. Die frommen Namen gewinnen eine tarnfarbene Patina für den einfältigen Betrachter, obacht also! SACCO servierte das goldene Dreieck, fast immer ein Eigenname, zwischen Regierung, operativer Basis und der Leitung des Verbrechens, welches regional als ‚Arena-Clan di Cantanzaro' firmiert, national als ‚N'drangheta' schlechthin bekannt ist.

Nach 68 Haftbefehlen, bitte in Worten, und SEK-Carabinieri-Zuschlag sitzt der Aushub jetzt fest. Es ist Schluß mit der jährlichen 132-Tausend-Handsalbe für den agilen Pastor. Einhundert Millionen ließ die Organisation aus den EU-Füllhörnern abzweigen. Wer kanns ihr verdenken angesichts der Währungsströme, die Europa durchfluten. Das ist wie die Teilhabe an einer durchlaufenden Benzinleitung, ab und zu fliegt dabei was hoch, bei fahrlässigem Anzapf.

„Eine Fehleinschätzung des Bürgers" sei es, die KRAFT-Truppe hätte nichts bewegt, meint ein KARL LAUTERBACH zum Wahlausgang in NRW. Das haben die Visionäre von ‚grün' schon öfter gesagt, wenn ihr Wahn auf diese heilsame Trägheit des Volkes trifft. Bei soviel Fehleinschätzung bleibt ja nur ein Lob der Fehlerkultur. Karl, Du hast den Schuß nicht gehört, heißt es bei solcher Taubheit in Frankfurt.

17.5.   Ein Anruf aus Österreich bringt mich aus dem Häuschen. Herrn BUCHER aus Österreich, vom Schweizer Agenten für kulturelles Schriftgut angesprochen, gefällt der Drei-Pfünder-Ausschnitt, er möchte mehr. So verpacke ich wieder ein Exemplar auf das Versandfertigste, gehe mit Elvis zur Post, das Porto von 17 Euro verursacht leichten Schwindel, die letzten 1000 Meter hinter der Grenze sind wohl fußläufig.

2004 hatte sich nicht ‚herausgestellt', es wurde lediglich publik, daß Griechenland drei Jahre zuvor mittels der Goldman-Sachs Frisur den Brüssel-Container geentert hatte – wahrscheinlich eine Nato-Auflage. Seither werden die Zahlen jährlich frisiert, vulgo, Banken&Balken biegen sich. Daher ist, im 17. Jahr dieser Aufführungen, der Kommissar ‚sehr besorgt‘. Diese Sorge gilt in Sonderheit dem Umstand, daß die Statistik-Behörde des sonnigen Fleckens notorisch unterbesetzt und ihrer Aufgabe in keiner der zwei Hinsichten gewachsen ist. Was angesichts jährlicher Frisur auch nicht als geboten angesehen wird. Wer das ausspricht, findet sich vorm Kadi – ähnlich geht's ja beim Nachbarn der Griechen zu. Darüber zu berichten, ist allenfalls amüsant.

18.5. Skandal im Netz ist verbreitet, die Netzhalter bieten daher Systeme zur Säuberung an. Diese entfalten sodann ihre algorithmische Eigendynamik, sie sind und werden ein eigenes Narrativ, wie die Mode grade formuliert, gespeist und formatiert vom ‚mainstream‘, wie es unschuldig heißt. Sie sind eben wie die Saubermänner, welche sie dirigieren – und auch mit ihren Aufgaben wachsen, so mehrheitskonform, was als demokratisch mißverstanden wird.

Der Gedanke ist -wie jede Aufsichtskumpanei- topaktuell: zur jüngsten Betreuungsauflage gesellt sich das ‚Must Be Found‘-Paket: im Wettlauf um die Staatsfröhlichkeit behauptet die SPD ja immer noch Platz 1 – und wen schlägt sie als Wohlfühl-Korrektiv gegen das Schlecht-Denk vor? Na das GEZ-Flechtwerk, die Tanten Tagesschau und Schauinsland von ARD bis ZDF. Da sei das Meinungsviel & -frei zu finden – und alle Betreiber von Foren, Plattformen sollen jetzt verpflichtet sein, darauf zu verweisen. Das nenne ich ‚mit der Tür ins Haus fallen‘, und hinten gleich wieder raus: das GEZ-Regime bietet sich schon lange für Aufsichtstätigkeit an. – So wölbt sich das Staatsinformationssystem dicht und dichter über dem in Betreuung geleiteten Volk. – ‚Ei, wennse all zahle müsse, müsse se auch all gucke, gell!‘

‚La muse endormée‘ von CONSTANTIN BRANCUSI erschauert mich bei längerer Betrachtung, surrealistische Anmut.
Die Skulptur von 1913 ging zu ‚Christie's‘, „which launched a jam-packed spring auction week. The Sculpture finally hammered down for $ 51 Million." Bei 34 stieg der neue Eigner ein.

Aufregend, in Ereignis und Sprache, wäre gerne dabei und weiß, welches Herzklopfen ich hätte – nie an so ein Werk heranzukommen. Trotzdem könnten mir die Tränen laufen, vor dieser Abstraktion von Schönheit.

Der größte Profiteuer der kolossalen EU-Subventions-maschine ist der Berliner Budget-Controletti, den Sportsfreund Goldfinger von Zinsaufwand in dreistelliger Milliardenhöhe freistellt. Die Herren sind also mit sich beschäftigt, die begeisterten Kollegen Südeuropas eingeschlossen. Über solch köstlicher Stütze gerät der Abbau der Schuldtürme glatt außer Sicht. Die Mechanik der Subvention ist eben stabil. Grade gabs einen 1. oder 2. Preis für die fiskalische Kompetenz, Chefe hätte glatt so einen ‚Golden Tax Award‘ verdient, sollte die OECD mal aufgreifen, wer ist der effektivste Plünderer. Na ja, Hauptsache, die Finanzämter sind auf Trab, da ist sich die systemische Mitte von CDU und SPD und GEZ einig. Die Zahl der Auszeichnungen mit dem Spitzensteuersatz plus Soli plus Kirche hat sich in dreizehn Jahren auf fünf Millionen verdoppelt. Und diese Bergprediger mit ihrem ‚ich freue mich, daß ich soviel Geld verdiene‘ holen sich wahrscheinlich auch noch eine Auszeichnung in Berlin ab. Leider passen sie nicht ins GEZ-Format, welches auf wachsende Armut spezialisiert ist.

Denn -soviel Zeit muss sein, Leute- Einkommen sieht sich bekanntlich in der Zange: frisch Verdientes sieht sich auf dem Zahlschein des Unternehmens sogleich um den Staatsanteil bereinigt, das nach dieser steuerlichen Erstbehandlung zum Sparen Verlegte um die -ehemals marktgängigen- Früchte gebracht. Die DZ-Bank ermittelt seit 2010 entgangene Sparfrüchte von 436 Milliarden auf deutschen Konten, ein üppiger Beitrag der Staatsgläubigen. – Zu Goldfingers Zauberturm: im Unterschied zur Architektur der ‚Deutschen Bank' mit ihren Soll- und Habentürmchen wurde das EZB-Gerüst gleich schief gebaut, Soll und Haben also auf der schiefen Ebene integriert. Der Betrachter steht mithin vor einem Rätsel: was wohl ist da drinnen die Orientierung! Das war wohl Teil des Auftrags an den Architekten. Und Draculas Standleitung nach Rom bleibt ebenfalls in der Neigung verborgen. – Ich muß zum Erste-Hilfe-Kurs.

Derweil, und weil ja Ruhe ist im Land, schlägt sich der Kassier auf die Schenkel beim Blick auf den Finanzstrom aus der Steuer-Projektion. Seit 1998 bis 2021 wird glatt die Verdopplung des Volumens aus der Wegelagerei angenommen, von sparsamen 426 auf 852 – Milliarden. Das reicht ja, um die ganze Welt zu retten, jedenfalls den öffentlichen Dienst.

JOHANNES GRÜTZKE starb, 80. Er brachte Wahnsinn in Form, täglich.

JAVIER VALDEZ wurde hingerichtet. Zwölf Patronen fanden sich in der Blutlache, der wohl hundertste Journalist in Mexiko seit 17 Jahren, Dutzende Vermißte nicht gerechnet. Die Mörder werden nicht ermittelt werden. Soviel steht fest. ‚Die Kartelle bestimmen deinen Todestag', das wußte er.

19.5. STANISLAW J. PETROW starb, ehemals Oberstleutnant der sowjetischen Luftverteidigungsstreitkräfte und am 26. September 1983 diensthabender Offizier im Serpuchow-15-Bunker südlich von Moskau. Ein russischer Satellit über Nordamerika sandte Bilder mit Blendungen, welche als Raketenstarts gedeutet wurden. Der diensthabende Offizier weigerte sich beharrlich, dieser Deutung zu folgen. So blieb ein „Gegenschlag" aus und Friede.

Zeichnete sich Exekutive einst durch konsequenten Vollzug von

Recht und Urteil aus, so kennzeichnet Gegenteiliges die aktuelle Lage – und ziert gar bunte Programmatik – und das im bedrohlichsten Feld bürgerlichen Hierseins, der inneren Sicherheit. Es ist eine Melange aus ideologisierter Flüchtlingsfreundlichkeit, protestierlicher Überzeugung, Desorganisation und operativer Schlamperei, die diesen mit strafbarem Verhalten behangenen AMRI unbehelligt durchs Land reisen ließ, quer durch den rotgrünen Kordon der Republik, bis er sich zum Massenmord am Breitscheid-Platz entschloß.

Es wurden Ermittlungsberichte gesäubert, der Innensenator stellt Anzeige gegen das Landes-Kriminalamt wegen Strafvereitelung im Amt! Weil er gewöhnlicher Krimineller war, ließ man ihn gewähren. Im Spartendenken wird die eigene Zuständigkeit verneint – und die Sache laufen gelassen. Sie interessiert nicht. Hinter Formelerklärungen bleibt das Motiv verborgen. – Diese Berge von Segmenttexten vermitteln den drängenden Eindruck, daß es jedem Beteiligten nur, nur noch um die Rettung der eigenen Haut geht. Klärung erfolgt nur und zufällig unter erdrückender Last. – Aus den Abgründen sklerotischer Verwaltung tauchen in gesetztem Abstand Dokumente auf, die jeden Bürger schlichter Wahrnehmung in den ‚Claque d'AfD‘ treibt.

Sehr unterhaltsamer Start in die ‚latest auction at Christie's: as an extremely bullish territory -ganz anders als Wall Street- where stocks had dipped in response to the Chaos coming out of Washinton DC.‘ – MR.TRUMP hat das Zeug zum globalen Gefährder und sieht sich zum Glück einem ‚counter-balancing system‘ gegenüber. Jetzt ermittelt ein gefeuerter FBI-Mann, was Chefe der PUTIN-Entourage gegenüber so verplaudert hat. PUTIN lacht ja selten schallend, aber schmunzeln tut er grade schon. Spricht am Ende für ein erträgliches Weltklima. Es gibt ja noch andere Klimata als das aus dem Öko-Montage-Distrikt. – So bliebs auch moderat mit FRANCIS BACONS ersten ‚Drei Studien für ein Portrait von George Dyer‘ aus 1963, als der Hammer bei 46 Millionen netto fiel.

Und plötzlich, ohne Übergang und ohne Ankündigung, ich

habe Herzklopfen im Bauch, weil das schon wieder antritt, die Rezension des ‚Verfahren eingestellt' von CLAUDIO MAGRIS. Das imaginäre Museum wurde 2014 gebaut. Es steht in Triest. Ich finde mich zehn Jahre zurückversetzt, 2007, als der Sohn des ‚Jud Süß'-Veit, der THOMAS HARLAN, den Triester ‚Heldenfriedhof' erbrach,

„wo um die Ecke die Sobibórer, Treblinkaner, Belzecer – diese kraftvollen Reste des im Oktober 1941 – das eingefallene Heer kurz vor Moskau – Belzec schon seit sieben Monaten in Betrieb – Kulmhof zwei Monate vor dem Start, nach Probevergasungen im Zuchthaus Brandenburg im Januar 1940 – des im Oktober 1941 ins Leben gerufenen ‚Kommandos Katholische Aktion' – wo diese Helden nordischer Reinheit das letzte KZ in einer stillgelegten Reisfabrik bauten, Oktober 1943."

Zum abschließenden Massenmorden in den Lagern des Ostens kehrten die Eilfertigen noch einmal zurück – ab April 1944 der forcierte Nazi-Arbeitsmodus Deportation – Erschießen – Erschlagen – Vergasen unter SS-Sturmbannführer WIRTH im ‚Einsatz R' und weiterem Fachpersonal der ‚Aktion T4' sowie des General-Gouvernements. – Schließlich der erste Schwur, der zweite Schwur, diese Verabredungen zum gemeinsamen Tod der 92, die ausgehobenen Gräber verkalkt, nur wenige sind dabei 1962, zu viele sind unterwegs und sorgen für sich im Zivilberuf.

Ich drücke den Band zurück ins Regal, wo der Ausdruck jenseits der Grammatik fluchtet. – Ein halbes Jahrtausend kommt zum Ende unter der weißen Kalkschicht gegen das Leichengift, auf dem deutschen Soldatenfriedhof Costermano. Die Überlebten waren frei, kamen früh frei, verstarben rechtzeitig und blieben nach Verurteilung zu lebenslang unversehrt – Teilnehmer OBERHAUSER blieb in Deutschland von Auslieferung verschont.

KLAUS MARIA BRANDAUER, (74), liest im VW-Kraftwerk, schlägt auf den Tisch. „ich möchte gern der sein, den ich spiele", notiert SIMON STRAUSS aus seinen Worten. Welch Glück, daß er ein Anderer ist – was triebe ihn an – er wäre längst am Ende – der Narziß würde an sich ersticken.

Die Diktatur des guten Tons und des permanenten Gesinnungsaufschreis trägt den Entwurf eines „Netzwerkdurchsetzungsgesetzes" – denken Sie an Ihre Wiederbelebung! – ins Parlament. Der Name ist purer Unverstand und Programm entschlossener Staatsdurchsetzung. Die Dreistigkeit der IG-Metall-Kollegin, die Schamlosigkeit des Justizministers, das Durchschweigen des der konservativen Reste des führenden Koalitionspartners, diese Kumulation vereinigt ‚Biedermann und Brandstifter', die den Freiheitsimpuls der Verfassung zertreten. MICHAEL HANFELD verweist auf die Bankrotterklärung des Staates, der vieles, nicht hingegen Strafbares verfolge. Das möchten diese Sauberpriester jetzt mit durchgreifender Generalprävention dichtsetzen. Solches sind Allüren aus der politischen Mitte der Gesellschaft, Varianten HOUELLEBECQ'SCHER Unterwerfung.

Gegen derartige Hybris nach Politbüro-Manier tritt gar ein ex-Kommissar aus den EU-Burgen an: JAN FIGEL, den dessen biografische Blessuren unter der kommunistischen Diktatur auftreiben. Er sieht alte Verfahren in neuer Nomenklatura. – Das Leben zu bannen durch Alleinstellung des Guten führt zum Tod durch Ersticken. Denn dem Guten geht der Sauerstoff aus, ja es verliert seine Kontur – das weiß seit jeher die christliche Kirche, das weiß Faust und das könnten die Pharisäer des gemütlichen Zierdeckchens sonntags um 16 Uhr vielleicht noch lernen, bevor der nächste Sturm ihnen Laub, Sand und Dreck in die Kaffeetassen bläst. Und ihnen eine Pappnase ins Gesicht stellt, jawohl.

Aufnahmen zeigten, wie der Schwarze mit erhobenen Händen am Auto lehnte, unbewaffnet, dann traf ihn der Schuß in die Brust. Die Polizistin, angeklagt wegen Totschlags, wurde freigesprochen. Die Motive setzen sich durch, dagegen hilft kein Verfahren. Zu lange war das Abschießen von Schwarzen Teil des Tagesgeschäfts, das wird epigenetisch.

Ein ehrenamtlicher Richter, der während der Verhandlung schläft, ist geistig abwesend, der Senat daher nicht ordnungsgemäß besetzt, heißt es.

Presidente MICHEL TEMER trat die Nachfolge der wegen Korruption des Amtes enthobene DILAM ROUSSEFF an. Seine Teilnahme an Schwarzgeldzahlungen hindert ihn nicht, am Amt festzuhalten. Auch Bewerber AÉCIO NEVES auf dieses begehrte Amt ist Teil des Schwarzgeldsystems, was einen Wechsel wenig sinnvoll erscheinen läßt. Die Verbundenheit mit der alten Mutter Spanien sickert durch alle Taschen. Es sind geschlossene Gesellschaften bei geschlossenen Fenstern – gegen den Lärm des Pöbels.

Der Hamburger Medienklüngel, ‚Zeit‘ und ‚Spiegel‘, fährt eine Breitseite für den Kandidaten. Da die Schüsse ins Leere gehen, wird der Munitionsverbrauch bis ins Glaubensbekenntnis verteidigt, koste es Ruf und was es sonst wolle. – Dazu frotzelt das ‚Handelsblatt‘-Briefing köstlich, wie oft, nicht immer.

20.5. ‚Joshua fit the battle of Jericho‘ – die Version von ELVIS drives me crazy, ich lade den Text runter, Material für Ski 2018. – Unter dem Vordach liegt eine Meise, rücklings, ich hole eine Schaufel für den Transfer über die Schallschutzwand. – Jonas und Johanna kommen zum Frühstück, anschließend beraten wir auf dem Hochsitz. Der schwankt ja, bemerkt sie. Vielleicht ist was locker.

Die ‚Staatspolitisierung in der Diktatur‘ und die Radikalisierung in den zurückgelassenen Hohlräumen im Osten Deutschlands – STEPHAN LOCKE faßt die Zusammenhänge, die zum ‚Dreifach abgehängt in der Provinz‘ geführt haben.

21.5. 6 Uhr wach, gleich ist Termin beim Konfirmationsgottesdienst. Dort stehen wir gepreßt und stellen uns für jeden Song vor den Altar. Leute! Das geht dann aber auch ab für die sieben Konfirmanden, abwechselnd Stimme und Satz, ‚Jesus – be a fence...‘ sollte ich vorsingen. – Vor der Kirche der Sommer in seiner Pracht, eine Eiche – schlimmer wie ein Gemälde.
Abends kommen die Damen zum Doppelkopf, feines Angemachtes draußen, dann wird im Wintergarten gelärmt.

‚Pink Floyds Mortal Remains‘ im London ‚Victoria and Albert

Museum' – Gelegenheit für einen Besuch! ‚Wish You Were Here'
– in Germany! Wahrscheinlich bleibts beim Katalog, wie häu-
fig und ‚Infinite', das Gegenteil der sterblichen Überreste. – Wie
könnte ich allen Erlebnissen hinterher reisen, den unbegriffenen
Randbezirken meines juvenilen Daseins. Ja was, bloß wieder
nachhängen, mit dem Rücken zu dem, was bleibt. – Erneutes
Stimmtraining wäre nützlich, für den Joshua-Song, muß nur
noch Nachfrage organisieren, die Leute kommen ja nicht von
selbst drauf.

23.5. Angst beherrscht, zeichnet das beständige Positionieren der Ton-
angeber und Tonmeister. Angst vor dem Leben, wie es ist: voller
Schrunden; zeigt täglich seine Risse und Beulen, Folgen schwe-
rer Entscheidungen, kurz die Differenz. Deshalb diese Suche
nach dem elastischen Laken, die Oberflächen glatt zu ziehen.

Das Gender-Regime möchte den 2000-jährigen Kampf um die
Unterwerfung der Frau zum Ende bringen, abschließen – und
das Leben begraben. Die Naturanbieter bringen einen Dritten ins
Spiel, an dem sie alles ausrichten möchten. Das gerät zum Göt-
zendienst, die Natur braucht den Menschen nicht, ja, er möcht's
aber nett haben, ich weiß. – Und dort, wo das pure Leben mit all
den frischen Blessuren zutage tritt, in der Schule – dort soll es
bezwungen werden, in erzwungener Gemeinsamkeit: Inklusion
heißt die eiserne Klammer, womit Eltern enteignet und Lehrer
wie Schüler in die Einschließlichkeit gepfercht werden, welches
erst Pathogenese in Gang setzt. HEIKE SCHMOLL:

> ‚Ausgrenzung, Hohn und Spott, mangelnde Förderung und
> eine unlösbare Überforderung der Lehrer machen die Schule
> für viele Betroffene zur Hölle.'

An der ‚Entprofessionalisierung der unterrichtenden Lehrer'
werde die Inklusion scheitern. – Niemand fällt den ideologi-
schen Tonmeistern in ‚Funk & Fernsehen' in den Arm – wieviele
AMRIS braucht es, selbst die führen ja nicht zur Einsicht sondern
in den ‚R&S'-Modus sowie zur Dokumentenfälschung. – Wer
bringt dieses KMK-Regime zu Fall?

Niemand! Es interessiert nicht, sie deuten die Welt und schlagen nach Programm ihre Schneisen durchs Gelände – wie Pippi Langstrumpf – oder der Terminator. BIRGIT HESSE aus Mecklenburg-Vorpommern will ‚alle mitnehmen‘ und Förderschulen auslaufen lassen. Zwei Prozent der Lehrer können das akzeptieren! – Bremen hat die meisten behinderten Kinder in Regelschulen und reißt die Förderschulen komplett ab. – In den yearly rankings der Schweizer ‚Business School IMD‘ kegelt Deutschland innerhalb von drei Jahren vom 6. Auf den 14. Rang hinab und die ‚Bildungsrepublik‘, gell Frau MERKEL, binnen Jahresfrist um sechs Plätze auf Rang 29. Macht ja nix, solangs ned dreistellisch werd, Obacht, Mundart! – Reden hilft nicht, schreiben hilft nicht, schlagen.

Und jetzt schwärmen die ‚Ghost Writer‘, also die Geisterbeschwörer, vom Schüler 4.0, dem Lern-O-Maten aus dem tablet. Er soll die Phasen denken, sprechen, schreiben einfach überspringen! Es ist der Tagtraum sozialdemokratischen Zentralismus, der steuert, Bertelsmann souffliert mit dem größten Vergnügen, die übrige politische Inkompetenz ebenso!

Da wird ein Fünf-Milliarden-Digitalpakt vom Killesberg losgetreten, ‚weil am Nutzen der Digitaltechnik kein Zweifel bestehe‘ – wie neulich beim IPPC-Klimabericht steht sowas in schrillem Gegensatz zur Aussage des zugrundeliegenden Gutachtens! – Wie dreist seid ihr denn, Herrschaften, denn es fiel keinem der dreizehn beteiligten Hochkarätigen auf, notiert HEIKE SCHMOLL. Dazu ANDREAS SCHLEICHER vom OECD-Club, Technologie in den Schulen schade mehr, als sie nutze. – Ich seh's ja täglich an mir. – Sie wissen nicht, was sie tun, wollen aber was bewegen. Was sie anfassen, wird zu Schrott – wobei es um Menschen geht. – Zurück bleibt Fassungslosigkeit und direkte Flucht in den Alkohol, ich trage statt Pulsmesser längst den Korkenzieher am Gürtel.

Ganzseitig und handschriftlich wirbt WOLFGANG KRISCHKE für diese zweite Kulturtechnik nach der Sprache, das Buch von SCHULZE-BRÜNING und CLAUSS vorstellend: ‚wer nicht schreibt, bleibt dumm‘. – Über dem geradezu systematischen

Mangel empirischer Befunde wölbt sich auch bei diesem Thema abgründiger Vernachlässigung der Himmel „pädagogischer Illusionen, didaktischer Fehleinschätzungen und bildungspolitischer Ideologien", vom großen IT-Geschäft flankiert. – Ganze Generationen könnten bald vor Gericht ziehen wegen unterlassener Hilfeleistung. Den dann unerreichbaren Beklagten sei der Verzehr reichlicher Pension (rülps) gegönnt, womit nicht die erschöpften Lehrer gemeint sind.

Impressionen aus der Hauptstadt grundieren solche Betrachtungen porentief. Berichtet wird von wiederkehrenden kolossalen Rohrbrüchen und weithin sichtbaren Fontänen, wonach Straßenkreuzungen für Monate unpassierbar bleiben – wie die Autobahnkreuze in NRW, nur ohne ‚Wasser-marsch‘!

Und dann das Herzensprojekt der Inklusion, besser ihre Rückseite: die Durchsetzung der Gendergerechtigkeit im Verkehrsschilderwesen der Hauptstadt. – Jetzt wird's wieder mal ultimativ, ihr Heiderösleins! Wäre einen Einakter wert! Es soll dem springenden Hirsch, von Ansehen bekannt als Zeichen Nr.142 der EsTeVau-O, das Geweih abgefräst werden! Damit wird dieser Monstranz maskulin-sexistischer Gewaltphantasie der Garaus gemacht. Dazu erläutert die Genderbeauftragte der Verkehrsverwaltung – STOPP! Diese Konnotation bedarf eigener Schweigeminute: es hat wohl jede Behörde eine Genderdame am Empfang sitzen! – Also diese Vorzimmerdame erläutert, auch die Hirschkuh könnte (schließlich) springend die Straße kreuzen und verdiene gebotene Vorsicht. – Hier setzt auf ärztliche Empfehlung hin mein Tinitus ein, um weiterem Unheil im Innenraum vorzubeugen. Das sind sogenannte politische Vorgänge einer Hauptstadt, die ihrer Bedeutung auf diesem Globus entsprechen. Ich empfehle den Spielmannszug für jedes Ressort, der zum Frühstück auftritt. Diese Administration ist ein einziger Mißbrauch von Steuergeldern. – Das nächstprioritäre Projekt überdachter Radwege kann aber erst zum Durchbruch kommen, wenn die Wasserspiele im Kreuzungsbereich unter Kontrolle sind. – Daß zum Radfahren seit Menschenbeginn die Hinnahme von Wind & Wetter gehört, soll in Berlin abgestellt werden.

Mein Respekt vor dem Lektorat wächst, auch beim 3., 4. und 5. Durchgang ist die Zahl aufgebrachter Fehler in Orthografie, Grammatik, bis in den Satzbau erheblich (gemeint ist Bd. 1, hier gibt's keine Fehler). – Dabei entdecke ich, daß das Bild mit den zwei Störchen – Band eins, isso! – fertig wurde eine Woche, bevor ich Marion kennen lernte. Dann auch noch: ‚ich habe es so groß gemacht, daß es in dieser Wohnung keinen Platz findet'. – Es war also alles Vorsatz. Unter dem 10.9.89 finde ich tatsächlich den 2017 formulierten Untertitel, frappierend.

NICOLA DI GIROLAMO gewann seinen Sitz im römischen Senat mit Hilfe des Arena-Clans, der dafür in Deutschland, dem gelobten Geschäftsfeld der Mafia, 25.000 Wahlzettel fälschte, auffallend viele aus dem Raum Stuttgart. Auch in Singen, Radolfzell und Ravensburg „wickelten voll funktionstüchtige Clans ihre Geschäfte ab", schildert PETRA RESKI das organisierte Verbrechen im Markt. Wann das Strafverfolgungsorgan aktiv wird, ist eine der heiklen Bruchlinien zwischen Rechtsstaat und Diktatur. – Die letzte Morddrohung für GIOVANNI FALCONE per Post wurde in Wuppertal abgestempelt, bevor ihn die 572-Kilo-Bombe 1992 zerriß. Was auffällt, ist die Auslagerung von Vorbereitungshandlungen für Verbrechen ins befreundete Ausland.

ROBERT MUGABES (93) Zimbabwe hat den Status der Subsistenzwirtschaft erreicht. Jetzt hat der weise Mann Dollar-Bonds eingeführt, um den Zugriff auf die letzten Kopeken, oder wie das Zeug heißt, des geplünderten Volkes zu ermöglichen. Die Auslandsschulden bedient diese Form des fiskalischen Raubes schon länger aus den kümmerlichen Ersparnissen der Leute. Etwas zivilisierter solls ja zugehen, wenn diese Euro-Bonds Europa fluten.

Massenmord an Kindern und Jugendlichen in Manchester. Zeit für mehr Menschen- statt Datenschutz.

ROGER MOORE starb, 89.

ARCHIE SHEPP ist 80, Geleit von JOHN COLTRANE, tot, drei

Reihen hinter JAMES BALDWIN, neben BEAVER HARRIS am Schlagzeug mit den Worten „It is not the black and the white, it ist the wrong and the right". – Eine gestochen scharfe Würdigung von WOLFGANG SANDNER.

Daneben das Schaulaufen der Medea aus der Blutlache heraus – wie das zweieinhalb tausend Jahre alte Drama vom Kopf auf die Füße stellen ohne den historischen Umschlag in den jetzt rechtsdrehenden Hexenkessel, in dem der Mann seither rührt, rudimentär gebändigt, aber immer noch zur Kasse bittend.

Meine Produktivität feuert, fast wie die Kurse im kleinen Aktienkorb.

In 13 Stunden zieht das mobile Robotersystem DCP, in Fachkreisen bekannt, aus dem MIT, ifya nou woddei miehn, eine vier Meter hohe und 50 Meter umfassende Rundmauer hoch, vollautomatischer Hausbau aus dem 3D-Drucker beim Einsatz.

Vor 30 Jahren landete MATHIAS RUST auf dem Roten Platz. Das war großer Trost für die Leute an den Raketenwaffen rund um Moskau, erzählt ein damaliger Soldat. Alles war sinnlos, was sie machten.

24.5. Alice (50) geht zum Arzt und erfährt die Diagnose frühzeitiger Demenz. Sie vergißt, es geht verloren Sie findet die Toilette nicht. Die Studenten verstehen sie nicht mehr und begnügen sich mit dem Skript. Alice sieht sich um im Haus, sortiert Bücher, kann sich nicht konzentrieren. Früh informiert sie die drei Kinder – es ist das letzte Jahr, in dem ich ‚ich selbst' bin, informiert sie ihren Mann. Sie beginnt ihre eigene Verfolgung. Sie hält einen Vortrag über ‚die Kunst des Verlierens', ich verliere jeden Tag etwas – ich versuche einfach zu vergessen, was mir gerade passiert ist – sie folgt dem Manuskript mit einem gelben Filzstift – ich werde mich verlieren. Ihr Mann hat Aussicht auf einen anderen job und schlägt Umzug vor: du willst also nicht – ein Jahr warten und – mir zusehen – das habe ich nicht gesagt – ist auch nicht nötig. Sie erkennt ihre Tochter – der Mann geht in die Flucht.

25.5. Wir ziehen die Elektroräder aus dem Unterstand und fahren über die Nordseite nach Osten, Richtung Rotenburg. In Hellwege marschiert die Blaskapelle über den Hof voller Bänke, alle Alten sind da, wir kommen ins Gespräch, nach dem vierten Bier lösen wir uns und machen Stopp in Unterstedt vor Rotenburg. Tags drauf, Rückfahrt, macht mein Akku schlapp, fünf Kilometer vor Ritterhude.

Amazon und Alphabet bei 1000 Dollar pro Aktie.

Das ‚Video-Überwachungs-Verbesserungs-Gesetz‘, können Sie folgen?, hat der Bundestag neulich nach Mitternacht beschlossen. Solche beschlüsse nach Mitternacht ersparen Fragen. MIELKE heult, ERICH, guck dir das an! Dann noch das Gesetz zur Förderung der Identität oder so, also alle Personalausweise jetzt ein- und auslesbar, ob einschließlich Lokalisierung des Trägers, wird sich zeigen. Schließlich ist das Dokument am Leib zu tragen, – Datenschutz war schon immer doppelgesichtige Schimäre sich lammfromm gebender Denkungsart.

Das offenbart sich grade im Flüchtlingsszenario: da alle Flüchtlinge zwar das Smart Phone am Leib tragen, jedoch 60% ihre Papiere verloren haben, wenns zur Registrierung kommt, wurde früh in 2016 ein Programm zur Identifizierung angeboten – Test und Einsatz jedoch abgewiesen, wegen Datenschutz! Das riecht nach Justizressort, die Riege hält sich bedeckt. Schwer erträglich solche Abgründe von Heuchelei, die im Gewand flüchtlingsfreundlicher Gesinnung die Verantwortung für die staats- und verfassungsrechtliche Agenda in diesem die Gesellschaft umwälzenden Thema verweigert. Erst vor den Toten aus Anschlägen räumen sie ihre heroischen Auffassungen. – Abends macht die Seifenoper Tagesschau dazu bekannt, daß das Personal des Migrationsamtes zu 20, auch 30, ja vereinzelt zu 80 Prozent den Aufgaben fachlich nicht gewachsen ist. Daran werde jetzt gearbeitet, heißt es seitens der von Ereignissen Getriebenen.

Der evangelische Kirchentag kostet 23 Millionen, 50% ‚steuert‘ (sic!) die Kanzlerin bei, setzt sich sodann vors Brandenburger

Tor und spricht. Neben ihr ein charming guy aus USA: BARACK OBAMA ist schon wieder auf Besuch und flötet ins Mikro, daß Angie seine liebste war zu Präsidentenzeiten. – Zurück zum Kirchentag, dessen hiernach offene 50% nicht aus der Kirchenschatulle gestellt werden, Daimler, VW und die Drogeriekette ‚DM' schamponieren den Außenstand. Das ‚Gemeinmachen' mit den Verhältnissen kann eine fatale Nähe erreichen, bei der evangelischen Kirche schon immer, im Dunst der Staatskirche. Von Contenance, gar Distanz keine Spur, mein Geschmack ist los. Die Zugehörigkeit ist nicht der Institution geschuldet.

Es kommt noch unangenehmer: aus dieser fürstlichen Drittmittelversorgung heraus sieht sich der Veranstalter des Kirchentags bemüßigt, zwei Frauen der Hamburger Gruppe ‚Lesben und Kirche' mit der Frisur, nein dem Verstümmeln der Texte für das Liederbuch zum Ereignis zu beauftragen. HEIKE SCHMOLL zitiert MATTHIAS CLAUDIUS in der Genderwahn-Fassung, wobei aus dem ‚Herrn' die ‚Ewge' wird. Darüber kippen Versmaß und Textrhythmus. – Solche Schamlosigkeit im Zeichen LUTHERS wird in 265 Tausend Exemplaren verbreitet. Kulturelle Enteignung des Menschen, worin Religiosität in Wort und Klang an die Lächerlichkeiten eines seichten Zeitgeistes verscherbelt wird. Das konturlose Dasein des Silberfischchens geben wir ab. Der Biedermann, den Brandstifter im Herzen, fragt, was wohl das Ausland hierzu und dazu sagt – hier wärs als letzte Instanz hilfreich gewesen, gell Frau Merkel. Sie weiß, warum sie lieber nicht fragt.

Mir fallen die Taliban ein. Die sprengten die Felsskulpturen des Buddhismus, weil göttliche Abbildungen in ihrer Islam-Blasphemie verboten waren. Sprachliche Überlieferung zu frisieren, Mann und Frau, männlich und weiblich zu beseitigen oder in den Zufall zu kippen, in dieses gleich-gültige und substanzfreie Nichts, ist ebensolche Barbarei. – Was ist das für eine Kirche, die ihre historische Substanz einem unbegriffenen Akuttrend hingibt.

Es ist schließlich etwas Infames daran, die zu fröhlichem Kirchengesang aufgelegten und angereisten Besucher des Ereignisses mit einem gendermanipulierten Gesangbuch zu überfahren. Ist es VICTOR KLEMPERER, ist es GEORGE ORWELL, irgendwas daran ist ähnlich.

26.5. ZBIGNIEW BRZEZINSKI starb, 89. Der Präsidentenberater wies Ende der 80er Jahre bereits auf die Ukraine als Austragungsort zukünftiger Konfrontation hin.

27.5. GREGG ALLMAN starb, 69, in Savannah, Georgia.

28.5. Wir sind zurück vom zweiten Elektro-Trip, aus dem Fährhaus am See in Bad Zwischenahn. Nach zwei Donnerschlägen verzog sich alles und wir gingen auf die 60 Km zurück. Die Smart Phone-Wegeführung war etwas komisch, ‚bitte nach Südosten starten‘, sind wir an Bord oder was! Und die Sache ist so gefährlich wie Straße, die Radwege eng und randvoll, vom Kinderanhänger bis zum Tour de France-Trainer jagen sie im Gegenverkehr dahin, viele Alte wie ich. So ein Feger kam den Berg runtergeschossen, ‚aus dem Weg, Mann!‘ – ich riß zur Seite. Der hätte mich zerteilt. Hinter Vegesack wird’s noch enger, dazu dunkel.

MANFRED BARON VON ARDENNE hatte eine Idee, wie man das Isotop Uran 235 isolieren könnte. Es entstand ein von der Reichspost unterhaltenes Physikalisches Institut mit der Qualifizierung ‚SS-Dringlichkeit‘, darin der Bauplan eines elektromagnetischen Massentrenners – der Reichspost-minister war begeistert. Der HITLER aber lehnte das ab, Wunderwaffen waren noch nicht gefragt. – Nach Ende der Kampfhandlungen wurde der Baron nach Moskau verbracht. Dort wünschte ihn Herr BERIJA zu sprechen, Herr der Geheimdienste, und bot 10500 Rubel.

Nach erfolgreicher Arbeit mit dem Stalin-Preis 2.Klasse bedacht, war der Baron empört ob solch sekundarer Beachtung und forderte Nachbesserung, einen zweiten Orden – und scheiterte. In die DDR mit Sack & Pack übergesiedelt, kam er endlich in den Privilegien-Status. Es reichte dem Ehrgeizigen nicht, der die Idee eines Raketenabwehr-Schirms vortrug. Welch ein wundersamer Mensch, welches Weltbild trieb ihn an!

29.5. Uwe hat mich überredet und wir sind auf dem Weg in die ‚Grube Louise' im Westerwald zu CHRISTO QUISQUE. Der, fünf Jahre voraus, steht in weißer Matte und barfuß vor uns, freut sich wie ich mich nach 18 oder 19 Jahren aufs Wiedersehen und es geht ins ‚Labor'. Acht Leute aus vier Ländern, von Rumänien über Albanien kommend bis Südtirol, na und wir eben.

Der Elementarsatz des KARL MARX, das Sein präge das Bewußt-Sein, erweist sich unter der Fragestellung des SOKRATES, der Christo nachhängt, als weiterer Schuß in den Ofen. Denn das Sein vegetiert bzw. trotzt dem Bewußtsein, dem Konzept-Abenteurertum des Ich, welches sich, in seinen Flickenteppich von Wünschen, Posen und Parolen eingewickelt, für 100 Prozent hält! Das ermittelte ich schon im System ‚Cicero' in 2002. Daran erinnert zu werden, macht bereits am Abend dieses Montags die Reise lohnend. Daß Christiane abends und morgens den lendenschwachen Körper ins Streckbett der Entspannung treibt, dazu den Berg hoch und wieder runter, nehme ich gefügig hin, ja in Kauf. Die heilsame Wirkung wird am dritten Tag spürbar. Dazu kocht die Truppe um den alten Hans aufs Vorzüglichste, schleppt das Zeug nach draußen, wo wir mit Blick aufs waldige Tal, oder auch nicht, uns darüber hermachen.

Die Nulllinie meines Betts liegt bei 1,20 Meter, da Alkoholverbot zu den durchgesetzten Vereinbarungen gehört, schaffe ich es allabendlich in diese Höhe. Und mit dieser Nulllinie als körperlichem und mentalen Ausgangspunkt, also vom echten Basislager aus die Welt noch einmal anzugehen, macht so richtig leer und voll zugleich. In dieser wohltuenden Distanz des Selbst zum Ich und zur Person packen wir uns am Donnerstag nach vorzüglichem Curry für Fleisch und Gemüse auf den Weg zurück. Leute, sowas ist Inspektion vom Feinsten, echt mehr als ‚an apple a day', von ‚a bottle a day' nicht zu reden. Wenn ihr Autonarren euch selbst, spricht der Pastor, so behandeln würdet wie eure Karre, wäre der Laden hier am Limit vor Friede, Feuer und persönlicher Produktivität. Ich komme gerne rum und erkläre das, gegen Handsalbe, versteht sich.

ERICH FROMMS ‚Kunst des Liebens' nahm ich mit, ohne das Büchlein anzurühren, dem Gebot des Meisters folgend. Jetzt schlug ich es auf, ein Geburtstagsgeschenk aus den Achtzigern für Marion, und es verschlug mir sogleich fröhlich die Sprache – denn der fängt genau da an, wo ich das Labor verließ!

Der fatale Irrtum mit der Liebe ist die Auffassung, es sei ein Problem des Objektes und nicht eigener Fähigkeit. – Daher werde, so der Autor, bei Streit, Streß und Frustration das Objekt gewechselt, statt Inspektion zu betreiben, wie beim Auto. Das, so EF, sei in einer Kultur des ‚kaufmännischen Sinns' und dem Primat materieller Erfolge nur zu verständlich. – Ich betrieb Inspektion über Jahre in zweiter Ehe, jedoch eher im Blindflug, weil gefangen, getrieben und gesteuert vom eigenen Set an Deutungsmustern, gut verpackt von Bertelsmann in einem Strauß vehementer Überzeugungen.

Nun, Inspektion hat semantisch ‚Einsicht' im Gepäck und der dumme Satz 'Was ist mein Anteil', pflügt längst durch jeden Workshop. Daß ich gern vorbeikomme, bemerkte ich ja schon. Oder hessisch: wenns AKW bruzzelt, fragt mer hald ned nachm Schraubezieher, gell!

Mit FREDMUND MALIK komme ich daher im achten Jahrzehnt meines Aufenthalts zu der gewagten Formel, daß auch die Liebe ein Beruf ist, für den es der Ausbildung bedarf und der daher erlernbar ist. Dagegen steht der wachsende Anteil von zu Ausbildung Unfähiger. – Talent kann helfen, wenns mit dem persönlichen Deutungs-Set konveniert. – Kaum zu Hause, geht's gleich los. CHRISTO ließ ein feines Büchlein erstellen, daß er mit Widmung an ‚meinen Bruder' übergibt. Meins hat er natürlich auch und bereits zwei Seiten gelesen, kopfschüttelnd. Mit dem Genuß dieses akkumulierten Machwerks ist es wohl so wie mit dem Verzehr von Chili-Schoten.

1.6.   TANKRED DORST starb mit 91 Jahren.

MORGAN FREEMAN wird 80! Ich bin kein schwarzer Schauspieler, sagt er. Das ist Anlehnung an JAMES BALDWIN: ‚I'm not your negro'.

Die Chor-Versammlung beschließt die Fortsetzung mit Peter. Wurde auch Zeit.

2.6. Erste Verwechslung bei der Liebe, so EF weiter, daß das ‚Verrücktsein' nach dem Anderen als Beweis für ihre Intensität genommen werde, „während es doch nicht mehr ist als der Beweis für den Grad der vorhergegangenen Einsamkeit." – Das ist der gleiche Kehrreim wie die Sache mit NEWTONS Pendel. Was, fragt CHRISTO, ist das Bedeutendste und hält sich am Rahmen fest! Oder: was ist zentral (sic!), wenn sich der Schlüssel am Band dreht? Die Nabe, stupid! – Yes, I am.

3.6. Die Regierungskoalition ist eine der Angst, notiert die Zeitung. Sie hat die Altersvorsitz-Regelung des Hohen Hauses so verbogen, daß der ja möglicherweise erfolgreiche Kandidat der AfD dort nicht Platz nehmen kann. – Vielen Ministern sitzen Angst und Schrecken im Nacken. Das ist zu hören, je lauter sie reden, ja wettern. Bei ANDREA NAHLES ist es anders, der Stämmigen. Die nutzt die Zeit.

Deutschland sei ja ‚Klimamusterknabe', das ist der Strahlebengel, so nannte mich MICHAELA STEIGER 1988 auf der Bühne, im Matrosenanzug. Das Land baue jedoch das mit 500 Milliarden teuerste und zugleich wirkungsloseste System auf, bemerkt ANDREAS MIHM. – Das Motiv muß also ein anderes sein! Ich glaube, es ist der Titel – nach der ganzen Scheiße, Verzeihung, wollen wir einfach Muster sein, für irgendwas Gutes! Denn dieses Resultat ist nicht neu, es interessiert aber nicht! Was der Staat anfaßt, wird -getreu König Midas reverse- zu Schrott, ist auch nicht neu, interessiert aber auch nicht. Wo es Leben kostet, wird korrigiert, ansonsten den Leuten in die Taschen gegriffen. Isso. So geht Leben in der Selbstreferenz, echt identitär.

Daß MR. TRUMP den Klima-Laden verläßt, nachdem Chefe OBAMA den Beitritt nur durch Umgehung des Kongresses bewerkstelligt hatte, gehört eben zu seinem Tohuwabohu-Modus. Der verdeckt das Dutzend weiterer Gründe für diese Entscheidung.

Wie geschmeidig dagegen das EU-Regime, wo grade die Richtlinie Nr. 5117, Titel BRRD, verabschiedet und beim ersten Anwendungsfall ignoriert wird: die Bank ‚Monte dei Paschi di Siena‘, ehrwürdigstes weil ältestes Geldhaus auf dem Planeten, jedoch im lokalen Korruptionsformat über Jahrzehnte zu Schanden geritten, wird vom längst zahlungsunfähigen italienischen Staat mit druckfrischen Milliarden ausgestattet. Das haben MARGREHTE VESTAGER, Tollhaus Brüssel und Finanzchefe PIER <Cater> CARLO <'har har‘, Verzeihung> PADOAN beschlossen. Und DANIELE NOUY, call me ‚Watching Lucy‘, also out of Brüssel, wo sie Aufsicht macht, hat schon grünes Licht im Rotlichtmilieu gegeben. – Die Mafia kauft Stimmen gegen Barzahlung, ‚dei Paschi‘ verkaufte den berüchtigten ‚Kleinanlegern‘ Anleihen, nur so bekamen sie Kredit. BB's Worte dröhnen im Ohr ‚was ist ein Einbruch in eine Bank gegen die Gründung einer Bank‘ – aber, wer konnte das ahnen, vor fünfhundert Jahren, ich bitt‘ Sie! – Jetzt allerdings hat das Geldhaus gelogen bis zum Rundholz. Das hat zum wertberichtigten Verluststand von 14,7, unter Einrechnung der unterschlagenen 3,38 zu schlappen 18 Milliarden geführt. Das Spiel heißt ‚Am Arsch die Räuber‘, Verzeihung und wird täglich aufgeführt, gell Frau Brüssel.

Der Gestank fauler Kredite soll schon zum Rückgang der Übernachtungen in dieser Perle italienischer Renaissance geführt haben. Der Abstrahleffekt solch juristischen Leichtsinns wird weitere Milliarden lockermachen, die Chefchen ebenfalls ruinierter Geldhäuser tragen bereits Frohlocke. – Daß EFSF und ESM, aus der Abteilung Schall & Rauch, zeitgleich Mehrbedarf um die zehn Sackkarren Bargeld anmelden, ist einfach Teil des ‚mehr Europa‘-streaming-Dienstes. – Daher wohl auch das hohe Interesse an Bargeldlosigkeit, allein die Transportkosten verschlingen ja Unmengen. Und in diesen delikaten Fällen heißt bargeldlos zudem lautlos.

Und es kommt, wie prophezeit – ich sags, wie es ist! – Wenn der Teufel zweimal klingelt oder wie es so ist im Bunde mit Goldfinger – stellen Sie bitte die Uhr auf fünf nach zwölf, dann radeln die nächsten schrottreifen Institute auf der Umgehungsstraße, das klingt zu technisch, auf der Straße der Umgehungen ins nächste Abenteuer – frei vom Ballast alter Schulden, die erneut volksnah abgekippt wurden, diesmal als ‚Good Bank' und ‚Bad Bank'. ‚Banca Intesa Saopaolo' läßt sich herbei, die Filetstücke für einen (i.W.) Euro zu übernehmen, guten Appetit. Der Schrott landet bei ‚Bad', logisch, heißt ja auch so. So kommen ‚Veneto Banca' und ‚Banca Popolare' frei von den produzierten Flurschäden.

Man möchte auch die Kleinanleger, vulgo Stimmvieh, nicht prellen. An der Krönung wird noch gearbeitet, das ist die Übernahme der Pensionslasten durchs Steuerregime fürs wohltemperierte Mittfünfziger-Klientel, so an die 4000 (i.W., sprechen Sie mir nach, vier – tau – send, setzen). Es sollen so 5 Milliarden sein, Tag eins, tags drauf sinds 10, am dritten 17. Da rege sich noch einer auf über Dagestan, Asien, oder Kongo, Afrika! – Stellen Sie ihren Wecker – jetzt! Das schöne Land steht schließlich randvoll mit Sparkassen und Volksbanken und weiterem klingenden Gestühl für wöchentlichen Umzug, Motto: ‚nah' bei de Leud'. Denn am Kassensturz werden Sie teilhaben. Den hinauszuschieben, ist das Motiv aller Anstrengungen in der Hauptstadt. Allenthalben gilt schließlich: man möchte in Pension sein, wenns kulminiert. Die Angst vor dem Donner ist archaisch, und sehr groß.

PHILIP PLICKERT trägt die Grablege aktueller Kanzlerschaft zusammen. AM hat den einst kontroversen Modus der Interessenaustragung bis zur einheitsparteilichen Frömmelei geschliffen, sie hat auf Basis des OECD-amtlichen Steuerparadieses Deutschland die Koalitionskolleginnen an den Früh-, Spät-, Alters- und weiteren Spezialrenten werkeln lassen. – Naja, und dann dieses Euro-Klingel-Dingsda, der Energiewendehammer, völlig CO^2-neutral, und das ‚teatrum mundi', der große Flüchtlingsaufruf – alles auf Sicht Billionenspiele, über die in der zuständigen Volksvertretung mit Substanz nicht gesprochen wird.

Weil -das geht nur in Mundart, Loide- wemmer die Obbosi-
ziohn im eischene Lade hat, dann könne die schreie, wiese wol-
le, gell! So hat sie kräftig dem Brexit vorgearbeitet, der AfD eh.
Schweigend geht sie ins vierte Mandat, während SCHULZ am
Rad dreht und RWE-Chef GROSSMANN den Kasatschok tanzt.

Die Ignoranz der Ökonomie, ja des Umstands, daß hier Markt-
wirtschaft ist, verbindet AM mit Ziehvater HK. JUSTUS HAUCAP
referiert das Desaster der Billion-Euro-Wende in Sachen Ener-
gie. Vor der Kanzlerin stünde er wie vor einem Rätsel. Das sind
ja viele Menschen, soweit kenne ich mich aus.

Vier Tage ohne Zeitung und meine Herzregulatorik pfeift auf
dem letzten Loch. Dabei ist doch alles bekannt!

ALBERT SPEER erklärte vor dem Tribunal in Nürnberg, mit der
Judenpolitik nicht befaßt gewesen zu sein. Mit seiner Teilnah-
me an der Gauleiterkonferenz in Posen im Oktober 1943 kon-
frontiert, erklärte er, diese gleich nach seiner Rede verlassen
und nach Rastenburg abgefahren zu sein, wo ,der Führer‘ ihn
erwartete. Er wurde zu 20 Jahren Haft verurteilt, die, anders als
in vielen anderen Fällen, nicht reduziert wurde. Er verließ das
Kriegsverbrechergefängnis Spandau 1966. – In der auf ihn fol-
genden Ansprache auf jener Konferenz informierte HEINRICH
HIMMLER die Gauleiter über den Entschluß, das jüdische Volk
,von der Erde verschwinden zu lassen‘. Dabei sprach er den AL-
BERT SPEER direkt an, wie ein fünf Jahre nach dessen Entlas-
sung aufgetauchtes Dokument erwies. Der war wohl doch noch

da! – Seine verbleibende Lebenszeit bis 1981 verwandte jener dazu, sein Credo zu sichern, welches sein ‚Ich‘ war. Im Unterschied zu vielen, die unauffällig und staatlich gestützt in alte oder neue Funktionen einrückten, nahm er den Kampf auf, die persönliche Gewißheit der Verstrickung in das Mordsystem unter einer Konzeption bürgerlicher Anständigkeit zu verbergen. Nach seinen ‚Erinnerungen‘ von 1969 erscheint daher eine neue Biographie von MAGNUS BRECHTKEN, der des Lebens Lüge auf dem Reichsparteitagsgelände in Nürnberg kuratiert. Die fast 1000-seitige Arbeit wird sowohl zur „späten Hinrichtung des Albert Speer“, wie der empörte Rezensent notiert, als auch zur Abrechnung mit den wohlgesinnten und exponierten Sympathisanten der Nachkriegszeit.

Im weiteren Kontext: von „institutionellem Rassismus“ sprechen Autoren eines Sammelbandes über die ‚NSU‘-Recherchen. Der Rezensent urteilt über das V-Mann-System als „staatlich finanziertem Subventionssystem für rechte Strukturen“. So sei der Rechtsextremismus Teil der Alltagskultur in Teilen des Landes, und zwar in langjähriger Stabilität bzw. Entwicklung nach 1989 mit seiner „xenophoben Vereinigungsgewalt“. Rechte Karrieren fanden ein hinreichend sympathisches Umfeld.

Beim staatlichen Glücksspiel gibt's die übliche Erfolgsquote: „alle Ziele des Glücksspielstaatsvertrages wurden verfehlt“, wird die Studie zitiert, also der Schwarzmarkt boomt, Jugend und sonstige Spieler wohlauf im Dilirium, die Suchtbeauftragte jodelt und dem FDP-Mann fällt nur auf, daß dem Staat Milliarden an Steuern entgehen, dem armen. Ich könnte einarmiger Bandit werden, gegen Erlösbeteiligung natürlich.

Aber sie sind unerbittlich, diese 100%-Lösungen, hier kommt die nächste Vollpfostenmischung: auf deutschem Boden gibt es einen Mindestlohn. Ein- und Durchreisende betreten oder befahren in ihrer Tätigkeit notwendig deutschen Boden – und, kaum geht der Schlagbaum hoch, oder auch nichts, erwischt es sie! So stelzt das Rechtsgutachten durchs Leben und präzisiert, der Kraftfahrer werde selbst dann auf deutschem Boden tätig, „wenn er im Stau steht". Da fliegt dir doch die Plane weg! In NRW kann sich das aber richtig lohnen, weil diese Form des Tätigseins dort Standard ist: so ein Tag am Kreuz Leverkusen – stehen und kassieren, es schürft mir das Hirn auf, ist kein Schnaps zur Hand! Die meinen das ernst, nennen das Politik. – Jetzt aber kommts knüppeldicke: in dieser gedanklichen Übung wird er, der Kraftfahrer, zum „im Inland beschäftigten Arbeitnehmer" – und was passiert? Ei, Lohnerhöhung, vorübergehende, hinterm Schlagbaum geht's dann wieder bergab.

Ich könnte hier über vieles schreiben, über ganz anderes, ja über Schönes, Erheiterndes – allein Nachrichten solchen Kalibers verschlagen mir Wort & Gedanken, ist keine Flachschaufel zur Hand! Also weiter: der Abbeidnehmerschutz gebiete solchen Wahn, insistiert der juristische Verstand vom Feinsten. Das, bleiben Sie angeschnallt, soziale Element sei „seit Lissabon drastisch verstärkt und relativiere die Binnenmarktfreiheit", konterkariert es weiter. – Solche Texte illustrieren den Zustand des Landes mehr als die Berliner Wasserspiele, kann jemand meine Festplatte auf Null setzen, aber wirklich null!

Einmal im Wäschetrockner gefangen, läßt es mir keine Ruhe, denn die Umsetzung der Wohltat eröffnet ein Feld von Varianten, will man es nicht beim Diktat, also einem hinzunehmenden Staatsakt belassen. – Daher versetze ich mich ins Führerhaus des polnischen Kraftfahrers in Görlitz – Grenze! Der steuert ein nach Mecklenburg, Gebietsteil Vorpommern, um vier Uhr morgens – und zack, ist die in Polen arbeitsvertraglich zentrale Vereinbarung der Gegenleistung, das Entgelt verändert. Ohne Willenserklärung, also tonlos! Nach zwei Tagen, Abladung in Hamburg, Hafen, Aufnahme Ladung, kehrt er zurück nach Görlitz. Tags drauf legt er seinem Arbeitgeber den Pass vor mit Stempel Ein- und Ausreise, wie früher beid'n Genossen, wenn er durchfährt, rechnet er die Deutschland-Zeit aus und sagt: Chefe, schkrieg Geld! 8,97! Mal 48 Stunden! Meine 6,50 kannst du abziehn. – Darauf Chefe: wie jetzt! – mußdu zahlen, Lissabon! – du warst in Hamburg! – sagt Frau Merkel! – du bist verrückt, wir haben Vertrag! – in Deutschland nixgut, gilt nur deutsches –

und wenn sie 11 Euro machen, willst du 11? – issich Sozialstaat, sagt rabotnikpolski, kannst du nix machen, schicken controletti – geh ich vor Gericht, poltert Chefe, nein geh du – ist „mehr Europa", erklärt Kraftfahrer, also egal, Arbeitsgericht kannsdu knicke! Jetzt versuchen die auf leise Tour, naja, besser als einmarschieren, grunzt Chefe und schmeißt Tür zu. Arbeitsklima jetzt am Nullpunkt, absolut.

Hier bricht es ab, denn ein Kasachstani donnert mit seinem 22-Tonner heran, arbeitet für 1,80, umgerechnet, kaum in Mäck-Pomm, 8,97? Fehler! Kein EU. Jetzt geht Kasachi vors Gericht: gleiche Arbeit = gleicher Lohn – oder? – Richter wiegt Kopf und legt Verfassungsgericht vor. Wenn das klappt, wandert ganze Welt ein, brauchst du kein Selfie!

JUAN GOYTISOLO starb, 86, Begräbnis in Nordmarokko auf dem spanischen Friedhof in Lavache. – Seine ‚Rückforderung des Conde don Julián' las ich 1996 in Cartagena, ein Blick ins Buch vergewisserte mich, nichts verstanden zu haben. Eine Notiz informiert, daß sein Bruder José Agustin 1999 durch einen Fenstersturz zu Tode kam. Er wollte den Rolladen reparieren. – Im Regal finde ich noch die ‚Landschaften nach der Schlacht', vor zehn Jahren gekauft, als ich noch quer durch die Republik in Workshops reiste, darin diese Notiz:

11.1.2008 für die Fahrt nach Hamburg gekauft, komme neben der schönsten Frau im Wagen zu sitzen, packe aus, fange an und kann nicht lesen – bis ich ihr das sage, sie spielt mit dem langen Haar, legt es hinters linke Ohr. So zeigen sie es im Fernsehen. Als sie sich zum Gespräch wendet, verstehe ich es – sie hat die schönsten tiefbraunen Augen, ein apartes Gesicht, den Ordner zum Lernen aufgeschlagen, erzählt vom Studium, der anstehenden Prüfung und den Bewerbungen. Ausstieg. Was soll der Quatsch: erste Klasse, zweite Klasse – ich brauche Altersklasse, ich halte es nicht aus – es ist der wesentliche Grund, bis zum Schluß zu bleiben.

Unter dem 13.4.2008:

oh, ich erinnere mich lebhaft, liege im Hotel ‚Weißes Roß' in Memmingen nach der Anfahrt von Amrum, von Papas 88. – Sexualität = Wahrheit, kommentiert die Rezensentin die ‚Feuchtgebiete' in der FAS, das schafft. – Ein Artikel schließlich über die Sierra del Cabo de Gata im Osten Andalusiens, durch den SERGIO LEONE, später CLINT EASTWOOD, LEE VAN CLEEF und BURT LANCASTER zogen, schließlich Django seinen Sarg über den Boden zerrte. Hierher mag auch JUAN GOYTISOLO 1959 auf dem Weg zum Südkap des Landes gekommen sein und den Stoff für die ‚Landschaften' gefunden haben. Auch das wäre neu zu lesen, im Abteil Altersklasse. Wenn einmal keine Frau im Abteil sitzt.

5.6. Nach schwerer Nacht, vom Mindestlohn gebeutelt, kommt Manfred und wir fahren zum ökumenischen Gottesdienst nach Marßel. Hell und stark singt es aus mir, meist auch treffend.

Nun zum täglichen Angriff auf den gesunden Menschenverstand: das Parlament hat die ‚Wippe' beschlossen, per Fraktionszwang. Ist es der Kunstgeschmack oder was sonst muß die Chefin durchsetzen? Das Gerät funktioniert -schon wieder Berlin- wie der Mindestlohn. ANDREAS KILB erläutert, wie es geht. Und es ist schlimmer! Gegen den Infantilismus, der in diesem Gedenk-Apparat steckt, ist der Mindestlohn solide – erst über die Ausländer-Wippe wird's gespenstisch. Die Deutung dieses Mals im ‚Leichtsinn' steht in schroffem Gegensatz zur historischen Tat von 1989 und ihrer fast zehnjährigen Vorbereitung.

Höhnische Leserbriefe provozieren mich und immer monströser steht diese Betonschaukel quer im Land. An ihr flattern die Phrasen wie zerrissene Segel eines antriebs- und orientierungslos treibenden Schiffs durch aufbrausendes Wetter. Diese Volksvertretung hat kein Bild und keinen Text vom Eigenen, und keine Antworten auf Fragen, nur die Zuversicht, daß Fragen versanden – und schließlich den Fraktionszwang, um dieses Nichts durchzusetzen. Man will darüber nicht auch noch reden. Selbst wenn die Gefahr gar nicht besteht, weil keiner etwas zu sagen wüßte. – Die Verhältnisse, sie sind immun gegen künstlerischen Ausdruck, sie sind feist und in Auflösung begriffen. Wers ernst meint, ist nicht zuständig oder wird für unzuständig erklärt, die Sache ist dann längst woanders.

HEINER MÜLLER starb am Ekel, er blieb seiner Wahrnehmung treu. Sein Stück ‚Der Bau‘ erschien 1965, lag 15 Jahre in Schubladen der Zensur, kam 1980 zur Aufführung und dann wieder 1995 – da zerfiel der Stoff, als sie ihn beglückwünschten, „die Ratten“, wie er bemerkte.

Das gleiche Spiel wie 50 Jahre zuvor. Das Erscheinungsjahr 1969 der ‚Erinnerungen‘ des ALBERT SPEER war die Hochzeit der Wohlgesinnten. HEINER MÜLLER hingegen hat sich an den Deutungen der Nomenklatura verschlissen, im Widerstand gegen ihre Behauptungen. Flucht war keine Antwort. Er hätte die Fragen mitgenommen. Oder das Fragen einstellen müssen. So blieb er im System des Verschleißens. Zeit für zunehmende Präzision seiner Fragen, Arbeit gegen den Verschleiß. Der ‚Bau‘ kam so zu einem halben Dutzend Vorlagen für das Theater. Welch ein Verbrauch von Leben! Und seine Präsentation im ‚Kalkfell‘.

Ein Dokumentarfilm über ‚Antisemitismus in Europa‘ wird von ‚Arte‘ und WDR mit 100.000 Euro finanziert. Die Ausstrahlung der vielfach begutachteten Arbeit von SCHRÖDER/HAFNER sodann verweigert, ‚formale Gründe‘, nach Abgang eines Ko-Autors bestehe keine Ausgewogenheit mehr. – Die Angst diktiert das Handeln, HEIKO MAAS läßt grüßen, die Urteilskraft der angeschlossenen Gebührenzahler bedarf der Einhegung. Mit Unausgewogenheit, der ständig befürchteten, ist das Publikum überfordert. – Gut zwei Wochen später wird der Film zu später Stunde gezeigt. Der Regisseur spricht vom leeren Ritual deutscher Erinnerungskultur und vom Stolz über Aufarbeitung.

Es ist wenig Subtiles darin, wie das Verweigern von Konfrontation, das Glätten der Schrunden des Tages, das Wohlmeinen und eifernde Wohlreden die Radikalisierung des Geistes, des Disputes, die Wut Beteiligter und Betroffener befördert. – Der Mut zum Prozeß, zum Widerstreit, Widerstand, Aufstand gegen die weißen Tücher ist dahin. Nur er bringt Erkenntnis oder „Im

Zwielicht des Zweifels gewinnen die Dinge an Dreidimensionalität und bleiben jenseits starrer Gewißheiten in Bewegung", wie es aus dem Berliner Humboldt-Forum zum Streit um ‚Kuppel und Kreuz' kommt. – Die Geschichte dieses Jahrhunderts mit der Ausweidung seiner Zeit, dem Durchtrieb jeglichen Wahns durch Stadt und Land ist kein 5-Sterne-Menü mit edlem Abgang. Die Angst vor dem Schrecken der Dinge kupiert jedoch die Fähigkeit sie zu ertragen. Das öffentlich-rechtliche Manipulat steht nahe beim Staatsauftrag, den es nicht geben kann.

Dem Skandal nachsetzend, greift die Zeitung das gesendete GEERT WILDERS-Portrait mit seinen Latenzen auf. Dem Antisemitismus an Schulen, in der Öffentlichkeit, zumal linker Provenienz entzieht sich Öffentlich-Rechtliches gerne durch eifriges Abfilmen jeder Neo-Nazi-Kohorte. Es paßt zum Weltbild des Eiferers, daß es, besser wir, in der Mitte sauber ist.

Krönung dieser grundsorgenden Ausgewogenheitswippe ist die Entdeckung eines 1968-Altbarden und Spätnazi-Pamphlets auf einer NDR+SZ-Komplott-Empfehlungsliste für Sachliches: ROLF PETER SIEFERLE rechtsradikalisiert ‚Finis Germaniae' und frönt dem Kriegsereignis – volksfinanzierte Kulturarbeit vom Feinsten.

Mit ihrem Stück ‚Mädchen in Not' erhält ANNE LEPPER den Mülheimer Dramatikerpreis, gegen ELFRIEDE JELINEK. Eine junge Frau beschließt, ihr Leben mit einer männlichen Sexpuppe zu verbringen.

KARL LAGERFELD, 84, lebt.

Acht Prinzessinnen der NAYHAN-Familie aus den Vereinigten Arabischen Emiraten, einer Gesellschaftsform der Sklavenhalter, reisten 2008 mit 20 Bediensteten nach Brüssel und belegten die feine Absteige ‚Conrad'. Alsdann bewegten sie sich, reich betucht, von Boutique zu Boutique. Eine Bedienstete floh und erstattete Anzeige.

Das Gebühreneintreibungsgeflecht bilanziert strategisch, d.h. mit Blick auf angepeilte Erhöhungen in vier Jahren. Überschüsse werden daher durch wachsende Rückstellungen absorbiert. Programmkosten decken zugleich fürstliche Saläre ab. Intendantenaufwand beträgt für WDR 400.000, für Bayern 367, für NDR 348, bei SWR 338, beim MDR und HR je 275, in Brandenburg und Bremen sind's je 257, Saarland gibt 237 Tausend, in summa 2,754 bilanziell Absorbierte. Per anno. Dazu ZDF-Chefe mit 322 – alles für die Grundversorgung.

Mit der Frage nach Schuld & Sühne verschwindet auch das Lachen. Dann hat die Monstrosität ungeschminkten Auftritt. Das Armeemuseum Paris zeigt den deutsch-französischen Krieg von 1870/71 in seiner zerstörerischen Potenz, gefolgt von der Rätediktatur der ‚Commune' und die Verbindungen ins 20. Jahrhundert. Es war kontinuierliche Feindbildproduktion, angefeuert von Landraub und imperialer Arroganz, welche Rache & Revanche in Weltsichten langfristig wachhielt und organisierte – Reserven des nächsten Krieges. – Die Freistellung von Schuldzuweisungen macht den Raum auf für die große Existenz, die durch diese Taten heraufbeschworen wird, in der die Lebenden, die Überlebenden gefangen gehalten, gefangen gesetzt werden. Die betriebsame Wieder-Instandsetzung der Heimat täuschte nicht darüber hinweg.

Die unglaubliche Verfilmung des RAY CHARLES mit JAMIE FOXX, fast halten wir durch bis zur letzten der gefühlt sieben Unterbrechungen, deren Anfang und Ende jeweils lautet ‚ich parshippe jetzt'.

Das Lehrangebot an Berliner Hochschulen stützen für peanuts 750 Privatdozenten, 559 von ihnen im ‚freien Arbeitsverhältnis', also frei von Aussicht.

6.6. Nach achtzehn Jahren sozialistischer Ruinierung kauft Goldman Sachs Staatsanleihen aus Venezuela. Das ist ordinäre Spekulation vom Feinsten, denn es gibt nur freudige Erwartung, wenn der Laden am Boden liegt. Das Ausfallrisiko geht also gegen Null

und der Antikapitalismus zetert – weil er sich schämt. Seine ne-
krophile Haltung setzt zum 20. Mal auf die untergehende Sonne.
Und Untergänge können sich hinziehen, gell Mr. Goldfinger.

Raus aus der Pfingsterleuchtung, diesem schnell ausufernden
Buschbrand und rein ins Alltägliche. Der nette Herr aus dem
Bucher-Verlag erläutert mir seinen Plan, Text und Bild zu tren-
nen. Eine Träne im Auge, wie habe ich mich in dieses Schwer-
gewicht verliebt. Ein Totem stabilisiert die Eigenliebe mächtig.
So werde es nichts am Markt der Interessenten, erklärt er mir.
– Marion empfiehlt mir ein Coaching, nein Schatz, so schlimm
ist es nicht. Es ist sogar aufregend.

9.6. Der Asteroidengürtel von Gedenktagen, den wir queren, kommt
an sein Ende. Einige Höhepunkte industrieller Verwüstung des
Kontinents, von Mensch und Material, aus dem Zyklus ‚Ers-
ter Weltkrieg‘ sind noch zu passieren. Dazu gehört das lautes-
te von Menschen bis dahin erzeugte ‚Geräusch‘, von dem P.-P.
SCHMIDT berichtet. Anlaß ist das große Gedenken im belgi-
schen Mesen unter Beteiligung von Prinzessin Astrid und Her-
zog William von Cambridge, gesenkten Hauptes – was sonst sol-
len sie tun.

Vor hundert Jahren war das Örtchen im vierten Kriegsjahr be-
reits dem Erdboden gleichgemacht, als am 7. Juni 1917 nach acht-
zehnmonatigem Tunnelvortrieb mehr als vierhundert Tonnen
des Sprengstoffs Ammonal in den zwanzig Meter tiefen Stollen
gezündet wurden. Premier LLOYD GEORGE solls in Downing
Street Nr.10 noch gehört haben. Am frühen Morgen, notierte ein
Überlebender, „stiegen neunzehn gigantische Rosen mit glut-
roten Blättern, riesige Pilze, langsam und majestätisch aus der
Erde auf und zersprangen dann unter gewaltigem Dröhnen, wo-
bei sie farbenprächtige Flammensäulen, mit Erde und Splittern
vermischt, hoch in den Himmel jagten." – An die Zehntausend
hatten dieses Erlebnis nicht und lagen in den bis 60 Meter tiefen
Kratern – „die 3. Königlich-Bayrische Division war buchstäblich
ausgelöscht", wurde aufsichtlich notiert. Vom Himmel regnete
es Holz, Gliedmaßen und Leichen, erinnerten sich Andere. Wie

also solch eines Ereignisses gedenken! Zumal das paritätische Sterben in der drauffolgenden Flandernschlacht unbeeindruckt weiterging. Die deutsche Seite schöpfte ‚frische Kräfte‘ dafür aus dem untertänigen Volk.

Das Hundertjährige zur Schleppe des Gedenkens weiß vor den Taten nicht ein noch aus und ergeht sich in Beschwörung. Wer rettet das Vergessen vor dem Gedenken. Es heißt, daß die Veränderung des Erbguts auch epi-genetisch gespeist werde, also aus dem Erleben eines Lebenszyklus. Könnte so das Gedenken auch die Codierung hinter der Stirn formatieren? Das wäre bei der Ausgestaltung solch feierlicher Anlässe zu berücksichtigen. Der Wahnsinn muß nicht über Gebühr stimuliert werden, meine Gedenk-Herren, auf den Boden gucken reicht nicht. Das Tagesgeschäft bietet ohnehin Anlaß in Fülle, jedenfalls bei mir Unbekehrbarem.

Das Gebiet in Tschetschenien gilt in Rußland als rechtsfreier Raum. Viele Spuren führen dorthin, worauf sie sich verlaufen. Ideales Gebiet für Rekrutierungen des organisierten Verbrechens, in Sonderheit für Auftragsmord. Das kommt Häuptling KADYROW zupaß, der zum Freitagsgebet im goldfarbenen Rolls-Royce vorfährt. Er preßt ab, verhaftet, foltert und mag Homosexualität nicht, läßt also die Jagd zu, auch außerhalb seines Jagdgrundes. Die Freundschaft mit GERARD DÉPARDIEU wich einem ‚stillen Grauen‘, nachdem dessen Biographie erschien.

SUSANNE SPIEGLER erhält den Händel-Forschungspreis für ihre Dissertation: ‚Georg Friedrich Händel im Fadenkreuz der SED‘. Kein Wunder, daß die Verfolger überfordert waren.

Die einhundertste Zusammenstellung des Zustands der EU von REINER SCHMIDT: über die seit 1993 (also seit Etablierung des freien Binnenmarktes!) prozessierende Aushebelung der Wirtschaftsverfassung, die grobe Mißachtung des Subsidiaritätsprinzips (ohne die geht ja Aushebelung nicht), das leerlaufende Demokratieprinzip, das Fehlen der Briten (was alles verstärkt) und den entschlossenen Etatisten Frankreich (was alles verschärft). ‚Erstickungsgefahr‘, lautet die Zusammenfassung.

Da kommt die Programmatik des netten Franzosen grade recht. Sein Buch zum Start, betitelt ‚Revolution‘, beseitigt jeden Zweifel. Ein Leserbrief stellt sich gegen jegliche Vorschuß-Lorbeere, denn MR. MACRON will nicht mehr, sondern viel mehr Staat, was zum Wirtschaftsdesaster Latein-Europas geführt habe. Dazu den EU-Finanzminister mit Zentral-Etat, 5-Jahres-Investitionsprogramm und zentralisierte Lenkungskonzepte, womit die komplette Enteignung von Volkssouveränität und Demokratie verbunden wäre.

Das wird dann Volxdemokratie, die 12. – Fein sind seine abschließenden Hinweise, warum das mit Sicherheit ein Programm ‚in die Grütze‘ wird. Der erste sei ‚der systematische informationsstrategische Opportunismus der behördlich berufenen Wissensträger‘, der zweite die ‚kartellartige Einflußnahme der Wirtschaft‘, damit die Etablierung staatsmonopolistischer Strukturen. – Sie würden die gesamte Innenstadt Brüssels räumen, um Platz zu haben für ihre fünftausend Ausschüsse, Lenkungsgremien pro Wirtschaftszweig, pro Land, pro Gebiet, für die weiteren 100 Tausend Angestellten, die im PEP-System vorzüglich dahinvegetieren, aus dem Furzen & Rülpsen nicht mehr rauskämen und bald nicht mehr merkten, daß sie das Erbrochene längst wiederkauen. – Nur der Papst würde applaudieren zum nicht enden wollenden Friedens-Projekt.

Target-Saldo Deutschland, d.h. Forderungen der Bundesbank ans befreundete Ausland, zum Ende April 857.000.000.000. Griechenlands neuer Schuldenschnitt mit 123.000.000.000 bepreist, ein Viertel geht auf Deutschland, Wohlsein!

Ein Leserbrief stellt die Durchhalter des Klimaabkommens vor: die USA seit 30 Jahren unverändert, China bis 2030 das CO^2 hochfahrend, die Kernkraftwerke verdreifachend und Deutschland, aus dessen Reichtum der Zirkus wesentlich zu bezahlen sein wird. Stabile Rolle – warum machen wir das?

Kassier SCHÄUBLE muß 6,5 Milliarden ‚Brennelementesteuer‘ zurückzahlen, plus 1 für Zinsen. Denn so eine Steuer gibt's nicht nach der Verfassung, sagt das Gericht. Dem Mephisto im Steuerparadies wird schon Geschmeidigeres einfallen, einfach Soli bis 2100, Raffzahn!

BODO RAMELOW und seine Umweltdame möchten die Flächen des vormaligen Grenzschutzregimes als ‚Nationales Umwelt(!)monument‘ unter Schutz stellen. Als wäre das alles einmal aus dem Boden gewachsen, vielleicht wegen falscher Düngung oder Folge unglaublicher Pestizide! Vielleicht ist der Kommunismus ja eine degenerierte Heilpflanze! Dabei weiß er, woraus das kam, seine Geschichtsmontage hat was Urkomisches.

11.6. SONNTAG. GERHARD HENSCHEL über Facetten des Nationalcharakters: meckern, maulen, schmollen. In öffentlichen und Führungspositionen ist das R&S, Rechtfertigung und Schuldzuweisung. Mit dieser Ausrüstung geht's durch alles, was Rang & Namen hatte. – Vielleicht wird's ja weniger mit ‚mehr Europa‘.

Einen Platz auf Zeit habe er nicht bekommen im überfüllten IC Berlin – München, der Junge in Gips und an Krücken. Es sei reserviert, wurde mit Blick auf die Anzeige entgegnet, berichtet FRIEDERIKE HAUPT.

Über das Eheleben von Mme. ‚Trois Semaine‘ und der Schabe – soll ich darüber schreiben? Oder darüber, wie wir zu dem Titel kamen? Besser nicht, es handelt sich um Intimes.

Es sei ein zivilisatorischer Akt, Wein zu trinken, heißt es auf der Weinmesse in Paris. Das ist Haltung.

Der langjährige Chef der englischen Notenbank, MERVYN KING, nennt die Einführung des Euro ein ‚unverantwortliches Elitenprojekt‘, durchgezogen wie in Diktaturen üblich – na und? Das Beste und noch das Preiswerteste sei seine Aufgabe, fährt der Mann fort. – Das Gleiche von MARKUS KRALL zur EZB: Fiskaldiktatur auf dem Weg in die Planwirtschaft mit Abstimmungsmehrheiten, die für die Folgen nicht einstehen (können). Die Leute sollten nach ihrem Abgang Europa meiden, eine Hütte in der Südsee beziehen, ohne Handy.

12.6. Die Mischung aus Schlampigkeit und ‚dolus eventualis‘, diesem leichtfertigen Vorsatz, zerstört das Vertrauen in Zeiten gelegentlichen Massenmords. Dieses Vertrauen besagt, daß ich dem Eingriff ins Private durch staatliche Dienste zustimme, weil ich gewiß sein kann, daß sie angemessen, verhältnismäßig und nur für den Zweck der Terrorfahndung zum Einsatz kommen – und alles letztendlich unter parlamentarischer Kontrolle stattfindet. – CONSTANZE KURZ erzählt Geschichten vom ‚Staats-Trojaner‘, der zwar flotten Durchmarsch kann, die eingetretenen Türen bei Privaten aber sodann offen stehen läßt, zugänglich nach Belieben für jedermann. Erneutes Beispiel für den opportunistisch politisierten Datenschutz: wo er Kern eines politischen Vertrauens sein sollte, wird darüber hinweggefahren. Die Redakteurin resümiert das denkbar einfache Spiel von Parlament und Exekutive:

> „während die Ausschuß-Parlamentarier noch nach Antworten und technischer Aufklärung suchten, bretterte die große Koalition mit zahlreichen neuen Überwachungsgesetzen in die digitale Zukunft.“

‚Die Wollust der präzisen Formulierung‘, so betitelte WIEBKE HUSTER ihr Erlebnis von ‚Kreatur‘ von SASHA WALTZ & GUESTS im Berliner ‚Radialsystem V‘. – Gegen die Sucht nach körperlicher Konfrontation ist nicht anzukommen, alle Juni-Vorstellungen sind ausverkauft – ich Spätlese vom Lande. Das Bild ist ‚Wollust präziser Formulierung‘ pur.

Mimi spricht, klare Gedanken, schwerer Ausdruck. Die rechte Hand funktioniert nicht, die linke muß ran. Die war einmal führend, wurde aber auf rechts getrimmt. ‚Böses Händchen‘ hieß es.

Seit fünf Jahren ist Frauen im Iran der Besuch von Volleyballspielen der Männer verboten. Welche Gefährdungen ihrem Besuch folgten, wird nicht mitgeteilt.

MELANIE MÜHL berichtet von Rani(16). Der war Säuberer in seiner Heimat Somalia. Nach Anschlägen der Al-Shabab-Mordbanden mußte er den Platz von Leichenteilen freimachen. – Die Schlepper mischen das Wasser mit Benzin, damit die Flüchtlinge auf der Tour weniger trinken. Rani geht hier zur Schule, mit seinem Trauma ,Typ 2', also einem durch Menschen verursachten. Das ist, erläutert die Ärztin am Hamburger UKE, als zerfalle das Ich, jeglicher Selbstwert. So war es im Konzentrationslager, und danach. – „Die Kinder sind dazu da, ihre Eltern glücklich zu machen", die sitzen in den Therapiestunden dabei – Boote mit Schwangeren kosten Aufpreis, weil sie eher gerettet werden. Frauen werden daher systematisch vergewaltigt und hochschwanger auf die Boote verteilt. So werden sie genutzt auf dem Weg in die Willkommenskultur. Und die jungen Männer haben zu tun, machen keinen Unsinn.

13.6. Jonas abgeholt und nach Hannover, Uwe abgeholt und nach Trier. Im Eurener Hof Unterkunft bezogen, Thorsten kommt dazu und wir tafeln.

14.6. Um 7.15 fährt er uns nach Luxemburg, Zentrum, zum Lifo-Training in der Dependance der Sparkasse Bremen. Ab mittags gehen wir drei in die Gespräche, um 8 Uhr wieder raus nach Deutschland und Abschluß im Hotel, ein Einsatz vom Feinsten.

15.6. Trier-short cut und auf die Autobahn durch NRW, dieses Langsamfahr-Gebiet wegen Einsturzgefahr. Sehr unterhaltsam, ich bin platt.

Das Nato-Tarnfleckennetz auf dem Wintergarten schafft selbst bei Hitze ein erträgliches Raumklima – grandios, die Nato.

WERNHER VON BRAUN – 20.000 KZ-Leichen – der SS-Major wußte nicht – der Sohn erzählt vom Vater, 1969 – KURT DEBUS, ein SS-Kollege aus alten Zeiten, Leiter des ,Kennedy Space Center' – es gab kein Einräumen, kein Einräumen von Verantwortung – Vision und Verbrechen wurden eine Melange – Großes Verdienstkreuz 1970 – Krebs und Tod 1977 mit 65.

16.6. Leute verstehen nicht, was ich meine – dabei sehe ich so klar.

– CHRISTO ruft an und bedankt sich für KHALIL GIBRANS ‚Gesang‘, den er mir wieder nahe brachte in der Grube, in seinem Labor mit dem Text über dem Eingang: erkenne dich selbst. Damit kam er jeden Morgen barfuß rein, der Menschenführer. Uwe rief an, wir machen Termine, freue mich, unterwegs zu sein, vor dem Bildschirm zu sitzen, verstockt mich. Dabei ist mehr zu tun, als mir bleibt.

HELMUT KOHL starb, 87. Sein Sohn erfährt es aus dem Radio. Ein großer Nachruf nimmt alles herein, aus allen Sichtwinkeln, eingeschlossen das Selbstverständnis dieses Machtmenschen, in seiner Stärke und seinem Verfall nach 2011. – Da ihm das Etikett des Europa-Bauers auf dem Leib sitzt, hängt das Unvollendete, das Desaströse dieses Regimes mit dran: „... die Öko nomie richtete sich nach den Plänen der Staatssekretäre so wenig wie die Vereinigung der Schuldenmacher nach (dem Vertrag von) Maastricht“, frotzelt das ‚Handelsblatt‘. Hingegen VOLKER ZASTROW über den „dritten große(n) Nachkriegskanzler“, die eherne Arbeit an der Aussöhnung mit Frankreich, sein „persönliches Vertrauenskapital“ bei den großen Drei 1989, seine „Menschenfischerei“, der Mut, „beherztes“ Handeln, persönliche Verantwortlichkeit, Kenner von „Mann und Maus“ in seinem Gebiet, die Augen „klug, sicher, neugierig und präsent“, bis zum Elend und der Tragik seiner späten Tage.

Im Kanal nebenan geht MACRON in die Offensive für den finanziellen Eintopf Europa, damit das Gemecker endlich aufhört, gell – unser Kassier und die Kanzlerin mit zögerlichen Antworten. Es ist ganz deutlich und schon gesagt: Frankreich hat eine Agenda, Deutschland nicht. Das gilt auch für solche Großbaustellen im Euro-Einsatzgebiet wie Griechenland.

Vor fünfzehn Jahren immigrierte und umfassend integrierte Familien werden des Landes verwiesen, so nach Nepal abgeschoben, wogegen signifikante Gefährder mit Strafregister durchs Land reisen, um ihrem Mordhandwerk nachzugehen – auf solche Zustände wissen weder der eine (grün) noch der andere Innenminister bzw. -senator (SPD) noch der Bundesinnenminister bei Frau ILLNER eine Antwort. Weil es mit dem Konzept wie mit der Agenda ist: es gibt keines für das Einwanderungsland Deutschland, also auch keine angemessene Organisation und föderale Abstimmung. Ausführlich verlegen sich die Herren auf Mängel in den ‚prognostischen Fähigkeiten‘, worüber die Tatsachen glatt ihr Gewicht verlieren. Es besteht Tatstrafrecht und kein Zauberkugelgetöse, meine Herren.

So sitzt ihnen die Angst, die Verzagtheit, ja die peinliche Ignoranz des Offensichtlichen im Nacken, fast schon im Gesicht – nur ein hoch ideologisiertes Willkommens-Klima taucht das Desaster in ein frommes Licht. Wer je einen ‚Arsch in der Hose‘ hatte, dem rutscht er mit Blick auf den Wahltermin in die Knie. – Inhalt und Wert rechtsstaatlicher Initiativen und Handelns scheinen ihnen fremd. Dabei hat der Innenminister Format – als liege auf jeder ministeriellen Schulter die Hand der Kanzlerin, jedenfalls bei den Männern. – Jeglicher Widerstand, jede Radikalisierung von Zuschauern solchen Treibens findet hier ihren Ausgangspunkt. So wird radikalisiert, Damen und Herren! Das ist systematischer Abbau von Vertrauen in jene Versammlung der politischen Mitte, die unentwegt Führung des Landes beansprucht.

Der Lärm des Linken-Parteitags ist kaum abgeklungen, da wird auf dem der Grünen herumgeschrien, daß es eine Art hat, jawohl! Was rief die große Blonde in den Saal, jede Kuh müsse es spüren, wenn die Grünen regieren oder so – ich war unfähig, das genauer zu notieren. Und: es müsse Schluß sein mit dem Klima, die Kohlewerke zurück in den Berg und jeder bekommt einen Dynamo ans Bein gebunden (verkürzte Wiedergabe, Teufel auch). – Dann noch die DS UK-GL-01-090 der ‚BÜ AG Tierschutzpolitik‘. Die fordert den Umbau der Tierhaltung durch ‚verursacher*innengerechte Finanzierung‘ und steht zur Abstimmung.

Vom ‚gewahr werden der Existenz eines Selbst‘ spricht ERICH FROMM in der ‚Kunst des Liebens‘: wenn wir keinen Glauben in dieses Selbst haben, ist unser Gefühl der Identität bedroht oder werden wir von anderen Menschen abhängig, deren Billigung dann zur Grundlage unseres Identitätserlebnisses wird. – Der Ich-Zirkus hat also ein Fundament – oder keines.

Das System Gehirnwäsche arbeitet: nur in Serbien und Polen wollen noch mehr Leute ein sinnloses, meint Stallfütterungs-Grundeinkommen, hier immerhin 52%, gegen 67 bzw. 60 Prozent südöstlich. Das wäre ja ‚überholen ohne einzuholen', newwa Honi'!

PAUL NOLTE konstatiert die „fundamentale Ethisierung der Politik", welche den streitigen Dialog als Kern des parlamentarischen Modells durch „vermeintlich ethisch objektivierte Ziele ersetzt", die abzuarbeiten seien. Diesem moralischen Diktat folgt das Informationssystem, die Schulen sind befallen, der ganze Zusammenhang in meine köstliche Formel ‚BIP' gefaßt. – Eben diese moralische Hysterie wurde zu einem der Treiber des DONALD TRUMP, folks.

CHRISTIAN GEYER greift gegen diese moralischen Befriedungsprozeduren auf den Lebenshunger zu, der im politischen Präventionsmodus stillgelegt und erstickt wird. Jeglicher Aufruhr soll durchs ‚passe-partout' des institutionalisierten seichten Gemüts, welches hinter jeder Abweichung großen Verdacht wittert und sie daher zu vermeiden trachtet. – Dieses Muster hat viele Erscheinungsformen in Deutschland, es ist das zum hundertsten Mal verkleidete Duckmäusertum, die Unterwerfung, die Fügsamkeit, Angst vor Konflikt. – Ich war so ein Schisser, heute bin ich Schreibtisch-Assistent, würde gern kämpfen, der Arzt hat mir aber Aufregung verboten.

Der Finanzminister ist in Sachen Griechenland im Titel-Modus ‚Schwurbel' zurück, Zauberer sei er, meint WERNER MUSSLER. – Seine Grexit-Äußerung von 2015 hängt jedenfalls als Fetzen an der Dachrinne des Parlaments, dessen Insassen sich eh nicht erinnern. Mit CHRISTINE L. laubsägt er jetzt am Beistandsabkommen für den failed state, nach Beistand kommt ja oft Beisetzung. Es gibt auch Beistand bis zum Erbrechen, wie die ‚Motherly Love' der ‚Mothers of Invention' intonierte – projektierte Schuldenquote 2060 auf 270% gesetzt, davon 27% für unseren Volkssouverän, ohne Britannien werden's 29. TSIRPAS lacht sich zum wiederholten Mal tot. Das geht!

Der Rentenzuschuß aus laufendem Haushalt bei so 100 Milliarden, wieviel Prozent davon sinds wohl? Bis 2030 erweitert sich das Volumen um 64%, sagt einer. – Tut nichts, sagt Chefe BSIRSKE und fordert drastischen Aufbau.

Das ist ‚Auferstanden aus Ruinen und der Zukunft zugewandt' in ‚reverse', so planmäßig wie neulich im Osten.

18.6. Es ist Sonntag und wir fahren zum Gemeindefest. Dort sind Pastoren zu Hauf und ‚Waldemar' trägt mit Stentorstimme Gassenhauer vor – ich bin beeindruckt. Wir unterhalten uns bestens zu Kinderchor – Waldemar – Torten – Bier – Bratwurst – abräumen.

Zu Hause konfrontiert mich die Zeitung mit einem halben Dutzend exponierter Romane und weiterer Titeln. Mich schwindelts, ich werde an meiner Schreibe festhalten.

PAUL MC CARTNEY wird 75.

19.6. SALMAN RUSHDIE wird 70. Lieber noch, notiert DIETMAR DATH, als die frömmsten Gläubigen sind ihm die Flunkerer, Täuscher, Trickster, Lügner & Co. – denn die erzählen zwar auch Quatsch, glauben aber nicht dran, und sind insofern noch erreichbar!

Das Porsche-Team gewinnt das Rennen von Le Mans trotz Getriebewechsel, von Rang 55 kommend, vorbei an JACKIE CHAN im ‚Oreca 07'. So!

Der Deutschland-Achter gewinnt in Posen mit Weltbestzeit, herrjeh, ein rundherum ansprechender Sportteil mit Paragleiten, Hockeydamen und so.

Mein Steuerberater versteht meine Unterlagen nicht (mehr), Ernüchterung im freien Fall. – Ich koche Kaffee und lausche

Edeltrauts Schneckenjagd: bei Einbruch der Dunkelheit begibt sie sich in den Garten mit Taschenlampe und Sch³, ‚Schafschurschere‘, mit der sie Schnecken teilt. Die Schere gibt's beim Landhandel, wo sie seit Kindheitstagen gern einkauft.

Trainingsauftrag aus der Sparkasse. – Soll ich eine Anzeige schalten? Wenn dann fünf Anfragen kommen, bin ich erledigt.

Eine Arbeit über die NSdAP in der Schweiz erwähnt den Sohn RICHARD des Gesandten ERNST von WEIZSÄCKER als HJ-Führer von Bern. Täglich Argumente für Demut.

20.6. Von der physischen Ruinierung zur ‚weißen Folter‘, NANCY AVIS biografiert die Brechung jeglichen Widerstands in der SBZ und DDR. Die wurden anfangs hingerichtet, in Spezial- oder Asienlager verschleppt, Frauen in die Burg Hoheneck deportiert, seit den 60er Jahren unter dem Ziel der ‚psychischen Zersetzung‘. – Alle zu benennen, wird nicht gelingen.

Schon die Kommentierungen der Zeitung machten skeptisch, ‚artnet news‘, also der Blick von außen, formulieren es drastisch:

„Straining for Wisdom, documenta 14 Implodes Under the Weight of European Guilt“. –

Und wer könnte in Europa, ja in der Welt, den Schuld-Komplex authentischer bedienen! Wir, ich komme da nicht raus, wir stehen, stellen uns zur Verfügung. Für eine Sekunde, ihren Bruchteil, dachte ich, es könnte tröstlich sein, das schon nicht mehr so wahrzunehmen, wie es von weit her ins Auge springt. Aber das ist wieder eine der vielen Not-Lügen, die mir unverändert anhaften, vorbeugende Selbstausstattung, um dieses Schreien, dieses Fremdschämen fernzuhalten.

Nein, wie die ethische Grundierung von Politik und Medienimperium über die Autosuggestion und -amputation zur Durchsetzung kommt, jeglichen Aufruhr vorauseilend befriedet, so tuts auch das nationale Kunstgewerbe – mit uns. – Wenigstens Zeit habe ich gewonnen, ich werde nicht hinfahren. Ich will bisweilen überhaupt nicht mehr hinfahren, aber auch nicht den Rest dieser grandiosen Laufzeit im Darkroom mit meinesgleichen verbringen. Ich will in Ruhe, gelassen, werden.

LAURE MELOY singt eine blühend lyrische ‚Zaide', ALEJANDRO LÀRRAGA SCHLESKE einen empfindsamen ‚Alazim', ROBERTO GIONFREDDO leiht dem Sultan greise Schärfe und Bosheit. – Was solch kluge Instrumentierung eines Wortschatzes auslöst – als säße ich davor, In Freiburg, wo MOZARTS Oper ‚Zaide' gegeben wird. Es sind JAN BRACHMANNS Worte, welche diese Welt aufschließen, und ein wenig betören – mich Kopffüßler, ders in keine Oper schafft, wo doch einige Häuser in der Nähe stehen.

PETER BROOK (92) inszeniert ‚Battlefield' in Wien. Sein ‚Leerer Raum' stand schon dreimal auf der Liste. So ist das mit mir.

Seit 1745 baut ‚JDN' Wagenheber und Hebegeräte in Witten und ist bei 40 Millionen Umsatz Weltmarktführer. Und daneben JAN WAGNER, der die Natur durchforstet, daß es nach Menschen riecht und dabei den Georg Büchner-Preis erklimmt. Wäre doch eine Reise wert zum 28. Oktober ... zum Träumen das Land.

‚Sie kennen mich', das Wahlkampfmotto 2013 bleibt, die Kandidatin kann es sich entweder leisten trotz der Erschütterungen, die sie auslöste – oder wegen des Kontrahenten, der auf dem Verbandstag des BDI als zukünftiger Kanzler auftritt, der Trotzkopf. Oder sie weiß nicht recht.

‚Auserwählt und ausgegrenzt': der Bürgermeister bittet die Juden, das säkulare Frankreich zu retten, d.h. zu bleiben. Man hat den Muslimen eingeredet, sich solidarisch mit Palästina zu machen. Der abgesagte Film über den Antisemitismus wird im ersten Programm gesendet. Und da fängt doch die Dame neulich in 3sat so kurz nach sieben ganz oben an mit ihrem Moralischen: ‚Antisemitismus darf (! sic!!!) es nicht geben'. – HERFRIED MÜNKLER warnt vor solchen Sollenstürmen, die beim kleinsten Windstoß wie Kartenhäuser kollabieren. Dieser normative Überschuß wird zur Verblendung der Tatsachen und des Risikos. Man kann sich auch in den Parolen erschöpfen.

Stattdessen pfuschen die Koalitionäre mit ihrer demoralisierenden Mehrheit in allen Regelungen rum, die ihre gemütliche Selbstreferenz beeinträchtigen. Nachdem sie die Altersvorsitzregel mittefest verzurrten, wollen sie jetzt übers Geld der NPD an den Kragen. Die gibt's noch. BRITTA HASSELMANN und RENATE KÜNAST formulierten prinzipiellen Widerspruch. Respekt! – Dem Justizskandal-Minister gebührt die Krone, vor Neuwahl wird noch schnell der Bundestrojaner durchgewunken, wir stellen die Uhr zum nächsten! So wie 1968 drei PG's im Justizministerium den Nazi-Gehilfenmodus ins EG OWiG und sodann dem Parlament unterjubelten, sorry, das heißt ‚Einführungsgesetz zum Ordnungswidrigkeitengesetz' – keiner der 598 Ahnungslosen wußte von der Bedeutung, so wird hier die drastische Kompetenzerweiterung in einem sachfremden Gesetz verpackt. Damit werden der Bundesrat umgangen als auch die drei „verfassungsrechtlich vorgesehenen Lesungen im Bundestag", notiert MARLENE GRUNERT. Der gerne hochgeworfene Datenschutz verlangte hier ebenfalls eine Regelung, bleibt alles in der Ecke. Pack!

Derweil lacht die liebe Sonne über Griechenland: IWF, EU, Kassier SCHÄUBLE & Co. spielen ‚Schlappes hat den Hut verloren' (fragen sie die Großeltern!). OLAF HENKEL formuliert es bis zum Ende: dem Erhalt des Euro wird alles unterworfen, bis der ‚europäische Zentralstaat' das kontinentale Desaster an sich zieht. Dann ist die Verfassung auch formell in der Tonne und die Wahlen zum Politbüro werden die Bedeutung bekommen, wie sie dem Akklamationsritus nach kommunistischen Aufrufen eigen waren. – Was Griechenland betrifft, es geht mit der neuen 8-Milliarden-Tranche jetzt auch ohne IWF – nur mit, brüstete sich vor zwei Jahren der Kassier im Widerstandsmodus! „Schäubles europäische Wendigkeit", so HEIKE GÖBEL, wird nur noch von der seiner Chefin überboten. Sie sind eben Teil jener europäischen Elite, die Regelwerke als lästiges Zugeständnis an die Kritiker begreift – und ignoriert. JCJ läßt grüßen, BODO BACH übrigens auch: am Arsch die Räuber! (Spielen Sie nicht den Empfindlichen).

OLAF HENKEL gibt auch in Straßburg keine Ruhe: die Kommission wähle ihre Argumente -aktuell zur Flüchtlingsverteilung- gerade so, wies ihr paßt. Das ist doch Chefes ausdrückliches Credo, ich meine JCJ. Es wissen alle – und finden das ganz ok, die Elite und ihre Adlaten. So geht's halt zu in PEP©-Systemen. Sehr lästig, diese Copyright-Einfügung, muß aber.

Eines der ‚gewagtesten politischen Experimente Europas‘ sei der Brexit, meint das Handelsblatt. Dem sei mit Macht widersprochen, denn diese Qualität hat die Kunstwährung! Solche Bündnisse haben bisher nie überdauert, sei auch angemerkt. Das heißt nicht, daß es keinen Grund zur Aufregung gibt, der Hausarzt hat das letzte Wort.

24.6. ‚Was ist denn das Glück‘, fragt Frau 3sat die geladene Professorin. Die Frage hat Schamloses, aber praktisch, wie mans handhabt bei Öffentlichens, fällt sie mit der Tür ins Haus, sprich aus dem Rahmen. – Dagegen diese Zeitung, ich gestehe, ich hänge ihr nach, bisweilen verhakt, wenn sie Schneisen fürs Thema schlägt, übers Jahr tausendfach belohnt, als wärs der Rest des intellektuellen und politischen Widerstands gegen das Ein- und Abkassieren, das Rund- und Einschleifen von Exaltese, Morpholyse, Amenak und kriechenden Flechten. – Und dieser Sturz ins Feuilleton, Lust und Scham zugleich, diese fein gearbeiteten Seiten von ‚facts & drugs & economy‘. Ich würde bei Wind und Wetter, noch im strömendem Regen an ihr festhalten, der Papierversion. Das anstrengende Gefühl des Glücks schwärmt beim Umblättern, bis HEIKE SCHMOLL weiteres Crescendo aus den Verheerungen von Inklusion & Schreiben nach Gehör abfahren, zu Tal fahren läßt. Bestimmt spielt sie Klavier, sie muß Klavier spielen. Gibt's die Zeitung eigentlich in der Hauptstadt! – So gehts mir beim Glück.

25.6. Das Land wird eines substanziellen Rituals entkleidet: der

Staatsakt KOHL findet in ‚mer brauche mehr Eurohba‘ statt, in Straßburg. Die Demontage der Nation gehört zu den Feldern der Enteignung. Musterhaft. Wie immer. Wer pro Desaster ist, sieht das anders.

Auch die Musikschulen haben sich 2014 auf die Inklusion verpflichtet. Damit rückt der Gruppenunterricht in den Vordergrund, in der Regel ‚niedrigschwellig‘. – Das macht alles einfacher, gell! – Sollen doch Russen und Ukrainer, vor Zeiten in Deutschland ausgebildet und hier aktiv, die Hände überm Kopf zusammenschlagen. In der Zeit können die wenigstens nicht spielen!

Heute sind wieder Interviews mit der Altersarmut dran, das Bertelsmann-Imperium fand Neuigkeiten, letzter Versuch, das SPD-Programm zu lancieren.

27.6. PETER GRAF KIELMANNSEGG wird 80.

Italienische Politiker und Bankenaufseher wollten aus den mißlichen Erfahrungen im Veneto und in Siena „leider nichts lernen", klagt TOBIAS PILLER. Widerspruch, sie haben gelernt, denn auch Italien hat eine Agenda, die der Autor auch sogleich erläutert: macht Regeln, damit im Norden Ruhe ist (hatten wir doch grade). Auch die Bundesbank nörgelt, die 3%-Regel sei 109mal gebrochen worden, alles sei voller Ausnahmen, Sonderregeln und Politbüro-Ermessen (Politbüro wie immer ergänzt). Der Brüssel-Laden arbeite wie GROUCHO MARX mit eisernen Prinzipien, bei Bedarf hat er auch andere. Alles für Deutschland, damits die Schnauze hält, Leute. Mit einem anderen Blick auf die Gemeinschaftsverpflegung entspannt sich alles sofort: sanktioniert wurden einzig Spanien und Portugal, je einmal, die Höhe wurde auf tragfähige null festgesetzt. Aber im Prinzip wurde eben sanktioniert, für Deutschland.

Genauso geht's in ‚Öttis Schwurbel‘ zu, guxdu ‚GÜNTHER ÖTTINGER‘. Der ist Geldkommissar im Schwarzen Loch und jammert, daß es klamm wird ohne die zehn aus England, will

einerseits plötzlich ‚rechtsstaatliche Prinzipien' an das Raus-
werfen der Kohle knüpfen, Teufel auch!, andererseits die Auf-
schlüsselung der Handsalben nach Ländern künftig unterlassen!
– Das, nur das ist die Botschaft, nichts soll mehr nachvollziehbar
sein, ein Prinzip des Zentralismus – Topf ist leer, die Kohle weg,
wo sie ist, weiß ich nicht – ist das Politbüro?? Er will freie Hand
haben, das beseitigt Unmut, Fragen der Querulanten, unnötige
Debatten. – Und an die 40% des Gesamthaushalts für die Land-
wirtschaft dieser Festung Europa will er schon gar nicht ran, da
ist er bei den Latifundistas einfach im Wort! – Gegen solchen
Importschutz muß sich der Afrikaner schon anstrengen, wenn er
seinen Kram hier absetzen will. So geht die Sprache mit tausend
Zungen.

28.6. Großer parlamentarischer Gewissensaufruf zur ‚Ehe für alles'.
Vor dieser Nebelwand verstummt jeder Widerspruch, ja über-
haupt Debatte. Ehe verliert das Besondere, was die Verfassung
festhält. Eine Kontur von Kultur fällt vor der Einebnung von
Substanz in den Staub. Die Kanzlerin, vom Opportunen gezeich-
net, folgt, nein, eilt voraus dem weiten Feld des Egalen. Wie sollte
ihr auch was heilig sein!

PETER GRAF VON KIELMANNSEGG wird diesen 45-Minu-
ten-Deal als „krassen Fall parlamentarischen Versagens" kenn-
zeichnen, bei dem eine bunte Mehrheit ohne Debatte den Ver-
fassungsgehalt des Artikel 6 beiseitegeschoben und, sich mo-
dern wähnend, seichtem Zeitgeist hingegeben habe. Im Kern
hätten die Kinder verloren, die inzwischen auf den Status „von
käuflichen Objekten" reduziert und dem Habenwollen beliebi-
ger Ehekombinationen unterworfen seien. – Fernab des Volks,
sei ergänzt, hat sich jene Mittelschicht-Elite ihren sogenannten
‚Life-Style' ausgebaut. – Im übrigen weiteres Beispiel kultureller
Enteignung, schamlos.

THOMAS E. LAWRENCE, alias ‚Lawrence von Arabien', war
Philosoph, Altphilologe und auf dem Kamel Erfinder des Gueril-
lakrieges. Eins folge aus dem anderen. Er verstand die Wüste als
‚weichen Raum', sie war das ‚Sein hinter allem Sein', so REINER

NIEHOFF. Er stellte sich „gegen das alte europäische Subjekt, dieses Mischwesen aus Selbstbehauptung und Selbstpreisgabe. Er war, DELEUZE zitierend, näher bei KAFKA als sonst einer. RN zieht ROUSSEAU herbei, der die Zukunft Europas „als Effekt seiner alles vertrocknenden Wissenschaft" projizierte, „als zukünftige Wüste und als einen Streifraum der Bestien". Sodann MAX WEBER, dem in der „restlosen Rationalisierung der Lebensführung ein Sinn nicht mehr ersichtlich" war. So geht das durchs Nachwort über den ‚zitronenseligen Abendländer'. LAWRENCE selbst zeigt den Weg von den europäischen Schlachtfeldern der ‚totalen Kriegsführung' (im 1. Weltkrieg) in die Wüste, wo er mit kleinsten Kontingenten Türken unterwarf und Europäern widerstand. – Das Ganze für 2 Euros bei ‚Blauwerke', wie schön.

Drei Hundertschaften Berliner Polizei, für die kommenden Prügeleien beim G 20-Manifest in Hamburg stationiert, wurden vorzeitig zurückgeschickt nach öffentlichem Urinieren, ficken und table dance – irgendwo stand wohl ein Tisch mit Stange rum. – Ein Zusammenhang mit Zuständen oder Ereignissen in der Hauptstadt war nicht offensichtlich.

Wie im Reich war auch der Krieg nach außen hin Feldzug zur Eroberung, Mord und Plünderung. Gerade im letzten Aspekt hochorganisiert und logistisch unterstützt, so vom ‚Einsatzstab Reichsleiter Rosenberg', dem ‚Sonderkommando Kunsberg' oder dem ‚SS Ahnenerbe', weiterhin befördert durch Anordnungen wie die, wonach ins Reich zurückkehrende Wehrmachtsangehörige „soviele Lebensmittel, Genussmittel und Tabakwaren mit sich führen dürfen, soweit sie es selber tragen können". Das förderte den Trend zum Plündern in großem Maßstab, sodaß bereits 1941 darauf zu verweisen war, daß „in Zukunft Wagenräder, Pferdeschlitten, Schränke, Flügel oder Holzhäuser (zerlegt oder im Ganzen) zum Transport in die Heimat nicht mehr angenommen werden." – Kirchliche Ikonen waren da schon zu Hauf auf dem Weg ins Reich, so auch das ‚Florentiner Mosaik' aus dem Bernsteinzimmer per LKW. Es tauchte 1997 in Bremen auf, als der Sohn des seinerzeitigen Transportleiters den Verkauf versuchte. – Plündern war ein normaler Vorgang kleiner bis gigantischer Bereicherung quer durch eroberte Gebiete, berichtet CORINNA KÜHR-KOROLER.

29.6. Der offene Antisemitismus zieht im polizeigeschützten Kordon über den Berliner Kudamm und fordert den Boykott jüdischer Waren. Der 29. Juni ist der sogenannte ‚QUD-Tag‘, an dem 1979 in Persien das Regime CHOMEINI an die Stelle des Schahs trat mit dem Aufruf ‚Israel zu liquidieren‘. Solches ist verbreitet in der Republik. Auf dem Bremer Hillmannplatz läßt ‚Die Feder‘ über das CHOMEINI-Vermächtnis abstimmen in Form der Frage, ob Israel ‚illegal‘ ist, Gleiches davor in Hannover, davor in Delmenhorst.

Der QUD-Tag mit seinem Vermächtnis wird seit 20 Jahren in den Schulbüchern des Palästinagebietes gelehrt. Die verantwortliche Autonomiebehörde wird mit jährlich 150 Millionen Euro gefördert, mit dem Vielfachen des einschlägigen UN-Hilfswerks, in dessen Schulbüchern es genauso zugeht.

Weder dies noch die Berliner ‚Kauft-nicht-beim-Juden‘-Plakate, wie es REGINA MÖNCH mit Bezug auf SA-Parolen nennt, dringt in die öffentlich-rechtliche Grundversorgung, die jeder kleinen Bewegung gegen die AfD breitesten Raum gibt. Alles in allem eine Bombenillustration zum grade gezeigten Film.

30.6. HUMBOLDTS Kern:

> Denn was man für das Eigene hält, ist viel mehr, als man denkt, ein Empfangenes. Das Denken steckt sich immer am anderen an.

Sommerurlaub: um 10 Uhr mit knappstem Gepäck nach Trier, durch ein Baustellen-Stakkato in die Stadt in ein steil renoviertes Haus, mit perfektem Apartment, voller Geschmack, ‚Haus Siebenglück‘. Gleich auf in die Stadt zur Besichtigung – was gibt es hier alles, wir lassen uns auf dem Marktplatz zum ersten Riesling nieder, reine Trainingsmaßnahme. – Nach dem Beschau der Porta Nigra zurück ins Zentrum, wo ein Weinstand zum Verweilen lädt. – Die älteste Stadt Deutschlands hat ihren Platz gegen Worms verteidigt und steht voller Architektur aus Jahrhunderten – wie ging der Krieg an ihr vorbei?

„Es ist die Liebe".

1.7. Frühstück gibt's beim Bäcker an der nächsten Ecke. Der Taxito erzählt noch einiges, was gelang und schief ging in der Stadt, am Bahnhof satteln wir die Elektro-Räder. Dann rollen wir durch stehenden Verkehr in die Ausgangsposition Mosel. Durch den Tag nieselt es, dann pladderts, dann wieder nieselt es. Beim Türken in Schweich brauche ich, völlig ausgehungert, einen „Döner Sport", der hilft wieder aufs Rad. Wetter-Radar kündigt das Ende der Front an, wir kehren ein und warten bei Apfel-Wein-Kuchen auf Besserung. Sie kommt und es geht rein nach Trittenheim. Die Chefin kommt vors Haus, äußerst hilfreich. In der Garage sortiert sie den Handarbeitenden sodann erstmal freihändig und lauthals ins kleine Einmaleins, wie das denn alles ginge und so, faltet den herbeieilenden Kollegen gleich mit zusammen à la, ich bin wohl auch noch Pächterin und komplimentiert uns zugleich allerliebst zum Abstellen der Räder, Aufladen der Akkus am Rad und sonstiges. Solche Zeitgenossen (nix...'nossinnen und Genossen) beanspruchen zu hundert Prozent. – Hoch ins sehr schöne Apartment mit Teilhabe an großer Terrasse. Dort wird's sogleich lebhaft, vier Damen im vierten Quartil des Lebens beim Bier in aufgeräumtester Unterhaltung.

Wir machen uns auf, finden erstmal einen tor-offenen Ausschank und nehmen einen frischen Riesling, am Tisch mit einem dänischen Ehepaar, welches auf unsere forcierte Fröhlichkeit mit Zurückhaltung reagiert. Der Wirt empfiehlt und wir steuern ein Restaurant an, wo das Paar aus der Rhön bereits tafelt, tagsüber mehrfach überholt. Bei weiteren Rieslings wird es notorisch unterhaltsam und man pilgert, weiterer Empfehlung folgend, zum Weinfest am Dorfrand. Dort gehen noch je zwei Cocktails über den Tisch, was den Zustand mehr als abrundet.

2.7. Das war zuviel, wie sich morgens erweist, wir schleppen uns zum Frühstück. Das Wetter hat sich zur Sonne gewendet, dazu

Sonntag. – Raus aus Trittenheim in die Schleifen der Mosel. Es geht flott bis Bernkastel-Kues, ein feinst restauriertes Uralt-Dorf, in den Berg gebaut mit oft nur wenige Meter breitem Fachwerk, nach oben hin auskragend. Durch die Straßen zieht der demographische Bauch der Republik, zwischen 60 und 80, wir mitten drin. – Noch zwei ausgiebige Flußschleifen, vorbei an ‚Kröver Nacktarsch‘, im Weinberg in 150 Meter Höhe annonciert, vorbei an den wohl 200 Meter hohen Beton-Stehlen für die Autobahn-Querung Hoch-Mosel bis Traben-Trarbach. – Nach ausführlicher Erholung brechen wir auf zur ‚Ente knusprig‘. Annette & Freund sitzen in Traben in der Alten Zunftscheune, wir rollen rüber, da stehts schon ‚einsnull‘ gegen Chile. Hundert Meter weiter setzen wir uns in eine Kneipe mit zwei Bildschirmen und heftig kommentierenden Lokalmatadoren. Yogis Truppe hält den Spielstand durch. Zwischenzeitlich stehen sich die Kontrahenten gegenüber wie die Hirsche in der Brunft. Gib doch den Ball ab, kommts komplett genervt von rechts. Die Frau wendet sich mitleidig dem Gatten zu. – um 11 Uhr flott zurück nach Trarbach.

3.7. Silberne! Gemeint ist unsere Silberne Hochzeit. Muß ich was machen? Nein Schatz, alles erledigt. – Auf dem Weg nach Cochem pausieren wir in Senheim. Dort wird das Festzelt reduziert, zum Ghetto Blast auf der Straße, dazu der Trecker ‚Kramer KA 15‘, im Sunderhof steht Hausgemachte Haxensülze ohne Fett und Schwarte bei 11,90. Des Weinfests letzter Tag, einer kommt vorbei, „Alles gut, solang man tut“ auf der Brust. Das ist Klartext. – Wir nehmen Pils und zwei ‚Gerupfte‘. Weiter nach Beilstein, flott und gegen den Wind. Dann taucht das Harry-Potter-Schloß vor Cochem auf. Die erstbeste Kaschemme wird gebucht.

Acht Tage vor dem G-20-Meeting in Hamburg, vom Bürgermeister auf Anfrage auch gewünscht, kommen alle Parteien im Fernsehen ausführlichst zu Wort und Bild – es wird der Bürgerkrieg bekannt gemacht, diskutiert, vorbereitet. Geschätzter Aufwand aktuell 130 Millionen, wie neulich in Bayern. Mit den weiteren Accessoires wie der Kostenerstattung für polizeiliche Hilfsdienste aus nah und fern werdens eher 200 – und der Reptilienfond des Kanzleramts geplündert. Warum das, wozu? Weil, so pressesprechts, Hamburg so eine weltoffene Stadt ist. Stellt man die Informationen der Sendervielfalt zusammen, also auch die Pläne der bekannten Teilnehmer des Straßenfestes, so läßt sich dagegen halten, man wolle dem notorischen Schwarzen Block des programmatischen Antikapitalismus logistischen Aufwand ersparen. Die 20 Chefs plus Entourage treffen sich nämlich „um die Ecke" zur ,Roten Flora', der jahrzehntegelben Residenz der linksautonomen Einsatzleitung. Der Polizeisprecher kündigt hartes Durchgreifen mit Reaktionszeit unter einer Minute an. Das ist kürzer als bei den Pershings in den 80er Jahren. So kommt der Geschäftsbetrieb in der Stadt planmäßig zum Erliegen, im Häuserkampf ist schließlich Umsatz nicht zu erwarten.

Der ganze Ablauf zeigt bereits in Teil eins, Einführung, seine lodernden Konturen. Für Teil zwei, Hauptteil, steht das mediale Entertainment bereit, wie 1990 im Irak. Und auch Teil drei, Schluß, kann bereits formuliert werden: verantwortlich war keiner. – So ist es mit vielem Offensichtlichen. Es zu verbergen, macht den überwiegenden Teil medialen Getöses aus, es in den tausend Farben interessegeleiteter Wahrnehmung zum Leuchten zu bringen, ist das Geschäft. Sich dem zu entziehen, durch Abschalten, kann befreiend sein.

Da ist es in Cochem doch friedlich. Wenngleich mich, nach dem Besuch mehrerer Restaurants, die wortkarg und mit osteuropäischem Dialekt gleichbleibend jugendlich und schwarz gekleidete Bedienung irritiert. Mein Kopfkino assoziiert: die Russen-Mafia auf Geldwäsche. Was sonst sucht der Russ' in Cochem! Selbst auf dem Berg die Restauration, mit der Seilbahn erklommen, ist kyrillisch. – Gleichwohl kommt unsere Silberne fröhlich im Boxspringbett -schon dieser Name- zum Ende.

4.7.   Schon geht's auf den letzten Abschnitt nach Koblenz bei schönem Wetter. Dort treffen wir uns natürlich wieder im großen Biergarten hinterm Koblenzer Eck, im Rücken den maßlosen, nein vierzehn Meter messenden Wilhelm Zwo, Verzeihung W-Eins!, dessen Größe der Federbusch himmelwärts ausdehnt und dessen Unfehlbarkeit die Begleitung in Form eines Engels mit offenen Flügeln suggeriert. Auch das anders, ein geflügelter weiblicher Genius sollte es sein – dem die Inspiration in der Folgezeit offensichtlich mißlang. Wer konnte, wollte das voraussehen, gar verhindern, was der Nachgeborene dem 1993 wieder auf den Sockel Gehobenen leichthin abgewinnt. 1945 jedenfalls sah die Anlage so abgeräumt aus wie der Rest des Reiches.

Das fröhliche Treiben führt direkt zum Bierzapfen, später ziehen wir in die Stadt und finden einen zur Straße hin offenen italienischen Betrieb, so recht wie dieses Flair in Palermo 2012 bei den Nerds. Das geht bis kurz vor Mitternacht, danach travers zum Hotel, natürlich Hohenstaufen. Schön, daß niemand sieht, wie es im Zimmer aussieht – das schaffen wir in zwei Minuten, kommentierst du beiläufig. – Stimmt. Und nun ist aber genug mit sexeln, meinst Du weiter, so für ein paar Wochen.

5.7. Weiter geht's, Geburtstag! Küßchen und hoch, mit den Rädern zum Bahnhof, in den Regio und moselaufwärts bis Cochem. Chefe steht wie immer hinterm Tresen, bitte wieder Zimmer 40 -wegen Boxspring!- sonst gehen wir woanders hin, erklärst du. 40 ist frei, also die Räder in den Weinkeller, die Taschen über die Schulter und hoch in den zweiten Stock.

Wir klettern zur ‚Reichsburg' hinan, wo es eine perfekte Führung durch das überschaubare Ensemble von Ritterzimmern gibt – dort trifft mich der Schlag, ich stehe vor einem Exemplar des großelterlichen Möbel-Ensembles, das im Krieg den Weg vom Bayrischen Platz nach Bad Doberan fand und in seiner Wucht, den dumpfen Schlägen der zimmerhohen Standuhr und den hohen Stühlen mit der figürlichen Nase in der Rückenlehne meine kindlichen Wahrnehmungen prägte. Da steht die zweiflügelige Kredenz, wie sie -letztes Stück aus der Einrichtung- auf Amrum im Schneckenhaus das Wohnzimmer bestimmt. – Die Führerin weiß die Auflösung: nachdem Truppen Ludwig des 14. die Burg geschleift hatten, fand sich Mitte des 19. Jahrhunderts der Berliner Kaufmann Louis Ravené bereit, die Ruine für 500 zu übernehmen – und wieder aufzubauen, wie es ihm gefiel. Und dafür wurde wohl auch diese Kredenz herbeigeschleppt.

– Was so ein Möbelstück in mir auslöst! Als wärs eine gekörnte Ausgabe der Familiengeschichte. So haust die Biografie in allen Dingen, die ich berührt habe, in den Geschichten über sie. Die Kredenz ist Teilchen meines Weltbildes, atomares. – Wir erfahren Weiteres über mittelalterliche Usancen, so die Tages-Weinzuteilung, es gab 5 Liter für den Mann, drei für die Frau – wie das regelmäßig ausging, zeigt die Geschichte – wer den Überblick behalten konnte, ebenfalls. Nach vierzig Minuten guter Unterhaltung steigen wir wieder ab und begeben uns in die Mittagsruhe. Des Nachmittags nehmen wir die Seilbahn in Angriff zum Aussichtspunkt über der Stadt, sodann zur Bergkneipe. Nach erneutem Erlebnis mit russischer Bedienung scheint eines sonnenklar: die Frage des Herrn Röhrig: Margreeet – sind die Russen schon im Keller!? ist mehr als beantwortet – sie sind längst an der Oberfläche, ja auf dem Berg! Und die weitere Frage, was sie an die Mosel treibt, dieses aus Moskauer Sicht eher abwegige Gebiet, ist im Begriff der Geldwäsche auch beantwortet. Der Tatbestand ist schließlich notorisch, wie die italienische Position in diesem Thema. Wie es in Cochem im Keller aussieht, möchte ich gar nicht mehr wissen.

Zum Abendessen ist die Entscheidung klar: beim Russen! Daß das Lokal weiterhin den Namen ‚Alte Weinwirtschaft‘ trägt, gehört zum Standard-Tarnflecken-Aufzug. Und die Jungens (das schließt die junge Dame im Sinne des Gesetzes ein) machen natürlich einen perfekten Job. – Und es ist einfach alles ganz anders als die Sache mit meinem Vater 1941, der in dieser siegestrunkenen Armee war und durch Rußland zog, und wieder zurück – ach, es ist einfach gut so. Zum Abschluß bestelle ich Wodka – aus dem Kühlschrank oder warm, kommt die Antwort. So fragt es nur jenseits von Oder und Neiße! Doppelt oder einfach, heißt es weiter, doppelt, sagt Marion – es werden ja keine Wassergläser sein, wie es weiter östlich üblich ist. Die Holländer next table drehen sich herum, der Kleine dreht am Rad, Holland, das Alter, das Rock'n'Roll-Fest in Groningen – wollen wir nicht lieber nach Groningen fahren statt Berlin? – Nein.

Zu einem weiteren Ausflugsziel sind wir nicht gekommen: dem

Bundesbank-Bunker, gut getarnt in Cochem-Cond. Da drin waren fünfzehn Milliarden deponiert, in einer Währung, „die keiner kennt" (so stehts im Prospekt) – für den Fall, daß der Russ', wenn er eingefallen ist und die Währung manipuliert, mit Echtgeld contra bekommt, so ungefähr hats einer erklärt.

6.7. Der achte Tag bringt uns früh nach Trier zurück, nach Abgabe der Räder am Bahnhof zum Parkplatz bei Hotel ‚Siebenglück' und nach grober Reinigung von Dach und Scheiben vom Taubenschiß und Baumabwurf zur Autobahn nach Ritterhude. – Hier wirtschaften Leon, Rasenmähen gegen Küchenmaschine, Jonas und Johanna am ThermoMix unter Höllenlärm am Geburtstagskuchen. Zuvor gibt's Gegrilltes. Da freuen wir uns, später die Eingewöhnung an den Fernseher.

Planmäßig ziehen schwarze Blocks marodierend durch Hamburg, über der Stadt schwarze Wolken, in den Straßen brennende Autos. Aus allen Bundesländern sind Polizeikräfte angefordert. Das Ganze strahlt billigende Inkaufnahme aus, sei den weisen Politikern gesagt, dolus eventualis, hieß das im zweiten Semester. Die Stadt ist übersät mit Reportern, Kamerateams – der gefilmte Bürgerkrieg. Ständig wird eine „biedere Familienkutsche" ins Bild genommen, also von Leuten, die nicht reich sind und deren Auto dennoch brennt. Was will solche Formulierung andeuten?! Fast bewundernd wird die Strategie des plötzlichen Auftauchens, Zuschlagens und Verschwindens erläutert. Nun, die Handbücher von 1969, das Zeitalter der Befreiungsbewegungen und die Methoden des T.E. LAWRENCE VON ARABIEN sagen dazu das Nötige. So laufen die Erläuterungen hinter den Tatsachen her, der Polizeisprecher sieht sich veranlaßt, den Einsatz des Wasserwerfers zu rechtfertigen. – Die Kanäle sind voll des Anklagens, Rechtfertigens und Schuldzuweisens. Daß diese Zustände mehr als vorhersehbar, ja gewiß waren, wird auffallend und allseits unter großer Empörung verborgen.

Rücktritt des Bürgermeisters könnte angemessen sein, wegen der Weigerung, dem Offensichtlichen vorzubeugen und damit Schaden von Hamburg abzuwenden, der schönen Stadt. Vielleicht handelte er aber im Berliner Auftrag, gar unter Druck.

22 Uhr – zurück von einer ausufernden Goldenen Hochzeitsfeier im Gemeindehaus, was äußerst amüsant war, mag auch mancher miesepetrige protestantische Blick, manches beredte Schweigen Grenzwertigkeit signalisiert haben. – Die Fernsehbilder unverändert: drei brennende Barrikaden in Altona, löschende Wasserwerfer im engen Schanzenviertel, Massen von Zuschauern beim Filmen und die Sender in breitestem Interview- und Kommentarmodus, immer in den gleichen Fragen kreisend: wer ist es, warum ist er ... alles bereitet sich auf eine lange und erleuchtete Nacht vor. Die Stadt hat den Bürgerkrieg und die friedlichen Demonstranten werden unentwegt gelobt.

Die Feuer werden unterhalten, die Polizei zieht sich zurück, der Häuserkampf ist in Vorbereitung, die Schwarzen stehen auf den Dächern und werfen, feuern, telefonieren. Ganz nah bei der Barrikade steht jetzt ‚unsere Reporterin‘, der ein Demonstrant die friedlichen Absichten erläutert sowie die ganz überzogene Reaktion der Polizei. Eine grade aufgebrochene Demonstration soll aufgehalten werden, nicht zu den Feuern vorstoßen, „unglaubliche Szenen".

Tags drauf heißt es, die Nacht habe dem Schwarzen Block gehört, der brandschatzend mit der Tendenz ‚Schutt & Asche‘ durch die einschlägigen Viertel gezogen sei, nicht durch die der Reichen! – Ich erwische einen Satz aus ‚Maischberger‘, die Infantilisierung der politischen Debatte ginge ihm langsam dermaßen auf die Nerven, bemerkt ein Teilnehmer. Der Begriff liegt über allem, was grade Hamburg betrifft, die vorbereitende Deckung all dessen, was vorausgesehen wurde und passierte, durch die Links-Chefin ohnehin, durchs Grüne ebenso, dazu gerichtliche Restriktionen gegen vorbeugende Maßnahmen der Polizei, gegen das ‚Schwarze Korps‘, auch eilfertige Bereitstellung von Räumen und Flächen durch die Kirche und, während sich Rauch und Brandgeruch noch aus der Stadt verziehen, das redundante Debattieren, warum, wie es zu alledem denn kommen konnte. Redundant, weil die Konstellation, die gleißend-klare, nicht angesprochen wird: dieses Welt-Spitzen-Treffen in die deutsche Großstadt mit dem etabliertesten Linksradikalismus zu legen, einen Steinwurf (sic) voneinander entfernt. Die ‚Rote Flora‘ wurde denn auch zum Lazarett und logistischen Rückzugs- wie Versorgungszentrum der Guerilleros aus Europa. – Fast kann ich verstehen, daß MR. TRUMP vorzeitig abreiste aus diesem Getöse. – Glatte Kopie solchen Politikkonzeptes bietet 150 Kilometer östlich die nach Schwerin zurückgereiste neue Landeschefin mit ihrem sozialpolitischen Gejammere. Kaum ein Bundesland hat solche Wachstumsraten, Frau SCHWESIG!

Europa sei „kein Geldautomat, sondern eine Wertegemeinschaft“, meint Chefe Kern aus Österreich. Je nun, der Kurs des ersteren ist stabiler und die Kreditkarte gewährleistet einstweilen stabile Resultate.

7.7. Lange Wochenenden nutzen rivalisierende Banden zur Klärung von Dissens, so in Chicago anläßlich des Unabhängigkeitstages. Die Polizei zählte 15 Tote und 86 Verletzte in mehr als hundert Schießereien.

9.7. Ich weiß nicht, ob ichs noch schaffe. Marions Sein weist, schweigend, den weiten Weg zu mir, den meinen!

10.7. Der Ton wird schärfer, das politische Spektrum der Republik steht im Schein der Hamburger Feuer blank. OLAF SCHOLZ trägt seine Zusage aus, auf Bitten der Kanzlerin Hamburg als G 20-Austragungsort hingegeben zu haben. Über die Formel der ‚Weltoffenheit der Stadt‘ kommt er nicht hinaus. – Links sei jetzt diskreditiert, Gewalt doch per definitionem rechts, kaschiert

RALF STEGNER seine verblendete Kenntnis jüngster Geschichte. Die hat -potzblitz- genau ihren hundertsten Jahrestag, als die Bolschewiki die Verarmten und Arbeitslosen durch die Straßen von Petersburg schickten, um die Viertel der Wohlhabenden mit Feuer & Salven sturmreif und gefügig zu machen. – Der Linksblock geht also in sortierten Rückzug, das ist der R&S-Modus.

Prinzessin EKATERINA heiratet einen Hannoveraner Szene-Welfen, Sohn des mit ihm verkrachten Szene-Welfen. So wie er die Kirchenstufen herabsteigt, in Dress und Haltung so ganz unadelig, könnte er auf der Rückseite seines Jacketts auch das Signé der Hells Angels tragen. Deren Spitze vermute ich unter den Gästen, Hypothese! G 20 hätte hier das gleiche Desaster angerichtet, denn die Szene hat eine Vertikale durch alles, was dort kreucht und fleucht. – EKATERINA hingegen trägt das Diadem, welches bereits 1913 Prinzessin Luisens Haupt zierte, als sie den Bund mit dem Hannoveraner ERNST AUGUST III. einging. – Das half jedoch nichts mehr, wie sich im Jahr drauf zeigte: die dynastische Internationale galt nichts mehr im neuen Jahrhundert und so zogen sie, die Verheirateten, Verschwägerten und Verschwippten gegeneinander, Verzeihung, sie schickten ihre Völker, nach dem Motto: „Der Krieg ist ein Massaker von Leuten, die sich nicht kennen, zum Nutzen von Leuten, die sich kennen, aber nicht massakrieren". Der erste Weltkrieg, ein Fall krasser Delegation von Dissens.

Eines der neuesten Multi-Kanal-Machwerke parlamentarischer Provenienz heißt ‚Mieter-Stromgesetz'. Der Energiewandel verpaßt seine zentrale Behauptung in Form des EEG ja ohnehin, also diesen Abbau des Zeh-Oh!-Zwei (1.Kanal), er füttert das Geschäftliche auf das Profitlichste (2. Canale Grande) und nun setzt er die Mieterabteilung des Volkes unter Strom, ein paar Tausend jedenfalls (3. Kanal). Dafür sind nochmal 250 Millionen fällig, der 25. Aufschlag auf den kw-Stunden-Preis.

Ein zukunftsfähiges Geschäftsmodell habe das Land nicht, bemerkt IfO-Chef FUEST mit Blick aufs Digitale. Behindern sei Schwerpunkt, Datenschutz rangiere vor Datenzugang. – Kommt ganz drauf an, möchte ich ergänzen mit Blick auf Kassier SCHÄUBLES Trojaner.

Das parteiübergreifende Enteignungsregime, ok, unter Führung des Linksblocks, in Sonderheit als SPD mit DIW fordert unter der Firmierung „ausgleichende Gerechtigkeit" das Schleifen von Freibeträgen und die Hebung der Erbschaftssteuer. Anlaß: das Vermögen wächst, damit das Vererben auch.

Wie hohl das Parolen-Dickicht vor, bei und nach G 20-inside ist, schildert RALPH BOLLMANN am Beispiel ‚Protektionismus', wo ‚Trumpy goes to Hollywood', Eigenname, von Aussehen bekannt, ja auch anständig einiges um die Ohren fliegt. Sorry für diese Tripartite-Verwirrung, das ist Fernsteuerung!

Also, es geht um den EU-Protektionismus: den Subventionen und Anti-Dumping-Zöllen liegen Berge von „Beschützt"-Programmen zugrunde, MACRON, ick hör dir trapsen. Mit ihnen werden Agrarimporte durch Zölle bis zu 78% unterbunden, Fahrräder aus Afrika und Asien mit 48% Aufschlag belegt, selbst Bananen, die hier ja schlecht wachsen, werden verzollt, dem Kolonialgehege der Franzosen zuliebe. Und -der deutschen Klimakoryphäe zuliebe- qualitativ hochwertige Solarzellen aus China werden selbstverständlich strafverzollt, alles für den einzigen deutschen Hersteller, der in den subventionierten ‚windfallprofits' so ganz innovations-unlustig die Sonne genießt. So geht das durch alle Branchen, 10 Prozent auf US-Autos, das sklerotische Regelwerk muß alleine einen Brüssel-Tower unter Strom halten. – Und das Motiv des Kommissariats illustriert so recht die korruptive Struktur dieses paradiesischen Europa-Dschungels: es soll alles so bleiben, eher noch mehr, weil Zölle derzeit die einzige Beschaffungsquelle der Kommission sind, bei der das nervige Betteln bei den Staatschefs entfällt. Wenns erst ein eigenes Steuerrecht für diese Fettlebe gibt und jegliche Rücksicht auf die lästige nationale Klientel entfällt, dann ... ja dann gnade uns Gott. – Noch ein Grund für MR. TRUMP, sich frühzeitig vom Acker zu machen.

Daß solch freihandelsfeindliches Zoll- & Subventionsregime ein weiteres Thema dieses politischen Groß-Theaters befeuert, nämlich Hunger und Nahrungsmittelverknappung gerade in Afrika, was dem Gejammer vom Dienst total am Herzen liegt, erläutert HARALD VON WITZKE, Agronom vom Dienst. Das ökologische Regime sei Feind von Nachhaltigkeit, extensive Landwirtschaft verbrauche Flächen und könne Versorgung nicht sichern, die Verfluchung der Gen-Technik stehe quer zu den Anforderungen ausreichender Ernährung.

Jetzt nochmal unsere Energiewende mit 180 Grad Zielabweichung – schon steht die deutsche Hecke! Sie paßt in die europäische Festung. – An der „Tragik der Allmende" leide die EU, so umschreibt THOMAS MAYER diese Zustände: jeder hole das Maximum für sich heraus und auf diesem Weg verfalle die ganze Einrichtung. Bei Italien besteht da ja eine Art Dauer-Vorteil, aber auch Frankreich sorgt für smarte Vorteilsregeln, so 2013 beim Gesetz über die Einlagensicherung, die dort für kleines Geld möglich ist. Die Kanzlerin mags beim aktuellen Tango mit Macrönchen nicht monieren.

11.7. Er warb für einen realistischen Blick auf den Schrecken, aber auch auf das Glück dieser Welt, notiert die Zeitung über PETER HÄRTLING, der verstarb (83).

Für den ersten Blick steht ROBERT GERWARTH, der die Verheerungen der Zeit nach 1918 nachzeichnet, welche der Weltkrieg auslöste, beförderte und zur Eskalation brachte. Das Unmaß kriegerischer Verwüstungen nach Versailles ist in dieser Dichte kaum zu erfassen – bis zu sieben Mal wechselten in Osteuropa Heeresdurchzüge und Besatzungen in wenigen Jahren – offen genozidaler Massenmord war an der Tagesordnung, befeuert von imperialen Ambitionen, etwa der Wiedererrichtung eines Römischen Reiches, eines großtürkischen Staates oder auch hellenischer Größe in Südosteuropa. HITLER und MUSSOLINI bewunderten die Kriegszüge der Türken Anfang der zwanziger Jahre.

Ungeachtet der Monstrosität des Nazi-Rassismus wurden alle Elemente von Raub, Mord & Plünderung, ethnischer ‚Säuberung‘, ja millionenfachen ‚Bevölkerungsaustausches‘ praktiziert, in Südost-Europa insbesondere zwischen christlichen Griechen und muslimischen Türken. An denen Rache zu nehmen, war noch 1995 das Motto des Srebreniza-Genozids, wie 2017 im Prozeß gegen RATKO MLADIC zitiert wird.

Darüber teilten die vertragschließenden Siegermächte Frankreich und Großbritannien ihre alte und die neue Kolonialbeute auf und ließen den attributiven Rassismus selbst in den Folgeverträgen, Mandatsverträgen der Klassen A, B und C, als zugriffsentscheidende Abgrenzungskriterien bestehen. Das WILSON'sche Selbstbestimmungsrecht aus seinem 14-Punkte-Plan wurde darüber zum Auslöser permanenter Aufstände und Regionalkriege. Diese Folgen von Versailles reichten bis Pearl Harbour 1941. Sehr aufklärende Zusammenstellung. – Alles zusammen Verifizierung des 1. Weltkriegs als ‚Urkatastrophe‘ des Jahrhunderts. Langsam verlieren sich ihre Auswirkungen.

Der Berliner Linksblock, nicht der schwarze sondern die Regierung, will die ‚Charité‘ rekommunalisieren, weil je mehr Staat um so besser is‘. Es zählt die Form, nicht die Sache. Der Übergang in die Verlustzone ist bereits kalkuliert.

Bremen: Imageprobleme belasten die Stadt, notiert die Ortszeitung, als Leipzig in der Attraktivität an der Stadt vorbeizieht. Bremen werde vom Umland ausgesaugt, während Leipzig das Umland aussauge, erklärt ein Kenner des Opferlebens. Bremen braucht also größere Saugwagen, oder was? – Wie wärs, statt der 100. Imagekampagne mal ein paar Tatsachenkampagnen loszutreten, ihr Schwurbelheinis. Das könnte Politik auslösen, die sich verpflichtet. Darauf jedoch wird in diesem morbiden Stadtstaat schon lange geschissen. Isso.

Hamburg: die vom Dach Gehweg-Platten, Eisenstangen und Molotowcocktails warfen, seien -dreizehn an der Zahl- festgenommen und schon wieder frei. Haftbefehle gar nicht erst beantragt, aus Mangel an Beweisen. Der Aufenthalt auf einem Dach für sich nicht strafbar, so heißt es und: soweit Haftbefehle beantragt, konnten sie durch die „hochbelastete Nebenstelle des Amtsgerichts" nicht rechtzeitig eingereicht werden. – Solch ausbleibende Vorbereitung ist integraler Teil politischer Haltung vor Eintritt des Ereignisses. Funktionsfähig bleibt nur das Zirkeltraining der Schuldzuweisung. OLAF SCHOLZ trägt Entschuldigung vor.

WOLFGANG BELTRACCHI portraitiert HAPE KERKELING. Wieviel Gefälschtes denn wohl noch im Umlauf ist, erkundigt der sich. – Naja, noch 230, kommt die Antwort, sodann seine Geschichte der Achtsamkeit, laufende Farbanalysen, Aufkleber hergestellt berühmter Sammlungen, über Jahrzehnte, Expertenurteile eingeholt, die fortwährend Echtheit bestätigten, wobei eben immer ein gewisser Grad an Hochstapelei dabei gewesen sei, bei den Experten – bis ein Chemo-Farbanalyst fand, daß es ein verwandtes Titanweiß zum Herstellungszeitpunkt des Originals noch nicht gab! Da hat so ein holländischer Farbenanbieter einfach geschlampt – und alles flog hoch. – KERKELING meditiert, ich bin gelernter Katholik, Meßdiener, habe Wasser mit Wein verwechselt und wurde entbunden. WB war auch lange Meßdiener, spezialisiert auf Beerdigungen, konnte damit Geld verdienen ... zu HK: jetzt mußt du mal kurz den Mund halten, ja, wie beim Psychiater. – Was ist dir wichtig, HK: der Pilgerpfad, WB: die Engel, der Todesengel, das kommt von den vielen Engeln in den Kirchen, ich war ja viel mit meinem Vater unterwegs. Im Gefängnis hatte ich immer Kontakt mit meinem Schutzengel. – Seine Frau ist der ganz persönliche Schutzengel. Dieses Titanweiß, diese verdammten Holländer, zwei Prozent waren im Zinkweiß, natürlich Beschiß. – Und ich gehöre zu den Menschen, die Angst vorm Sterben haben, vorm Tod?, nein, vor den Umständen beim Sterben, das ist oft so sehr unnett – HK: die Angst davor ist doch sinnlos, wie ist es mit der Wiedergeburt? ... Wiedergeburt? Nee, das glaube ich nicht ... Ich schon, dieser Kreislauf ... ja, der Dreck, der übrig bleibt, diese genetischen flashbacks, das war schon mal. Was übrig bleibt, ... weiß ich nicht. – Fertig, à la prochaine!

Letzter Satz in ‚Maestro': Sie haben mir beigebracht, ohne zu feilschen den enormen Preis der Schönheit zu zahlen. – Was für eine antipodische Zusammenfassung!

13.7. Dieses Elend, das Versagen in den ureigensten Staatsaufgaben, hier, die Sicherheit der Leute zu gewährleisten. Ein Versagen vor der Verfassung, ein Mentalitätsdrama und danach ein Organisationsversagen, womit nicht zuerst die Polizei gemeint ist. Fast eher die Justiz, wo es „wegen Überlastung der Geschäftsstelle" nicht gelingt, die kümmerlichen fünf Haftanträge rechtzeitig dem Richter vorzulegen! – Ein Mentalitätsstatus der politischen Klasse und ein Organigramm der unmäßigen installierten Apparate ist geboten, in den Standardaufgaben herrscht Tristesse und Routine statt Effektivität. Das gilt grade und zuerst fürs Parlamentarische, wo Weitreichendes gerne durchgewunken wird. In Wallung kommen die Herrschaften, jaja, in Sonderheit die Herren Damen, wenns sozial wird, Ungerechtes aufscheint, etwas ungleich ist. – Bei Rechtsstaat, Legalitätsprinzip, zumal bei Gelegenheit des Bürgerkriegs, seit Startbahn West, Kastorf, NSU, EZB und grade in Hamburg geht's eher überrascht und nachlaufend zu, Motto: ‚das heddisch jetz' ned gedacht!', Mundart. – Sodann im Interpretieren und Deuten von Ereignissen sind alle wieder in Hochform, im Einordnen ins gar persönliche Weltbild. Das interessiert nur keine Sau! – In distanzwahrender Betrachtung eher ungeschult.

Das Unerträglichste sind die Allgemeinplätze, diese Schutzschilde gegen verantwortliches Argument. Hier dürft's gerne etwas persönlicher werden, Sie Herrschaften! – So macht OLAF SCHOLZ seine noch akzeptable Entschuldigung vor dem Rat im Haus sofort kaputt mit dem raumgreifenden Satz, wenn sowas in Hamburg nicht möglich sei, dann nirgends in Europa. Das ist Heroismus als Farce, das ist das kindisch-trotzige ‚und es war doch richtig', danach Fluppe, wie Marion sagt, also die Unterlippe stark vorschiebend bei gesenktem Kopf und Blick nach vorn. – Die Verminung uneingeschränkter Debatte durch diese obiter dicta wird von Angst geführt, mag auch der Schutz, die Abdeckung der Kanzlerin, Treiber gewesen sein. – Das Ganze im grellen Schein der Warnungen von Verfassungsschutz und BKA bereits im Frühjahr, worin von Hamburg als „geeigneter Bühne für gewalttätige Ausschreitungen aus dem In- und Ausland" die Rede ist, weiterhin die Nähe von Schanze und Tagung eine „einmalige Gelegenheit" für den großen Aufstand biete. – Nichts zeigt die Frisur staatsmännischen Auftritts drastischer als solche aus der Deckung gezogenen Accessoires des großen Getöses.

Marion fährt Rad, das ist Gelegenheit, HEINZ BECKER zu gucken. Der ist ja ohnehin für den praktischen Verstand unerträglich, aber daß es auch noch drei Stunden dauert, bringt mich dann doch aus der Fassung.

Das GEZ-Regime, dieser konvulsive Dreibund von politischer Exekutive, Sendern und Verwaltungsrat, weitet seinen Geschäftsbereich widerstandslos aus. Der Bremer Rundfunkratschef SONDERGELD verweigert beschränkende Auflagen ausdrücklich. MALU DREYER kann gar nicht kontrollieren, wie es das Modell vorsieht, weil sie auf beiden Seiten Chefin ist. Das System staatsgebundener Großorganisationen mit korporativen Strukturen gebiert politische Charaktere, die sich über Kontrollregeln mit großer Unverfrorenheit hinwegsetzen, natürlich gestützt vom adhäsiven Umfeld. – Das EU-Regime mit exponierten Strukturen gleichen Typs ist da monumentales Vorbild und handwarme Rückendeckung, insoweit überholender Taktgeber für die Ruinierung rechtsstaatlicher und staatsverfassungsrechtlicher Strukturen. Mundart: die Loid, wo davon a Liedsche' singe könnde, wörde en Massechor abgebbe, gell Herr Dirigent! – Na? Wer ist wohl gemeint, ei JCJ!

Monte dei Paschi di Sienna wieder eingebucht, EZB und Kommission nicken gegen 5,4 Milliarden Staatshilfe, das ist ein Fingerschnipsen: einen Satz Anleihen drucken und gegen Bares bei Goldfinger, Frankfurt, eintauschen. Wie die Gläubigerbeteiligung von 4,3 aussieht, wird im Halbschatten geregelt. Denkbar ist etwa staatliche „Beihilfe wegen einmaliger besonderer Belastung". Auf son paar Anleihen mehr kommts doch nicht an, schließlich nimmt SR. DRAGHI alles – „whatever it takes", gell. Ich sollte auch eine Anleihe auflegen.

14.7. Der Tourismus nach Mallorca ist eine Plage, die beim Besteigen des Flugwerks beginnt, in Sonderheit von britischen Flughäfen. Der gemeine Brite, heißt es, ist demnach spätestens auf Dienstgipfelhöhe besoffen, randaliert dann gerne schon während des Fluges sowie beim Ausstieg und verläßt den Flughafen von Palma bereits im Kleintransporter der Polizei in Handschellen, im Einzelfall liegend im Fahrzeug des Rettungsdienstes. Daher fordert die Tourismusministerin ein Alkoholverbot ab Einstieg. Das forciert möglicherweise die Vorbereitungshandlungen.

> Die Amseln im Garten, sie fliegen nicht mehr!
> Sie hüpfen bergauf und bergab,
> stehen und blicken sich um, so daher,
> kommen zu zweit nur auf Trab.
> Dann pickt er ganz flott so hinter ihr her,
> sie immer ein' Pick voraus.
> Am Schluß stehn sie beide, gucken kurz her
> und machen sich auf zum Garaus.

> Alle schreiben, die Zeitung ein Meer,
> mir wills nicht gelingen, dabei möcht' ich sehr.
> Täglich ein Preis an sie oder ihn,
> ich grübel im Kreise, da hüpfts vor mich hin –
> die Amsel, von der ich grad schrieb.

> So nah war ich der Amsel nie,
> sie guckt, dann hüpft sie, nein, spaziert!
> Kommt beim Picken noch näher her,
> hebt ab, dem Quietsch nachjagend,
> und gesellt sich ihr zu.
> Nach kurzer Zeit ist die Amsel zurück,
> denn da war noch was!
> Elvis kommt raus – was soll denn das!
> Jetzt sind wir zu dritt.

Bei Maischberger sitzt altgrün und stolz in eigener Referenz die JUTTA DITFURTH und greift in die Formelsammlung: Gewalt = Polizei. Darob verläßt der WOLFGANG BOSBACH den Raum, bevor ihm wieder dieses ‚einfach mal die Fresse halten' rausrutscht. Er ist am Ende mit der Höflichkeit, wie erfrischend. So inszenieren sich Opferwelten, notiert die Zeitung in Richtung altgrün. Wobei ergänzt sei, daß das Verhältnis zum Opferstatus von durchsichtig taktischer Qualität ist.

Chinas Wirtschaftspfiffikusse haben für ihre neue Seidenstraße schon viele Anker geworfen, jetzt auch im Hamburger Hafen, genauer auf ‚Steinwerder Süd' mit 42 Hektar. Sie bekamen wegen bester Idee den Zuschlag, „in der Hafenwirtschaft herrscht Aufruhr", meint Chefe Hafenverband. Des brauche mer grad ned, hieße es wohl in Offenbach. China schon, denn da soll der ganze Kram ja ausgeladen werden.

Vielleicht sollten die Chinesen lieber New Yorks U-Bahn auf Vordermann bringen, die ist wirklich notleidend, wie die Zeitung umseitig illustriert. Man sieht den einbiegenden Holperzug förmlich entgleisen. Aber wer liest schon die FAZ in Asien! Wahrscheinlich die Falschen.

Merkheft 315 schwärmt von der ‚taz'-Rubrik ‚verboten'. Daselbst werde in 32 Zeilen der Sinn aus dem Wahnsinn extrahiert, zugleich auf den Wahn im behaupteten Sinn hingewiesen. Mülltrennung erscheint hiernach sinnlos, weil wahnsinnig.

Chuck (Kosename) war 2011 auf dem Weg ins Restaurant in der Fifth Avenue, als ihn die FBI-Beatniks vor die Alternative stellten: Handschellen oder kooperieren – die filmbekannten Handlungsparameter der Ordnungskraft. Er entschied sich fürs Auspacken, womit das System JOSEPH BLATTER ins gleißende Licht fachmännischer Kommentierung geriet. Inzwischen hat es sich wieder stabilisiert, Namen sind schließlich Schall und Rauch. Wieweit Chucks Schwerpunktaktivitäten andauern, die

> „als Drahtzieher von Systemen, die die Gewährung, Annahme, Übergabe und den Empfang verdeckter und illegaler Zahlungen, Bestechungs- und Schmiergelder beinhalteten sowie andere Systeme zur Bereicherung (umfaßten)",

bleibt fortlaufender Untersuchung vorbehalten. – Also bei mir waren Geldübergaben einfacher. – Naja, jedenfalls bereute Chuck in der Folgezeit und wurde darüber wohl seine zwei Apartments im Trump Tower los, eins war für ihn, eins für seine Katzen. Der Tierfreund verstarb.

Neulich waren schlappe dreißig Leute im großen Straßburger Rund, als der Mann aus Malta irgendwas erzählte, JCJ explodierte, „wie sieht das aus" – dieser Fachmann für die Form! Ei, die Loid sinn erschöpft vom Abnicke! Wenn das einer filmt! – Nun schildert ein Leserbrief weitere Usancen jenseits etwa des „degressiv-proportionalen Wahlrechts", was wohl zu den Klumpfüßen der Institution zählt. – Sollten Sie noch folgen können, hier einfach mal ein ‚Kopf hoch', Sie wissen, daß Sie nicht verpflichtet sind, folgen Sie mir! – Zurück in den Rundbau: beim Gesetzgebungsverfahren kann gegen mehrheitliche Ablehnung durch ein Zwanzigstel der 751 ‚neu eingereicht' werden, wohl bis zur Erschöpfung – das Prinzip JCJ! Es gibt auch die „interinstitutionellen Verhandlungen mit dem Rat und der Kommission, in Form von nichtöffentlichen Trilogen", da gibt's dann bei anhaltendem Widerstand auf die Fresse, so meine Einschätzung. Sodann geht's zurück in die Abstimmung. Wie komplex es werden kann, zeigt der Schreiber am Datenschutzrecht: da mußten die 751 mehr als 4000 -i.W. ...- Änderungsanträge abstimmen. Der Arzt kam dem mit Sicherheit zuvor, Tabletten im Kleintransporter, und hat Bettruhe verordnet. Kein Wunder, daß keiner mehr kommt. Sich dieser Monstrosität anzunehmen, geht nur mit ärztlicher Begleitung. Über das Verhältnis von Sinn und Wahn in dieser causa erübrigt sich jedes Wort.

Nachtbild von New York, ich assoziiere einen Schaltschrank. Dabei war ich nie einer.

Und abends wieder WOLFGANG BELTRACCHI, der nach Hamburg kommt, wegen OTTO WAALKES. Er will ein Triptychon machen nach VAN DEYCK: bißchen was Fuchsiges hat sie, die Nase ... was Geiriges? – nein, ... das Schwierigste am Profil ist der Hut, sonst klasse! – dabei komme ich mir so nackt vor, die Nase zu lang ... das mit den Ohren ist nicht so doll ... wie? ... naja, ich dachte, erotisch seien die ... was??, glaubst du das? – Erste

Betrachtung des Entwurfs, kritisch – wie willst du das Bild denn nennen? – Otto!

OTTO: mein Vater hat gemalt, viele, die meine erste Ex mitnahm, weitere meine zweite Ex, dann die dritte ... hast du ne Störung des vegetativen Nervensystems? ... das kommt vom Schlagzeug, ich war Schlagzeuger. – Emil <Schweiz> ist ja auch sehr witzig, aber sonst sehr ruhig. – Du zwingst mich ja.

WB's Bilder mit eigener Signatur nach MAX ERNST, vor dem Verschwinden der Wälder – das Verschwinden der Wälder – nach dem Verschwinden der Wälder ... es kommen dreimal mehr Leute als erwartet ... das Leben muß Spaß machen ... wenn ich jünger wäre, wäre ich noch glücklicher ... die Zeit hat uns eingeholt ... mein Vater hat bis 88 gemalt, ich habe jetzt fünfzig Jahre ... immer unterwegs auf der Suche nach Keilrahmen, alten Leinwänden, oval, alt, und leer, was hab ich drauf gemalt? BRAQUE, frühen BRAQUE.

Der Knast ist so laut, hätte ich mir nie vorstellen können, laut, die schreien wie im Affenkäfig ... das war um U-Knast ... im Gefängnis wars ruhiger, das ist ja in Deutschland Zwangsarbeit ... du kriegst so wenig Geld, daß du davon deine Sachen bezahlen kannst. – OTTO überreicht ein Buch mit seinen Bildern. – Guitarre ... jetzt spiel! ‚The House of the Rising Sun' ... er singt ziemlich falsch, OTTO: Guitarre stimmt. – WB geht an den dritten Otto.

Der erzählt: ... hatte keinen festen Wohnsitz, immer in WGs ... mit MARIUS MÜLLER-WESTERNHAGEN und UDO LINDENBERG Musik gemacht, vierzehn Leute, die sagten, ich zieh hier aus! ... hoch ins Wasserbett, die Zigarrette brannte ... wie kamst du an die Mädels? ... nur Musik, nix mit Mädchen ... verheiratet mit ..., dann mit Eva Haßmann, zwölf Jahre ... die dritte ... ist immer noch jung, wird niemals alt – WB: wir sind seit sechzig Jahren.

Nach zwei Tagen Ende, der Lichtpunkt im Auge bitte nochmal ... er korrigiert ... mit den Falten hab ich mich zurück genommen ...

unvollendet ... bei mir geht das, weil das in jeder Phase gut ist ...
OTTO: ich seh mich anders, kommt ins Schlafzimmer, hoffentlich schlaf ich dann noch gut.

15.7. Amerika ist ständige Konfrontation, von schriller Aktualität und Verfall, weshalb schon NY nicht Amerika ist sondern eins von fünf „auchs", schätze ich. FREDDY LANGER, Spezialist in amerikanischer Melancholie, annonciert die Reisen durch Gebiete verfallener Zivilisation des Kontinents von EMMANUEL GEORGES. Dort müssen sie oft alles verloren und andere Plätze für die verbleibende Zeit aufgesucht haben. Das Gewesene macht das ikonische Amerika aus, und das mitten im Leben. Daneben der Fahrtenbericht von den Colorado-Highways, nix Vierspuriges sondern Passfahrten bis 4000 Meter in Serpentinen ohne Leitplanken im 600-Meter-Gefällehang – wegen der Schneeräumer. Daß dort jährlich der ‚Race to the Cloud' stattfindet, versteht sich.

Die erste Inkompetenz-Konferenz zerlegt den „Sturm an Kompetenzen", der mit ‚Bologna' und ‚Pisa' „über das deutsche Bildungssystem hereingebrochen ist". Ein nach dem Bild der KI geformter Schubladenmensch sei das Ideal, zitiert THOMAS THIEL, ein europaweiter Bildungskataster das Ziel, die Ergebnis- und Vergleichsmessung bis zur fünften Kommastelle gewollt, getrieben von Instituten für Qualitätsprüfung und -entwicklung. Die Täter in und hinter der OECD gelte es noch aufzuspüren. – Nichts wissen, aber alles können, wie gewünscht – das fällt bald sogar hinter die intelligenten Maschinen zurück, die dann wirklich steuern. Ein klassisches Herrschaftskonzept, mir liegt sofort Bertelsmann auf der Zunge.

16.7. Die Natur kennt keine Katastrophe, notierte MAX FRISCH 1979, darin HEIMITO VON DODERER folgend. Anlaß ist das Abbrechen eines Eisbergs von der Größe des Saarlandes. Einzig der Mensch sei eine Katastrophe, soll der Autor sodann gemeint haben. Nun, dann ist das Tohuwabohu vom menschengemachten Eisbergabbruch ja damit in Deckung. Wir sind die Katastrophe auf dem Planeten, der sich stoisch dreht. Den Wandel des Klimas, wer wollte ihn bestreiten. Der Mensch mißt, um Leben in das Ursache-Wirkungs-Drama zu bringen. Er will verstehen, sucht Beweise, stellt Hypothesen auf und geht ans Verifizieren. Dabei ist ihm jedes Mittel recht, denn er möchte nicht im Regen seines Weltbildes stehen. – Ich sage: legt euch gehackt mit euren Weltbildern!

Das Wüten des Nachkriegs 2 hat gekostet. Auf Rohstoffjagd für den Bombenbau hat der Russe das Erzgebirge förmlich umgegraben, „flächendeckenden Turboabbau" nennt es STEFAN LOCKE, bald zweihundert Kilometer Strecke untertage. Darüber verschwanden ganze Orte. Zurück blieben Abraumhalden zuhauf im ‚Deformationsgebiet', die sie nicht mehr wegkriegen. Ein fünf Hektar umgreifender Berg, Abraumhalde, steht daher mitten in Bad Schlema.

Das Hilfsorganisationswesen ist hochorganisiert und genießt einen unüberbietbaren Ruf. Weltmeister ist Deutschland. Der Mittelmeereinsatz führt zur Verschränkung mit den Schlepperbanden: gefahren wird bis vor und in die libysche Küstenzone zur Aufnahme von Flüchtlingen. Es kommt zur Koordination der Routen von Hilfsschiffen und ausgesetzten Booten. In zwei Tagen kamen 10 Tausend in Italien an. – Nicht ausgeschlossen erscheint es Beobachtern, daß Schlepper zu den Spendern gehören, da der Einsatz der Hilfsorganisationen das Schleppergeschäft und die Millioneneinnahmen so recht beflügelt. Angelandete werden etwa in einer sardinischen Diskothek zu 35 resp. 45 Euro die Nacht untergebracht. Bei monatlich 130 Tausend kommen 500' p.a. für den Eigner heraus. Solch' Organisationsgrad spricht sich rasch herum und kann der Wanderungsbewegung Flügel verleihen.

Die das Asylrecht längst hinter sich gelassen hat. Der Zustand der Herkunftsländer ist da motivklärend, den BRUNO BANDULET gibt, auf Basis demografischer Zahlen des Bevölkerungsfachmanns HERWIG BIRG. Der Altersmedian für den Kontinent liegt bei 25 Jahren, Herrschaften, in Niger und Mali unter 20. Das könnte genügen. Doch da der Anteil des Menschen an der

Katastrophe hier bei hundert Prozent liegt, bleibt einiges anzufügen. Denn alles, was mit Getöse geredet und getan wird in der Festung Europa, stabilisiert den Zustand und befördert Verfall und Desaster.

Dabei gehen Dummheit in stupendem Format, moralisierendes Eiferertum und kühle Berechnung eine ganz unheilige Symbiose ein. Ersteres folgt aus der Ignoranz der Zahlen: auf 2,5 Milliarden wird sich das afrikanische Völkerensemble bis 2050 verdoppeln, bei fortschreitendem Verfall von Staatsfunktionen, fehlender Ausbildung und Arbeitsmöglichkeiten. Die einstige ‚Schweiz Afrikas‘ ist völlig ruiniert im Besitz der MUGABE-Familie. Sein Täubchen fliegt monatlich nach Paris, Gucci gucken. Denn es gibt jährlich 350 Millionen Euro vom weißen Mann. Die werden auch gebraucht! Das National-Schätzchen GRACE, das ist jene mit dem Schnell-Doktorchen aus dem Thermo-Mix, hat nämlich alle Hände voll zu tun. Wenn kein Paris-Termin anliegt, jagt sie dem in der Geldschwemme verkommenden Nachwuchs hinterher. Der randaliert grade in einem Johannesburger Hotel, sie kommt dazu, wirft einer Gespielin, Typ Fotomodel, eine Tischlampe hinterher, mit Kabel, und muß glatt vor den Kadi, weil auf die Schnelle beim besten Willen aus der Visite kein Staatsbesuch gemacht werden kann. Im Diplomatenstatus hätte sie die Foto-Schnepfe auch noch die Treppe runterwerfen können.

Zurück zur Symbiose. Vom zweiten Gesichtspunkt dieser Abenteuer-Triade war schon die Rede: die ausufernden Schiffsbewegungen befördern das Wandern und Schleusen aufs Krasseste. Die kühle Berechnung in diesem grandiosen Spiel, der dritte Aspekt, verdient nähere Betrachtung: zum einen verhindert die Zoll- und Subventionspolitik des weißen Mannes links und rechts des Atlantiks die Entwicklung von Landwirtschaft und Produktion in Afrika, damit auch die eh geringen Exportchancen. Genannt werden die Subventionierung der nordamerikanischen Baumwollfarmer, der EU-Fischereiflotten, der Milch- und Geflügel-, ja der Tomatenproduktion!

Ghana führt inzwischen 50 Tausend Tonnen Tomatenmark ein, derweil sich seine Migranten mangels Arbeit auf den Tomatenfeldern Italiens verdingen. Dies allerdings zu Konditionen, die dem Geschäftsmodell Sklaverei näher sind als der Marktwirtschaft. Auf den Tomatenplantagen Apuliens herrscht das Regiment des ‚Caporalato'. Der Arbeitsvermittler kassiert, zweigt ab und zahlt, je nun, ‚Sklavenlohn', 3,50 für 30 kg Tomaten. Er organisiert auch Sozialversicherung, genauer den Schwarzmarkt für Sozialversicherung, zusätzliches Geschäft, wie TOBIAS PILLER erzählt. Als Berechtigte aus den Beiträgen der Abgehängten wird gerne die Gutsherrin eingetragen.

Die Kür jedoch gebührt Frankreich, dem Treiber, Führer und grand profiteur des Euro-Regimes. Es hat sein koloniales Angebinde mit der Euroeinführung natürlich fortgeführt und festgezurrt, denn dieser Kunstwährung traten 1999 zugleich vierzehn frankophone Staaten bei. Die 1945 errichtete finanzielle Repression unter dem Namen ‚Communauté Financière d'Afrique' wurde einfach auf den neuen Wechselkurs umgestellt. So ist Kamerun dieser Dominanz ebenso unterworfen wie Griechenland – und teilt sein Schicksal, wie die übrigen dreizehn. Sichtbar ist das Elend an chronischen Handelsbilanzdefiziten und einer konkurrenzunfähigen Industrie. Frankreich hingegen hat einen gewaltigen Wirtschaftsraum und Absatzmarkt im Rücken, wohin insbesondere die Luxusprodukte gehen, für die wohlhabende Oberschicht des sonnigen Kontinents. Deren Zahlungsfähigkeit garantiert -neben dem System der Ausplünderung vor Ort- die Tante Entwicklungshilfe, gell Frau Gucci! Und über allem thront die Banque de France, bei der die Unterworfenen 50% ihrer Währungsreserven hinterlegen mußten, kleine Sicherheit und Entschädigung für den Fall, daß da doch mal ein Volk es schafft, das neo-koloniale Regime im Wege des Austritts zu verlassen. Mein Staunen macht sprachlos, daher schreibe ich. Wem soll ichs denn auch erzählen, der Buche im Garten?

Bleibt noch, Nachtrag zwo, wo wir schon bei Frankreich sind, wir wollen unbedingt wieder hin, ein Wort zur Strategie des Etatisten MACRON, das Euroregime auf Südkurs zu trimmen, also zu romanisieren, zu latinisieren, zu verewigen, weil eh alternativlos, folgt man Signore Goldfinger, nennt es, wie ihr wollt. ANNETTE HEINISCH nennt es die ‚Club-Med-Fraktion‘, isn't it cosy‘, die zu Recht Griechenland einschließt und nach dem Brexit ja eine komfortable Mehrheit für Rat & Tat hat. Dann sollte der Agenda von Schuldengemeinschaft, Brüssel-Haushalt und Brüssel-Minister für Wirtschaft und Finanz nichts von Substanz mehr querstehen. Die Berliner Beteuerungen des Gegenteils werden dann im JCJ-Modus umgeschwurbelt, gell Frau und Herr Bundesregierung.

Anmerkung: die 1:1-Umsetzung dieses Textes erfolgt im Sondierungsergebnis der Wahlverlierer, Januar 2018!

17. Juli – bitte auf Anfang – das war ein Jahr im Tag – das kann kein Mensch erleben – weshalb wir der Sache ja auch nicht gewachsen sind wir Teilzeit-Segment-Wahrnehmungs-Delinquente. Es ist aber alles passiert, und zwar an einem Tag und nur das packe ich in Reihe, was seit 6.30 da losging, zuerst das quietschende Rollo beim Nachbarn. Start eines unkontrollierbaren Durchlaufs. Dabei fing es, unter schwerwiegenden Auslassungen allerdings, so sortiert an. Ich hob Elvis in den Fonds, fuhr damit zum Deich, ging also Gassi, fuhr zum Bäcker, das Übliche bitte, fuhr zur Tankstelle, da ist die Zeitung schon gescannt, notorischer Austausch -sie weiß schon mehr über mich als die Polizei- und hoch zum Frühstück.

Sodann das Geschenk, einen stabilen roten Spitzhut, gebaut in Marions Töpfergruppe, bemalt von mir, mit schwarzen Punkten, das ist -für Unkundige- eine Ohrenkneiferfalle, wie Marion beharrt – und nach einer äußerst pikanten Currysuppe auf den Highway nach Hamburg. Jetzt wird es komplex, denn wir werden navigiert. Früher gings auch ohne, garned lang‘ her. Auf dem Weg zum Elbtunnel -gegen die Ansage- werden wir abgeleitet, der Stau beginnt an der Abfahrt, das ist Feinsteuerung. Es geht über den alten Schnellweg zügig zurück an die Elbbrücken, dann in den Zick-zack-Betrieb durch die Stadt – schon wieder Altona? – Nein, Marathon-Lauf!, sagt sie nicht, is aber so – wären wir letzte Woche gefahren, hätte uns Uschi bestimmt ebenso sicher um die Brandherde herumgeführt. Soweit also guter Weg in den Tag.

Was die Hamburger Brandherde betrifft, so nimmt sie ANGELA MERKEL übrigens klaglos und wortlos zur Kenntnis, sie steht zu OLAF SCHOLZ. Was schließlich sind diese Brandherde, in Tagen von tausend Hamburgern beseitigt, im Vergleich zu den Großbrandherden zweitausend Kilometer östlich!

„Eine Strahlung wie in Tschernobyl" herrscht bei Murmansk, wo die U-Boot-Flotte rottet – das Zeug lagert in Kisten, worüber eine Schutzhalle gebaut wurde, oder auf dem Grund des Meeres, oder in einem Schiff, das seit vierzig Jahren rottet. Im fernen Moskau ist null Bock, kein Geld, kein Interesse, bis das Ausland das Projekt Entsorgung finanziert. OSZE-Beobachter werden gleichwohl attackiert, sodann die Schutzmilizen abgezogen und um Schutzgeld für weiterer Schutz nachgesucht, also „wie in den russischen Gangsterzeiten der 90er Jahre, Rubelbündel", faßt KONRAD SCHULLER diese Gewohnheiten zusammen. Welch regelfreies Gebiet über 105 Längengrade des Erdballs. – Immerhin haben sie zuletzt einen 17-Busse-Konvoi armierter Sowjets beim Austausch über die Krim-Grenze erwischt, ein ganzes Bataillon. Brüderchen PUTIN lächelt, alles ‚groteski' hier.

Überhaupt, Rußland ist Schamanenfläche, alles Projektion, Leute: das mit dem Atom, dieses ganze Unglück – welches Land hat da mehr eingezahlt, verstrahlt wie dieses Riesenland und läßt die Ruinen liegen, nicht wegen ‚Lehrpfad der Geschichte' oder so. – Nur hier war Platz für den Einschlag des größten Meteoriten neulich 1908 – wie hätte Deutschland ausgesehen! Es war eine Sache von vielleicht 3 Stunden der Tagesdrehung des Planeten, unmöglich! Weiter, nur hier konnte dieser Kommunismus seinen Probelauf beginnen, Dutzende Völker marodieren und so eine Idee, von was eigentlich, also auf Spruch hin auf Biegen & Brechen durch Eurasien treiben. Bis zur Stunde treiben in Abständen Knochen im Jenessei, vom Massengrab an der nächsten Flußbiegung freigegeben. Kurz Rußland und Hamburg, kein Vergleich!

Zurück zum Navi, ohne wären wir längst umgekehrt, oder in einer Kneipe, aber so kommen wir an über eine der Ausfallstraßen im Weichbild des wohlhabenden Hamburg, alles hinter Hecki. Dann sind wir beim Geburtstag von Yve. Das neue Häuschen im Röötberg sieht wirklich schmuck aus, der lange Garten mit Teich bietet Raum für gärtnerische und bauliche Geschäftigkeit. Die Küche in schwarz – extremes Design, dagegen unsere Dodenhof-Mechanik aus 1990!

Markus ist grade zurück von einem Microsoft-Meeting in NY. Die ‚key notes‘ wurden den angereisten 15000 im Stadion vorgetragen. Was sind die aktuellen Forschungflächen? Erkennen des Menschen ist die große Aufgabe: wie er spricht, wie er schreibt, wie er aussieht – und das alles speichern, es verstehen und programmatisch übersetzen, „EVA" sagen wir im Workshop, das Zeitalter des Anwendens ist nahe. Es ist das, was jeden Tag in der Zeitung steht, das machen sie wirklich. Dann erst macht der ‚Digitale Zwilling‘ Sinn – jetzt als Simulation des Menschen, wesentlich: Speicherung des Gehirns, das dann verfügbar ist. Der Mensch bleibt das Ziel, seine Bearbeitung erfolgt dann an der Daten-Doublette. – Wir sagen tschüß und kehren zurück aufs Land, alle Spuren belegt, aber flüssig. In der Haustür erscheint Elvis mit der lila Kuh im Maul zur Begrüßung, freut sich verrückt, ‚Arte‘ hält angenehme Unterhaltung bereit ‚Radio Rock Revolution‘ aus England, allein die angespielten Songs! Mein Speicher ist wegen Überfüllung geschlossen.

17.7. Anruf Amrum: Mimi (95) spricht vom Hautkrebs im Gesicht, ein Graus, aber so ist es, sagt sie, auf den letzten Metern. Dann kommt die Pediküre-Handwerkerin, wir brechen ab.

Der Matrosenanzug hängt weiterhin im Schrank, mir Sinnbild des braven Deutschen, der folgt. Das bedeutet hinsichtlich des täglichen EU-Rechts, heute mit Bezug zur Behindertenrechtskonvention der UN, daß wirs immer noch doller treiben als gewünscht oder gefordert. Dabei wars wohl wieder mal die Administration, denn im Parlament saßen knapp 50, die das Machwerk 2006 ab- und durchwinkten. Bei Umwelt und sozial kennt dieser Gesetzgeber gerne kein Halten mehr. So ist etwa von einer Schließung der Förderschulen für Behinderte in jener Konvention keine Rede, wie sie grade spd-seits in Mecklenburg-Vorpommern angeordnet wird. Die stumpf fiskalischen Gesichtspunkte werden dann in sonderpädagogische Rabulistik verpackt: nehmts hin und laßt mich in Ruh'. Vom Hof mit solchen Verpackungskünstlern! MICHAEL FELTEN zeichnet das seitherige Skandalon der „Inklusionsfalle" als Ruinierung des Bildungssystems nach. HEIKE SCHMOLL dreht am Rad, vermute ich.

WOLFGANG BELTRACCHI portraitiert BARBARA SCHÖNE-BERGER im florentinischen Tapetenmuster, mit Kohle vorskizziert. Wo hängt der Feuerlöscher! – Bist du aufgeregt, fragt die Schöne dreist ... nee, warum denn! Weil du Chef bist und liefern mußt. – Sechs Jahre Gefängnis wurden es, vier für seine Frau, wegen bandenmäßigen Betruges, in Montpelliers, Atelierswohnung mitten in der Stadt. – Vorlage ist heute KLIMT, der hat fast nur Frauen gemalt, vierzehn seiner Kinder sind bekannt, im Atelier, in Anwesenheit nackter Nymphen, Blattgoldauftrag. Ich fange immer mit den Augen an, von da aus gehe ich die Proportionen ab. Ich wußte nicht, wer du bist ... BS: ich dachte du hast dich mir gewünscht ... er: ich guck ja kein Fernsehen – sie: ich hatte ja das Korsagenkleid mit dem tiefen Ausschnitt vorbereitet – er: vergiß es ... habe da Gold eingesetzt – sie: paßt zu meiner Einrichtung – er: jetzt mal Sendepause, den Mund – sie: kann ich gar nicht, Lächeln. – Die Hütte brennt.

Im Schneidersitz, decolleté-Tsunamis mit RUTH MOSCHNER, sehr präsent das Pack. – er: ihr seid nett zueinander, das ist selten – sie: seit 24 Jahren ... er: habe im Gefängnis mit Portraits angefangen, da gabs nichts anderes ... es waren vierzehn Monate U-Haft plus 33 Monate ... KLIMT hat die Frauen als Akt gemalt und dann die Strukturen drüber gelegt. – Seine Schüchternheit kommt dem Decolleté etwas in die Quere, soll ich die Brust darunter andeuten – sie: wir können offen sprechen über meine Brüste. – Kleine Kernreaktion, dann: fertig, Übergabe ist morgen, weg mit dem Kleid, den Busen eingearbeitet. Sie ist begeistert.

18.7. PAUL INGENDAAY berichtet aus Litauen, wo auf Basis des Diktator-Paktes vom August 1939 das Verwüsten, Verheeren und Morden erneut anhob, kaum zwanzig Jahre nach der letzten Apokalypse: 1940 fiel das rote Regime über die Vertragsbeute her, im Jahr drauf das Nazi-Regime mit dem Genozid-Programm, 1944 wieder die sowjetische Armee, im Gefolge die 45 Jahre währende Diktatur einer sogenannten Arbeiterklasse. IRENA VEIGAITE erzählt ihr Leben als das ihres Landes und davon, „daß Leiden keine Rechtfertigung darstellt, sich als Opfer aufzuspielen." – Welche Entfernung!

BELTRACCHI portraitiert REINHOLD MESSNER, im Stil von FERDINAND HODLER. – Soviel Natur, ich hasse das, er zeichnet vor auf einer Glasscheibe vor dem Gesicht des Opfers ... ich war in der Ausstellung Hodler ... Messner ist son Typ Hodler ... was eigentlich ist nun mit dem Yeti – das ist eine Legende, so wie Sie, oder ich ... der Yeti hat eine zoologische Entsprechung, die Basis ist ein Bär, aber die Leute wollen das nicht. – WB: wir machen morgen eine Flasche auf ... der Richter hat mich früher rausgelassen, morgen ist die Bewährung rum, dann kann ich zur Not auch mal jemanden hauen. – RM: über die Religion, Buddhismus: der Verzicht ist ein großer Wert, nicht wiedergeboren zu werden das Ziel. – Ein elektrischer Viehzaun hält die Besucher auf Abstand – so viele Haare und der Wind, Böen – bis zu 1000 Besucher kommen täglich zur Burg – ich wundere mich über Ihre Unruhe ... ich brauche blau, ..., Kobalt ... die Querfalte muß weg, zu dick – das war eine Wunde, mit drei Jahren.

Schloßherr Messner will HELENE und WB sein Museum zeigen, ein Gesicht wie ROLF HOPPE hat er. Buddha und seine achtzehn Schüler in einem Rundraum, Schneelöwen. Zweiter Tag, wieder rein ins Schloß, großer Bergfried. – WB: in einem der Bücher über mich gabs eine Reihe von Bildern, die mir zugeschrieben, aber nicht von mir sind, keine Fälschungen von mir ... für 14 Fälschungen kam ich vor Gericht, von 300 ... vor zwei Jahren entlassen, ins Leben ohne Fälschungen, aber in der Haut eines Meisters. – jetzt wird Moet Chandon geöffnet, Beltracchi ist wieder frei, ganz frei ... auf die Freiheit ... und die Zukunft, die Kreativität ... nein, die Liebe. Hinter das Portrait kommt der Ritten, Bozens Hausberg. – Die mannsgroße Holzskulptur eines Südtiroler Künstlers wird angeliefert, dann erscheint der ehemalige Kunstfahnder, der nachgereist ist. Der erste Bulle, dem ich die Hand geschüttelt habe. Sechs Schlösser nutzt RM, ein eigenes und fünf des italienischen Staates. – WB: unendliche Anfragen von Professoren, die ein bißchen Unterricht nehmen wollen ... aber ich habe keine Zeit, die Zeit wird knapp ... und ich muß ja noch, die haben mich ja auf Null zurückgefahren ... jetzt noch die Signatur, WB: ich kann das nicht ... so, Übergabe ... und dann sind wir weg, ich habs dicke hier. – RM bringt sich selbst ins Museum, in den Turm.

19.7. BRYAN MAY von ‚Queen‘ wird siebzig.

Ermittler ULRICH WEBER legt den Bericht ‚Regensburger Domspatzen‘ vor. Kurz vor 600 endet seine Liste geschlagener, geprügelter und sexuell gebrauchter Kinder in fünfzig Jahren, dahinter eine hohe Dunkelziffer. – Kinder zeigen die Freiheit des Menschen, seine Schönheit. Das ist, zumal bei großer Nähe, unerträglich für solche, die im Format der Beschränkung und Kasteiung leben. So gerät der Auftrag, die Ausbildung ihrer Stimme als eine ihrer schönen Seiten, in die Perversion des ‚besonderen Gewaltverhältnisses‘, das ist Freigabe für Schändung. Da dieser Mißbrauch sich nicht an der Stimme auslassen kann, ‚das Maul stopfen‘, prügelt er seinen Selbsthaß am Körper aus.

Mittags nach Hamburg unter Zurücklassung des Handgepäcks, Papiere, Geld und so. Kurzer Stopp im Berliner Bogen, alles sehr apart. Weiter nach Nord in die Zentrale von Freenet, wo es für dreißig versammelte Personalleiter einen Erfahrungsbericht aus der Perspektive des ‚Agilen Manifestes‘ gibt. Dank Johannas Bachelor-Arbeit bin ich bestens im Bilde, zumal mit dem L.earn-Konzept im Rücken. Die Schnittchen lasse ich liegen und eile zurück ins Zentrum, wo Nic seit einer Stunde wartet – ohne Information, denn mein Händy liegt ja zu Hause. Am Dammtor ist die Straße verriegelt, an der Binnenalster erneut, ich drücke den Wagen in eine halbe Parklücke und ziehe mit dem Koffer zum Steinweg. Der Abend wird entsprechend, nach Craftbier ein Roter, beim Italiener am Großneumarkt ein weiterer. Um elf Uhr sitzen wir vor den neuen Boxen bei köstlichem Roten, dekantiert, jawohl. Wir sind besoffen, ich will aber nochmal hoch in den Zwanzigsten am Hafen, in die Bar ‚20Up' mit Überblick. Also ziehen wir um halb zwei los, Blitz, Donner und Starkregen ziehen ab. Die Bar schließt um 1.30, also zurück vor die Boxen, mehr Platten, mehr Roter um halb vier ins Bett.

20.7. Schwergängig hoch um 9, Nics feines Frühstück – ich hole den Wagen in der Stadt ab – er nimmt ein Tagebuch und ich den Weg raus, neuer Regen fällt, in Bremen wird es heller. Nic hat sich von British Petroleum gelöst und staunt über sein Pensionärseinkommen, nur die schlafenden Armen in den Ecken und an Häuserwänden schrecken ihn noch: das kann mir auch jederzeit passieren, murmelt er. Ich spare mir Widerspruch. Wie soll uns gutgehenden Mittelschichtfuzzies so was passieren. Seine Gründe liegen eher im Innenraum, in seinem Weltbild. – Marion ist mit Birgit im Shoppingcenter Ikea, die kleine Anweisung für die Essenszubereitung liegt auf dem Tisch.

CARLOS SANTANA wird 70.

Vom skandalisierenden Umgang mit der Erwerbsarmut erzählt HILMAR SCHNEIDER am Beispiel der akuten WSI-Studie. Die darin steckende Ignoranz, Vermengung von Themen, unzulässigen Referenzen läßt fahrlässigen Umgang hinter Vorsatz zurück. Zumal des Martin Schulz' ausgestreckte Hand nach Futter und mehr Gerechtigkeit immer im Raum ist.

Nein, man soll Politik und Parlament nicht verächtlich machen, da sei CHRISTOF GRAMM zugestimmt. Aber dieses gedanken- und gnadenlose Abschöpfen des Volkseinkommens kann nicht als treuhänderisch-respektvoller Umgang mit fremdem Geld angesehen werden, es trägt eher Züge des Plünderns. Dazu wird der jährlich abgepreßte ‚Volksschatz' für gewagteste Projekte verausgabt, in dramatisch defizitärer Weise hingegen für Kernaufgaben staatlichen Umtriebs. Zugleich hebt sich die Versorgung parlamentarischer und staatlicher Bediensteter signifikant vom Durchschnitt des Lebensabends der Auftraggeber ab. – Auf Hinweis und Vorhalt in dieser Sache reagieren die zur Änderung Befähigten und Befugten mit bemerkenswerter Ignoranz. – Die Kompensation der in der Abgabenlast manifestierten Asozialität wird gerne programmatisch in Sozialpolitik gewendet. So soll dieses Budget in vier Jahren bei 1,1 Billionen, die durchschnittliche Abgabenquote bei 40% liegen, heißt es bei ‚Prognos‘.

Zu den gewaltigen ökonomischen und sozialen Wirkungen solchen fiskalischen Tuns tritt die politische: es ist die freiheitsbeschränkende, die seitens des wachhabenden Steuerzahlerbundes angesprochen wird, ebenso die manipulativen Angaben zur Abgabenquote. Nicht das Brutto-Inlandsprodukt kann der Referenzwert sein, wie es die Zentralstatistik und die OECD gerne präsentieren, sondern das Volkseinkommen, Herrschaften. Das sind Löhne und Gewinne, woraus die Milliarden zu erlegen sind. Und das sind zwischen 48 und 62 Prozente vom Einkommen, ihr Luder! Alle haben Schiß, dazu zu stehen, was ist.

21.7. Beschlossen und verkündet: wir packen den großen Koffer, beladen den Wagen – Elvis sitzt ahnungsvoll vorm Kofferraum und blockiert – und fahren einfach los. Das ist heutzutage leichtsinnig, denn nach 50 Kilometern erscheint auf der Autobahn dieses Zeichen!

 Abfahrt in tausend Metern, wird informiert, dort ist weiter nichts los, ein paar Baken, Leute, die sich unterhalten. An eine Freigabe der Autobahn zur bestimmungsgemäßen Nutzung ist wohl im Moment nicht gedacht. Madame empfiehlt links, wir fahren rechts, gegen die ständige Aufforderung, bitte zu wenden. Längst habe ich die Papierkarte ausgebreitet und lotse uns ... nach Berlin. Wir erreichen wieder festen Grund und dann geht's durch bis Funkturm und hundert Meter vor das ‚Angleterre‘, Friedrichstraße.

Mit dem 72-Stunden-Ticket sodann rüber zum Monbijou-Platz, wo bereits 150 anstehen vor dem kleinen Holz-Nachbau von ‚Stratford on Aven‘. Der Himmel wird zugezogen und es beginnt furios. Sieben Schauspieler tragen in einem fulminanten 90-Minuten-Lauf in und um einen kreisrunden Sandkasten herum den Macbeth vor. Brutal dichte Anschauung – große Sprachgewalt – unglaubliche Körperspannung und -akrobatik – anhaltender Applaus. Beim Raustreten stehen bereits 100 in der Reihe für den folgenden ‚Faust'. – Wir setzen uns mit Kaipi' hinter die Tanzfläche am Wasser, wo über Stunden noch zu Swing die allerschönsten Menschen und Figuren zu bewundern sind. Ein etwas Fülliger mit blondem, streng nach hinten gekämmten Deckhaar hält auffallend die Führung, dabei beständig lächelnd und mit vollendetem Charme an die Schönen die kühnsten Drehungen der vielfach wechselnden Damen provozierend. Bis Mitternacht ist der Platz dicht besetzt und umstellt, es gibt kein schöneres Bild, GOETHES Osterspaziergang würde es angemessen würdigen. Spät suchen wir noch die Bar unter den S-Bahnbögen, wo wir zuletzt Kaipi' vom Feinsten hatten. Ich trage der Bedienung unsere Enttäuschung beim grade genossenen Cocktail sowie die daran geknüpfte Erwartung in diesem Etablissement vor. Wir werden nicht enttäuscht. Die Straßen sind auch um ein Uhr noch voll.

22.7. Das Frühstück ist so mittelmäßig wie im vergangenen Jahr, die Lage bestimmte die Auswahl. Marions Christiane kommt vom Zug ins Hotel. Sie will ihren Ausweis in der Amerika-Gedenkbibliothek verlängern lassen. Wir ziehen weiter zum großen Begräbnisplatz „Bethlehemskirchhof, Dreifaltigkeitskirchhof und Kirchhof Jerusalem und Neue Kirche".

Dort spricht uns alsbald ein älterer Herr an, stellt sich als Musiker und Organist vor und lädt uns zum Rundgang auf 14 Uhr ein – und, als wir bedauern, beginnt mit den Worten, na dann kommen Sie mal mit, eine ausgiebige Führung durch den verwilderten Gräberpark zu den Berühmten des vergangenen Berlin. Das geht von den Mendelssohn-Bartholdy über die Delbrücks bis zu den Vorfahren des DIETRICH V. HALLERVORDEN, einem ADOLF GLASSBRENNER, dem ‚Protokollanten des biedermeierlichen Berlin', der unter beständiger Zensur, Berufsverbot und Verbannung arbeitete und mit ‚Brennglas' signierte.

215

So ziehen wir von Grab zu Grab mit dem gußeisernen Zierrat von Rosen, Schlafmohn, Lilien und den vasenförmig gedrehten Schleifen der Freimaurer, ewiges Leben stilisierend. – Sodann das überhaupt: daß es den Friedhof überhaupt noch gibt – sei dem Krieg zu verdanken. Der große ALBERT SPEER in seinem folgsamen Reichs-Weltstadt-Wahn sah für das Magistralen-Aufmarsch-Berlin vor, die Friedhöfe zu schleifen, so zeigte es Plan 1937. Doch des Diktators derogierende Neuordnungspläne Europas zogen alle Ressourcen auf sich. Zum Ende hin wurde dieser Flecken Erde mit seinen Gebeinen noch gezeichnet vom fast schon niedergekämpften Rassen- und Neuordnungswahn: es blieb der einzige Friedhof, auf dem gekämpft wurde. Der Führer, schon hinfällig und im kleinen Rausch täglicher Kokainverabreichung, also nach dem allgemeinen nun mit dem persönlichen Untergang befaßt, dabei täglich die Wende des Kriegs propagierend, mobilisierte bekanntlich alles, was noch auf die Beine kam. So griff er auf die Einsatzreserve Alte, Gebrechliche und Kinder & Jugendliche zurück. Letztere konnten das Gewehr kaum halten, waren aber in ihrer verzweifelten Begeisterung zu allem bereit. Soweit nicht in die U-Bahnschächte geschickt, sollte eines dieser Kinderbataillone dem Russen auf diesem Friedhof entgegentreten. Sie verstanden nicht einmal nachzuladen und so fielen 92 von ihnen den Salven weniger russischer Soldaten zum Opfer, von denen vier den Tod fanden. Die alten Grabsteine tragen die Spuren des Kampfes. – Die Mitte des Areals ziert ein rechtzeitig angelegter Bunker, in dem von Anfang an das Wasser stand und Nutzung daher verwehrt war.

Am nächsten Grab eines schwulen Mannes kommt gar der Kaiser ins Spiel, wohl Wilhelm 1, auf dessen Tisch der junge Mann getanzt haben soll. Auch er mußte die Hauptstadt auf zehn Jahre verlassen, als etwas ruchbar wurde. Unter den zahlreichen Schauspielern, Regisseuren und Musikern sei noch jener CARL TAUSIG erwähnt, zu dessen Hingang im 31. Jahr sich RICHARD WAGNER auf dem Grabstein wie folgt verewigte:

Reif sein zum Sterben,
des Lebens zögernd spriessende Frucht,
Früh reif sich erwerben

In Lenzes jäh erblühender Flucht
War es dein Loos, war es dein Wagen,
Wir müssen dein Loos wie dein Wagen beklagen.

Auch ich bin kein Zauberlehrling in der Kunst des Dichtens, selbst wenns nicht so brachial daherkommt. Dann der Sohn des Carl Friedrich LANGHANS, Erbauer des Brandenburger Tors wie jene von SIEMENS, CARL und WERNER, die hier ruhen. Am Ende kommts ans Grab des LEOPOLD WÖLFLING, einst Erzherzog LEOPOLD FERDINAND VON ÖSTERREICH-TOS-KANA aus dem Hause Habsburg-Lothringen, der 1935 in Berlin sein Leben ließ, nach mehrfacher Verheiratung mit Prostituierten allem Adelsdasein entkleidet. Alljährlich am 4. Juli, seinem Todestag, erscheinen Abgeordnete österreichischer Monarchieverehrung am Grab – und schweigen. Dann, so unser Grabführer, fällt mit dem Finger auf die kleine Grabplatte für CLARA WÖLFLING der Satz: „Hätt' er nur nicht diese Clara geheiratet!" und die Gruppe verläßt den Platz.

Wir sind beeindruckt, geben reichlich, verabschieden uns dankend und verlassen die Grabstätten. Gegenüber erhebt sich das Finanzamt des Stadtteils, mit seinen Zinnen eines SCHÄUBLE würdig. – Bei kundiger Illuminierung der Verstorbenen ist so ein Begräbnisplatz das Lebendigste, was ich mir vorstellen kann. Daß es vorbei ist, muß kein Nachteil sein.

Mittags in der Bergmannstrasse, danach zum Schloß Charlottenburg. Kaum im Foyer, schlägt es mehrfach mit solcher Wucht ein, daß alle vom Tisch hochspringen, das Wasser fällt und steht in den Straßen. – Die Surrealisten stört sowas bekanntlich nicht. – Bei ablaufendem Wasser zurück ins Zentrum, die Freundin fährt zurück.

23.7. Wir leihen uns Räder – die beste Entscheidung: Marion malt einen anständigen Rundweg aus und wir beginnen im Humboldt-Forum gegenüber der weithin aufgebrachten Schloßfassade. Drinnen tobt sich ein Kundiger in perfektem amerikanisch an einer Touristengruppe aus. – Weiter am Roten Rathaus vorbei zum Holzmarkt in eine gestaltete Liegewiese aus Brettern, Pause am Wasser. Der Kilometer Mauer hinter dem Hauptbahnhof steht und hat seine Motive kreativ gewechselt – bis auf jenes vom Bruderkuß. Ich finde das Foto dazu, tatsächlich knutschte Honny' jenen LEONID BRESCHNEW zum 30. Jahrestag seiner DDR, Motto: daß ich das noch erleben durfte! Es ist also passiert! Sogar den 40. schaffte er, dann hats gereicht. Selbst die berüchtigten Kräfteverhältnisse hatten die Schnauze voll.

Weiter nach links Oberbaumbrücke und rein nach Kreuzberg, allerfeinst. Grimm-, Körte- und Bergmannstraße. Beim Mexikaner ist es bunt, das Essen mäßig. – Gegen Abend die Räder beim Hotel festgezurrt und ins Trainingszentrum der ‚Wühlmäuse', zwölf Stationen U 2. ‚Eure Mütter' spielen auf, sehr unterhaltsam, am Schluß der Wettbewerb im Haarewaschen – klatsch in die Eimer, raus, schütteln, bis in die dritte Reihe, nochmal voll in die Eimer, raus und schütteln.

24.7. Räder zurück und nochmal Kreuzberg mit der U-Bahn. Abschließend ist die Döner-Bude fällig, wo jetzt schon den dritten Tag eine Schlange zwischen 20 und 80 Meter ansteht. Wir wollen es wissen und nehmen es auf uns. – Und es wird der beste Rollo seit Menschengedenken, ohne Flachs! Wenig Fleisch und gegrilltes Gemüse, dazu das Übliche. Kaffee und ins Auto, raus in Richtung Hamburg. Ab vierzig Kilometer vor Bremen Regen! Wollen wir nicht nach Berlin ziehen, fragst Du. So schön war es dieses Mal! Und: nie wieder mit dem Auto.

25.7. Elvis kehrt auch heim, alles auf Standard.

Der Herr des Zinses aus Italien erweist seinem Land die größten Dienste. Das rechnet die Bundesbank aus. Den 240 Milliarden ersparten Zinsen stehen in Deutschland mehr als 300 Milliarden Verlorene gegenüber. Das ist so eine Art Direktfinanzierung der Staatsschulden, die nix kostet, gell Herr SCHÄUBLE. ‚Als fort!', sagt der Hesse.

Bayreuth, die 106. Endlich breitet die Zeitung ein Mengengerüst aus. Dem ‚Fliegenden Holländer' komme ich damit zwar keinen Meter näher, aber als Nichtbesucher weiß ich, was alles zum Einsatz kommt, das vermittelt ein grobes Bild der Ereignisse. Vor allem Tiere gibt's dort, unzählige Hasen und Hühner (Parsifal), zwei Drachen, Kröte, fünf Krokodile und neun Pferde (‚Walküre'), 134 Ratten, 32 Hunde.

Weiterhin prügeln sich: David und Beckmesser (‚Eifersucht'), die Lehrbuben (Rauflust) prügeln mit, die Nachbarn prügeln sich ebenfalls, die Gesellen prügeln, die Meister prügeln mit den Worten: „stemmt Euch nicht mehr zu Hauf. Sonst schlagen wir drei.", die Frauen mischen mit, sie gießen Wasser aus den Fenstern. Sachs und der Nachtwächter beenden die Prügelfuge.

Bei CASTORFS ‚Ring der Nibelungen' ist Wotan der Boss der Tankstelle , auch Chef einer kleinen Nutten- und Ganovenwelt – auch wenn Alberich ihm die Leviten liest im ‚Rheingold'. Das ist der erste von drei Teilen des Rings, der sechzehn Stunden dauert. Das Publikum sitzt auf harten Holzsesseln. Wotans Arbeiter Fasner und Fasolt zerlegen Wotans Laden, weil der nicht zahlt (Standard). – Zweiter Teil ist die ‚Walküre', spielt auf einer heruntergekommenen Ölbohrplattform in Baku, die von Proletariern gestürmt wird (Klischee, von wem sonst, in der Gegend!). Die Walküren sammeln die Leichen ein. Wotan tötet Sohn Siegmund, Brunhilde rettet Sieglinde, schwanger.

Dort folgt auf die Etablierung der Sowjetmacht 1922 das Abfackeln der Ölfelder 1942, als der teutonische Furor anrückt. Siegfried löst den realen Sozialismus ab und Wotans Uraltliebe Erda geht am Alex anschaffen. Siegfried tritt Wotan entgegen, mit Kalaschnikow sowie dem Luden Fafner und Kontrollfreak Mime. Er küßt Brunhilde wach, was dreißig Minuten dauert, alles am Alex, wo inzwischen neun Krokodile rumlaufen – folgt der dritte Teil, Götterdämmerung – Börse NY. Dort wird Gunther sterben, Kleinkrimineller und Dönerbudenbesitzer, Hagen ebenfalls, der Stratege der Zerstörung. – Alles aus KERSTIN HOLMS wundervoller Erzählung.

Schließlich noch einige Zaungäste: geguckt haben FRIEDRICH NIETZSCHE 1876, RAINER WERNER FASSBINDER 1976, STEPHEN HAWKING 1991, auch ANGELA MERKEL 1992. – Zuallerletzt die Hunde, Pohl heißt der Jagdhund, Leo die Bulldogge, die Pudel Speck, Dreck, Rüpel, die Spaniel Fips und Peps,, die sechs Neufundländer Brange, Russ, Marke, Fasolt, Robber, Fafner, und der Terrier Kos.

26.7. Das Hörnchen quert den Kreisel und verschwindet im Garten. Später kommt es zur Terrasse, springt die Spundwand der Bahn hoch und ist weg. Elvis schläft.

Mach doch mal ein Foto von den Sachen in unserem Schließfach, Segi, meint Marion unvermittelt. – wieso? – ich möchte wissen, ob mein Gold noch da ist – mmh! – ja, ich vermisse meine goldene Kette – du hast eine goldene Kette?! – ja, die habe ich da drin deponiert – daran erinnere ich mich nicht – doch, die ist da drin – bestimmt nicht – hier ist sie nicht, beharrst du mit Blick in deine dreiteilige Schwarzlackschatulle. Ich mache mich unauffällig davon.

ORMOND GIGLIS ‚Girls in the Window' von 1960 ist das dritte Jahr in Folge in der Auktion, der Preis läuft mit. Thats America.

27.7. Um 10 Uhr zum Performance-Termin beim Bankinstitut meines Vertrauens. Dort sieht es mau aus, das Geld ist noch da. Mit 2000 Gramm Dokumentation verlasse ich nach angeregtem Gespräch die Geschäftsräume. – Auf dem Heimweg berichtet das Radio: drei einer schweren staatsgefährdenden Gewalttat Verdächtige seien in Güstrow festgenommen worden. Da sie aber nicht unverzüglich sondern erst Stunden später dem Haftrichter zugeführt wurden – wohl wegen grundrechtsbewehrter Geltendmachung einer Erstversorgung, also Toilettengang, Nahrungsaufnahme und Einkleidung, hat jener sie sogleich wieder auf freien Fuß gesetzt. Der ländliche Innenminister sprach von einem erfolgreichen Schlag gegen den Terrorismus. – Man gab ihnen hundert Meter Vorsprung, dann setzte die erneute Verfolgung ein.

CHRISTIAN GEYER stellt die Menschwerdung bei C.G.JUNG gegen das Persona-Konstrukt des Theologen RAPHAEL BEXTEN, einem Bündel von Sollens-Vorgaben von totalitärem Charakter. Solche Konstrukte lassen sich beliebig befüllen, wie es, noch eine Stufe höher, das Stalinat trieb mit der Unterwerfung des Menschen unter eine ‚gesellschaftliche Objektivität' und eine ‚gesetzmäßige Entwicklung der Gesellschaft' – bis zur ‚Sonnenfinsternis'. – Für JUNG sei die Person ‚Skript für das gesellschaftliche Leben'. Dieses kann in Konflikt mit der „Treue zu sich selbst" geraten und zum Selbstverlust führen. – Über Erfahrung zum Vertrauen in das eigene Gefühl zu kommen, in die ‚innere Stimmigkeit', wie es BETTINA STANGNETH bezeichnet, ist Aufgabe der ‚Individuation'.

MICHAEL MÜLLER, in Berlin bekannt, schließt die Eröffnung des Flughafens in 2019 „nicht mehr aus". Darauf warteten schon viele Jahre, er findet es herrlich, wie ganz Berlin.

Also, in Küche & Keller gibt es den Kräuterdieb, Mehlmilbe und Mehlmotte, Käsemilbe & Käsefliege, Wachsmotte, den Erbsenkäfer, dazu den Speckkäfer, Mehlkäfer, Korn- und Messingkäfer, schließlich Küchenschabe, Hausmaus sowie Haus- und Wanderratte. Selten sind alle zugleich da, aber sie kennen sich aus und nisten sich ein. Die größeren fallen auf.

Zur Strafe für die Vergewaltigung der 12-jährigen Kusine durch den Bruder „beschließt" in Pakistan ein 25-köpfiges „Stammesgericht" als Dorfrat, daß die 16-jährige Schwester vor den Augen des Rats und der Eltern vergewaltigt wird. – Das ist die maximale Vernutzung der Frau: sie ist nicht nur den Gewalttaten ausgeliefert sondern auch Objekt der Bestrafung. Sie steht unter dem Tier, im BGB wäre sie Teil des Sachenrechts. – Solch Wohlsein der Täter im geschlechtlichen Gewaltverhältnis markiert Menschenverachtung, welche Ergötzung und Demütigung noch in einer weiteren Gewalttat feiert.

Der Minister legt den Porsche ‚Cayenne' still, weil unentwegt Abschalt-Software in die Diesel eingebaut wird. Nachdem die

Banken 600 Milliarden versenkt haben unter der Parole „Düsseldorf (=IKB und WestLB) kauft alles", ruiniert sich die Autoindustrie. – Die ,Deutsche Umwelthilfe' ist ihr Spiegel!

Das „Behindertengleichstellungsgesetz" fordert ,leichte Sprache', das ist die Barrierefreiheit für die wachsende Zahl von Behinderten.

29.7. Es ist Hochzeit in Braunschweig. Wir bringen den Jungs das kleine Auto und los geht's, keine besonderen Vorkommnisse. Die ökologische Pädagogik ist allerdings vom Start weg dabei. Oder warum stehen die Geschwindigkeitsbrücken bei leerer dreispuriger Autobahn auf ,100'? Bei Bremen, notorisch, wie später nach Berlin in zwei Abschnitten sogar mal auf ,80', dann wieder weg. Vielleicht hat sich Chefe Umwelthilfe mal zwei Stunden am Geschwindigkeitsregler gewünscht, er fährt ja schließlich vor Gericht auf der Überholspur.

Im Hotelgarten findet sodann die ,Freie Trauung' statt, mit allem, was dazu gehört – die Braut in weitem Brokat und in Tränen, der gefaßte Eric bekennt sich zu ihr mit hoher Textsicherheit – später ein vorzügliches Buffet – anschließend Tanz unter DJ-Führung über acht Stunden. Wir verlassen den schönen Platz um 3 Uhr in nüchternem Zustand, ein Lob auf die Weißwein-Schorle.

30.7. Die Rückfahrt über Land, der Baustellenstau beim Autobahndreieck bleibt mit 15 Kilometern konstant. Die Jungs sind natürlich vor uns da.

Griechenland erhält die nächste Tranche. Das ermuntert die dortige Generalstaatsanwältin zu erneuter Anklage des ex-Statistik-Chefs wegen Publikation zutreffender Zahlen. Auch die ex-Chefin des Statistikamtes ist sauer, sie wollte über sein Zahlenwerk abstimmen lassen. Abgestimmt wird ja nach Stimmung, wie im Rat der EZB. Das ist wie ,abfackeln'. Der Angeklagte lehnte Abstimmung ab. Sechs Verfahren hatte ANDREAS GEORGIOU daher bis zur Stunde, zwei Jahre bekam er jetzt. Es geht zu wie beim türkischen Nachbarn in diesem ,failed state'. Und so weiter, im November gibt's eine Strafe wegen übler Nachrede, 10 Tausend sowie die Aufforderung, sich in einer Zeitungsanzeige zu entschuldigen. GEORGIOU bleibt einstweilen in Amerika.

Dagegen Rom, wo mehr Struktur ist und der Zusatz ‚Mafia Capitale' erneut gerichtsamtliche Bestätigung erfuhr: ganze Parteien wurden als ‚ungeeignet' für politische Führung qualifiziert, also links wie rechts. Für 41 von 46 Delinquenten gabs 287 Jahre, macht sieben im Schnitt.

SALVATORE BUZZI, kaum aus dem Knast, übernahm so eine Kooperative fürs Einsammeln von Trennmüll, auch zuständig für Betreuung von Roma- und Flüchtlingslagern und bringt diese gemeinwohl-geneigte Tätigkeit so richtig nach vorne, „gewinnbringender als Rauschgifthandel" lautet die Einschätzung. Glatt 5 Riesen monatlich blieben für den stellvertretenden Kabinettschef. Später wars MASSIMO CARMINATI, landesweit bekannter Teilnehmer an Raub und Entführung. Der kam mit fertigen Plänen aus der Dunkelkammer, vulgo Knast. Folgerichtig stand die Personalie bei der nächsten Bürgermeisterwahl fest: GIANNI ALEMANNO, der das Zellendasein mit dem Strategen geteilt hatte. – Bei dieser breiten Einbindung des politischen Spektrums ist es nur verständlich, daß fortlaufend die Frage diskutiert wird, ob es denn überhaupt eine Mafia gibt.

Die ‚Deutsche Nationalbibliothek' geht zur durchgängigen Literaturerschließung mittels Schlagworten über. Sie möchte einfach nicht außerhalb des maßstabsetzenden Bildungssystems in intellektueller Einsamkeit vegetieren. Ihren „nationalbibliografischen Kernauftrag" läßt sie dafür links liegen, so KLAUS CEYNOWA. Oder rechts. Oder einfach fallen. Total egal, wo der liegt, Leute.

31.7. JEANNE MOREAU starb, 89 – große Melancholie.

1.8. 8.18 auf den Zug nach Dagebüll, durchgehend. Mimi liegt, freut sich, Sabine hilft, guter Dinge, Sera bringt Tee & Kaffee. – Ich mache den großen Weg über den Kniepsand, der sich ausdehnt, bis an die fünf Holzhütten hinterm Flutsaum. Zurück zum

Leuchtturm über die Hochwege. Mit Schnittchen geht's weiter durch das Jahrhundert, jeder aus seinem Bewahrten, bis zum 0 zu 3 der Bayern gegen KLOPPS flotte Engländer.

2.8. Nochmal durch die Zeitalter, bis zum Urgroßvater Naumann, dem Hutmacher am russischen Zarenhof, alte Berliner Residenz, Mimi spricht klar und denkt brillant. Schön bei alledem. Nach zwei Stunden kurzer Abschied und ich ziehe wieder zur Fähre. Grade kommen glatt tausend Leute vom Festland. Auf dem Schiff gibts noch den Ballraum von 1997. Nach 90 Minuten zum Zuganschluß direkt nach Bremen. – Zu Hause gellendes Pfeifkonzert in München nach dem 0 zu 2 gegen Neapel.

„In Amerika gibt es mehr Pack (als bei euch in Deutschland), glücklicherweise", erläutert PAUL GOTTFRIED im Interview. Er ist Amerikaner, Historiker und Treiber der Alt-Right-Bewegung.

Vom „miesepetrigen Protestantismus" spricht ANDRÉ LICHTSCHLAG anläßlich eines Besuchs im Mädchengymnasium der Piusbruderschaft in Ruppichteroth.

Eine „toxische Symbiose" bilde die politische Korrektheit „mit dem gegenwärtigen Geschäftsmodell der Universitäten", der Massenproduktion von Bildungszertifikaten. Studentische Schlechtleistungen auf Lehrende abzuwälzen durch die Wehklage über Diskriminierung, Sexismus, Gendermißachtung oder Inklusionsdefizite, werde zum Hebel für Gutnoteninflation – so charakterisiert RAHIM TAGHIZADEGAN den „Bürgerkrieg an der Universität".

4.8. Aus der Geschichte des weißen Mannes: wie er besetzte Gebiete säubert, frei machte von überlieferter Altlast, hier dem Stamm der Yaqui im Norden Mexikos. Anfangs, im 16. Jahrhundert, wurden sie nur getauft, später, im 19. Jahrhundert, auf den Haciendas, im Bergwerk und Eisenbahnbau vernutzt, schließlich per Kopfgeld staatlich gejagt, 1000 Dollar für jedes abgelieferte Ohrenpaar. Wie den Juden in Deutschland wurde ihnen der Staatsbürgerstatus entzogen, gefolgt von der Deportation im

Sklaven-Modus, sofern sie ein „Geschäftsfaktor" waren, ansonsten Erschießung wie bei Stalin. Davon erzählt PACO GNACIO TAIBO II.

Wollen wir nach Vegesack? Dort läuft eines von jährlich zehn Hafenfesten, äußerst unterhaltsam. Seemannschöre aus Holland und Irland, viel fröhlicher Lärm, besonders beim Ukulele-Chor, an die dreißig Sänger am Instrument. – Um 10 zurück in die JOE COCKER-Story, das ist ein Mix aus Horror und Success – 1988 in Ost-Berlin, 1989 in Dresden, dann in Colorado – Joe kept on drinking, wir beurteilten jede Show nach der Anzahl der Eimer, in die er sich übergeben mußte. – Vor der Show eine Flasche Rum, manchmal war es richtig schlimm, erzählt seine Frau Pamela, 38 Jahre verheiratet. 2012 „Fire it Up", das 22. Album – Köln-Konzert – Loreley, der letzte Auftritt am 7.9.2013, Lungenkrebs fortgeschritten – 22.12.2014 he was born to be a star.

Danach Isle of Wight, 1970 – die Hölle – 600 000 – The Who – when I came to England, they put me into jail, first for four hours – why? – I didn't have money, looked different – jetzt ist alles in Ordnung – was ist mit Tony Tim? – ok, er hat sein Geld bekommen, er sagt, ohne Geld kann er nicht singen, seine Stimme …

5.8. Unsere überfällige Jahrestags-Silberne-Nachfeier, um 6 gibt's „Lillet", französisch!, mit gefrorenen Himbeeren, dann donnern wir mit zwei Autos ins Kaffee Worpswede an einen Tisch für acht. Es wird ein reichlich köstlicher und unterhaltsamer Abend. Mit großem Aufwand kommt schließlich auch die Pastorin wieder in ihre Wohnung – irgend jemand hat den passenden Schlüssel.

6.8. SONNTAG. Die Zukunft sei wohl das Ergebnis menschlichen Handelns, nicht aber menschlichen Entwurfs, flachst RAINER HANK mit Blick auf das landesweite Diesel-Tohuwabohu. Das möchte das öko-planwirtschaftliche Kabinett MERKEL gern auf Elektromobiles herumhieven, wie schon manches. Auch GERD GIGERENZER faßt sich an den Kopf, so meine Vermutung.

JOHN MC CAIN (80), Abkömmling einer Militärdynastie, über Hanoi abgeschossen und Krüppel seither und seit dreißig Jahren

Mitglied des Senats, heute von MORITZ EICHHORN portraitiert, schwärmt über „dieses große, tobende, zankende, ungestüme, ruhelose, strebende, kühne, schöne, freigiebige, mutige, gute und prachtvolle Land". – Extremer Charakter von Einstellung und Haltung.

Die narzistische Störung, als Kränkung erlebt, sei für Anschläge von vorrangigem Gewicht gegenüber der Hinwendung zum Islam, fand JÉROME ENDRASS heraus. Die ist außerhalb des islamischen Kreises ebenso anzutreffen, wie der in den Berg gefahrene Airbus erwies. Und als „ultraerfolgreiche Jugendbewegung" kennzeichnet der Anthropologe SCOTT ATRAN den Islamismus. Alles unter dem Titel „Männer mit auffälliger Persönlichkeit" von FRIEDERIKE HAUPT.

Alles ist Folie persönlichen Wahnsinns, der die Kontrolle verliert. Das feine Buch von C.G. JUNG über die Beziehungen zwischen dem Ich und dem Unbewußten, 1930 erstmals erschienen, schildert auf wunderbar erzählende Weise in zwanzig alltäglichen Varianten die Dramen, die in Depression oder Wahnsinn, Paranoia und Mord & Totschlag ihren Ausbruch erleben. Denn das Unbewußte sei der Gegenentwurf des Äußeren und – ohne Integration – setze sich in der Regel durch in Form dieser oder jener Apokalypse. Auf dem Weg zu einem Zusammenspiel zwischen dem Innen und dem Außen kann das Empfinden des ‚Selbst' zu einer gesteuerten (!) „Brücke" werden, die den im Außen angerichteten Flurschäden entgegenwirken kann. Wunderbar, denn ich habe alles erlebt.

> „Die Phantasien sind nicht Ersatz für Lebendiges, sondern Früchte des Geistes, die dem zufallen, der dem Leben seinen Tribut zahlt."

So resultiert der innere Aufruhr aus Ruinierung des Empfindens oder der Maskerade im Außen, das Angebot ist aktuell und reichhaltig. – So kann jemand,

> „... der mit seiner Persona eins wird, alles Störende durch seine Frau ... darstellen lassen, ohne daß es Letztere merkt, aber sie bezahlt ihre Selbstaufopferung mit einer schweren Neurose."

Die Persona sei „eine Art Maske", wohinter dann das Privatleben stattfände. – Das kann so eine Art Müllabfuhr werden.

7.8. High Noon – um 7 Uhr steigt Marion aufs Rad nach Scharmbeckstotel, nein, nach Osterholz-Scharmbeck, vorher noch, Segi, ich hab wieder den Fuß verknickt, kannst Du den Gassiweg breiter machen. – Ich ärgere mich, über mich, denn ich kenne den Weg – also 3x10 Liegestütz, 3x40 Beinheber, Frühstück, Zeitung, erster Teil, im ersten Stock 3x15 Hantel, 3x Maschine, Arme und Beine, duschen, Wäsche aufhängen, Spaten, Pickel, Grasschere und los – der Hund passt aufs Haus auf! Auf fünfzehn Meter den Gassiweg um 20 cm verbreitert und kurz geschnitten, derweil donnert ein Güter hinter mir durch, Volllast und volles Rohr, der Gehörschaden arbeitet sich durch – schweißbedeckt und zufrieden zurück, Kaffee + Keks – Laptop. Elvis liegt in der Sonne, die Weintrauben an der SSW <Spundwand> entwickeln sich prächtig.

THEO WAIGEL blickt zurück im Interview, jeder Rückblick klärt auf.

Das Ausmaß US-amerikanischer Kontrolle, Aufsicht („Monitore" in den hiesigen Konzernzentralen), Spionage und Steuerung mit Kenntnis und Billigung aus Berlin ist einfach widerlich. Die Zeit höhnischen Gelächters ist jedoch vorbei.

Jahrestag ist immer, zumal hierzulande. Und in Rußland, vorgestern ist der Jahrestag einer der 5000 Massenerschießungen des ‚Großen Terrors', verursacht durch die vielen ‚antisowjetischen Elemente', die sich sehr vermehrten. So traf es Tausende aus fünf Dutzend Nationen in Sandarmoch, kurz vor dem Polarkreis, schildert FRIEDRICH SCHMIDT. Die Enkel stehen an den eingesackten Gräbern, „das hat er geschafft, unser Menschenfresser", sagt eine 80-Jährige, während im Land Büsten des Massenhenkers aufgestellt werden, weil er „bedeutendste Person aller Zeiten" sei.

STEFAN KOOTHS gibt einen Grundkurs in volkswirtschaftlicher Leistungsbilanz, wobei's im Kern um deutschen Exportüberschuß geht. Danach wird die Vermutung zur Gewißheit, daß die Exponenten aus DONALD TRUMP & Entourage, aber auch vom IWF und allerlei Ministeriellem reichlich dummes Zeug reden, weil sie nicht verstehen, was sie reden. Nur, wozu es gut ist. Die Kanzlerin weist solches zurück, immerhin.

8.8. Nach ‚Diesel-Gate‘, auch so ein Gassenhauer, ist es mal wieder Zeit für die Leiharbeit, jedenfalls für die Tagesschau, diesen Sozial+Klima-Burner – drei oder vier Interviews plus Zusammenfassung, da ist die Zeit einfach rum und der Wetter-Spielfilm ist dran.

9.8. Vor unserm Kreisel steht der schneeweiße Jaguar, Drittwagen des Nachbarn. Sieht nach Betriebsprüfung aus. – War aber nicht so schlimm, nur ein Kundenbesuch, der so ‚Audos‘ nicht aushält. – Um 10 Uhr mein Ruf „Kaffeeeee“, Edeltraut kommt runter und erzählt von ihrem schönsten Auto vor vierzig Jahren. Das war ein Fiat X 19, hardtop mit Mittelmotor, design von COLLANI! Das stand über den Rädern mit deutscher Flagge und so, Nummerierung! 971, moosgrün. Den Auspuff hat sie gleich abbauen lassen und vier Endrohre dran! – ‚Ich habe es geliebt, einmal nach dem Haarewaschen setzte ich mich rein und fuhr mit Lockenwicklern die Frisur trocken‘. – Ich bin hin und weg.

Es gab eine zwielichtige Dokumentation bei Arte über den Weltkrieg in Asien und die Abwürfe einer Atom- und einer Plutoniumbombe. Daß Japan verloren hätte, ist unstreitig, daß es Kapitulationsaufforderungen ignorierte, ebenso. So werden die weiteren Motive für diese Ereignisse strapaziert, Erzählungen Überlebender und Bilder menschlichen Elends sprechen eine letztinstanzliche Sprache. – Erst als sie den Tenno erstmals sprechen hörten, mit den Worten ‚wir haben verloren‘, legten sieben Millionen Japaner die Waffen nieder. Die Folgsamkeit war noch tiefer verankert als bei Hitler. – Vom folgenden Kriegsverbrecherprozeß bekomme ich erstmals eine Vorstellung. Ankläger waren Kolonialmächte, die über einem Ausmaß von genozidalem Massenord und einer Weltmachthybris zu Gericht saßen, die den Naziaspirationen und -praktiken gleichkamen. Die Rolle und das Gewicht der USA sind auf einem in großen Teilen verwüsteten Globus nicht zu überschätzen.

Segi, Rasenmähen ist dran – nein – doch, es ist Regen angesagt – wir haben doch grade – ich fang an und du machst weiter – oh je – na gut, dann stell ich auch meine Arbeit ein, zu der ich keine Lust habe – Erpressung, geht raus und mäht los, dabei das rechte Bein nachziehend.

Gegner der Genderphantasie und des durchgreifenden Feminismus, weiter Europakritiker, Befürworter eines ‚Familismus‘ sowie Ultrakatholiken oder ‚Heterosexistische‘ wurden in die öffentliche Gesinnungs-Datenbank „Agent*in" eingestellt. Obhut hat die Heinrich-Böll-Stiftung, überwiegend aus Steuergeldern finanziert. – Viele illustre Namen auf dieser Schwarzen Liste führten zum Aufstand und der Herausnahme aus dem Netz – bis zur Überarbeitung.

Ein Viertel der Schüler gibt als Berufswunsch ‚öffentlicher Dienst‘ an. Das deckt sich mit der Qualität des Ausbildungssystems, welches Motivation für den Stoff wohl nicht zu vermitteln vermag. Es zeigt den Stand der Abwendung von persönlicher Ambition etwa derart, was will ich werden, hin zu den Staatssystemen der Stallfütterung. Der Berufs(?)wunsch zielt nur noch auf Form, der Inhalt ist ohne Kontur. – Zu ergänzen: die 14-29-Jährigen freuen sich gar zu 75% über Staat. Der Chef des Beamtenbundes, KLAUS DAUDERSTÄDT, frohlockt ob solcher „Staatsfans", die zukünftige Kundschaft unter seiner Betreuung.

Abends zum Chor, heute ist Anschlußfeier, der Wagen voll mit Gläsern für weiß und rot rollt klingelnd in den Trainingsraum und es geht lebhaft zur Sache. Marion verweigert die Heimfahrt, ich bin knapp in der Lage.

Wyde von Ninkerk kommt, USAIN BOLT tritt ab.

11.8. Der Hirte schweigt zum Elend und Sterben der Säuglinge und Mütter in Venezuela, notiert MATTHIAS RÜB, zur materiellen

Not eines ganzen Volkes in 1500 Prozent Inflation – wogegen er TRUMPS Mauerplan mit dem exkommunikativen „unchristlich" belegt und überhaupt weiß, daß „Kapitalismus tötet". – Er findet sich nicht ab mit dem Desaster seiner Tendenz, die geprägt ist von der ,Staatsgläubigkeit des Peronismus'. – Solche politische Neigung widerspricht zutiefst seinem Amt, sich nicht mit einer Sache gemein zu machen.

Anfang des Jahres 1987 zierten die Hamburger Litfaßsäulen Bekanntmachungen des Schauspielhauses. FRANK WEDEKINDS „Lulu" hatte Premiere im Februar und GOTTFRIED HELNWEINS Plakat zeigt eine Frau in flachen schwarzen Schuhen mit heruntergelassenem Slip. Das Hemd hält sie hoch bis zum Bauchnabel, der Oberkörper außerhalb des Bildrahmens. Vor ihr steht in halber Größe ein älterer Mann mit Brille, Schal und in bodentiefem, ausladenden und geschlossenen Mantel. Sein Blick geht direkt auf die Scham, die auf den kurzen Abstand übergroß, vielleicht übermächtig wirkt. Er verharrt.

Nichts Sublimes löst die Situation auf, oder auch: kein Entkommen, assoziiert mein Kopfkino. Kommentar ist überflüssig, weil sinnlos, ob von seiten der „Tatsache" oder des Problems geführt. – Die Debatte geriet schnell ins Obszöne – wozu das Plakat keinen Anlaß gibt. Die Sache ist mir in Erinnerung, da ich als Aspirant mit Theater-Abo in jener Saison unterwegs war. – Das Plakat konnte ich jetzt im Netz nicht finden, dann aber in einem wunderbar aufgemachten Büchlein des „Deutschen Schauspielhauses 1985–89" (mein Tagebuch 1!) unter dem auf- und ausbruchbereiten Intendanten und Herausgeber PETER ZADECK. Voller Zeichnungen, Szenen mit allen Schauspielern, so häufig SUSANNE LOTHAR, wie in dieser causa, und MARTINA GEDECK, TUKUR, LOHSE und vielen anderen. – Der Versuch einer Auseinandersetzung endete schnell. Aus der Hamburger „Leitstelle Gleichberechtigung der Frau", keuch, kam umgehend das Verdikt: „eindeutig frauendiskriminierend". – So bleibt es Beleg dafür, wie die Systeme des Erwünschten, also unsere Gebots- und Verbotsideologien den Weg zu dem versperren, was ist. Einfach mal die Fresse halten, wäre die halbe Miete, ihr Sauber-Hallotries.

12.8. Die Karte zeigt Kreise mit Entfernungskilometern vom Mittelpunkt aus, auf dem Radius des zweiten Kreises Guam verzeichnet, beim vierten Los Angeles und Anchorage. MR. TRUMP erklärt, die militärische Lösung sei vollständig vorbereitet, „Nordkorea sollte sich zusammenreißen, sonst wird es Ärger kriegen wie nur wenige Staaten zuvor." Wahrscheinlich muß er mit dem Irren so reden, benimm dich oder du kriegst eins hinter die Löffel, meint Marion. Die Waffen sind zu mächtig für den Infanten, der sich in einem Wald von Claqueuren bewegt, anders als MR. TRUMP. Guam wäre Bündnisfall. – Kein Problem für Deutschland, wir stellen die Verbindung her, irgendein Telefon wird ja noch ticken.

„Lucky" von JOHN CARROLL LYNCH in Locarno. Ein 90-Jähriger will nicht zur Kenntnis nehmen, wie alt er ist. Das kenne ich.

Abends zu Giselher, meinem alpinen Fahrlehrer. Bei ansteigendem Fahrweg entschwindet Marion mit dem e-bike, ich keuche hinterher. Dann sind wir beim Nurdachhaus, hat er selbst gebaut. Der Garagenvorplatz und die zahlreichen Sitzarrangements zwischen drei Meter hohen Wänden aus Brennholz sind bereits gut belegt. Alles ist überdacht. Giselher sitzt in einem kleinen Rundbau an einem großen kreisrunden Grill und brät Fleisch in vier Abfolgen. Die ganze Anlage atmet das bayrische Gen der wetterfesten Behausung mit saisonweiter Brennholz-Bevorratung. Einen Stock tiefer setzt sich das alles fort bis zum Ratskeller. Gegen alles Angebot, in Sonderheit Rolli mit der Marillenflasche, kontrollieren wir unseren Promillepegel. Später die Giese-Combo und massive Unterhaltung durch zwei girls, eins kreischt „lass den in Ruh', der ist alt!". Um Mitternacht kontrolliert zurück.

13.8. 56. Jahrestag. – Um 15 Uhr Termin Hochsitz mit drei Frauen, Standardbesetzung. – JÖRN DEGE, Literaturhaus Leipzig.

14.8. Libyen, aktuell ein Multiregime von Warlords und Schleppern, welche die Küstenwache führen. Die Flüchtlinge werden in Betonhallen gehalten, Männerhallen und Frauenhallen, bei kleinster Nahrungsmenge und Halbliterflaschen mit Wasser, in die sie anschließend pinkeln müssen, für kacken haben sie Plastikbeutel. Die Frauen werden regelmäßig vergewaltigt, der Reihe nach.

15.8. Jonas holt den Wagen zur Fahrt nach Rotenburg, letzter Auftritt in dieser Bewerbung. Ich stehe hinter der Glastür und halte den Daumen hoch, als er aus dem Kreisel fährt.

„Ich gebe zu, ich bin eine Sünderin – ich bin heute morgen wieder mit meinem Diesel zur Arbeit gefahren" – so leitet die Dame in 3sat einen Beitrag zur Räumung der Städte von Autos ein. Die öffentlich-rechtlichen Missionare kennen kein Halten mehr. Ja, dann lauf doch, du Öko-Fee! Früher aufstehen will sie aber auch nicht. Alles so schön gemütlich, gell. Aber im Sender als Sauber-Else rumflöten, pff!

Das fröhliche Abstimmen im Netz mittels ‚likes & dislikes' wird dem technologischen Potenzial unterworfen: 50% der Akklamationsraten sind ‚gekauft' und maschinell gesteuert, schätzt JUSTUS BENDER. PS.: später folgt die Information, daß ein Viertel der User bereits Kunstprodukte sind, d.h. Kopien von echten – und ferngesteuert werden. – Das Potenzial reizt zum Mißbrauch.

Erneut stellt das Verfassungsgericht die Unvereinbarkeit des Frankfurter Euroregimes mit der Souveränität von Legislative und Exekutive fest – und verweist an den ‚Oigeha'. Der wird ihm zeigen, wie Europa geht. Und alle dulden es. Die fortlaufende Enteignung von Verfassungs- und Staatssouveränität ‚in ihrem Lauf, halten weder Ox noch Esel auf', gell Herr Schäuble. Der sagt, er findet das gut, was die EZB so macht. Die Kanzlerin weltmeistert ja ohnehin das Schweigen in diesem Thema. Ich verfasse einen rotzigen Leserbrief, Abdruck unwahrscheinlich.

Staatsfinanzierung durch das EZB-Regime
Ich möchte einen Aspekt herausheben, den Philip Plickert im letzten Satz seines Kommentars anspricht: weder die legislativen, noch die exekutiven Verantwortlichen dieses Landes verlieren ein Wort zu diesem Frankfurter Kaufrausch, bei dem

allerdings -im Unterschied zu jedem trivialen Klamottenein-kauf- frivol angeschrieben wird, ohne Rücksicht auf Bonität, ohne Dispositionsvereinbarung, weil auf der anderen Seite alle schweigen! Es handelt sich bei diesem absolutistischen Regime um die fortlaufende Enteignung von verfassungs- und staatsrechtli-cher Souveränität bei stabil quotierter Haftung für kommende Ausfälle. Die ‚Dark Room'-Debatten in den Räten von ESM bis EZB-Rat sind das Papier nicht wert, wie vielfach belegt. Das ist Luhmanns negative „Legitimation durch Verfahren".

Und hinter dem aktuellen Diesel- und anderem Getöse sitzen die Parteivorderen, die Spitze des Bundestages und die Spitze der Regierung ohnehin – und schweigen. Die Konzentration der Debatte auf die agierenden Institutionen wie Verfassungs-gericht und Oigeha ist ihnen grade recht.

In den abendlichen öffentlich-rechtlichen Missionarssendun-gen hat diese Kritik ohnehin keinen Platz. Daher muß in den verbleibenden publizistischen Leuchttürmen des Landes die politische Klasse direkter angesprochen werden. Das soll-ten „wir" den wenigen politischen und Verfassungskämpfern schuldig sein.

Denn der Tag der Abrechnung kommt, gnadenlos – ohne Groß-britannien, den zweitstärksten in Beitrag und Haftung.

Dr. Christian Seegert Ritterhude

Das will die Zeitung dann doch nicht, klingt ja wie gegen alles! – Stimmt ja auch, gegen alles, was rumläuft an Schabracken mit politischem Zaumzeug!

16.8. Das Landgericht Kleve meint, „denknotwendig" könne hier nur Vorsatz zugrundegelegt werden, beim Dieseln im VW-Konzern. Kenntnis zu bestreiten genüge daher nicht als Parteivortrag. Da ist ja ein Versäumnisurteil noch eleganter.

ELVIS starb vor vierzig Jahren. Unserer lebt.

138 Vulkane unter dem Eis der Antarktis. Das ist nun nicht lus-tig. Es ist eben überhaupt nicht lustig, Sie Feinstaubkünstler! Meine Allergie sitzt längst im Denken. Das macht ungeahnte Resistenz.

17.8. ,Yasnin' erinnert an mein VIP-Ranking. Den Platz 392 verteidige ich seit Jahren. Ich weiß nicht, was an mir auf Platz, sagen wir 104, bedeutender wäre.

Häufiger lese ich, daß mit 70 Jahren veritabel gestorben werden kann. Mit um so größerer Freude lese ich dann das Reiseblatt, über den Wanderweg an der südportugiesischen Küste, über die Elbphilharmonie und die hingebungsvolle Schwärmerei des Berichterstatters, der an gleicher Stelle in den 80er Jahren Bananendampfer entlud. – Oder diesen Satz von JAN BRACHMANN neulich über PETER TSCHAIKOWSKYS ,Jahreszeiten': „so -in der metrischen Spannung zwischen Sechsachtel- und Dreivierteltakt- rückt die Zeit über das Ohr ins Denken <Pause!> und macht das Bild mit rein musikalischen Mitteln zum Gleichnis auf den Schnitter Tod." – Pause.

Ich liebe dich, bis der Tag endet.

18.8. Die Automörderei von Charlotteville treibt die Frontenklärung in der Exekutive voran. ,Apple'-Chef TIM COOK tritt aus mit öffentlicher Stellungnahme und einem starken Brief an die Mitarbeiter, der Gewerkschaftsboß verläßt den Laden ebenfalls und die Stabschefs von Marine, -infanterie, Heer, Luftwaffe und Nationalgarde stellen sich gegen Rassismus und Intoleranz, weltweite Premiere. Das Trumm geht an seinen Wahlkampfeinflüsterern zugrunde. – Tags drauf entläßt er den Einpeitscher zur Rechten.

Ich mache Essen, da kommen Jo&Jo durch die Gartentreppe aufs Grundstück – wir wollen mit euch essen – ??, war doch morgen angesagt – ja, stand morgen drin, war aber von gestern – aha! – alles umbauen, Gefriertruhe nach Großpackung durchkämmen – 130 auf 500 Gramm Nudeln hochfahren – umstellen auf den Gemeinschafts-Nudeltopf – geht doch!

Um fünf Uhr ziehe ich über den Gassiweg zum Zug, dann zur Straßenbahn, in die Wartezeit bis zum Abflug München – eine Frau legt sich auf drei Sitzen mir gegenüber, in schwarzem, kurzen Rock – Pause – telefoniert und dreht sich dabei etwas – Pause – winkelt die Beine an, pausenlos. Ich stiere die Zeitung an, es geht nicht. Das muß der Mann erstmal aushalten, ohne mit der Tür und seinem ganzen Rüstzeug ins Haus zu klatschen, ihr frommen Helenen! – Ist kein Arzt zur Stelle, hieß es vor dreißig Jahren bei ELFRIEDE JELINEK. Die ist sowas von fällig für den „Faust 2017", daß sie ihn erhält.

Ach ja, der Flieger, geht hoch und setzt im Unwetter auf mit einem ordentlichen ‚Knack‘, so derart, wenn ich mit dem Rad gegen die Bordsteinkante fahre. Alle atmen wieder, klatschen wie auf dem Mallorca-Flug, der Schrecken verläuft sich. Nach 45 Minuten ist Ausstieg. Durch die kühnen Hallen des Flughafens zur S-Bahn, wo alles abgesagt ist wegen Holz im Gleis. Irgendwann fährt es, am Rosenheimer Platz laufe ich falsch – Taxi zum Ibis um Null Uhr. Zwei ‚Becks‘, der Tanz kann beginnen. Zugrunde liegt dieser Reiseübung die Einladung des ehemaligen Gesamt-Betriebsratsvorsitzenden, meinem „Gesprächspartner" über zehn Jahre bei ‚Kraft Foods‘.

19.8. Vorspiel am Frühstückstisch, wo unter zahllosen Betriebsräten auch der bayrische Helmut 2 sitzt: „Weißt du noch, wie du umgekippt bist", ist sein erster Satz nach der Begrüßung, „auf der Bank, im Keller bei uns" … kurz drauf dann dies aus seinem Mund: schön wärs ja, daß mer nur die guten Sachen tät‘ behalten. – Trüge ich Hut, spräng‘ mir glatt der Draht aus der Krempe. Drastische Vorbereitung, denke ich und mache mich auf in die Stadt.

Pariser Platz – Orléanplatz – die geschichtsvollen Trumms werden immer massiver, selbst der strahlend-goldene Friedensengel martialisch bewacht am Sockel. Den Vogel schießt (sic!) das ‚Haus der Kunst‘ ab, hinterm Eingang ganz die Reichskanzlei des Bauherrn. – Da selbst meinem Knirps, die Rede ist vom Regenschirm, die Mitnahme in einen der Säle verweigert wird, mache ich mich direkt auf in die ‚Goldene Bar‘, die auf Latino-Basis geführt wird. Dort gibt's Sacher mit Crema. – Der neuerliche Massenmord auf der La Rambla füllt die Zeitung.

Gefeiert wird in einer kleinen Brauerei. Ich beanspruche das Mikro fürs Folgende:

Lieber Herr Rehner,
daß ich das noch erleben durfte – vielmehr, ich habs geahnt – wenn der die 60 erreicht, zitiert er mich runter ... dafür danke ich erstmal. – Ich habe Sie 10 Jahre lang erlebt – und staune, was bis heute bei mir im Kopf davon ist.

- Wir waren das Gespann Labour Relations und GAV- bzw. GBR-Vorsitzender – und da geht's schon los!
- Wie Sie das immer ausgesprochen haben, obwohl kein Tiäitsch drin ist, also aus Labour Leber gemacht, das hat mir schon zugesetzt. – Also sagte mein Boss: Englisch-Kurs! Eine der Quälereien, denen Sie ausgesetzt waren – aber es mußte sein.
- Heute ist mir klar, wie recht Sie mit dem Schwurbel ‚Leber-Relations' hatten – ich denke mit Grausen an die erste LR-Konferenz in Hannover, mit Kartoffeln auf den Tisch, Hals in den Nacken und Schnaps rein und so ... um 4 Uhr morgens saß eine Truppe von HR-Fuzzies im Zimmer von Chefe ... komatös!
- Und das ging jährlich mehrere Male so: zu meinen vorzüglichen Aufgaben gehörte es, dem mehrfach jährlich tagenden Komplott von Betriebsräten hinterher zu reisen, anfangs gar auf irgendeine Nordsee-Insel – Kaffee? Nix Schoko? Nix Käs? Nix! – dann konnten wir euch immerhin aufs Festland zurücklotsen – wohin? In die Mitte unserer Republik! In den „Goldenen Karpfen" nach Fulda – was ich da erlebt habe, würde zu weit gehen ... ich glaube, die räumen heute noch auf.
- Über die Zeit erfuhr ich viel über brachiale Aquisitionen im Raum München, ganz ohne Zwang und Erpressung, also strafrechtlich einwandfrei, die Kunden müssen einfach schweißgebadet unterschrieben haben ...
- Wo Sie zumeist mit dem Stellvertreter aus Hemelingen aufschlugen und konferierten, wurden erstmal die Kaffeeautomaten justiert – anschließend nahmen die nur noch Jacobs-Bohnen!
• Ich erfuhr von großen Ausflügen bei Kraft GF, so nach Afrika, wo jeder einen 2 CV bekam – ab ins Hotel, und des nachts gabs kein Halten mehr, für die Heizkörper ... je länger ich rede, desto mehr fällt mir ein ...
• Damits zum Ende kommt, hier das Ereignis, welches nicht nur mir schauervoll in Erinnerung blieb. Es wiederholte sich regel-

mäßig! Das spielte sich im 5. Stock ab, wo wir ja zeitweise mit 40 Leuten an sauberer Personalarbeit bastelten. Der Morgen fing friedlich an – dann ging die Glastür auf und für eine Sekunde erstarrten alle, insbesondere die Damen für den Vertrieb – Ich will nicht Edgar Wallace herbeirufen – also ein bißchen wars schon wie beim Hexer, wenn die Lampen flackerten – und alle Bescheid wußten: er kommt!

- Dann erfolgte ein schallendes „Odelodelihooo" und Sie standen im Raum. Schlimmer, Sie gingen schnurstracks, kurz beim Doggder vorbei, in Richtung Linienfunktionen – wo ein jeder, eine jede sich fragte: bin ichs o Herr oder geht der Kelch an mir vorbei.

- Wir alle haben ja Erlebnisse, die uns für den Rest des Lebens im Nacken sitzen – das war so eins.

- Bei alledem: wir haben uns über zehn Jahre verstanden, Sie mit Ihrer freundlichen Penetranz, dem kein Kunde je gewachsen war – und ich mit meinen Versuchen, Sie schwindelig zu reden bzw. beim Chef zu fragen: was mache mer dann!

- Was sollte ich mitbringen! – Lange zögerte ich, bloß keinen Schnaps, das stehst du sowieso nicht durch, ich entschloß mich zu einer kleinen Rache:

- Schlimmer als viel reden ist schreiben – und ich habe einen ersten Teil meines Tagebuches drucken lassen, bis zur Stunde winken die Verlage ab, – ein österreichischer Verlag ist im Moment noch entschlossen! Marion, meine liebe Frau, sagt, es ist nicht lesbar! Einige sind begeistert, sagen aber auch, wo ist die Zielgruppe bitte! ... ich denke, Sie sind es nicht – und deshalb kriegts ihrs! Es ist ein Dreipfünder – früher wurde damit geschossen – Ich denke, Sie sollen mich kennen lernen, wo ich herkomm, was mich umtrieb und was so passierte in den 5 Jahren, die zu 500 Seiten wurden. Alle, die darin gelesen haben, 3 kenn ich, waren hinterher irgendwie anders. – Wenn Sie kurz vorm Wahnsinn stehen, der Ihnen ja nicht fremd ist – ich lege noch ein bayrisches Kochbuch bei, welches Aufbaunahrung gegen drohenden Absturz anbietet.

- Alles Gute wünsche ich Ihnen, vielen Dank für das Training!

20.8. Mit Widerstand gegen die Promille gut durchgekommen, ja schön getanzt mit einer Spanierin – und mich auf dem nächtlichen Heimweg gewundert, daß nirgends das Mobiliar auf dem Fußweg angebunden ist. Spricht für ein anderes Klima hier.

Heut' um zehn Uhr raus zum Stachus, gleich hinter dem Karlstor, links in einen katholischen Ritus geraten in der Bürgersaalkirche, der ‚Kirche der Marianischen Männerkongregation'. Das ist ein wahrhaft riesiger Saal mit einer in Gold funkelnden Stirnseite – randvoll mit Menschen! Das nimmt mich ein und ich bleibe. – Hundert Meter weiter steht die Jesuitenkirche St. Michaele, sie ist nicht voll, sie ist übervoll. Ich verstehe nicht und frage den Nachbarn: kroatisch! Da stehen sie in Reihen hinter dem Gestühl, Irokesenschnitt, Camp David-Hemd und California-Shirt, beten, hören, folgen dem Prediger. Und der wettert, was das Zeug hält. Als sei anders Einsicht, wie kurz sie auch hält, nicht zu erreichen. Und erst die girls auf 12er high heels und weißer Hose über den schon wieder schönsten Formen dieser Welt der Frauen. Ich sags, wies is'! Zu allem ein Chor mit kroatischem Gesang, wesentlich herber als im Kirchbau zuvor.

Als ich rauskomme, bilden so zwanzig grade einen Kreis, wie Mannschaften vor dem Anpfiff, und schwören sich ein, auf nächste Woche vielleicht, auf die nächsten deals, nach ihren Regeln, ein bißchen Gaunerei dabei, etwas Verbrechen vielleicht. Sie werden wiederkommen, diese Gläubigen. – Ist das München? Ich glaube, ja. Das ist mehr Integration als euer nordisches Geschwurbel von, wir müssen alle respektieren und da abholen, wo sie eben grade mal sind, Ihr Faselanten! Konfrontieren, wies der Pastor macht, mal in die Fresse – und das wöchentlich! Das gibt Halt. – In kurzen Abständen scheint die Kaufinger Geschäftssprache zu wechseln, von römisch-katholisch zu kroatisch, von spanisch zu italienisch vor dem burgengleichen Rathaus.

Das Flugzeug bringt mich zurück.

Dabei illuminiert mich, mehr noch als FROMMS Liebeskunst neulich, längst das Büchlein von C.G. JUNG über die ‚Beziehungen zwischen dem Ich und dem Unbewußten', 1933 erschienen. Als liefe er mit Riesenschritten entlang meiner biografischen Apokalypse und kommentiert zugleich die aktuellen Dramen und Zeichen des Posierens bei Facebook und den Maskeraden von Titel & Geld. Das alles erläutert er mit GOETHES ‚Faust'.

Höchste Zeit für diese praktische Lektüre. So spricht er von „psychischer Inflation", wenn er die Außenkonturen gar manchen Lebensentwurfs schildert. Und was die „Einkehr" betrifft: „Nur was einer wirklich ist, hat heilende Kraft." – Daher die oft gestellte Frage: wer bin ich! Bin ja froh, daß ich beantworten kann, wo bin ich! Ei unter Irren!

21.8. Um halb zehn übergesetzt und nach Ganderkesee zur Vorbereitung zweier Workshops mit Uwe, sechs Stunden im Flug. Ich bin erschöpft, der Fundus beruhigt.

Scheidung darf die indische Frau begehren bei Gewalt oder Quälerei. Der Mann benötigt keine Toilette, das mutet er der Gemahlin gleichgültig zu. Das sah jetzt ein Richter als Quälerei, mithin als Scheidungsgrund an. – Denn so warten Frauen unter Schmerzen die Dunkelheit ab, um sich auf dem offenen Feld zu erleichtern.

HANS-WERNER SINN schreibt ‚am Limit' und erklärt zum wiederholten Mal das Umschuldungs- und für Deutschland Ausplünderungsprogramm des Frankfurter Turms, prost! Die Target-Salden, aktuell bei 857, das ist 50% des Auslandsvermögens, seien kosmetische Buchungen, weil im Falle des Desasters uneinbringlich. Das weiß der Finanzminister, von Amts wegen, der Bundesbank-Chef auch.

THOMAS MAYER schließt an mit den Aussichten des europäischen ‚Schattenstaates', den die EZB errichtet habe. Die Staats- und Sozialphilosophie der initiativen Länder Deutschland und Frankreich seien dramatisch verschieden und dieses Land unterwerfe sich prozessierend dem ‚Club Med' statt verbindlichen Regeln. – Das ist Unterwerfung unter den „Primat diskretionärer Politik" aus dem Frankfurter Fiskalturm.

Das moralische Regime bereinigt das Theater. Die Inszenierung der „Lulu" in Salzburg zeigt eine trockene Dreifaltigkeit der Figur und einen Satz abgestellter Männer, wie es heißt, „drei Lolitas aus dem Automaten". So wird Ideologie zur materiellen

Gewalt, das Elementare verschwindet unter der Politur. Es bleibt jedoch, auch wenn Puppen und Waschlappen gezeigt werden.

22.8. Ein Wort kann sein wie Wintereinbruch. – Morgens stand ihm das Bild im Fensterkreuz rechts oben vor Augen, auf dem Soldaten, gegen den Sturm aus Ost die Körper gebeugt, in die Weiten Rußlands vorstoßen, vom Ansinnen und Auftrag des Führers beflügelt, ein Großreich zu errichten.

Das Bild hatte er im vierzigsten Lebensjahr hergestellt. Es zeigt den Vater bei der Rasur vor einem kleinen Spiegel, der im Fensterkreuz befestigt ist. Sich selbst stellte der Sohn in diesem Ensemble zu der Zeit häufig als Rabenvogel dazu. – Zu diesem Bild drängt sich die Genese auf, die biografische Adaption, die ihn einschließt als Teil dieses Unternehmens, als Mitreisenden, im Tornister – oder auch auf den Leib des kämpfenden Vaters geschnürt. Da war er noch weit weg in der Zukunft, aber schon unterwegs, Teil des großen Kriegshandwerks.

Du bist gebrochen worden. Dieses Wort gestern nachmittag bringt den Boden zum Erzittern, auf dem er seit dreißig Jahren saniert. Da ist es, das mühsam aufgerichtete Leben, das sich kaum gegen einen Satz wie diesen behauptet. So etwa wie ‚mach dir nichts vor, du trägst den Kopf ja doch untern Arm'. – Dabei ist der Freund betroffen, liest das Ganze zum dritten Mal und immer eingestreut dieser alte Kram. Und im Inneren streift der Cursor durchs Jahrhundert, läuft alle Markierungen ab, als werde die Halterung überprüft, die ihn gebar, dieses Ehearrangement aus einer Kasinoatmosphäre heraus.

Die Sprachentwicklung zugewanderter „Primäranalphabeten" scheitert zu 92 Prozent. Soweit in den Einrichtungen überwiegend defizitär qualifiziertes Lehrpersonal verfügbar ist, arbeitet es zu mäßigen Tagessätzen, es fehlen zwanzigtausend. Das ist aktive Desintegration. Die wahren Kosten werden das Land erschüttern. HEIKE SCHMOLL wettert.

23.8. Um kurz vor sieben raus nach Hude, mit Uwe nach Bad Zwischenahn. Da sitzt eine große Gruppe, wir sind mit den Themen Lifo und L.earn da und treffen auf viel Widerstand. So drehen wir die Agenda mehrfach über den Tag. Große Erschöpfung abends. Das gute Essen tröstet, dazu voller Einsatz von Restaurantchef und staff. Ein neuer Brite, Daniel, ist available ‚for fuckin service' – schwer oder? – no, England kennt den 36-Stunden-Tag, its just funny here for 12 to 13 hours! – Rhady Khaled präpariert meinen Platz, Serviette mit Weinfleck, Plakette verklebt.

Der zweite Tag klärt vieles beim jungen Publikum, das ‚golden feedback' endet um 5. – Chauffage nach Hude, das ist wie ‚schneiden-legen-föhnen', über die Fähre zurück. – Kurz drauf weiter zum Chor, ich bin völlig platt – und fahre fit zurück. Wie bei den Theaterproben vor fünfzehn Jahren. – Überhaupt ist die verflossene Zeit das tosende Hintergrundgeräusch.

25.8. Marion geht aufs Rad, ich in die Sparkasse zum Coaching.

Ein sunnitischer Gelehrter erläutert die ‚centers of concerns' des traditionellen Islam: das Verhältnis zu den Nicht-Muslimen sei eines der „Segregation und Feindschaft", das Staatsverständnis sei das des „universalen, einheitlichen Staats für alle Muslime" und islamisches Recht als Scharia stehe im Konflikt mit Recht und Gesetz säkularer Nationalstaaten. Schließlich, Iran und Saudi-Arabien streiten um die Vorherrschaft und sind Treiber des Terrorismus. – Das fromme Gemüt hier spricht: Willkommen, ihr gehört zu uns, der Anhänger von Tatsachen ist sogleich islamophob.

Jedes Land hat seinen Schatten, von seiner Geschichte gespeist, die Konturen eines kollektiven biografischen Typus zeichnet. Deutschland kommt von seinem Schatten nicht frei und kämpft gegen dessen Schubkraft. Sein politisches Personal will daher alles gut machen, nur Gutes tun. Das ruiniert, schwächt die Widerstandskraft gegen die realen Unbilden des Lebens, zuvörderst mental, sodann somatisch. So wie sich der Strauß individueller Malaisen unentwegt ausweitet, ja aufplustert, so rufen die Versorger in Amt und Würden bei jedem solchen Ereignis Skandal und den Notstand aus.

WALTER KRÄMER resümiert die Anlässe Acrylamid und BSE, Nitrofen und Dioxin, Glykol und Ehec, Amalgam im Zahn, Nitrat und Glyphosat, Vogelgrippe und Schweinepest, Milzbrand, Strahlen und Elektrosmog, aktuell den Feinstaub, das Stickoxyd, das Fipronil im Ei, welches bei hundertfacher Tagesration tatsächlich zu Übelkeit führen kann. Den Tod also beständig an die Wand malend, im Haus, am Arbeitsplatz, am Straßenrand, haben sich Lebens- und Arbeitsbedingungen, Gesundheit, Schutz biologischer Umgebung in fünfzig Jahren dramatisch verbessert. – Doch sind es hundert, tausend, zehntausend vielfach staatsgefütterte Organisationen, gell Herr RESCH, die das Geschäftsmodell von Gevatter Tod inszenieren. Entsprechend die vielfache Befindlichkeit von Land & Leuten, das Siechtum im Rücken, bis es endlich kommt.

Dabei steht nur der Staatszirkus in voller Blüte. Das politische Personal scheut keinen noch so tiefen Griff in die Staatskassen, um der jährlichen Pandemie feldzugsmäßig entgegenzutreten. Vulgo: es verschwendet ohne Anlaß und ohne Effekt das abgepreßte Volkseinkommen, um sodann als Retter vor Tod&Teufel

um Stimmung zu bitten. Der Autor summiert die Verluste auf zig Milliarden, darin eingeschlossen solche Apokalypsen wie die nächtliche Energiewende, aber auch den ‚Schlecker-Babykost-Skandal‘, als Eltern auf den Märkten das Gemüse wegkauften, um es babyfein selbst zuzubereiten – nicht ahnend, geschweige denn wissend, daß die Grenzwerte für Marktgemüse hundertfach über dem für Babygemüse liegen. Das Asbest-Dauerpanik-Geschäftsmodell atmet ähnlichen Wahnsinn, das Hausdämmgeschäft mit seinem schimmelschreienden Giftbegleiterscheinungen ist nicht tot zu kriegen. Die Angst- und Risikophobie nährt sich längst autoimmun. Auch sonst trägt sich die Angst: die Luft ist schlechter als erlaubt, erklärt die Umweltdame – Tote werden einfach hoch- und zugerechnet – „wir fordern saubere Luft", tönt Herr RESCH, Diesel E 5 stehen auf Halde.

Leon kommt, kleine Handsalbe für den Flug nach Budapest – Streß mit Chefe, dem einfach L.earn fehlt – wir machen einen Plan. Dann besteigt Elvis Leon auf dem Sofa und leckt sein Gesicht ab. Er weiß einfach, wer was braucht.

Das Universum als Flucht vor der Sterblichkeit? Als ich eben zusah, hatte ich das Gefühl, leichter sterben zu können. Es dauert ja noch.

26.8. EDUARDO DOS SANTOS (74) ließ wählen – und es hat geklappt. Nach vierzig Jahren im Plünderermodus, erst kommunistisch drapiert, dann ohne Parolen, ist für die ganze Familie gesorgt, der Rest des Landes muß gucken. Also Söhnchen José Filomeno sitzt auf dem staatlichen Ölfonds, Töchterchen Isabel, schon vorzeiten zur reichsten Frau Afrikas gekürt, ziert den staatlichen Ölkonzern Sonangol, die übrigen sieben Abkömmlinge können auch nicht klagen. Damit's so bleibt, hat Chefe ein paar Dekrete verfaßt mit dem Tenor: so solls bleiben. Er ahnt, daß es so eine Sache ist mit Ansagen über den Tod hinaus. – Die Position des afrikanischen Flecken im Korruptionsindex liegt stabil bei 164, zwölf treibens noch doller. Fehlen nur noch die Zahlen zur Entwicklungshilfe!

Aus der Staatsfunkrotte kam Beschwerde an die Zeitung – wegen dieser und jener Anmerkung. Das brachte in der Redaktion wohl ein Fäßchen zum Überlaufen, jedenfalls zieht JÜRGEN KAUBE im Leitartikel dermaßen vom Leder, daß das Frühstück einen stimmungsfrohen Verlauf nimmt. Alles kommt auf den Tisch, so die ‚dark rooms‘ der schwarzen und roten Freundeskreise, die vor Stumpfsinn unerträglichen Interviews mit den Sprechblasen der Akutparteien, das unerschrockene Talkshow-System, bis zur etwas trotteligen Auszeichnung der Rundfunksteuer als ‚Demokratieabgabe‘. Letzteres könnte man ja fast wörtlich nehmen, angelehnt an die Löffelabgabe.

Zum Nachrichtenformat um 19 Uhr könnte ich weit ausholen, diesem täglichen Resilienztest. Daß sich Journalisten nicht mit einer Sache gemein machen sollen (weil es die Nachricht beschädigt), meinte HANNS-JOACHIM FRIEDRICHS. Davon ist das Missionsfernsehen in seinen Echoräumen weit entfernt.

Der nur dumme Hinweis, das System bekomme keine Regierungsvorgaben, erkennt nichts, verkennt, falls doch, die Wechselbeziehungen dieses gewaltigen Synchronisationsapparates: oft genug treibt das manipulative Bild- und Berichtswesen die Regierung vor sich her, so in der Flüchtlingsagenda, wo Frauen und Kinder in sinkenden Booten das Bild prägten. Siebzig Prozent der Ankommenden sind junge Männer, fünf Prozent der Alterskohorte im Lande, ihr Schwadroneure aus Jammertal!

Und ANNEGRET KK aus Rheinland-Pfalz steht auf dem Staatssystem, es sei ohne Steuerung und wirtschaftsfrei – auch noch stolz auf eure Springquellen des Recihtums, oder? Weil das Volk unter Zwangssubvention eurer Klimbim-Auftritte gesetzt ist! Sie macht Scherze, „Eigenversorgung mit Spitzengehältern, sendereigenen Tankstellen" und tausend mehr bis zur „Best-of-Rentenregelung" ruft ihr MICHAEL HANFELD zu, sei das erste wirtschaftliche Interesse, Expansion das zweite, wofür sie weitere 2 Euro pro Haushalt möchte. – Der Staat wie der Berg Mose‘, von dem das Wort Gottes perlt. Feinstes Systemdenken in der Klaustrophobie der Selbstbedienung, mit Bäuerchen über die Schulter, weils so reichlich ist.

Kurz drauf erneuter Staatsfunkaufzug, dessen Stoff die Auszeichnung ‚Zwangsgebühren' spielend fundamentiert. Die in den allfälligen Räten etablierte „Regierungskulisse" sichere doch wohl den Parteieinfluß – und Restpostenversorgung, sei ergänzt. Dieser heutige „grün inspirierte großkoalitionäre Konsens" plus christlich-moralische Überhöhung durch Kirchen-Chefe MARX und BEDFORD-STROHM, so ANDREAS RÖDDER, sei die Soße, die täglich serviert werde. „Diese ihren Hall selbst verstärkende Echokammer" -wunderbar- sei im übrigen der teuerste Funkladen der Welt. Macht ja nix, ist ja Volkszahlung!

Der sklerotische Verbund, ein Arzt sähe schlicht ein Krankheitsbild, liegt in der Gesellschaft. Unter demokratischem Weihrauch nährt er seine Ernährer, besonders die Landesregierungen, und organisiert sein Wachstum. Zur nächsten Neufassung des Staatsvertrags soll das Kartellprivileg gehören. Geht das schief, wird die ‚Betrauungslösung' angestrebt, um die Befreiung von Wettbewerbsregeln zu erreichen. Dann hat der Staats-Informations-Konzern die gewünschte Schlagkraft gegen die Privaten bei Print&Netz.

MARTIN SCHULZ hat wieder einen versenkt, „mich interessieren die Golffahrer mehr als diese (sic!) Golfspieler. Die Arroganz dieser Leute gefährdet einen ganzen Industriezweig." – Das gleiche Ressentiment wie über die Gymnasien, wo sich Unternehmerkinder zusammenrotten, gell Frau Grün. Jedenfalls geht FRIEDERIKE HAUPT dem nach und begibt sich zum Golfclub ‚Bachgrund', gelegen bei Büttelborn-Worfelden. Da das neben Groß-Gerau liegt, bin ich begeistert. Heute ist wieder ‚Fleischworscht-Cup', jawohl. Nach zehn Interviews hat sie einen deutlich gegenteiligen Eindruck: Golf mache wohl eher gelassen. Und: "Vielleicht wäre ohne Golf schon längst Atomkrieg." – Die ist schon wie ‚Greser und Lenz'! – Und was den armen ‚KK' <Kanzlerkandidat> betrifft, so gilt das Wort der INGE DEUTSCHKRON: keiner kann sich selbst entkommen, er bleibt dem Krähwinkel-Blick auf die Welt verhaftet.

Da tröstet es, daß die STONES zum 1500. Konzert nach Hamburg kommen. Zuletzt hing MICK JAGGER nackt im Kronleuchter der ‚Vier Jahreszeiten‘, mutmaßt die Anmerkung. Das ist so bei Unvergleichlichen und das Hotel erwartet sie erneut. – Chefe weiß augenscheinlich immer noch, wo es lang geht.

d breche nicht den Hals: die Rolling Stones am 9. Oktober 2017 in Düsseldorf.

Der Hochsitz-Tee im bewährten Vierer-Format, Nachbarin und Pastorin, ist stets unterhaltsam, dazu leichte Brise in dieser schwindelnden Höhe.

27.8. SONNTAG. Um 8 Uhr Gassi-Brötchen-Zeitung an der Tankstelle. Dort ist der kleine Austausch über Gott und die Welt obligatorisch.

INGE DEUTSCHKRON hatte grade ihren 95. Geburtstag. Als Journalistin nahm sie am Auschwitz-Prozeß teil und schrieb ein Buch über die dort erlebten Unerträglichkeiten: Überlebende, in den Zeugenstand gerufen, sollten nachweisen, wer ihre Familie in die Gaskammer geführt habe. – Beim Frühstücksbuffet im Hotel konnten angeklagte Täter hinter ihnen stehen, sie saßen nicht in Haft. Alle Namen sind ihr präsent, alle Urteile, die der Monstrosität Hohn sprachen, aber der Strafprozeßordnung genügten. – Der 1938 in ihrem Paß hinzugefügte Name ‚Sara‘ soll ihr zwanzig Jahre später wieder eingetragen werden, es handle sich beim vorigen schließlich um ein Dokument, so die Pass-Partout-Dame vom Amt. Der Israel-Haß der Studentenbewegung trieb sie schließlich nach Israel. Heute erlebt sie in Berlin die Aufmärsche zum ‚Al-Quds-Tag‘, der neuen ‚Kauft-nicht-beim-Juden‘-Bewegung BDS.

3,7 Milliarden würden Dieselumrüstungen kosten, für die Reduktion um wenige Mikrogramm. Das ist viel, gemessen am Null-Effekt des gigantischen Wendewahns. Das ist deutsches Wesen, na gut, Gewese. Besser als schießen. Es sind Ränke-Spiele, eine Umwelt-Mafia feiert Hochzeit.

Die ‚Stern-Antifa‘ konnotiert auf dem Cover DONALD TRUMP mit ADOLF HITLER, der Hamburger Medien-Antifaschismus serviert peinlich.

Überforderung und Orientierungslosigkeit in einer hochgradig multiplen Welt gebiert die ‚Gier nach Reinheit‘, so RÜDIGER LOHLKERS ‚Salafisten‘, den ‚Aufstand der Frommen‘ – Die Identitären quäle Ähnliches. Sei es Scham, sei es Flucht, solchem Scheitern folgt nach dem Feind im Inneren der äußere. Das entlastet.

Sehnsucht nach Reinheit kann sich gegen den eigenen Leib wenden, in skrupulöser Selbst-Kasteiung, die sich als Ritual verfestigt. Dieses Kennzeichen in Stammeskulturen findet sich auch im Abendland, also hier, sublimiert in religiösem Ornament. Es wird an abgelegenen Orten bisweilen mit Wucht zelebriert, so im 5000-Seelen-Städtchen Guardia Sanframondi im Gebiet des Benevento, einhundert Kilometer hinter Neapel.

Dort findet das sieben Tage während Fest zu Ehren der reinen Madonna seinen Abschluß in der Prozession der ‚Flagellanti‘ und ‚Battenti‘. Hunderte an der Zahl, die sich in einer Kapelle versammeln, in schneeweißen Kutten und Kappen. Auf den Ruf hin „Fratelli, in nome dell‘ Assunta, battetevi!“, schlagt euch!, setzen die sich in Bewegung und „wanken in langen Reihen“ links und rechts den Corso entlang – dazwischen eine „kleine, schwarz gekleidete, alte Frau" mit Rosenkranz, die singt. – Sonst kein Laut in der Straße – ab und zu fallen die Flagellanti ein, ein dumpfer Kanon erfüllt dann den Raum der Straße, während sie sich mit einer kleinen nadel-gespickten Bürste auf die entblößte Brust schlagen oder mit der ‚disciplina' auf den Rücken – die Kutten färben sich rot von Blut.

> „Irgendwann vermischt sich alles – der Gesang, das Blut, der Geruch, das Weiß der Kutten, das Stöhnen der Männer und das Schwarz der ... in die Welt hinaussingenden alten Frau – zu einem rauschhaften und verstörend irrealen Bild."

So erzählt ANDREAS SCHLÜTER.

Während solcherart das Weibliche als Heiliges verehrt, als Projektionsfläche dem eigenen Sündhaften gegenübergestellt, aus tausend- und zweitausendjährigem Brauch geholt, werden anderenorts Maschinen in die Steuerung der Zukunft entlassen. Sie lernen am schnellsten, wenn der Mensch sich nur heraushält beim ‚deep learning'. Dabei passiert es schnell, daß ihm der Prozeß entgleitet und die „Undurchsichtige(n) Intelligenzien" ihr Eigenleben ausbauen, so warnt SYBILLE ANDERL, einige Beispiele vorstellend. Dieser Umstand ist bereits mehrfach verfilmt. Der Zugriff der Apparate auf den eigenen Algorithmus sollte alsbald ein Leichtes sein.

Das Archaische und das Bodenlose gehen so ihrer Wege, dazwischen der schwankende Boden. Damit ist insbesondere Italien konfrontiert. GIANNI ZONIN hat noch festen Tritt, wenn er am Geldautomaten tätig wird. Er war Chef des Geschäfts der Banken im Veneto, bis zum Kollaps. Wer dort Geld wollte, mußte Geschäftsanteile zeichnen, die regelwidrig kreditfinanziert wurden und aktuell bei 10 Cent notieren. Die 119 Tausend Inhaber sind zur Ratenzahlung ohne Gegenwert angehalten. Die Kausalkette des 10-Milliarden-Desasters ist noch nicht zu GIANNI vorgedrungen.

Die Apparate werden zu Selbstläufern, in Reinräumen gepflegt, auf daß keine Menschenhand ihnen nahekommt. Der Feldversuch kommt in Sicht, und damit die Routinen menschlichen Daseins. Die werden neu formatiert, sagen wir, auf Vordermann gebracht, besser aufs System gezogen. Dann ist Schluß mit ‚Spaß im Freiland'. Und unvermittelt kippt das schauervoll Archaische aus den Abruzzen direkt in den Wartesaal der Sehnsucht. Denn da ist das, was nichts sagen kann, nichts zu sagen hat und als je persönliche Hintergrundstrahlung aus den reduzierten Wegen der Wahrnehmung ausgeschlossen wurde. – Das gefrierende Lachen zerbricht.

Aber da ist noch was: die Zange hat zwei Schenkel zu ihrer Funktion, das gilt auch für den Zangengriff des Fortschritts, in den der Mensch flüchtet. Allem Hausbau zum Trotz, der einst Seßhaftigkeit signalisierte, macht sich der fortschritt-treibende Mensch wieder auf. Auf dem Planeten, der ihn hervorbrachte und ihm einst die Welt bedeutete, nimmt dieser in seinem wandelbaren Lauf den Kreis des Universums vorweg, der ja nur berechnet ist: Ausdehnung – Stillstand – Kollaps. – Dieser zweite Schenkel der Fortschrittszange ist das zellulare Gottseibeiuns: die alkalische Kette ‚Calico – Forever Labs – Y Combinator – Ambrosia – Alkahest' tüftelt in diesen Tagen noch auf der Erlebnisebene der Blutsauger aus den Karpaten: sie lädt ein zum Blutaustausch, jung gegen alt – wie jene eingesargten Untoten, die nach Sonnenuntergang ihren Platz verließen auf der Suche nach dem besonderen Saft. Sie änderten ihr Schicksal nicht, erst ein Pfahl im Fleische erlöste sie.

Das soll jetzt anders werden: zur Disposition steht das Schicksal selbst, in seiner Ausprägung als Sterblichkeit. Die soll höherer Macht und dem Naturprozeß entwunden und in die unschuldigen Hände marktgängiger Verfahren, anderenorts in Staatshand, überführt werden. Wem es pekuniär vergönnt ist, wer sich unterwirft, der soll "den Tod so lange vermeiden können, wie (er das will)", tönt Visionär AUBREY DE GREY aus dem Google-Clan. Mit Kannibalisierung ist zu rechnen. – Mein persönliches Hintergrundrauschen teilt mit, daß solches meiner Endlichkeit nichts mehr anhaben kann. Ich komme schon aus den Überforderungen der Vergangenheit nicht los.

ELFRIEDE JELINEKS ‚Krankheit oder Moderne Frauen' in der atomic-Endfassung „Kein nicht" in Duisburg. Der 3sat-Bericht macht eine Propagandaveranstaltung zum Klimawandel draus – er kann nicht anders.

Schon wieder ein nationaler Bildungspakt, eine Bildungsallianz, jetzt aus der interplanetaren Hochkommission des angetretenen Kandidaten. Das war doch längst, die Bildungsrepublik ist längst ausgerufen – wieder ein Schuß in den Ofen! Und beide Ansager sind ‚voll die Versager' auf diesem unbekannten Terrain. Die SPD reduziert jedes Thema auf Sozialpolitik. Damit kann kein Kind was anfangen. Die brauchen Stoff! Und die Schwarzen singen orientierungslos von der ‚Fata Morgana'. Also, das Thema ist komplett durch, Leute!

Und um 19 Uhr die ZDF-Gala, genannt Nachrichten, alle sind per Du und höchstpersönlich – wie Besuch in der WG-Küche, oder im Wohnzimmer der berüchtigten Kleinfamilie auf dem Sofa, wo einem ‚Texas unter Wasser' oder der ‚Untergang der Flüchtlinge' vorgeführt wird, mit Beileid und so. Abschließend jeweils peinliche Eigenwerbung der Anstalt, der Reporter von auswärts wird mit Vor- und Nachnamen und ausdrücklichem Dank für die „sehr interessanten Informationen" verabschiedet. – Bevor sich der Wohnzimmerbesuch beschwert, im Affekt gar seinen Hausschuh in den Bildschirm feuert.

29.8. Die Kanzlerin klatscht auf der Spielemesse, Hoch Zukunft – das Parlament beklatscht die Ehe für alles, das Überraschungsei des Morgens – die Grünen fordern die Wende für alles. Dabei hat die Kanzlerin schon alles gewendet, was soll ich denn anders machen, fragt sie sich und die Reporter. Selbst der Islam gehört doch schon zu uns, einskommafünf Millionen seit 2014, wer denn noch. – Ein Trost, daß da noch das Volk ist in seiner Beharrung.

Um 7 Uhr abends fahren wir zur ‚Sommerserenade' in Willehadi Osterholz. Da steht die Kreiskantorin Caroline vor einem wohl sechzig Leute von zehn bis siebzig Jahren fassenden Chor, erklärt und intoniert, dann das „Nun lob mein Seel‘“ von HEINRICH SCHÜTZ an der frisch gespendeten Truhenorgel und „Hebe deine Augen auf“ von MENDELSSOHN BARTHOLDY. Das Haus ist voll. Hinterher Schnittchen und Orgelwein, ein wunderbarer Abend. Wir sind schon richtige Kirchgänger, raunt Marion. – Naja, wenn was los ist, warum nicht, denke ich zurück.

„Tante Marianne“ malte ihr Neffe GERHARD RICHTER nach einem Jugendbild. Sie starb wie fünftausendsechshundert in der Anstalt Großschweidnitz durch Hunger, Gift und Gas, exekutiert von Ärzten an ‚unwertem Leben‘, beerdigt im Sammelgrab, so der Eintrag in der Patientenakte. Denn ab 1941 wurde direkt in der Klinik gemordet.

So wie im Westen die Gräber gesucht und manchmal gefunden werden als Fixpunkte von Familie, in die das Regime mordend eindrang, so geht es im Osten. Dort füllte der Massenmord unter der Titulatur „Volksfeinde“ die Gräber. Und am gepflegten Grab eines Henkers steht der Sohn oder Enkel, das Erschießungsprotokoll zum Befehl Nr.159/814 in der Hand – er möchte Rache nehmen. Denn die Verantwortlichen sind in Freiheit, seit Generationen. Er hat die Kette von Verantwortung und Delegation verfolgt, von Stalin bis zum Fahrer, der „den Schwarzen Raben lenkte“. Damit wurden die Opfer abgeholt. In Berlin waren es die Möbelwagen aus Wien.

30.8. CHARLY HÜBNER in ‚Magical Mystery‘, „wenn Karl wieder irgendwas einwirft, dann macht es wahrscheinlich klaps und er ist wieder in der Mühle“. Wenn der Film hält, was der Rezensent schreibt, dann nichts wie hin. Allein Charly ist es wert!

SERGEJ PROKOFJEW kehrte 1936 in die Sowjetunion zurück und verfaßte eine ‚Kantate zum 20. Jahrestag der Oktoberrevolution‘ mit Texten von MARX, LENIN, STALIN, „mit großer Begeisterung“ zusammengeschmiedet. Umschmiedung des Menschen hieß die Kernaufgabe des Staates. Die Aufführung des militär-lärmigen Stücks jedoch untersagte der Anführer wegen „linksradikaler Abweichung und Vulgarität“. Das Kunstfest

Weimar bringt die Sache unter dem Thema ‚100 Jahre Kommunismus' jetzt als krachendes Gaudium mit Oropax-Empfehlung zur Aufführung.

PROKOFJEWS Hingabe an den Kommunismus wurde auch später nicht goutiert, er verstarb mit dem Diktator am 5.3.1953. – So staunen wir über die Hingabe von Menschen, verachten ihre Unterwerfung, verurteilen ihr Handeln – und freuen uns über die Freiheit des Wortes und des Urteils.

Die Weimarer Aufführung paßt in die immer seltsamer changierende Befindlichkeit der Gesellschaft, wo bisweilen paranoide Sensorik die Leute schüttelt. Wiederkehrende Anschauung solch emotionaler Eskalation bietet der universitäre Horizont, aktuell die ‚Alice-Salomon-Hochschule' in Berlin. Deren Seitenfassade ziert über mehrere Stockwerke dieses Gedicht:

> ‚alleen – alleen und blumen
> blumen – blumen und frauen
> alleen – alleen und frauen
> alleen und blumen und frauen und
> ein bewunderer'

Verfaßt hat es EUGEN GOMRINGER auf spanisch 1953, ein bolivianischer Dichter indianischer Abstammung, 92-jährig. 2011 mit dem Poetikpreis dieser Hochschule ausgezeichnet, überließ er ihr den Text. Die seinerzeitige Rektorin beschloß die Präsentation an der Fassade. Das soll nun verschwinden von dort, fordert der Allgemeine Studentenausschuß seit 2016 in einem Offenen Brief. Darin stellen die Frauen fest: ein Mann, der auf die Straße schaut und Blumen und Frauen bewundert! Diese „Reproduktion klassischer, patriarchalischer Kunsttradition" sei Erinnerung an sexuelle Belästigung, der Frauen alltäglich ausgesetzt sind, schließlich unangenehme Erinnerung daran,

> „daß wir uns als Frauen nicht in die Öffentlichkeit begeben können, ohne für unser ‚körperliches Frau-Sein' bewundert zu werden".

Auch, so weiter, sei diese Bewunderung häufig unangenehm, weil sie „zu Angst vor Übergriffen und das konkrete Erleben solcher führt." Vor allem abends sei die U-Bahn-Station Hellersdorf sehr männlich dominiert, die Betrachtung des Gedichts unter diesen Bedingungen eine „Farce" und eine Erinnerung daran, daß „objektivierende und potenziell übergriffige und sexualisierende Blicke überall sein können." Die „Degradierung zu bewunderungswürdigen Objekten im öffentlichen Raum (müsse) nicht auch noch in exakt solchen Momenten poetisch gewürdigt werden."

Über einige Schleifen wird so der Poet zum Formulierer des übergriffigen Täters. Zwei Journalisten machen sich auf und befragen den Rektor, ob dem so sei. Der Mann verneint, doch der Senat habe entschieden. Was wohl der ehedem Ausgezeichnete sagen wird? Er sei informiert, kommt es einsilbig.

Forsch geht das Aufräumen durch die Institutionen im universitären Biotop – von der Akzeptanz und Auseinandersetzung zum identitären Monopol, jedes Einzelnen! Das übervolle Arbeitsprogramm des AStA, aus dem die Damen sprechen, zeigt Antifa und Antidiskriminierung, dazu QUEER, Finanzen und Semesterticket.

Seit hundert Jahren ist das große Saubermachen in der Welt, von den 2000 weiteren abgesehen. Zu den Saubermännern kommen die Sauberfrauen, für das Stück brauchts nur ein paar Schürzen und Kopftuch, denn häufig staubt es. Die machen ernst mit den Reinräumen, über die einfach abgestimmt wird. Dagegen ist die unbefleckte Empfängnis eine antike Lachnummer! – Am Beginn steht die Selbstreinigung, die gründliche jetzt. Neutralisierung des Körpers, des Körperlichen ist der erste Reinigungsgang, im Programm die Vorwäsche – Entfernung des Begehrens aus Körper, Leib und Seele – Befreiung der Frau, soweit die Bezeichnung überhaupt statthaft bleibt, von Bewunderung – Befreiung der blanken Seelen von ungesteuerter Empfindung, da permanent herrschaftsgesteuerte Applikation in Form patriarchalischer Objektivierung droht.

Im Reinraumstatus beginnt der Kulturkampf, zuerst gegen das gesprochene Wort, gegen alles Sprachliche, dessen Abweichung unpäßlich ist. Mann und Frau werden Zufälle im Meer der Möglichkeiten – sie kommen nur nicht aus ihrer Haut, nicht mehr aus der Rechtfertigung raus. – Der dritte Schritt auf dem Weg zum planetaren Hausputz ist der kulturelle Ausdruck. Hier bietet die Fassadendebatte eine Steilvorlage: man wird mit Südamerika einen ganzen Erdteil warnen müssen, dessen Reim über die Frauen vor Bewunderung, vor dem Hohelied auf ihre Attraktion strotzt. Hinfort mit PABLO NERUDAS Schwelgen wie

So ganz Frau, fleischlicher Apfel, Luna hitzig,
dichtes Arom nach Algen, Schlamm und Licht zerstampft:
welch dunkle Helle öffnet sich zwischen deinen Säulen?
Welch uralte Nacht berührt der Mann mit seinen Sinnen.

MÁRQUEZ, FUENTES, CARPENTIER, wohin mit ihnen – ins literarische Kabinett! Betreten nur für Geläuterte und nach Resilienztest, links, rechts und mittig die Warntafel ‚Betritt auf eigene Gefahr‘, die Nummer des nächstgelegenen Hausarztes. Nach dem Wort gerät das Bild, die Skulptur, die Bühne zwanglos in den Blick der Putzkolonnen. Und es wird Blut fließen bis zur Neutralisierung der Welt. Das ist üblich bei Visionen, die den Menschen enteignen.

Angst vor dem Leben treibt in den Putzwahn, es lebe das Scheuermittel. Eine Ausstellung der gängigen Reinigungsmittel müßte her unter dem Titel: Sauber machen! Die Angst, sich in das zu begeben, was immer Gefährdung mit sich bringt und also einschließt, wird übersetzt in ein monströses Programm einer umstellten Eigenwelt, die unentwegt zur jederzeitigen Hölle erklärt wird. Die Phobie zum Organisationsprinzip von Leben zu erklären, die alle Lebenskraft bindet – und damit im Namen der Allgemeinheit aufzutreten, abstimmen zu lassen. Mit welcher Anmaßung begeben sich diese Frauen in den öffentlichen Raum. Als sei es ihre Wohnstube, die Uni. Die sie in drei Semestern hinter sich lassen, weil sie dann woanders putzen.

Mit solchen Reinraum-Menschen können Amazon und Google nur leichtes Spiel haben. Sie haben kein Verhältnis mehr zu Schmutz, Abfall, Dreck, sie werden zu Figuren. Sie möchten jede Anstrengung meiden, jeden Dissens, wie das Weihwasser der Teufel. Der jedoch lacht sich tot und die Schachbretter sind im Bau.

PS.:
Und die ‚Reinigung‘ der Hauswand von diesem Text wird vorgenommen. Zum Jahresende wird eine ‚online-Abstimmung‘ organisiert und es gibt eine Mehrheit für die Entfernung. MONIKA GRÜTTERS sieht einen ‚erschreckenden Akt der Kulturbarbarei‘, dessen Perspektive die ‚Diktatur des Zeigbaren‘ sei. – Der Schrecken sitzt längst tiefer, prägt in Teilen ein kulturelles Klima, hinter dem ein weiteres liegt. – Infam, nein, frei von jeglichem Respekt schließlich die Aufforderung an den 92-Jährigen, doch an der Veränderung mitzuwirken. Der das Intime dieser Welt in Worten begriff wie „baum, kind, hund, haus". Nichts davon in diesem Terrain von Jägern und Gejagten.

Der offene Protest hält an, es leserbriefelt, für Berlin als „Hochburg von Zensur und Verfolgung von Andersdenkenden" sei das wohl ein Ereignis in langer Kette. Das „unsägliche Machwerk" eines JAN BÖHMERMANN werde als Freiheit der Kunst hofiert, wohingegen EUGEN GOMRINGER eingeladen werde, an „seiner eigenen poetischen Hinrichtung" noch mitzuwirken.

Es könnte eine Geschichte werden, wenns mir gelänge, aus dem Reporterdasein in die „Poesie der Subjektivität" einzutauchen, wie es FRIEDRICH CHRISTIAN DELIUS im Bericht über das Schicksal und die Heimholung der ‚Landshut‘ umschreibt, so wunderschön.

31.8. Mit der Fähre übers nebelbelegte Wasser, Uwe abgeholt und zur Grenze nach Luxemburg, wo wir in einen aufregenden Workshop eintauchen. Am Ende des zweiten Tages sind die Tränen getrocknet und Zuversicht in den Gesichtern. Die Chefs kommen dazu. Nachts mit 190 und drei Kartons Riesling zurück, ich fahre gleich weiter zur Hochzeit einer Lehrerkollegin.

3.9. GERD GIGERENZER ist 70 Jahre alt.

4.9. THOMAS MELLE ist Stadtschreiber in Bergen-Enkheim und auf der Suche nach dem graden Satz. Ungeachtet langer Sätze hat er ihn wahrscheinlich längst. Das Thema ist mir vertraut. Wie auf den Mond geschossen war ich, meine Sätze glichen Umlaufbahnen, dabei in Form und Inhalt bisweilen auf der Sonnenseite angekommen. Der grade Satz ist ein Vorhaben, ein Programm. Denn er kommt aus dem Denken, das damit zur Disposition steht. Ein grader Satz ist: ich stehe und falle mit meinem Leib. Oder der Satz, den EUGEN GOMRINGER gemacht hat. Der ist so grade, daß die Frauen ihn von der Wand holen wollen. Als ob ‚grade' angreift. Ein grader Satz ist: ich möchte mal eine Stunde nicht gestört werden. Ein grader Satz schafft Unruhe, er provoziert. – Darüber beginnt das 73. Jahr.

5.9. Um ein Uhr vor der Klingel, sagt Frank – es wird geöffnet und ich gerate in einen Kreis, der im Begriff ist, sich die Teller mit Currysuppe und Shrimps zu füllen. – Kurze Vorstellungen, Kartentausch, ein paar Worte und um zwei Uhr verlasse ich den Industrieclub wieder. – Sodann nach Hamburg, wo ein Informationsabend in der Heine-Villa am Elbufer vorgesehen ist. – Ich habe das Thema wohl in meine Erwartung verschoben, jedenfalls interessiert mich die Sache so wenig, daß ich unter Vorschützung eines dringenden familiären Anlasses die Veranstaltung vor Beginn verlasse und in die Stadt zurückrolle. – Mit Nick geht es nach kurzem Austausch ins Portugieser&Spanier-Viertel zu einem vorzüglichen Dreigang. Der Biß auf eine Knoblauchzehe belegt den Mundraum auf Tage, wie ich zu Hause erfahre – du stinkst! – Nach einer vorzüglichen Flasche bestehe ich zu später Stunde noch auf einem Schluck im ‚20 up'. Die randvolle Bar mit dem 20-Meter-Tresen und den bodentiefen Fenstern bietet einen fantastischen Blick über das mit tiefblauen Lichterketten verzierte Hafengebiet. Es ist Flair, was uns hält und zu einen zweiten Caipi' fordert.

6.9. Wieder auf dem Heimweg und direkt in die Sparkasse zum Abschluß eines Coachings. Beim Abschied zeigt sich der Proband so interessiert, daß ich ein Exemplar des ersten Bandes aus dem Auto hole und zum Selbstkostenpreis abgebe. Ich bin so verliebt in das Stück, daß ich behaupte, es werde immer wertvoller. Es ist bereits antiquarisch! – Das Wort des F.C. DELIUS hat mich kontaminiert, meine Protokollierung stockt.

Wenn die Briten ihre dreiundsiebzig Sessel in Straßburg räumen, möchte man das freigewordene Gestühl gerne weiternutzen, der Bedarf ist schließlich fortlaufend – auch wenns irritiert.

Vorlesung hat das Zuhören im Begriff, letzteres die Anwesenheit. Davon jedoch befreit nordrhein-westfälisches -wo sonst- Regulativ Studierende – tatsächlich mit der Begründung, „Anwesenheitsobliegenheiten (griffen) in gravierender und außerordentlich belastender Weise in grundlegende Rechte der Studierenden ein". – Solcher Ruinierung universitärer Qualifikation kann Vorsatz nicht abgesprochen werden, nun gut, ‚dolus eventualis' sei eingeräumt. Dieser beherrscht ja bereits den Furor des vorsorgestrapazierten Schulbetriebs. – Nach der Abwahl des grün-roten Ensembles soll die Anwesenheit wieder verpflichtend sein. – Das selektiere, empört sich eine „StudentInnenschaft", weil Frauen mit Kind, Behinderte und chronisch Kranke benachteiligt würden. Statt Studierende zu gängeln, sollte „sich die Lehre verbessern" – was die Verhinderten auch nicht in den Hörsaal bringt. Vielleicht einfach mal chronisch gesund werden! Wieder eine Putzkolonne hinter den apokryphen Dialogen. – Vielleicht hilft ja Einzelunterricht zu Hause oder am Krankenbett.

Ein Schmied muslimischen Glaubens in Indien hatte Rindfleisch verzehrt. Ein Haufen Männer kam und lynchte ihn daraufhin.

Infolge eines vorgeburtlichen Schlaganfalls ist ein Mädchen halbseitig gelähmt, was sich in den ersten Lebensjahren herausstellt. Am Ende des 11. Lebensjahres verweisen die Ärzte nur noch auf den Rollstuhl. Das akzeptiert die Mutter nicht und beginnt ein fünfzehn Jahre währendes Suchen & Finden, um Bewegung, Lauf und Reaktivierung der Motorik durch körperadaptive Instrumente wiederherzustellen. So erscheint eine traumhaft schöne Frau mit ihrer robust-schönen Mutter und medizinischer Begleitung in der „Höhle der Löwen" und erbittet 200.000 Euro. Die sichtlich erschütterten Fünf kommen zur Zusage. Damit soll die körperadaptive Anlage zur Marktreife gebracht und sodann vertrieben werden. Auf die Frage an die Mutter nach ihrer Profession kommt die Antwort, weder technisch noch kaufmännisch ausgebildet zu sein. Ihre regelmäßige Antwort, sie sei Mutter, habe jedoch selten weitergeholfen. Grandios.

9.9. Um 18 Uhr beginne ich die Feier meines jüngsten Geburtstages, mit massiver Unterstützung meiner lieben Frau. Einige müssen absagen wegen Krankheit, einige kommen mit Schmerzen, einige ohne. Es wird ein langer Abend mit Impulsen, Hündin Cara, Typ Feudel, liegt auf dem Platz von Elvis und hält ihn knurrend auf Abstand – wem sonst ist solche Unverschämtheit vergönnt! Christiane erzählt von Leuten, die ihr Leben aufschreiben, Frank erzählt von begehbaren Terrarien mit Python & Consorten – in der Wohnung. Laß dich finden, meint sie – wohl wahr. Giselher und Inge sind da, er gibt einen Schwank aus der Zeit als Bürgermeister zum Besten. Die Waffen bleiben im Schrank. – Ich liebe dich.

10.9. Früh ins Erntefestzelt im Nachbardorf zu choraler Rahmung des Gottesdienstes. – Abends zur ersten Ausfahrt mit dem e-bike nach Bremen in die Union-Brauerei zum Familientreffen mit den Freundinnen. Jonas bleibt rezessiv.

Die ‚Rolling Stones' (55) zimmern in Hamburgs Park einhundertfünfzig Minuten am Stück durch ihren Kanon, ein grandioser Zustand.

Das Hörnchen querte den Garten, Elvis schlief.

Nine-eleven – siebzehn Jahre seit der Botschaft, die größer war als mein Leben, welches seither ein Viertel weiter rückte. Der mörderische Widerstand gegen das Weltbild des weißen Mannes hält an. – Hector reist durch die Welt mit der idiotischen Frage, was Menschen glücklich macht. Kein Wunder, daß er dauernd an die Falschen gerät, so an einen Drogen-Baron, der ihn mit dem Kopf umgehend auf den Tresen knallt.

Die Nazis waren ein gewaltiges Raub- und Plünderungsregime, dessen Hebel der manifeste Judenhass wurde, komplementiert mit dieser identitären Arier-Allüre. Solch rassenhierarchischer Dünkel war geeignet, jeglichen zivilisatorischen Respekt durch stumpfen Triebaffekt zu ersetzen, immer und durchgängig verbunden mit dem Beutemachen. Nach dem Einfall in Holland blieb dem jüdischen Ehepaar Fritz und Louise Gutmann der Abtransport ins KZ erspart, einer Anweisung des HEINRICH HIMMLER folgend. Sie könnten nach Italien reisen, hieß es. Das entsprach ihrem Wunsch und sie wurden in einem schwarzen Mercedes zum Bahnhof gebracht. Die Reise im privaten Waggon mit verhängten Fenstern ging über Berlin, Dresden und Wien. Bei Dresden wurde des Nachts der Waggon umgehängt und -heimtückisch wie das Heimtückegesetz- das Paar ins KZ Theresienstadt verfrachtet, wo es des Morgens ankam, er in feinem Tuch, sie im Nerzmantel. In der Folgezeit beständig bedrängt, die Silbersammlung seines Vaters herauszugeben, verweigerte Fritz Gutmann stets die Einwilligung. Er wurde sodann am 13. April 1944 in der sogenannten ,Kleinen Festung' des KL zu Tode geprügelt, Louise Gutmann am gleichen Tag in Auschwitz vergast. Der Sohn treibt die nach dem Zwangsverkauf 1942 in alle Welt verstreuten Kunstwerke auf, denn „die Kunst ist alles, was überlebt hat".

Plötzlich steht das Land im Bildungscluster der OECD an der Spitze, bei den Studienanfängern im MINT-Bereich. – Was nicht Schritt hält, ist die Befähigung, Folge eines mengenorientierten Ansatzes. Der befördert das Posieren.

13.9. JCJ dreht am Rad! – Da die Stimmung gut ist, will er das Kunstgeld auf die gesamte EU-Fläche ausbringen. Mit Bulgarien und Rumänien wären mindestens zwei Vollversorger mehr in diesem knapp 30-Nationen-Laden. Da müßten die Abstimmungsmodalitäten weiter frisiert werden. Nationale Eigenheiten würden den Laden ganz schön aufmischen, auch wenn die Stallfütterung ordentlich aufgemöbelt wird.

BERND LUCKE spricht von „rhetorisch-barockem Fassaden-
bau", HANS-OLAF HENKEL sah wegen Chefes Diktion, Körper-
sprache und depressivem Grundton eher eine Beerdigungsrede.
Nur die GEZ-Orakel entdecken Gewinnendes. Selbst das ‚Han-
delsblatt' warnt aus physikalischer Sicht vor „Ermüdungsbruch",
wenn das Material zu sehr verdichtet, umgeformt wird. – Ein Le-
serbrief erkennt im JCJ-Galopp Revolutionstheoretisches. KARL
MARX habe bereits 1850 von der Permanenz des Anrennens ge-
sprochen, bis der Widerstand erlahmt.

Die Diktatoren des 20. Jahrhunderts haben das als Prozeß be-
ständiger Hysterisierung fortentwickelt: der HITLER mit seinem
Aufmarschsystem aus tausend Anlässen, STALIN in der Füsilie-
rung der eigenen Entourage, wodurch die Gefolgschaften in der
Permanenz der ‚Wachsamkeit' fixiert wurden, MAO TSE TUNG
ebenfalls mit einem Kampagnensystem, das Mensch und Mate-
rial ruinierte.

Daß JEAN CLAUDES Paukenschlag gegen ausdrückliche obiter
dicta des Verfassungsgerichts steht, notiert der Schreiber ab-
schließend, ein richtiger und zugleich ‚ächd deutscher' Einwand,
Leute! – So ist das eben mit Leuten, die eine Vision haben. Die
Frage, ‚warum die Loid ned midmache', kennen sie nicht, ty-
pisch für Eliten-Projekte. Der Oigeha als dessen Exekutor hält
daher auch die Flüchtlings- als Zuteilungsfrage umstands- und
argumentationslos für ok, eines von zahlreichen ‚Fehlurteilen',
wie angemerkt wird. So ist die Europa-Struktur eben. Vom
eher sachenrechtlichen Umgang mit den Geflüchteten in dieser
Umsiedlungsfrage ist noch gar nicht gesprochen, meine Herren
Menschenrechtler. – Ihre Zeit wird enden und sie brauchen et-
was, wofür sie sich auf den Trümmern des gescheiterten Projekts
feiern lassen können. They call it Nachruhm, besser Aftermath!

In Nordkoreas Ensemble wird weiterhin geklatscht und gelacht
– besser is! Ein Brite schrieb ein Buch über den Klatsch- und
Lagerladen, das ins Koreanische übersetzt wurde. Darauf wur-
de der Autor daselbst zum Tode verurteilt. Vollstreckung könne
überall und ohne weiteres Verfahren erfolgen. Nach einem Be-
richt über das Buch drohte KIM bereits mit der Bombardierung

der südkoreanischen Rundfunkanstalt. – Der Autor beschreibt im Wesentlichen, wie kapitalistisch es im Land zugeht. Oben drauf sitzt halt der Apparat mit der Roten Fahne und bereichert sich. Da ist Empörung verständlich.

Von der föderalen Balance zwischen Bund und Ländern sei kaum was übrig nach etlichen EU-Usurpationen und sich häufenden Transferabsprachen, sei es in Form der Abgabe von Aufgaben an den Bund oder dem Ausbau der ‚Drittfinanzierung'. ROLAND STURM verteidigt den produktiven Kern von Vielfalt. Unter dem Schirm des Wohlfahrtsstaats soll es hingegen ‚faltenfrei', semantisch: einfältig, gleich zugehen, wozu das Verfassungsgericht wohl seinen Teil beisteuerte.

Nun je, solchem Aufgabenschwund könnte wenigstens eine Anpassung der parlamentarischen Besetzungen in den Ländern folgen. Davon ist jedoch keine Rede, notiert der Autor. – Wie beim Funksystem ist Deutschland Weltmeister in parlamentarischer Ausdehnung. Den Vogel schießt Berlin ab mit 130 Plätzen. Es ist Vollversorger, weil Versorgung im Vordergrund steht, selbst NRW mit 199 und die Bayern-Besatzung mit 180 hält er für üppig. Immerhin, die Ehefrauen bleiben draußen im ‚mir san mir'-Familienparlament.

Provozierend der Hinweis auf das US-Repräsentantenhaus, wo 435 Abgeordnete „in einer anderen Liga Entscheidungen" für 250 Millionen treffen. Ist eben kein Sozialstaat, gell! – Das Geschmäckle nachhaltiger Versorgung ist dem Staatswesen einfach eigen, es hat Würze oder: von Europa lernen, mit Blick auf Straßburg. Es sei eine Karikatur, heißt es abschließend – von Volksvertretung, muß dann wohl ergänzt werden. Gleichwohl, den Hinweis ernstnehmend, sollte GRANDVILLES Figurenkabinett zur französischen Juli-Monarchie eingesehen werden, um so mancher Übertreibung auf den Grund zu kommen. – Da kommt der Vorschlag grade recht, die Sitz(sic)ungsperiode auf fünf Jahre auszudehnen. Dann bleibt der Volkskongreß ja noch länger unbehelligt. Und der Tischler muß nicht so schnell wieder ran, mag eingewandt werden. Denn die Spiele der Überhangmandate haben hohes Drehmoment.

ALEXANDER KLUGE stellt sein ‚Pluriversum‘ bei Folkwang vor – warum die Lebenszeit Währung ist. Schön so, weil von diesem Gesichtspunkt so richtig klar wird, was Enteignung von einer Währung bedeutet. Den Film dazu gibt's schon lange, das Gesellschaftsspiel in Europa auch, gell Herr Schäuble. – Er fällt mir immer wieder ein, der in Worten sparsame Repräsentant.

17.9. Die Bienen auf den Blütenständen, immer noch, vier Schmetterlinge dazu. – Wir entschließen uns zu einer Ausfahrt, nach Höftdeich, einem Restaurant vor dem Fluß. Das auflaufende Wasser kommt zum Stehen, Wolkenberge vor der Sonne. Langsam beginnt der Rückfluß. Radfahren elektrisch wird zum Rausch, den Deich entlang.

Später ins Auto nach Meyenburg. Bänke, Türrahmen und Zierrat der kleinen Kirche in surrealistischer Bemalung, dirigiert CAROLINE SCHNEIDER-KUHN sechs Stücke unter dem Thema ‚Gregorianik & Jazz‘. Ihr Kammerchor des Kirchenkreises geht mit unglaublicher Kraft und Präzision durch die Stücke, dazu der Pianist fulminant und ein Bläsersatz Trompete, Zugposaune und Saxophon in Begleitung und mit Einlagen, Schlagzeug und vier Kinder, aus vollem Halse, der Junge begierig um sich blickend, nach mehr suchend. Der Applaus endet nicht vor einem weiteren Stück, der Korb ist voller Scheine. Die Leute kamen von weit her, sie wußten davon. Und ich? „Ein Schauer faßt(e) mich und Träne folgt(e) den Tränen". Und vor der Kirche, dann im Auto nur das Wort: wie schön es war. Dem kann der Gedanke kaum etwas hinzufügen, es sei denn: geh ich hin und will da mitmachen? Oh, ginge es nur weiter so bis in die Nacht – und hörte niemals auf. Es wäre zu einfach.

18.9. Die Leute vom Geld sind mir sympathisch, weil sie dem nahe sind, was ist. Die Wahrheit, dieses Unding, hat nur eine Frage: was treibt mich an. Und da hat einer wie JOHANNES POPITZ, dieser Mann mit dem Mittelscheitel aus monarchischer Zeit, der vom Anhänger des Regimes nach den Pogromen in den Widerstand wechselte und in Plötzensee gehenkt wurde, der also hat mit seinem Gesetz von der Anziehungskraft des zentralen Etats mehr Aufklärung betrieben als alles, was der aktuelle moralische Imperialismus, die Klimawandel-Fronde und die Gerechtigkeitsanführer so von sich geben auf den Plakaten für den nächsten Sonntag. Aus diesem seinem Gesetz, welches JASPER VON ALTENBOCKUM vorstellt, machen zwei Punkte den Kern: die Unterwerfung unter die Zentrale als Aufgeben föderaler Verantwortung und das Schweigen über Erhaltung und Ausbau rechtsförmiger Plünderung erwirtschafteten (und abgepreßten) Einkommens. – Schwadroniert nicht! Ihr seid wie JCJ!

GIANNIS VAROUFAKIS memoriert seine ‚schlimmsten Erfolge‘ im Währungseuropa, insbesondere mit WOLFGANG SCHÄUBLE, mit dem er sich duzt. Der deutsche Kassier gibt nicht nur zu verstehen, daß er mit keinem Cent Rückfluß rechnet, der nach Südosten floß. Der macht auch die zwei Striche durch den Grexit: 1. Der Schuldenberg wüchse dann ins Gigantische, das ist die Logik der Endloskredite – du kommst da nur noch im Krieg raus, weil du mit Geld ‚dichtgeschissen bist‘. Das ist wie mit den Anleihekäufen, alles Erpressung. 2. Im übrigen habe die Kanzlerin andere Vorstellungen als den Austritt, „verschiebt lieber die Rentenzahlungen", rät der Finanzer dem Griechen. – Das Finanzressort ist eben Werkbank der Kanzlerin.

20.9.   „Kaffeeee!" Edeltraut erzählt von der nächsten Expedition in den Golf von Korinth. Lucy kriegt die Krise, soll der Bohrturm abgebaut werden oder nicht! Denn über den Golf führt eine Brücke und bei spiegelglatter See fährt die Spitze vier Meter drunter durch. So geht das 30 Minuten, kurz noch die Rede des DONALD TRUMP vor dem UN-Plenum durchgegangen und wieder an die Arbeit.

Morgens Sonne – mittags Sonne – abends Sonne.
Der Schein trügt – ach trüge er mich um die Welt!

BANKSYS Wandbilder ehren JEAN-MICHEL BASQUIAT, seinen 1988 gestorbenen ‚Kollegen‘.

21.9.   Ins Café ‚Noon‘, wo der Marketing Club frühstückt – um 12.30 zurück, zügig – 12.40 Obernstraße, läuft einer neben mir, gleicher Schritt, gleiche Geschwindigkeit, ich unbeirrt weiter, forsch

– zu Hause fehlt das Portemonnaie – Plan Freitag: fünf Ämter plus Sparkassen – 17 Uhr zum Ski-Grill, Trost bei Wurst und Bier. Ich erzähle von C.G. JUNGS Beispielen aus dem Eheleben, wo die Frau den Maskenauftritt des Mannes kompensiert, also auslebt. Darauf einer: 1930 war die Ehe das Lebensmodell, heute für kaum mehr die Hälfte der Einwohnerschaft. – Die Schlußfolgerung wie reife Frucht: daher fehlt den Posierenden, Maskierenden, titeltragenden Stellungsgebürsteten der Raum privater Kompensation und der unvergorene Kram wird direkt auf den Marktplatz gekippt, der heute das Netz ist mit den tausend Separées. Dort wird alle Peinlichkeit dieser Welt, ebenso Haß und Gebrüll feilgeboten. Der öffentliche Raum hat erheblich mehr Unrat zu verdauen als der vorzeiten artig gepflegte. Erst der gestattete Ausbruch legte alles frei. Ja, früher war nicht nur mehr Lametta.

STEPHEN KING wird 70. Vom Großmeister in Angst&Panik stammt selbst die Vorlage für „The Green Mile".

22.9. Verlustanzeigen-Rallye: von 9 bis 12 alle Stationen angefahren wegen Sperrung, Meldung und Ersatz, mit dem ‚e' nach OHZ, sehr edel. – Abends zum 60. zu Marion, called Mary. Marions Vorbehalt löst sich schnell im Gespräch. Ich sehe Leute nach 24 Jahren wieder, da war die Hochzeit der Beiden. Um 4 Uhr morgens verlassen wir, Letzte, die edle Herberge neben der Bremer ‚Kommode'.

23.9. Um 9 schwankend zu Gassi&Brötchen. Ich nutze den Garten zum Abbau mäßiger Alkoholwerte.

24.9. Es darf gewählt werden. Mit sechs Fraktionen ist zu rechnen, also mit substanzieller Differenz. Der Parlamentsraum beherbergt selbst die Bundesversammlung, die Ausdehnung im dreistelligen Bereich ist also kein Problem, geschweige denn ein Hindernis. Diese Inflation der Mandate überhaupt zu erörtern geschweige denn zu verhindern, haben sich die Parteien konstant geweigert. Jeder Sessel zählt, jede Stimme ja schließlich auch, gell! Bisher haben die ersten sechs Reihen Tische, wohl zum

Notieren von was, ggf fürs Kurzschläfchen. Damit ist jetzt Schluß, denn es wird zusammengerückt. Ob die ‚Hinterbänkler‘, dieser Fachbegriff aus dem Parlamentswesen, ab Reihe sieben beginnen, müßten Kameras mit Gesichtserkennung entscheiden. Wenns so aussieht wie gestern beim Spiel von Werder, ist es ‚voll die Rückbank‘.

Später wird ein Fachmann die Ursache der Parlamentsexplosion erläutern – immerhin hält die Glaskuppel, was sie verspricht. Der ‚Trick‘, der den Pulk von 100 neuen Mandaten ins Hohe Haus spült, liegt bei der CSU, die als eigenständig auftritt. Ihr Ergebnis wird auf die Republik umgelegt, das sind dann so sechs Prozent der Zweitstimmen. Da sie im schönen Bayern alle 46 Direktmandate einfuhr, sieben mehr als nach Zweitstimmenergebnis, bekommen alle anderen Parteien Ausgleich – die CDU allerdings Null, die FDP hingegen fünfzehn. Verstehe das, wer will – Hauptsache Ausdehnung!

Rußlands Kulturminister weiht unter priesterlicher Assistenz eine Statue von zehn Meter Höhe ein, zu Ehren des AK-47 und seines Konstrukteurs, des MICHAIL KALSCHNIKOW.

„Neue deutsche Medienmacher" nennt sich eine regulativfreudige Journalistenvereinigung. Sie möchte den multiplen Deutschen und den multiplen Zugereisten durchsortieren. Ein Deutscher ist hiernach:

- Deutscher ohne Migrationshintergrund
- Deutscher mit Migrationsgeschichte
- Einheimischer
- Autochthoner Deutscher
- Biodeutscher, also vegan, Beruf: Obst & Gemüse
- Bundesrepublikaner
- Herkunftsdeutscher
- Copyright-Deutscher
- Deutscher Staatsangehöriger
- Mehrheitsbevölkerung
- Passdeutscher
- Standarddeutscher

Zugewanderte lauten auf:
- Turko-Deutscher, Polnisch-Deutscher und die ganze Arena hindurch so weiter,
- Diverskultureller
- Ausländer
- Menschen aus Einwandererfamilien
- Einwanderer
- Zuwanderer
- Mehrheimische
- Arbeitsmigranten
- Arbeitsmarktbezogene Einwanderer
- Ausländische Arbeitnehmer
- Menschen mit internationaler Geschichte
- Neubürger
- People of Color
- Schwarze Deutsche
- Afrodeutsche
- ... weiter mit B bis Z

Erkenntnisgewinn ist nicht ersichtlich, es muß eine verborgene Agenda hinter der Schreibübung geben. Aber das Sortieren liegt uns, Sinnfreiheit mag zur Tarnung gehören.

Um sprachliche Verschleierung gehe es, wie beim Gendern, so PETER EISENBERG: die Neuregelung der Orthographie geht tatsächlich auf ein sozialdemokratisches Programm für beide deutsche Staaten zurück, „auf der Suche nach politischen Themen" seien WILLY BRANDT und EGON BAHR gewesen, heißt es unter der Überschrift „Mißbrauchte Sprache".

Das muß ich buchstabieren – dieses Kolossalprojekt von verbrannter Energie, jahrzehntewährenden Tagungen entsprang einer Annäherungsattitude aus den 70er Jahren! Wer solchem Wahn verfällt, ist zu mehr fähig. – Das wird der Genderismus, aus einem vernünftigen Gedanken zum Wahn-Impuls an die Welt aufgeblasen: im Genderismus hat das Wüten der „Progressivisten" (MICHEL HOUELLEBECQ) im Verbund mit dem akuten Inklusionswahn mit seiner Sprachvernichtung, genannt „Leichte Sprache" das gesamte Bildungssystem unter Kontrolle. Solche Ignoranz von Sprache als Wesensausdruck von Kultur macht den Weg frei für das Programm: die Anforderungen so lange reduzieren, bis sie dem niederstmöglichen Niveau von Ausdruck zugänglich und erfüllbar sind. – Ich wittere Anschluß an meinen Vorschlag, das Schulsystem ins Steuerrecht zu verschieben. Hier ist zu ergänzen: Abschreiben nach Niederst-Niveau, analog dem Niederstwertprinzip, gell! Wir suchen doch nur nach Worten, die den Tatsachen bestmöglichen Ausdruck geben, ihr Leergut-Panoptiker. Zurück ins Hohlraum-Gefüge und der Bemerkung zum Gender-Großraum-Professorat: mehr als 200 blasen den Sprachschrott und die Präliminarien von ein bis zwei Prozent der daran Interessierten in die Ohren naiver Studierender.

Welch' eine Projektabfolge von Enteignung über vierzig Jahre! Sprachumbau – Geschlechterumbau – Sprachsturz. Welches Land geht so entschieden an das Schleifen seiner Kultur. Wir sind Meister im Schleifen, im Beseitigen, im Abräumen. – Für ‚mehr Europa' geben wir uns den Rest. – Bald siehts kulturell hier so aus, wie physisch am Ende der Kampfhandlungen neulich.

25.9. Mit elf Jahren erfuhr INGE DEUTSCHKRON, sie sei Jüdin. Ihr Leben entwickelte das Kind, die Jugendliche in der fortschreitenden Einengung des Lebensraums, welche das Regime inszenierte. Berlin bot die Konzentration von Aufstieg und Fall bis zur Flucht in den Untergrund des Ruinenfeldes. – Die Gewalt begann 1933 mit dem Aufruf „Deutsche, kauft nicht bei Juden", der Verfolgung des Vaters, eines aktiven Sozialdemokraten – die öffentliche ‚Sicherheit und Ordnung' war mit der Freisetzung der niedersten Instinkte in Form von SA und Gestapo für Juden aufgehoben, beständig begleitet von Aufmärschen und drohenden Gesängen mit Trommeln und Querpfeifen.

Der öffentlichen Bücherverbrennung folgte die private im Ofen der Waschküche im Keller, später im Küchenherd nach der „Radikalrevision der Bücherschränke". Die Luft zum Atmen war voller Mißtrauen. – Nächstens das ‚Gesetz zur Wiederherstellung des Berufsbeamtentums' gegen Jeden, „der nicht die Gewähr bietet", der Vater wurde über die bevorstehende Entlassung aus dem Schuldienst informiert, 1933. – Der 1. Mai weitere Plattform für die Hysterisierung: „Wenn's Judenblut vom Messer spritzt, dann geht's nochmal so gut", ging es im Marschrhythmus durch die Straßen – die Schulfreundinnen verabschiedeten sich jetzt mit erhobener Hand und gefolgsamem ‚Heil Hitler', die Lehrer betraten den Klassenraum mit dem gleichen Gruß. – Jüdische Kinder wurden in jüdische Schulen gezwungen, Teil der Isolierung und Verdrängung aus dem öffentlichen Raum – alle jüdischen Beamten aus dem öffentlichen Dienst getrieben – jüdischen Kindern die Benutzung von Sportplätzen und Umkleidekabinen verboten, sofern andere Kinder dabei waren.

Erste Verhaftung von 1500 sogenannten vorbestraften Juden in Berlin – die Form des linken Ohrs zeige die Rassezugehörigkeit, erklärte das Nazi-Fachwissen, die 16-Jährige mußte beim Fotografen das Haar hinter das linke Ohr streichen, seit dem 15. Geburtstag eine Kennkarte mit sich führen. Die hatte ein großes „J" auf der Außen- und ein gelbes „J" auf der Innenseite, dazu Foto und Fingerabdrücke. Der Bloßstellung folgte die Verdrängung, jetzt die Kennzeichnung und Stigmatisierung. Als jüdischem Mädchen wurde die Namensausweitung auf ‚Sara' in ihren Ausweis eingetragen, allen männlichen Juden ‚Israel'. – Stufen der wirtschaftlichen Ruinierung bis zur Freigabe der Plünderung waren die Streichung von Beihilfen, also der Ausschluß von der Sozialpolitik, zu deren Finanzierung die Plünderung der Juden bereits beitrug. Weiterhin die Pflicht zur Anmeldung des Vermögens der Juden.

Alle sachlichen und personellen Voraussetzungen zur ‚Lösung der Judenfrage' als Deportation und Vernichtung sowie der Aneignung ihrer Habe waren zum Jahresende 1938 gegeben. – Juni: jüdische Gewerbebetriebe waren sichtbar zu kennzeichnen – Juli: Entzug der Approbation für jüdische Ärzte – September: Entzug der Zulassung für jüdische Anwälte – Oktober: Massenverhaftung von 1500 Juden mit polnischem Paß aus den Wohnungen heraus durch SS und Polizei und Transport an die polnische Grenze.

November: der 9. November brachte die Ausführung durch marodierende SA, bewaffnet mit Äxten, Beilen und Knüppeln, SA und Gestapo brachen in Wohnungen ein und verschleppten Juden zum Transport ins KZ, insbesondere wohlhabende. – Den Vater konnten sie wegen Abwesenheit nicht verhaften. – Die Eintreibung von einer Milliarde wurde als Abgabe dekretiert, als Buße für ihr Dasein und in vier Raten eingezogen, die Juden zur Beseitigung der von SA, SS und Gefolgschaften angerichteten Schäden verpflichtet. Die organisierten Verwüstungen führte die Propaganda zurück auf „die Abneigung des deutschen Volkes gegenüber der Agitation des internationalen Judentums gegen das nationalsozialistische Deutschland." – Kurz drauf im gleichen Lügenoktroi die Mitteilung im ‚Völkischen Beobachter', das deutsche Volk sei „zur endgültigen und unweigerlich kompromißlosen Lösung des Judenproblems aufgebrochen". – Das Regime erprobte beständig Belastbarkeit und Duldung durch die Bevölkerung. – Juden wurde der Besuch von Museen, Parks Konzertsälen und Theatern verboten.

Die Familie schob den Vater förmlich ab nach England, er wollte nicht – Mutter und Tochter gingen schrittweise in die Flucht, in den Untergrund Berlins unter Wechsel des Namens. Das Leben blieb ihnen, weil sie beständig auf Berliner trafen, jüdische wie christliche, die unter Risiko halfen. – 1942: es kamen Listen mit Zugriffskriterien für Juden, die ihren Besitz eintrugen und sodann mit Koffer in schwarze Autos stiegen. 35 Tausend wurden so aus Berlin nach Theresienstadt deportiert. Vertreter der Jüdischen Gemeinde hatten den Weg ins Gas zu gewährleisten.

Keiner glaubte dem anderen – die Betroffenen fügten sich ohne Widerstand – die Sammelstellen leerten sich und füllten sich neu – die Wohnungen wurden versiegelt und später geplündert – verbliebene Juden erhielten weder Fleisch, Zucker noch Gemüse und Obst – Mai 1942: als ‚Sonderaktion' zur Vergeltung für das Attentat auf REINHARD HEYDRICH in Prag deklariert, wurden 500 Juden aus ihren Wohnungen zur Deportation verschleppt – Deportationsbahnhof war die Station Grunewald – nach der Meldung, Wien sei „judenrein", forcierte Wiener Gestapo die

Deportation Berliner Juden, dafür brachte sie die erprobten Wiener Möbelwagen mit. Sie holten die Blinden und Taubstummen aus den Werkstätten:

> „ohne einen Laut legten sie ihre Arbeit nieder, nahmen ihre Sachen, faßten einander an den Händen und gingen tastend und still die Treppen hinunter." –

Zum Jahresende wurde die Verfügungssperre über das verbliebene Eigentum erlassen. – Blutendes Herz.

26.9. Die Erde tat sich nicht auf, aber sie rutschte. Das Parlament macht sich breiter, weil 709 einen Platz beanspruchen, dabei 78 Dazugestellte. Darauf und auf weiteren Stühlen werden die Mandatsträger der AfD Platz nehmen, die Skandalrufer behalten noch die Oberhand. Aus der Oberlausitz kommt die Partei mit bis zu 46% der Stimmen, aus dem Osten mit weiteren drei Direktmandaten. Das Ergebnis will nicht akzeptiert werden. Denn die Apparate des Politischen und der Kommunikation sind westdeutsch und hier gehört sich sowas nicht. Da haben sie den Osten mit Geld zugeschüttet, massenhaft Führungspersonal transferiert und nun dies. Sie verstehen nicht und das macht die AfD stark, sie erhält ein Gutteil der sechs Millionen Stimmen, 1,5 von den empörten Parteien.

Ignoranz zieht Borniertheit nach sich. Man möchte unter sich bleiben und tituliert den Resonanzraum der Ignoranz als Schmutzfinken, die viel Anlaß dazu bieten. Das Hinsetzen und in den Disput gehen ist nicht die Sache des westdeutschen Blocks, der ja noch mehr Gemeinsamkeiten als diesen Feind hat, nämlich den Pulk einvernehmlicher Vermeidungen. Deren Folge sitzt jetzt neben ihnen, mühsam auf Abstand gehalten. Solche nicht bewirtschafteten Hohlräume werden eben leicht von übelriechenden Parolen besetzt, normale Folge von Gärung. Der Aufschrei des ‚Seht doch!' bei den Politischen und im Öffentlich-Rechtlichen folgt auf dem Fuße – what a self-fulfilling theatre – wie in Amerika: „eine Niederlage der Eliten", mit ihren Euro-(Fahr-)Scheinen, JOE KAESER von Siemens. Die übrigen bleiben im eitlen Wort-Fossilien-Stadl mit ihren Bemerkungen – die Kanzlerin, die 4.,

„kann nicht erkennen, was wir jetzt anders machen müssen."

Von Uneinsichtigkeit und Starrköpfigkeit im Spätstadium spricht der Leitkommentar.

27.9. Auch Sally Huang hat die Schnauze voll von Diskriminierung und schafft die Bezeichnung ‚girls' ab. Die Direktorin einer Londoner Privatschule möchte Transgender-Schülerinnen frei von dieser Last machen – was die 98% der übrigen ja wohl durch ihr wörtliches Verschwinden verstehen werden.

Nach der Senatsstudie zur Lebenssituation lesbischer – schwuler – bisexueller -transgender- und intergeschlechtlicher (kein Flax) usw. Jugendlicher unter der CDU-Regentschaft hat die Berliner Schulverwaltung jetzt eine neue Studie in Auftrag gegeben zur sexuellen und geschlechtlichen Vielfalt, wobei die Teilnahme des Lehrpersonals „ausdrücklich erwünscht" ist.

Schamgefühl von Jugendlichen hat vor dem wissenschaftlichen Forsch' eh nichts zu suchen, die Privatsphäre des Lehrpersonal auch nicht. Aber die Werbetafeln der Republik vollmachen mit „Respekt!". Daß der Finsternis in der Berliner Schulbildung damit ein Licht aufgezogen wird, darf nachhaltig bezweifelt werden. Licht interessiert den Senat nicht, anderes schon.

WOLFGANG JOOP versteigert seine Möbel. Den Grund kenne ich nicht, es ist auch ohne Belang. Ich frage nur nach dem Stich, den mir das im Brustkorb versetzt, immer schon im Brustkorb. Dann geht es um Leben und Tod, also denke ich: weil er geht, einfach weitergeht, WJ. Das fiele mir nicht auf, wenn auch ich ginge. So habe ich den Eindruck, daß ich stehe, immer wieder – und so die Welt wahrnehme, die geht. Ich habe nur falsche Eindrücke. Was hieße es auch zu gehen? Ich verstünde WJ. Die Möbel haben auch nur ihre Zeit. Das erkennt er, an. – Ich muß noch viel anerkennen.

28.9. Der Prinz Saudi-Arabiens will das Fahrverbot für Frauen aufheben, wohl des Geschäfts wegen. Er ignoriert Bedenken von Religionsfachleuten, ‚das Böse' werde erwachen, genauer sexuelle Auswüchse. Als schliefe es oder ließe sich wegsperren! – Auch der Hinweis verfing nicht, Frauen verfügten nur über ein Viertel ihres Gehirns. Das kann ja reichen für den Betrieb eines Kfz, und sagt nichts aus über die männliche Inanspruchnahme dieses Organs. Im übrigen bleibt ja alles bei den von der Scharia eingesetzten Beschützerchen: er bleibt Vormund der Frau, geht's um Kontoeröffnung, um Antrag auf Paß, Verträge jeglicher Art, Reiselust, Arbeitsaufnahme in dem kleinen, frauenzugänglichen Segment, schließlich Heirat – nicht ohne Vaddis Erlaubnis. Falls doch, wird schön getrennt gefeiert. – Nicht auszudenken, wenn westlicher Genderwahn einmal die Levante erreicht. – Und die Aufkündigung der Ehe bleibt auch Männe vorbehalten, also weiterhin umfassende Einfriedung der Frau. – Gedacht oder schon gemacht: Witwen werden Mündel ihrer Söhne. Der Gang durch den öffentlichen Raum dürfte voller weiterer Accessoires sein.

Steigerung solcher Verhältnisse ist Ägypten: gewährt in Arabien die Scharia einen eher sachenrechtlichen Zugriff auf die Frau, so in Ägypten -inzwischen- den öffentlichen und tätigen Angriff. Die Frau ist das verfügbare Luder oder wird anschließend wegen Verletzung der Ehre, des Mannes, der Familie oder Höherem umgebracht. Ihrer 99 Prozent seien im Lande bereits verschiedentlich belästigt worden. Der Mann in seinem Fallendasein zwischen gestautem Sexualtrieb und wirtschaftlich aussichtsloser Anforderung, den heirats-bedingten Ansprüchen an die Ausstattung von Frau, Haus und Hof zu genügen, greift zum Pornovideo, das nur mäßig entspannt, und sodann zur Straße. Der ‚Griff zur Frau' sei dabei schicht- und einkommensunabhängig. Und der öffentliche Raum unterbindet die Folge des Kontrollverlustes nicht, er bietet keinen Schutz, so haben die Impulse der Scharia freies Spiel.

Beim FC Marbella fand die Polizei große Mengen Bargeld, 23 Luxuskarossen auf dem Hof und reichlich Schusswaffen. Der russische Präsident des Clubs wurde daraufhin hoch- und in

Gewahrsam genommen, wegen Mißbrauchs des Clubs zu ausufernder Nebentätigkeit in Geld- und anderer Wäsche.

29.9. JOY FLEMING starb, 72, die von der ‚Mannemer Brigg‘ mit den drei Oktaven.

Um 13 Uhr ab nach Südafrika, Jonas übernimmt das Auto am Bahnhof. Im Zug mein Fahrkartendesaster, ich habe wirr eingekauft und scheitere vor der Kontrolle. Der Abriß im Reisezentrum zeigt dreißig Minuten Warten an, wir fahren weiter, am Flughafen wird es entspannt. ‚Turkish Airlines‘ sind gut organisiert, ich wähle auf dem Weg nach Istanbul ‚The Magnificent Seven‘.

Um Mitternacht auf ‚Atatürk‘, riesige Anlage, übervoll, irgendwie gemütlich, basarig. Istanbul liegt zentral, nur Amerika ist etwas weg. – Becks zu 8 Euro das Stück, dann besteigen wir die monströse Flugmaschine 320–300. Wie dieser Apparat in die Luft kommt, bleibt mir ein offenes Rätsel – es ist berechnet. Sodann liegt er glatt für 11 Stunden auf 11-tausend Meter. Achtmal würge ich meinen Leib gegen die Kanten, drehe mich ein und aus – und bin um 8 Uhr morgens doch recht munter. Geht einfach besser auf dem Längengrad. – Ein Film über die ‚Wevelsburg‘ ist im Angebot, HEINRICH HIMMLER im Archaik-Wahn seiner ‚schwarzen Sonne‘, bis HITLER und GOEBBELS ihm den Unfug abstellten. Seine Qualitäten lagen auch mehr im Massenmord. In englischer Gefangenschaft nahm er Gift, wie GOEBBELS und GÖRING, der Ausweg der obersten Verantwortungsträger.

Um 12 Uhr stehen wir in Kapstadt, also auf zum nächsten kleinen Abenteuer, dem Mietwagen. Es fehlt der ‚Voucher‘ und ein Erkennungszeichen. Mit der Buchungsnummer werden wir fündig und fahren in die Stadt, linksseitig. Bei Hank & Guido wird uns ein dreistöckiges Häuschen übergeben, kurz hinterm Hafen, feinste Ausstattung. Begeistert kaufen wir ein, fünf Restaurants in nächster Umgebung, wandern sodann zum Hafen, wo ein Hotel-Museum in einem Silo eröffnet wurde. Weiter hinten ist um eine Marimba herum eine African Combo im Einsatz, es kommt in kurzen Abständen zum haltlosen overspill. Wir beschließen hier zu essen, ohne Unterbrechung wechseln Stücke, Spieler und der Rhythmus bis ins ‚Happy birthday'-Finale, ein Vorbeikommender hat wohl seinen Geburtstag annonciert. Rückkehr in die fast prachtvolle Unterkunft, begeistert vom ersten Tag, packt Marion ihren Reiseakku und einen Satz Kabelbinder auf die Kommode, reine Gewohnheit, man weiß ja nie, ist das Motto. Die gemeinsame Decke muß reichen.

1.10. SONNTAG. Durch die hellhörige Nacht mit ihren ‚big talking affairs' in einen Morgen mit tiefblauem Himmel. Ich beschaffe Brötchen, wie immer, bei ‚Spar', einem wohlsortierten Laden mit sechs Ladies an den Kassen, die Kunden werden aufgerufen. Frühstück auf der kleinen Innenterrasse. Sodann auf die ‚Rote Bus-Linie' und quer durch Kapstadt, den Tafelberg hoch und -ohne die Seilbahn- wieder runter an den Atlantik – zwei Stunden Strand und weiter zum Botanischen Garten – die Summe aller Gärten, die ich seit Sri Lanka 1981 sah, auf jeder Wiese tafelt eine Festgesellschaft. Später zurück mit der ‚Blauen Linie' an die Waterfront. – Dort nimmt mich ein Mast von wohl hundert Meter Höhe ein, er gehört zu einem fast hundert Meter langen Segler aus Australien, mit Wasserflugzeug und drei Vorsegeln, 1000 Tonnen – im Angebot! Ich beruhige mich und wir ziehen zurück zum Haus, Bares, soll ich 2000 ziehen, ja, es sind 120 Euro! Hundert Meter weg leuchtet es im ersten Stock „Piano Bar", über zwei Etagen mit Außenbalkonen – mit einer Flasche Pinotage und Tappas zur one-hand-guitar, wir sind erneut tief zufrieden.

2.10. Kalk Bay, Brass Bell, vor dem Atlantik, oder schon indischem Ozean – hinter dem Horizont liegt das Packeis, jedoch ein Stück weg, da wir hier kurz unter dem südlichen Wendekreis vor dem Weißwein sitzen, im Land mit elf Sprachen, die alle im mixed english münden. – Weiterer Stopp vor der Flottenkulisse, sodann zum Südpunkt – immer schön links fahren! Bisweilen touchiert der Wagen den Schotterrand, wir stopfen ihn in eine Lücke und stellen uns an, wo die halbe Welt schon wartet, auch mal schubst, pöbelt. Vor mir ein Feistnacken, querrüber das Nikonband, vorne stark ausgebaut, worauf die Kamera mit 220 mm-Objektiv lagert, dazu die Brille am Band, „natürlich drängeln sich die Japse wieder vorbei", erkennt er, als wäre er Weltkriegsteilnehmer im Pazifik. Vielleicht nur ein notorischer Vielflieger, der Erlebtes ins persönliche Weltbild einsortiert, diesem Spiegelkabinett von Sehnsucht und Ressentiment. Das ist nicht seine erste Ehe, meint Marion, die Frau im Blick.

Auf dem Zahnrad geht's zum Turm auf der Spitze, die Sonne gleißend über dem Atlantik. Zurück mache ich eine Probefahrt, unsere Neigung nach mehr links, wenn wir links fahren, hält Marion nicht aus und übernimmt. Die Eingabe ins TomTom führt uns bergan auf eine Panzertrasse und endet vor einem Kawumm. Danach geht's bergab in zahlreichen Kehren. Der Wetterwechsel schiebt sich über den Tafelberg. Das massive Gewölk fällt zu Tal.

Zurück am Haus begeben wir uns zu ‚Alforno'. Wer ist die Frau am Nachbartisch, fragen wir wiederholt und wetten – sie nimmt Hering – sie nimmt keinen Hering, eins zu null für mich, ansonsten sehr gutes Essen. – Sodann gegenüber in die Piano Bar, heute mit Gesang und Gitarre, wir kommen notorisch ins Gespräch mit den jungen Turteln, er ist völlig hin für sie, sie auch und erläutert auf deutsch, sie seien ja „fast verheiratet" – er schnellt herum – ?? So! So geht Führung, hat die Frau im Blut, nein im Gen. Das nervt den Mann. Wir nehmen noch einen und dann die 20 Meter zum Haus. Loveside.

3.10. Planung der großen Ausfahrt, Marion bucht Richtung Wüste ab Donnerstag. Wir laufen ins Zentrum, Kapstadt ist nicht groß, durchs Regierungsviertel voller Botanik, zuerst ins erd- und tiergeschichtliche Museum, an dessen Ende der Mensch auftaucht, immerhin. Im Park sind Krawallbrüder unterwegs, ein Vogel mit Impertinenz, bis ihn so eine Graugans, ebenfalls mit Klartext, vor sich hertreibt, auf die Bank, über die Reling und weg.

Die Sushi-Bar im Zentrum stellt uns völlig zufrieden, wir rechnen acht Schalen ab, plus Weißwein. – Nach dem Mittagsschläfchen raus zur Waterfront, das ‚Silo‘ ist geschlossen, die 1000-Tonnen-Yacht noch nicht verkauft. Wir schnüffeln durch die Freß- und Kleinkunsthallen, am Ende wieder bei ‚Spar‘, wo ich die Buchstabensammlung aufkaufe – Basiskauf, Nachkauf, Rückgabe des ‚N‘, später wieder gekauft – die Lady an der Kasse dreht am Rad, diese Irren aus dem Norden des Planeten. – Später nach dem Sauvignon blanc, hix, zum „Geheimtipp“, dem Türken leftside. „Haben Sie bestellt?“ – Nein – „Wir sind eine Institution!“, stellt sich Chefe vor und findet natürlich einen Zweisitzer. Es kommen alle, eine Muslimgruppe, eine Eurogruppe, nicht die aus Brüssel, und sonstwas. – Den Abschluß bildet notorisch die Piano Bar, sehr voll, der Mann am Klavier gut, sehr laut. – Wir sprechen über Ortswechsel, nach Südafrika, Marion ist infiziert, Corinna hat Schuld. Erstmal weiterfahren, wir kennen jetzt einen Quadratkilometer des Landes, es gibt noch 1,2 Millionen davon.

4.10. Mittwoch. Aus unserem Mini-Meatpacking-District in die Stadt vor die ‚Slave Lodge‘, wo vierhundert Jahre wechselnde Ankerung und kriegerische Besetzung von Portugiesen und Holländern, Briten und Buren aufgeführt werden. Der Sklaverei folgte die Rassentrennung, tausend Geschichten zwischen imperialem Luxus und Stallhaltung der Schwarzen. District Nr. 6 wurde noch in den sechziger Jahren niedergewalzt wegen gemischter Bewohnung. Der Bure DE CLERK begann mit dem Ende dieses Zustands, der die formelle Gleichstellung unter NELSON MANDELA zum Abschluß brachte. Ob das Land weiter als die USA ist? Ich urteile aus einem Eindruck, also lasse ich es. Die soziale und wirtschaftliche Fundierung steht dahin. –

Erschöpft wieder in den ‚Sushi-Palast‘, der Kellner weiß bereits, was wir trinken, Marion bevorzugt rohes Fleisch. Danach zum ‚Castle of Good Hope‘, wo sich die ganze Geschichte aus der Fort-Perspektive zeigt. Im Hof die vier Könige und Stammesführer lebensgroß in Bronze gegossen, die im Kampf gegen den weißen Mann schließlich unterlagen.

Um 5 Uhr sind die Weißen im Auto und die Schwarzen auf dem Bürgersteig, bemerkt Marion, wir nicht. Wir queren den Busbahnhof, ich ziehe die Reißverschlüsse meiner Taschen hoch, und werde dabei beobachtet. Sekunden später ist der neben mir – und öffnet Marions Rucksack. Mein scharfes „Stop it" läßt ihn zurückfallen, „sorry" murmelnd. Wir sind zur falschen Zeit am falschen Ort und es passiert. Also forsch ins heimische Quartier, einen Weißwein und aufs Bett.

Das mit dem Jazz in der Krypta der Kirche lassen wir. Die Piano Bar liegt einfach näher. Dort teilen wir uns eine Portion, eine Junge singt zum Piano – ein Quartett von exploding Youngsters weiter hinten, wir an der Wand vor den Kissen, schräg gegenüber erscheint ein Vierertrupp English zum großen Verzehr, rechts davon elder folks, dann wechselt vorne die Belegschaft auf ‚new young cannibals' – was mache ich hier, kommt mir in den Sinn – Du hattest alles! Als sei es genug – die Rechnung bitte, dabei wollte ich ihre songs mitsingen! Alaba sieht ihm ähnlich, dem aufmerksamen Jungen in schwarz. Wir verabschieden uns.

Erst drei Tage später, nachts, wird mir die Logik hinter der Rucksack-Dreistigkeit klar! Das offensichtliche Nesteln diente der Ablenkung. Gleichzeitig wurden meine Reißverschlußtaschen geöffnet, sie waren nur leer, weil ich auf Marions Drängen Geld und Handy in den Hosentaschen verstaue. Und ich erinnere mich: kurz nach der Scheinattacke steckte ich die Hände in die Anoraktaschen, sie waren offen! – Sie waren mir drei Tage voraus! Und das Spiel des Unbewußten, seine Autonomie und Kooperation: es hilft dem Mangel an Erkennen ab. Die Info erhielt ich um 3 Uhr in einer Wachphase.

Kaum zu lesen INGE DEUTSCHKRONS ‚Leben danach' in der Nachkriegsrepublik mit ihren selbstgefälligen Nazis, so diesen Professor Catel, der nach seinen ‚Versuchen' an Behinderten und Kranken zum ordentlichen (sic) Professor an der Kieler Kinderklinik berufen wurde – oder Mme. Oberheuser, kennen Sie die?, nach sogenannten Menschenversuchen in Ravensbrück in Privatpraxis. Einer nannte sich um in Dr.Sawade, eine EDGAR WALLACE-Figur im richtigen Leben! Tobte sich jahrelang aus als Gutachter, behördenbekannt, bis er als erkannter Verbrecher abdankte.

5.10. Donnerstag. Rückgabe der Wohnung an Guido&Hank – wir versuchen Kapstadt zu verlassen, nach ein paar Runden sind wir draußen. Marion fährt links! Die Tour ist Kleinmond – Bettys Bay – Hermanos. Unseren Platz für die Nacht finden wir hinter Mauern, dort parkt auch das Auto, Madam erläutert alles, this is the panic button. – Wir machen uns auf zum ‚Cliff Path‘, einem traumhaften Weg hoch über der Küste durch Buschwerk, kilometerlang. Unten schlagen die Brecher gegen das Land. Marion sucht die Wale weit draußen, guck mal! Puuust! Wir setzen uns an ein Bier, es ist eiskalt ohne Sonne – suchen sodann im Ort, wie ausgestorben, nach einem Restaurant. Der Italiener wird brechend voll, es schmeckt. Das Taxi bringt uns zurück nach Springfield vors verschlossene Tor.

BRIAN JOHNSON von AC/DC wird 70. Auf dem Weg in den Orkus. Dort füllt sich die Truppe und wird weitermachen.

6.10. Ziel ist Montagu. Der Himmel bleibt, blau – wir machen einmal Coffee, einmal Chocolate, packen, fahren den Wagen raus und zum Restaurant am Atlantik, nein, bereits vorm Indischen Ozean. In der Ruhe wird seine gewaltige Dünung sichtbar, das Wasser hebt sich in großen Abständen und der Blick versinkt. Zweimal ‚Fisherman's und Burgundy-breakfast‘, zahlen der Lady die Parkgebühren und machen uns auf ins Gebirge, durch endlose Kornfelder, die sich wie die Dünung des Meeres über Land ziehen, später abwechselnd durch Weinplantagen. Mittags in Montagu, bevölkern Black & White die Hauptstraße, für 100 Rand nehme ich eine holländische Ausgabe des ‚Wilhelm Tell‘ mit.

‚Squirrel Corner‘ nennen Mike&Madam ihre Unterkunft und erklären uns, was so los ist. Bei der Einfahrt in den Ort war es wie in Arizona, wo wir nie waren: Main Road mit Ausblick Wüste, was sollen wir hier! Aber dann Mike: das beste Plätzchen Südafrikas! Krönung wäre die Traktor-Tour, wir laufen los, um zu buchen – completed, kommt die Antwort. Das trifft und wir laufen erstmal den Homeland-Gassiweg ab. – Sodann in die Bierbar ‚Tin Lizzy‘ oder so. Zurück und Neustart, nächste Empfehlung lautet, Mike!, ‚Simply Delicious‘ Also die Hauptstraße runter, zweite rechts, nach drei Weingenossenschaften, vulgo: Industrieviertel, folgt Vollsperrung, hinter den Sandhaufen ein Licht: Oh, You will join us for a dinner!, begrüßt man uns, wait a moment, führt uns dann durch feine Räume an einen Fensterplatz, yes we can, weg von der Bar, meint sie freundlich. Damit draußen zu sehen ist, hier ist jemand, meint hingegen Marion. – Die Abfolge der Speisen ist köstlich, eben simply delicious, der Wein fürstlich, die Musik katastrophisch gut, Boney M bis Queen, die Unterhaltung mit dem Leading Ehepaar wunderbar. Das alles kommt auf die Rechnung. Für morgen haben wir ein neues Programm: Tierpark in Manhattan oder so.

Aus Europa mäßige Nachrichten von Jonas: kein job bei ‚Coffein Company‘, die Alde hat nicht gespurt – Leon: Jonas meldet sich jetzt arbeitslos, er haut in den Sack, er meint, er hat keinen Bock mehr, genug gearbeitet, hat genug gegeben. – Ja super, mal zwei bummelige Bewerbungen rausgehauen, Sprüche geklopft und zurück in die heimelige Wohnstube. – Geh doch zum Film, die brauchen solche Knaller, texte ich zurück. – Leon: ja, entlohnt den Jungen mal! (der wohnt mit Elvis im Haus) – Jonas: ja, finde ich echt dreist, ich weiß auch nicht, warum ich hier kein Geld im Haus finde. – Papa: Geld liegt im Nachttisch! Undde Leo macht n Bladdenvertrach, jawohl. – Leon: in meinem ist nichts – Jonas: in meinem auch nicht! ... Und morgen? – Ich: Tierpark, die Big Faif! – Jonas: die sind doch schon Brudi und ich, hähähä. – Also Elephant, Nashorn, Büffel, Leopard und Löwe, damit das mal feststeht.

7.10. Nach dem ‚british breakfast‘ gehen wir runter zum Kirchplatz, wo ein lokaler Markt bei mittelgroßem Auflauf stattfindet. Alte Rahmen, mit Motiven in schwarz-weiß bebildert faszinieren uns und neben reichlichem Eigenbedarf decken wir gleich vier Geschenkanforderungen ab. – Kurz drauf alles ins Auto gestopft und auf die Schnellstraße nach Wilderness. Dort sind die Leute spürbar unfreundlicher, schnippisch, meint Marion – je nun, gebucht is‘, also rein. Und sie meint es ja gut. Das Zimmer ist son Typ Dunkelkammer, immerhin alles Schleiflack weiß mit Blick auf den High Way.

Also alles auspacken und den Strand runter, die Luft ist voller Gischt. Mit Sprung über die Autobahn und über die zugewachsenen Gleise erreichen wir die Stadt, dort ist was los, Südafrika im Rugby gegen Neuseeland. Wir finden ein volles Lokal und werden unter den Bildschirm gesetzt. Das zwingt zur Teilnahme und weckt unser Interesse, wenngleich die Regeln im Vagen bleiben, aber es macht Spaß und die Gäste machen das Spiel mit einem Punkt Vorsprung. Wir essen und spielen ‚Quirkle‘, Marion hat die Farben beschriftet. Durch den Autobahntunnel zurück aufs Boxspringbett.

8.10. Die Missis macht ein feines Omelett. Es ist Wandertag, die Leute kommen von weit her. Privat ist schöner, meint Marion, auch der Eßraum ist Schleiflack, total. Wir fahren hoch ins Land, machen einen Lehrpfad durch ein bißchen Dschungelwald mit einem ‚Big Tree‘, unterhalten uns über den Zaun mit einem Farmer-Ehepaar aus Namibia und folgen sodann einer Werbung für den besten Käsekuchen auf dem Planeten. Der schon generationenlang afrikanische Chef, wohl aus dem Burischen kommend, erläutert uns die Sortenvielfalt am Kühlschrank und empfiehlt den weltranglistenersten. Gleichwohl nimmt mich sein Möhrenkuchen gefangen, nach einer Probe seines Käseklassikers erwägen wir eine Wiederkehr morgen.

Zur Mittagszeit döst Vaddi weg und Marion bestellt ‚Safari Now‘, dazu braucht sie nur die Kartennummer. Zack, ist alles gebucht und wir wandern den Strand ab – mit gefüllten Taschen zurück, wir sammeln seit 1990. Der Abend wird vollendet. Ich möchte die Rugby-Bude wiederholen, Marion sagt, wir sind schon hinter der Tankstelle – Stopp!, zurück! – und zwischen Tankstelle und Autobahntunnel biegen wir ins ‚Girl's Restaurant‘ ein, quasi hinter dem Regal für Motoröl und Reifen, steigen entlang einer Gemäldegalerie zur Empore hoch und ein äußerst zuvorkommender Kellner führt uns an einen kleinen Tisch und sogleich in die Karte ein. Schwul? – 100% – der nächste für die Getränke, langes Haupthaar, Marion: ein Mann! – ich zweifle, stimme zu. – Das ist die Art, so müssen die Kellner hier sein. Stille Begeisterung! Und das Essen wird die Krönung, Leute. Marion ist hin und weg, zum Nachtisch will sie noch ein Steak. Das Restaurant steht mit Abstand an der Spitze unserer spärlichen Erfahrungen bisher. Wir suchen zwei Formate an der vollen Wand aus, die Galerie sei um die Ecke, heißt es. – Danach noch in die Rugby-Bude, wo ein Sänger arbeitet, gut. Zweimal Wein plus ‚Quirkle‘, heute verliere ich. – Um halb zehn sind wir bereits die letzten, die Kellner stehen und warten, also zurück in die Schleiflack-Herberge. Das Gemecker lesen die Damen ja nicht, denen wir unrecht tun. Entfernungen maximal 300 Meter!

9.10. SMS von Jonas: Papa, du mußt dein Buch aus dem Regal nehmen, Anruf von der ‚Schatulle‘, das will keiner. – Wir packen die Koffer, der Stauraum schwindet. Die Galerie liegt 100 Meter Luft, dort kaufen wir einen Leinwanddruck 100x100, gerollt, Abholung Donnerstag bis 12 Uhr. – Sodann auf die Schnellstraße nach Knysna. Das ‚Old Goal‘ ist ein Gefängnis aus der Apartheid, heute eine Art Generalmuseum über Haft, Verbrechen, Titanic und Vögel, dazu Malerei und Malkurse, sowie die Hafenverwaltung, seit 1818. Weiter zur Waterfront, den Yacht-Club mit der ‚Best of Pizza‘, wahrscheinlich auch weltweit, trifft aber zu. Wir teilen uns eine. Marion mißfällt mein Trinkgeld, ‚so werden wir nie reich‘. Auf die Wand gegenüber hat ein Könner einen RENOIR aufgebracht, so auf drei mal vier Meter, es ist der ‚Tanz im Moulin de la Galette‘ <Anm.: Nachtrag zu Hause> – Schließlich hoch zu den ‚Eastern Heads‘, hundert Meter über dem Einfluß des Indischen Ozeans in die Knysna Estuary. Das Wrack der ‚Paquita‘, 1903 in der Einfahrt gesunken, bleibt uns verborgen.

Den Elefantenpark 20 km östlich streichen wir und biegen stattdessen nach Hoekvil ab zu jenem feinsten Käsekuchen weltweit – der Mann hat recht! – Um vier Uhr sind wir in George, beim heutigen Nachtlager. Auspacken, umziehen, wieder einsteigen, den roten Knopf drücken und wir rollen zur Kreuzung – rechts abbiegen-Stopp – auf die linke Seite. Bei ‚Meade 101‘ halten wir, ein sehr hoher, schöner Raum, Marion geht auf Steak-Contest, ich auf Curry – es ist erneut vorzüglich, bis hin zum Malva-Pudding, warm mit Eis, den wir uns wieder teilen – es geht einfach nicht anders. Die Bedienung, Rochelle, äußerst zuvorkommend.

Marion sucht nach einem Schnaps, Rostocker Doppelkümmel ist hier nicht bekannt, die Chefin kommt mit drei lokalen Grappa, woraus wir wählen. Top! Wir habens wieder ein wenig aufgemischt, wir sollen zum Frühstück wiederkommen, sagen die beiden Netten vom Service, die uns am Ausgang verabschieden.

10.10. Absolute british breakfast, fine marmelades und beste Unterhaltung, wie immer. Wir fahren hoch, über die Hochebene – so muß der Mittlere Westen sein. In Oudshoorn fahren wir durch, weils dahinter den Tierpark gibt. Zwei Krokodile grüßen links und rechts des Eingangs. Hier geht es unter Führung einer Lady mit kräftiger Stimme über Hochwege durch alle Gehege, einschließlich weißer Löwen und zahlreicher Krokodile. Der Pfau bei der Arbeit steht echt im Weg. – Sodann zurück ins Städtchen für Bares, Benzin und Essen.

Nächste Buchung ist ‚Buffelstrift‘, zwei Übernachtungen im Zelthaus mit Ausfahrt in die Wildnis. Im Wasserloch vor dem Restaurant auf wohl acht Meter hohen Pfählen lungern zwei, drei Flußpferde. Die fressen die meisten Menschen, heißt es. Bei soviel konzentriertem Protein nehmen sie die lästige Kleidung in Kauf. Wir beziehen ein Zelthaus, großer Holzrahmen mit segeltuchähnlichen Wänden, darin große Reißverschlüsse zum Öffnen, Dusche außen, auf Steinboden, einfach klasse.

Um fünf Uhr nachmittags geht's auf einen Neunsitzer-offenen Diesel durch das Reservat. Am nächsten kommen wir der großen Giraffengruppe, erst im Halbdunkel nach vielen Abwegen entdecken wir drei Büffel im Gebüsch, von der Bergspitze ein phantastischer Blick ins Land, plötzlich am Fahrweg zwei zum Schläfchen bereite Nashörner, die machen nochmal die Augen auf, dann kippt eines auf die Seite, Namen haben die natürlich auch. Fast schon raus, laufen dann riesige Schatten, die drei Flußpferde vierzig Meter rechts durch über Stock & Stein. Die Elefanten schließlich nur aus der Ferne, Rückkehr vom ‚elephant walk‘ über den Deich. Wir wurden zwar vor eindringlicher nächtlicher Geräuschkulisse gewarnt, namentlich den Fluß guys, hier heißen Mensch und Tier ohne Unterschied so. Zu hören sind mit hoher Ausdauer jedoch zwei Hähne, also wie in Ritterhude um vier Uhr morgens, dazu einige Vögel, die einfach penetranter sind als auf der Nordhalbkugel. Marion schlüpft unter die beheizte Decke, völlig aus dem Häuschen – weg ist sie. Vergiß es!

11.10. Nach der feinen Frühstücksveranda auf Stelzen geht's in die ‚Highgate Ostrich Show Farm'. Der schwarze Führer, Mats, -ich: schwul?, Marion: aber sowas von- macht einen tollen Vortrag vom Skelett, dem Ei des Viehs bis zur Herstellung der Federpüschel für ‚Can Can', Montmartre und Rugby. Danach begeben wir uns in ein Caré mit Zuschauerbänken, so sieben Meter Seitenlänge, wo Aufsitzen und durch die Horde traben angesagt ist. Er winkt und wer, ja ich gehe auf den bereitgestellten Vogel.

Dafür drücken zwei das Tier in ein Holzdreieck, ziehen ihm einen Jutesack über Kopf und Hals, damit es mich nicht erkennt oder so, hieven mich sodann auf die Plastikunterlage, du mußt sitzen wie auf der Harley, ich greife in die Flügel – dann zieht einer den Sichtschutz vom Vogel und der geht ab durch die umstehende Herde. Ich halte das Gefieder und die Balance für zwei Runden, gerate dann prozessierend ins Rutschen und werde abgefangen, bevor ich aufschlage. Schön, daß Marion das auch noch gefilmt hat!

Ein Vogelrennen schließt die Unterhaltung ab, der Shop ist die letzte Station. Wir setzen uns auf die Terrasse und suchen die kleinstmögliche Mahlzeit aus, die ist äußerst schmackhaft. Dann geht's zurück auf die Farm durch die Mittagshitze. – Sehr zufrieden, manches ist eben komisch, Marion zum Pool, Segi nickt, ‚Hippu' dröhnt, steigt ins Wasser und bleibt verschwunden. Sieben Minuten, sagte die Führerin gestern, nach 15 immer noch nix, bleibt nur: Schnorchel. Als wir zum Essen traben, entsteigt es grade dem See und ab ins Flechtwerk. Zwei weitere folgen. – Das Steak ist lecker, der Rotwein ‚ok', eine Runde Quirkle, Marion ist vorn. Im Schlafraum jubiliert es, die Betten stehen wieder unter Strom. Wie sprach Eckhard bisweilen: ‚Herr, Du hast mir das Können genommen, nimm mir nun noch das Wollen'. – Ich liebe dich.

12.10. Donnerstag. Zum Frühstück auf die Hochterrasse, neben den Vogel-Krawallbaum, wir verfolgen die Bahn der Hippus durch den See. Sodann hebt das Kofferpacken an, Abholung und auf ins Gebirge. Dort fällt der Regen, den die Ebene braucht. Pünktlich zurück in Wilderness in der Galerie, die Leinwand wird verpackt und wieder zurück durchs Gebirge, hinter Oudshoorn auf die ‚Route 62‘ – vierzig Kilometer grade Spur bis Calitzdorp. Die Weingüter sind bereits dicht, so finden wir ‚B&B‘ bei ‚Karoo Life‘.

Sehr freundliche Begrüßung mit ‚Port for Two‘, sehr schöne Einrichtung, sehr behilflich. Wir nehmen das Zimmer mit den Straußen auf den Kissen – slapstick pur. Dann hört Marion ein Zirpen im Bad – und raus! Wir nehmen das Zimmer daneben, packen aus und ziehen durchs Dorf. Zuerst ins lokale Museum, dann ins Atelier der MARINDA COMBRINCK, die an einer Pin Up-Serie arbeitet – hohe Kunst, sie zeigt uns das Haus, eine Anzahl von Sammlungen, sehr eingerichtet, die Führung endet am Ausgang. Wir ziehen um die Ecken, Kleinlaster bringen die Arbeiter nach Hause, und biegen ab bei ‚B&B‘ Dorpshuis, wo uns ein Schwarzer freundlich empfängt. Er repariert hier, von Beruf Elektroingenieur. – Als Stopp vor Montagu empfiehlt er Mc Gregor.

Schließlich das Restaurant fürs Abendessen, es liegt auf der Ecke gegenüber, unscheinbar von außen, ein Weltreich innen. Es ist Museum, Verkaufsladen für Lokales und Restaurant in einem. Die Wände sind Regalform bis zur Decke, vollgestellt mit Nützlichem aus der Vergangenheit. Von der Decke herab hängt etwa ‚General Motors Services‘, Emaille auf Metall, Wände voller Familienbilder, hinter einem Durchgang, von hohen Frauenfiguren gerahmt, finden sich 1000 ‚take aways‘, wir nehmen zwei davon für die Jungs und setzen uns. Am Nachbartisch ‚Pinball Wizzard‘.

Das Restaurant hat zwei Tische für zwei, je einen für vier, sechs und acht Personen. Wieder sehr freundliche Bedienung, sehr gutes Essen, wir beschränken uns auf je ein Glas Wein, alcohol restrictions. Hinterher noch zweimal Quirkle, Marion ist gnadenlos besser, die Bedienung schließlich geduldig.

Wir haben viermal Station rund um die Kirche gemacht – und haben viermal das Gleiche angetroffen, im Museum, im Atelier, im B&B-Haus und im Restaurant: es gibt nichts Neues, nichts Modernes, keinen Schleiflack und kein Edelmetall – Aufheben der Vergangenheit macht die Gegenwart aus, gibt ihr Raum, vielleicht Rückzugsraum, aber die Leute sind aktuell darin. Die tausend Dinge von Handwerks- und Spielzeug, die Bilder, die alten Bücher, ja die Stapel von Zeitschriften, das Mobiliar ohnehin. Wir sind erfüllt von Wohlgefallen – ich fühle mich wohl und wir gehen unter die gemeinsame Decke.

13.10. Mimi ist 96 Jahre alt, was soll ich Dir sagen, da es ja heute spielend um die halbe Erde möglich ist. – ‚Gott behüte Dich', dachte ich um vier Uhr, als das Glockenspiel jede Viertelstunde in einen Vierertakt auflud und der Hahn von ferne krähte. – Es steht mir nicht zu es zu sagen. Um viertel vor acht klingelt der Wecker, es ist unmöglich, heute ohne Wecker zu reisen, Marion schubst – das Frühstück wie bestellt. Die Managerin kommt zum Gespräch, aus christlichem Hause ohne Apartheid. ‚They are lazy', das ist wohl verbreitet aber nicht ganz anders als bei uns. Was hier aus dem Elend des Township-Daseins gefördert ist, macht ähnlich ein ausuferndes Sozialhilfesystem. Der Weg ist ‚Learn work earn', denke ich. Wenn es denn möglich ist.

Wir packen und machen uns auf über die Sandpiste in den großen Bogen von künstlerischen Einsiedlern, fünfzig Kilometer bis zur Rückkehr in den Ort. Erster Stopp bei ‚Marcias Outdoor Movies'. Das Haus eine Werkstatt voller Artefakte, der Blick fällt draußen auf eine große Weide, Wiese, vor der ein großes Gerüst steht, eine eingerollte Leinwand. Dreimal im Monat führt sie hier Filme vor, die Leute aus der ‚Wilderness' kommen und gucken. Gerade steht ein Stuhl in der Mitte, wenn keiner kommt, guckt sie alleine. Ich glaube, wir waren ihr lästig, meint Marion hinterher. Ich auch, sie erinnerte mich mit ihrem Dutt am Hinterkopf ohnehin an meine Ostpreußen-Mutter.

Nächster Stopp beim ‚Kruisrivier', wo uns ein Mann zwischen 60 und 70 begrüßt und durch eine hochgestochene Fotoausstellung führt, überwiegend in schwarz-weiß und mit grundierten Texten versehen. Tiefer Eindruck. Hinter dem schönen Haus eine Halle mit Maschinen und Geräten für die Holzbearbeitung. Seine Freundin wohnt in der Nähe, arbeitet in Kapstadt. – Sie erzählen gerne, möchten aber auch, daß man verschwindet. Das ist die Tragik von Zuwanderung und Vergessenwollen, was war, oder wie es genauer heißen mag. Man bleibt ein Wanderer und vergeht im Lauf.

Wir fahren den Bogen zu Ende und sind wieder auf der Route 62. Nächster Halt ist Ladysmith. Wir suchen Essen und finden Pizza, für 6 Euro gibt's ein kleines Paket, Getränk inklusive, schmeckt nicht, füllt aber. Weiter zu ‚Ronnies Sex Shop', weit draußen allenthalben angekündigt. Wir steigen aus und setzen uns in den Unterstand, sechs Mopets stehen da, die freaks im dress, etwas ‚chapter'-mäßig, aber friedlich, dann steigen drei auf und auf 6000 Touren – im ersten, im zweiten, im dritten Gang – verschwinden sie über Land. Lange hallt es im Ohr nach. Neun neue kommen an, stellen die Maschinen ab – hauen die sich jetzt, fragt Marion – abwarten, nein, die packen ab, setzen sich. Alle Wände randvoll mit Bildern.

Wir fahren weiter, next stop ‚Diesel & Cream'. Das ist nun völlig aus dem Bilderbuch der Route 66. Fünf verrottete Tanksäulen zum Empfang – eine große Halle, in der es an nichts fehlt, alles vollsteht und draußen ein alter, nein, ein uralter Wohnwagen, in dem beständig Cream angerichtet wird. Wir ordern ‚Lime Cream' und es wird ein top-volles Glas, bunt, schwere, fast pastose Masse, Marion probiert – und setzt einfach ab, ich tue mein Bestes und ziehe die schwergängige Eispampe durch den dicken Strohhalm. Nach der Hälfte gebe ich auf, stomac troubles, eine, wie es heißt, abgefahrene location ist das hier. Niemand ist ohne so ein Glas.

Wir packen uns und rollen westwärts, durch ewige Täler mit eingedeichten Wasserlöchern, Obstplantagen – zurück nach Montagu. Die Wirtsleute schlagen sich auf die Schenkel, wir mieten uns ein und gehen hundert Meter bergab ins ‚Mystic Inn‘, wie neulich. Salat ist mäßig, bei zweimal Quirkle stehts immerhin eins zu eins, jawohl. Und um Punkt vier Uhr morgens, nach dem letzten Schlag der Kirchturmuhr, startet der im Viertel ansässige Hahn seine Arie, die eintönige. Vorher war schon Kühlschrank, der Nachbar spült.

BEN KINGSLEY – WOLFGANG JOOP – KARL LAGERFELD – PICASSO, die Haltung.

Mit INGE DEUTSCHKRONS ‚Leben danach‘ zum Ende gekommen. Zu den mir tausend bekannten Tatsachen kommen hundert neue – und es ist ein Elend, aus der Perspektive der Verfolgten das politische Klima der zwanzig, dreißig Jahre nach der Kapitulation zu erleben – als die Phenol-Spezialisten der Buna-Werke Auschwitz mit dem Bundesverdienstkreuz gezeichnet wurden – als die Entschädigungsrenten in Milliardenhöhe zulasten der Opfer verrechnet wurden. – Nur der Ortstermin des Schwurgerichts Frankfurt in Auschwitz, eine ‚Inaugenscheinnahme‘, brach die Maskierung und Abtrennung des Gefühlshaushaltes beim Hauptangeklagten, wie seinen hartgesottenen Verteidigern. Das brachte mildernde Umstände: daß er nachempfinden konnte.

14.10. Schön alles, wir packen und gehen nach nebenan zum ‚fully breakfast‘ bei fröhlicher Unterhaltung. Noch ein Blick auf den weekly local market und es geht auf die 170 Kilometer bis zum Flughafen, keine Vorkommnisse bis auf die Paßroute. Marion hat bei der Eingabe ‚Maut‘ gestrichen, also führt uns das System von der Autobahn runter und wir kriechen hinter Lastzügen her, die auch sparen wollen. Immerhin kriegen wir so noch eine Paviankohorte zu Gesicht, die zum Schnellstopp zwingt: Mutti läuft mit ihren Gören quer, Vati sitzt auf der Leitplanke und beobachtet den Zirkus: 100 fahren hier hoch, 100 fahren runter, was soll das! Am Flughafen geht's zügig: Wagen zurück – die Koffer weg und durch die Schranken. Ich stelle fest, es gibt kein Problem, was tun! 17.20 ist geplant ‚out of Africa‘. Wir essen was, wenn die Frau im Lautsprecher nur nicht so schreien würde, das geht ohne Unterbrechung.

Gestern kam Zoe auf die Welt, Schwester von Lea, Kinder von Céline und Fabian, den Kindern von Regina und Hansjörg. Da der Pavian so böse guckt, nimmt Marion zwei Löwenpuschel. Zweiter Aufruf und wir setzen uns. Es geht zügig ab. Das Monster beschleunigt zwar nicht aus der Kurve wie neulich in Mallorca 1985, aber im Nu sind wir auf Überblick. Das Abendbrot ist schmackhaft – das Programm ist unterhaltsam: MORGAN FREEMAN überfällt aus sozialen Gründen eine Bank, also etwas Robin Hood-mäßig, Bayern haut Freiburg um mit 4 zu 1, mein linkes Auge tränt, USA und Israel wollen die Unesco verlassen, ist möglicherweise besser. Irgendwann, so über Zimbabwe, tränt auch das rechte Auge und ich verrenke mich in eine gedachte Schlafposition.

Aber kurz nach Mitternacht, um ein Uhr dreißig ist Schluß! Im Schlafsaal geht das Licht an und die ‚nurse‘ fährt mit dem Kabinenwagen durch die Reihen – Frühstück! Auf die Gefahr hin, uns verdächtig zu machen, lehnen wir ab. Das ist doch ein böser Traum! – Hinter dem Vorhang beherrscht ein Mann in Weiß den Gang, die Ladies sind entzückt – mit seiner ausgreifenden Ballonmütze erinnert er mich an ‚Smörebröd, smörebröd!‘ aus der Sesamstraße von 1970. Die langweilen sich einfach, mit der Versorgung der zehn people in der ersten Klasse sind ja schon drei ‚uniforms‘ befaßt, mir wär‘ das zuviel. Vorhin hats mächtig gescheppert, da muß dem Koch der Herd umgefallen sein, blieb aber folgenlos. Seine Mütze kreist jedenfalls anhaltend im Gang.

Ringsum siehts aus wie Zeltlager nach drei Wochen. Isso. Dabei sind wir schon über Ägypten – vielleicht deshalb. Tschuldigung. Ägypten müßte doch ein toller Verbündeter sein für Recip, aber das entscheidet sich wohl gnadenlos nach schiitisch oder sunnitisch, was sich wie Gift&Galle anblinkt. Die Sortierung ist mir hier oben nicht geläufig. Ich nehme noch einen Becher schwarz, das Rauchen (Gauloise schwarz) habe ich ja nachgelassen. Die zwei ‚Tinys‘ in der Wandhalterung schlafen selig. Dafür hat der drei Reihen hinter uns die Faxen dicke und macht auf Schreikrampf. Ich gucke Eishockey, das ist nur zum Staunen. Als ich einen Moment meine, da ist der Puck, ist es nur ein Fleck auf dem Bildschirm, dann fallen fünf Spieler übereinander her, meinen aber den Puck.

5.15, der Transporter landet, zurück im großen Basar, wo alles spricht von dieser Erde, in tausend Sprachen. Wir bekommen das Tor nach Europa und setzen uns in den Bereitschaftsraum. In dreißig Minuten passiert der halbe Erdkreis, Marion schläft, ich nicht. Zwei Sitze weiter ruft ein 60-Jähriger den Muezzin am Handy auf. Anhaltend. Vor mir eine, die nur den Kopf schüttelt beim Blick auf die Anzeigen, setzt sich auch noch neben mich. Ich wittere Gespräch. Ansonsten viel China, Rußland und Inland. Hamburg durch das Tor 504.

Schön ist es doch, so viele Menschen, jeder mit seinem Weltbild, seinem Programm, seiner Sehnsucht. Gut, daß davon nichts zu sehen ist. Der Restflug in den sonnigen Sonntag erneut ohne Schwerwiegendes, Fuhlsbüttel – S-Bahn – Stadtexpreß. Jonas wartet schon. Man kann sich ja garnicht mehr mit ihm sehen lassen, so wie der auf dem Kopf aussieht, meint Johanna strahlend.

15.10. Oh wie freuen wir uns, zu Hause zu sein. Wie selten zuvor. Tee auf dem Hochsitz, Abendbrot auf der Westbank, Elvis läuft. Langer Schlaf.

16.10. Marion aufs Rad zur Schule, ich räume, dazu ‚Blodwyn Pig‘, 1969 ‚Ahead Rings Out‘. – Remember? – Wie Jonas ankündigte, bittet die Buchhandlung um Abholung meiner Exemplare. Nach der Messe werde Platz gebraucht.

17.10. In die Sparkasse, Uwe stellt Pflaumenkuchen und erzählt! – Zu Hause treibt mich der Schreibtisch mit seinen unförmigen Ausmaßen, alles Auflage, abwechselnd in den Garten, dort ist das Ergebnis meßbarer.

Abends ein unglaublich direkter Film ‚Lawless – Die Gesetzlosen‘, der gegen das ‚System Hollywood‘ Regie macht. Die Figuren, die Dialoge, die Kameraführung, die Farben, das ist einfach aufregend gut. Und das Thema, Alkoholproduktion unter der Prohibition in den 30er Jahren, gerade 80 Jahre her sind diese Verhältnisse, die viel Archaisches aus Nordamerika zeigen.

18.10. Der Untote ADOLF HITLER bedankt sich bei ANGELA MER-
KEL:

‚Vielen Dank, daß Sie ungewollt meinen Nachfahren erlaubt haben, wieder im Parlament vertreten zu sein.‘

KARL LAGERFELDS Karikatur im Magazin der Zeitung „Wir sind das letzte Land, das sich diese Art von Populismus erlauben kann", kommentiert er, entsetzt, außer sich, voll Scham. – Das sind schlechte Bedingungen fürs Karikieren. Was er gut kann. Es trägt wenig, dieser Hinweis aufs Ausland, denn es geht nicht um Pose. – Davon weg, diese Abfolge von Grenzöffnung und AfD-Erfolg wird der Kanzlerin verschiedentlich vorgehalten. Das Handeln aus dem Schuldkomplex, aus empfundenem ‚Programm für eine bessere Welt‘ oder auch nur aus einem fälschlich für Politik gehaltenen Mitgefühl aktiviert die alten Muster. Es erreicht exakt das Gegenteil des Gewünschten, natürlich auch dann, wenn nur die Beruhigung des schlechten Gewissens der Treiber ist. – Achtung: diese Logik politischer Attitüde ist häufig.

19.10. Wie schnell bin ich in meinen Zustand zurück: zwei Seiten des Feuilletons gehen skelettiert in den Papierkorb. Die Arbeit des RADEK KNAPP am Surrealismus des ALFRED KUBIN erscheint mir in der kurzen Annoncierung schon wie eine Bebilderung von Tag und Nacht in dieser wundersamen Welt. Dazu der -so wieder die Ahnung- ‚horrende Realismus‘ des GEORGE SAUN-
DERS aus den USA, dem der britische Booker-Preis zuteil wurde mit ‚Lincoln in the Bardo‘, einem Stück aus der kurzen Geschichte Nordamerikas, des weißen Mannes, unserer Geschichte. Natürlich.

Und schließlich der muslimisch befeuerte Antisemitismus, den ELISABETH BADINTER mit Feuerschrift in das französische Regime einvernehmlichen Vermeidens skandalisiert. – Der Verlust einstiger Produktivität und Größe der muslimischen Welt hinterläßt eine Leere, die nur mit Rache zu füllen scheint. Sonst haben sie nichts, die Ideologen, im projektiven Raum der als Ungläubige Betitelten.

„Die Täter machen es wie die Nazis", titelt JÜRG ALTWEGG. Tags drauf Buchannoncen, die den Gedanken auffalten: die Scham, als Subjekt abgedankt zu haben, habe den Boden für eine Regression bereitet, als Sehnsucht nach dem Ursprung, zitiert Susanne Schröter aus der ,Psychoanalyse des Islam' von FETHI BENSLAME. Von der in Auflösung begriffenen Religion wird gesprochen, darüber mehr noch vom Verhältnis der Geschlechter, das sich unter dem Modernisierungsdruck „neu" konstituiere. Und dann: alte Quellen sollen „Spuren einer als verstörend erlebten Macht der Frau" enthalten. – Diese Quellen werden häufig genannt.

Da ist er, der rote (sic) Faden durch die Zeit. Im westlichen, dem Abendland hat weltliche Konstituierung, die Säkularität der Verhältnisse die Rückholung dieses dogmatisch, gemeint kirchlich, fixierten Verhältnisses von Mann und Frau in Auseinandersetzung und Ent-Wicklung ermöglicht und gefordert. Es wächst eine Akzeptanz dessen, was ist – zwischen Mann und Frau. Wenngleich auch aktuelle Regulatorik nicht die Finger davon lassen kann. Die Entwicklung der weltlichen Umstände hat geholfen, hat es erzwungen. Ein solcher Prozeß fehlte dem Islam, zumal unter kolonialer Dominanz weiter Gebiete, die jenem Glauben widerständische Prägung gab.

Der aktuelle islamistische Totalitarismus verschließt diesen Entwicklungsraum. OLIVER ROYS Titel „Ihr liebt das Leben, wir lieben den Tod" formuliert bereits diese Aussichtslosigkeit, zumal gegen dominante Bilder aus dem Westen. Im Justizpalast von Paris zeigen sich diese Verhältnisse wie im Brennglas: Mohamed Merah zerrte ein jüdisches Mädchen an den Haaren hinter sich her und schoß ihm in den Kopf, wie weiteren jüdischen Kindern – wie der SS-Offizier im Lager. – Und „ein unterworfenes Frankreich" schweigt, so GEORGES BENSOUSSANS im Anschluß an HOUELLEBECQ.

Damit wendet sich das Blatt – das Land hat die Ungebetenen – das treibt die Einheimischen rechter Provenienz zu, die nur den Mittelteil, ‚Heimat', aufrufen muß – und das etablierte Regime samt seiner einvernehmlichen Öffentlichkeit erzittert – denn es begreift nicht in seinen selbstreferentiellen Weltbildern, die im politischen Autismus klinischen Ausdruck bekommen – und es schweigt zu Mord, zum ausgetragenen Haß von Eingewanderten gegen das Land, welches ihnen Bleibe gibt, gegen zumal Juden, dieser historischen Last Europas. – Der ‚mainstream' gibt sich auf und dem exekutierten Haß mildernde Umstände, weil er -Klimaexperte, der er sich nennt- das Klima beruhigen möchte.

Seinen Chancen auf Machterhalt opfert er – sich. In diesem Dreiecks-Arrangement fehlen die Opfer, sie werden allseitig als solche geführt. Die Chancen der Ideologen des Todes sind so groß, wie die aufnehmenden Gastgeber sich aufgeben. – In Deutschland ist diese Haltung verbreitet und grundiert die Vermeidung von Regelanwendung, beim Einwandern wie bei den geregelten Folgemaßnahmen nach Ablehnung dauerhaften Aufenthaltes. Nach Freiburg schnitt ein solcher Abgelehnter bei Bonn mit der Astsäge ein Zelt auf und vergewaltigte die Frau. Sein Recht dazu verteidigte er bis zum Urteilsspruch.

Gegen solche Zustände verblaßt die ‚Geschichte der Russischen Revolution', der sich das Historische Museum in Berlin widmet, unter dem Titel „Von der roten Flut blieb am Ende ein Hut". So benennt ANDREAS KILB das, was, so sei ergänzt, Ströme von Blut durchs letzte Jahrhundert trieb.

20.10. GÖTZ GEORGE nach dreißig Jahren Knast, im Alter spielen sie den Boden der Existenz, wie MORGAN FREEMAN. Als sei es das Letzte, was noch fehlt. Das ist es, was noch fehlt, bevor es einfach endet. Der Blick in den Himmel Südafrikas half, er fand so viele helle Punkte, Halt in der Galaxis. Dort gibts nämlich mehr, das ‚Beben der Raumzeit', Herrschaften. Es sei, so SIBYLLE ANDERL, der einzige Nachweis kollabierender Schwarzer Löcher. Mir würde ein Nachweis aus Brüssel genügen. Ein Teelöffel des übrig bleibenden Neutronensterns wöge eine Milliarde Tonnen. Wer empfiehlt da noch die Flucht ins All – das geht doch schief!

Aber die Flucht ins Unfaßbare entbindet nicht vom nächsten Schritt. Und seiner Erklärung, wo er auf andere trifft. BETTINA STANGNATH setzt ihr ,Böses Denken' am Beißholz der Lüge fort und plädiert für Materialität des Dialoges. – Sie könnte damit auf keine mächtigeren Widerstände treffen! Die liegen in der Planierung des öffentlichen Raumes, der Befreiung von Substanz – alles sei gleich und frei von Diskriminierung, frei von Keim und Unterschied. Substrat statt Substanz, dieser Hobel ebnet schon die Möglichkeit von Dialog. Wir benennen erstmal alles um, die Gegenwart, die Vergangenheit, wer wir sind – und dann sind wir auch noch jemand Anderes! – Aktuell und infam: da wird Literatur aus dem Lehrplan entfernt unter Verweis auf Rassismus im Dialog. So hat nach dem Schulbezirk Virginia auch jener von Biloxi in Mississippi HARPER LEES ,Wer die Nachtigall stört' vom Lehrplan gestrichen. Da zeigt sich das bitterböse Vexierspiel der Sauberleute, denn ihre eifernden Absichten und die Intention der Autorin laufen ja parallel. Es könnten gar die Rassisten selbst sein, die sich solch säubernder Hilfestellung bedienen, wie die Schlepper im Mittelmeer, verstehst du! Oder, wenns das nicht ist, die Putzkolonnen erreichen mit der Beseitigung solch ,materialer Dialoge' genau das Gegenteil dessen, was sie vorgeben. Das ist auch im übrigen Standard, Ihr Blauaugen!

Danielle Darrieux starb, 100 wurde sie im Mai.

Für seinen Reisebericht ,Moskau 1937' verfügte STALIN den Kauf von 200.000 Exemplaren. LION FEUCHTWANGER hatte „die strenge Luft der Sowjet-Union" in den höchsten Tönen beschrieben. Das legt Unterwerfung nahe, vielleicht von der Eitelkeit des erfolgreichen Autors befeuert. ANNE HARTMANN hat diesen Moskau-Besuch in der Hochzeit der Massenerschießungen aus der Partei-Spitzel-Ereignis-Sicht wie aus weiteren Aufzeichnungen des Autors ,rekonstruiert'. FEUCHTWANGER war jemand, so ihr Urteil, der „eine illusionsfördernde Lüge einer illusionszerstörenden Wahrheit vorzog." – Solch Pragmatismus mag angesichts kollabierender Hoffnungen und Sehnsucht nachvollziehbar und verbreitet gewesen sein. Ich erinnere mich an PETER WEISS, der in der ‚Ästhetik' diese Sehnsucht nach der Illusion schmerzlich sezierend beschreibt – damit die schiere Verzweiflung keine Oberhand gewinnt. – FEUCHTWANGER wurde hofiert, und er wollte leben – und so die Rezensentin weiter, schrieb den nächsten Roman, während seine Moskauer Gesprächspartner „im Orkus des Großen Terrors" verschwanden.

21.10. FRAUKE HEILIGENSTADT ist alte SPD, oder neue Gerechtigkeit, was auch immer. Ihre Verantwortung für Bildung in Niedersachsen war getragen vom Klassenkampf, also gegen das Gymnasium, in dem sich Unternehmerkinder zusammenrotten, wie es die Fraktionschefin der Grünen nannte. Obwohl ihre Partei gewann, steigt sie aus dem Ring. So hält das Gymnasium noch eine Weile und kann den Übergriffen der Sozialpolitik trotzen, mal sehen.

Geschlagen von der Mission ‚sozialer Gerechtigkeit', unterwirft der linke Block die eigentlichen Ziele von Institutionen seinem Weltbild. Er will alles ‚sozialisieren' in des Wortes eigentlichem Sinn, es gemein machen. Darüber wird es gleich – disfunktional. Denn Gymnasium beruht auf Differenz. In dieser Gemeinwäsche verliert es seinen Sinn und kann sodann eingeebnet werden. – Sozialismus ist die Anwendung der Naturwissenschaften auf die Gesellschaft, hier des 2. oder 3. Thermodynamischen Satzes (meine periphere Kenntnis). Aber daß es Annäherung an das Niedrigstmögliche ist, an den Nullpunkt, was solche Bildungssozialisatoren veranstalten, scheint mir gewiß. Was in Mississippi mit LEE HARPER geschieht, wird hier mit einem ganzen Schulzweig betrieben. ‚Schöne Neue Welt'.

Gegen einen Wachmann (96) im KL Majdanek wird Anklage erhoben wegen Beihilfe zur ‚Aktion Erntefest' am 3. November 1943 als Angehöriger des 5. Totenkopf-Sturmbanns. – Fehlt nur noch, daß er 20 Jahre kriegt!

In den USA resultieren drei Viertel des Vermögenszuwachses

aus Erträgen, im Euro-Raum 68, in Deutschland 27 Prozent. „Die Deutschen lassen nicht ihr Geld arbeiten, sie arbeiten für ihr Geld", so der Chefvolkswirt der Allianz. Wir sparen bis zum Tode. – Und wofür eigentlich? Erstens bringts nix und zweitens weiß nix! Das zweite ist noch übler, denn der Plan der ‚Europäischen Einlagensicherung' wird diesen ganzen Europa-Weltmeister-Sparberg, von einer Grundversorgung abgesehen, der Haftungsmasse fürs Schuldenmeer dieses Kontinents zuführen, wozu aus Italien zehn Prozent aller Kredite zählen, beim Griechen glatt fünfzig Prozent. Dann haben alle Sparer mal wieder eine gute Tat gewuppt und unter der Sonne schlägt sich alles auf die Schenkel. – Also, jetzt kapiert? Ihr kriegt 0 auf eure Sparhügel, damit die 1000 fälligen Banken nicht kollabieren. Bekämt ihr was, wären die nämlich fällig, klar? Also ihr kriegt jetzt nix und wenn die Einlagensicherung kommt, kriegt ihr weiterhin nix und verliert euren Einsatz – damit die 1000 fälligen Banken friedlich saniert werden können.

Kapiert ihr Dösis? Aufschreiben und bei der nächsten Europa-Sozial-Nummer von MARTIN SCHULZ einfach aufsagen – setzen – weghören. Denn den Schwurbel dazu haltet ihr nicht aus, rein nervlich. Jaja, ein Grundversorgungsbeitrag bleibt euch, ihr seid ja leicht zufrieden zu stellen. Das kommt vom seichten Antikapitalismus, den sie euch ständig vorsingen, die Sozial- und Umwelt-Schnorchel, diese Beamten des Staats-Sozialismus. – So, das war die Nummer mit der Flachschaufel.

22.10. SONNTAG. Großer Hamburg-Tag: Marion wiegt Zoe im Arm, die fröhlichen Eltern freuen sich über den Besuch. Mittags in die Vorstadt nach Norden zu Peet & Yve zu einer umfänglichen Kuchenschlacht. Um 19 Uhr zurück auf die Autobahn. Ich packe den Wagen um.

23.10. Um 7 Uhr zur Fähre Vegesack und nach Ganderkesee für eine Runde L.earn 1. Zwölfmal Gesamtbanksteuerung und mehr, einfach zupackend, alle drei Tage.

24.10. FATS DOMINO, ANTOINE starb im 90. Jahr.

25.10. Zurück vors Haus, wo Marion ausgräbt, ich fahre das Zeug nach hinten und grabe es wieder ein. – In der Schule laufen die Praktikumswochen, einer ist auf Praktikum bei ‚Cars & Parts‘. Die Lehrerin macht einen Besuch und gerät in eine Parallelwelt. Die US-Cars gehen flott weg, bezahlt wird von der Rolle, angemeldet werden die Wagen auf einen Onkel in München, wie schon fünfzig andere. – Nach einem Einbruch stand ein Pappschild auf dem Tresen: zahl‘ oder tot.

Inklusion ist ein weiteres Feld zur Einebnung von Unterschied. Insoweit richtet auch sie sich gegen das, was ist, nämlich Differenz. Das ist menschenfeindlich. Aufklären können die Motive, weniger die genannten als die ermittelten. KLAUS RUSS stellt das Thema als ‚schulische Öffentlichkeitsarbeit‘ ins Rampenlicht, worin die Kinder verlieren und die Akteure „gehorsam, manchmal verzweifelt und notorisch ängstlich sind.“ In der Akzeptanz dieser ‚Schulform‘ übernehmen sie grade nicht die Verantwortung für das, was sie tun – weil es nicht möglich ist. Und die Kinder werden unter der Glocke von ärztlicher und therapeutischer Schweigepflicht, der Amtsverschwiegenheit der Lehrer und sonstigem Datenschutzkram in eine Erduldungshaltung gebeugt, in adaptive Folgsamkeit.

Die Geräuschkulisse Kinderarmut wird im organisierten Nachrichtenbetrieb gepflegt. Die 17. diesbezügliche Bertelsmann-Meldung beherrschte den Abend: daß mit der jüngst provozierten Völkerwanderung die Immigration prekärer Lebenssituationen dramatisch stieg – und damit der Prozentsatz armer Kinder, wird nicht einmal erwähnt. Daß die Median-Architektur des Zahlenwerks für konstant wachsende Armutsmengen sorgt, soll keiner merken. – JUDITH NIEHUES erläutert die Diagramme solchen politischen Geschäfts.

Baden-Württemberg hat sich binnen sechs Jahren ins bildungspolitische Rotlicht-Milieu von Bremen und Berlin hinabgewirtschaftet.

JÜRGEN JESKE zitiert ANGELA MERKEL: „Ich bin 1990 wegen

der Sozialen Marktwirtschaft Mitglied der CDU geworden." – Diesen Fehler hat sie seither gründlich korrigiert, ergänze ich. Oder hat sie gleich die ganze Partei korrigiert. Das wäre ja eine noch größere Leistung.

27.10. MR. WEINSTEINS brachiale Übergriffe im Hollywood-Dschungel bringen LARS WEISBROD zu dem Vorschlag, die Sache vertraglich zu regeln, also Zugriff nur nach Unterschrift. So dringt die Melange aus Opfer-Syndrom und weltrettendem Beistand in der Minderheiten-Republik mit Vollregulatorik ins Innerste vor. Die Abfolge Straße – Verkehr – Ordnung hat sich schließlich bewährt. Wir regeln Eingang und Ausgang.

Dieser JEAN GENET durchquerte auf seiner Wanderung durch Europa auch Deutschland – 1937. – Er ist Teil des Gebirges neben dem Bett und es fordert Geduld, sich in seinen Ductus einzulesen, in ,Notre Dame des Fleurs'. Und er macht einige Notizen über Berlin unter den Nazis, von Breslau zu Fuß kommend. EDMUND WHITES voluminöse Biografie verbindet die Teilstrecken von Gibraltar über den Balkan bis Polen. Und das ,Tagebuch eines Diebes' gibt's tatsächlich noch, in feinster Aufmachung als Lizenzausgabe eines DDR-Verlages für 1,89 Euro – dank ,Amazon' spielend erreichbar. – Dieser Vagabund erlöste seinen Lebensbedarf aus Diebstahl und Prostitution und notiert über seinen kurzen Berliner Aufenthalt dieses:

> „Ich ging zu Fuß von Breslau nach Berlin. Ich hätte gern gestohlen. Eine geheimnisvolle Kraft hielt mich davon zurück. ... Deutschland war bereits ausgestoßen. Sogar ,Unter den Linden' hatte ich das Gefühl, als ginge ich in einem von Banditen errichteten Lager spazieren. Im Gehirn des gewissenhaftesten Berliner Bürgers vermutete ich Schätze von Doppelzüngigkeit, Haß, Bosheit, Grausamkeit und Begehrlichkeit. ... Es ist ein Volk von Dieben – das war es, was ich in meinem Inneren empfand. In Berlin wählte ich, um leben zu können, die Prostitution. ..."

Er blieb dem Land verbunden, nach Schutt & Asche.

19.9.1937: die gelben Bänke sind für Juden, heißt es in Berlin –
‚Juden sind hier unerwünscht', heißt es an vielen Dorfeingängen
– der ‚Duce' kommt aus München nach Berlin und WILLIAM
DOTT beobachtet das Spektakel. Es gab einen Befehl, in sponta-
ner Begeisterung an dem Ereignis teilzunehmen. Dann kamen
die Wagen, der Fahrer, ein Diener, im Fond der Imperator, ne-
ben ihm der deutsche Imitator. Es klatschen die SA-Hundert-
schaften. Nach seinem Bericht ‚Inside Germany' wird WILLIAM
DOTT als Botschafter abgelöst.

5.11.1937: die militärischen Spitzen werden in der Reichskanzlei
versammelt zur Erläuterung der Kriegsvorbereitungen. – Allen
Beobachtern, hier den angelsächsischen, fällt dieses entschlosse-
ne Treiben auf, dieses geschwinde laufen, arbeiten und das fre-
netische applaudieren, sofern nicht der Arm links oben ist. Und
dieser beständig drohende Führer, mit seiner Großmacht aus
Volk und Industrie. – In den sechs Jahren ohne Krieg sorgt eine
Sozialpolitik für wachsende Akzeptanz und Gefolgschaft, wird
das Antichristliche zur Spaltung des Protestantischen und zum
partiellen Widerstand der Katholischen führen, angefangen mit
den Christen in Lagern. Zeit für den sorgsam austarierten Pro-
zeß der Ausgrenzung, Stigmatisierung und Freisetzung der Ju-
den, für deren offene Verhöhnung, Enteignung, Festsetzung und
schließlich Deportation, wofür der Mob seinen Freiraum hat, die
Freigabe zur Plünderung eingeschlossen, privat oder offiziell. Im
Krieg geht dieses ‚Recht' auf jeden Soldaten über, bis zur Grenze
der Transportkapazität. Diesen Boden von Gefolgschaft regis-
triert JEAN GENET.

Was INGE DEUTSCHKRON bis zum Untertauchen bei helfen-
den Berlinern nachzeichnet, erlebt EVA MOZES, später KOR, als
10-Jährige mit ihrer Zwillingsschwester. Ungarn hat sich dem
Mordsystem unterworfen und sie werden vom Gendarm durch
das gaffend-schweigende Dorf zum Transport nach Auschwitz
verschleppt. Dort, in der Wachbaracke des Lagers II B, dem Mäd-
chenlager in Birkenau, schrie die SS-Frau „Dr. Mengele kommt!
Er war elegant in eine SS-Uniform gekleidet und trug hohe, glän-
zend schwarze Reitstiefel", wie alle Vertreter des Todes. Wie ein

Filmstar habe er ausgesehen. – Die Herren in Uniform hatten es der SS geschworen, darüber bisweilen den Arztkittel geworfen. Der täuschte den Arzt vor. BARBARA ZOEKE hat ‚Die Stunde der Spezialisten' in Romanform erschlossen, die unerträglichen Tatsachen zugänglich zu machen.

Die Verschleppten wurden in den Laboren gespritzt – infiziert – krank – todkrank – und überlebten, gelangten zurück in die Heimat – und trafen auf das gleiche Schweigen wie bei der Abreise. Daher suchten sie den Weg nach Palästina.

Der Mann der Experimente mit den zwei Doktortiteln machte sich ebenfalls auf, nach Bayern wie viele Täter. Dort gelang ihm die Tarnung und das Entschwinden nach Südamerika, wo ihm das westdeutsche Klima der Nachkriegsjahre zugute kam: JOSEF MENGELE wollte erneut heiraten. Das Ersuchen um Ausstellung einer Geburtsurkunde wurde von der deutschen Botschaft in Argentinien und deutschen Behörden umstandslos bearbeitet, obwohl er auf der Liste international gesuchter Kriegsverbrecher stand. Das sei Anweisung aus Bonn gewesen, hieß es auf Nachfrage eines Mossad-Jägers. – Er habe nur seine Pflicht getan und Befehle ausgeführt, heißt es im Briefwechsel mit dem Sohn. Solcher Zusammenfassung von Mordgeschäften hatten oberste Gerichte dieses Landes lange nichts hinzuzufügen.

Auch HANS FRANK, Herr über das Generalgouvernement mit vier Lagern für den Massenmord, setzte sich ab nach Bayern. Er geriet auf die Anklagebank nach Nürnberg. Er wurde gehenkt.

Solches sitzt fest in den Familien, vom Vater auf den Sohn, von der Mutter auf die Kinder. Den NIKLAS FRANK (78) hat die Auseinandersetzung mit dem Vater, „hochintelligent und gebildet", sein Leben lang nicht verlassen. So wurde sie sein Lebenswerk, das ihn körperlich täglich aus dem Teich in seinem Garten erinnert: wie ein stummer Schrei hängt dort der hirschlederne Mantel des Vaters auf einem Stock, Vogelscheuche ist der formale Auftrag. Ein Entkommen ist nicht möglich. Unter den fünf Abkömmlingen, welche Brigitte Frank gebar, blieb er lange der einzige, der aufstand. Die Mutter, „des Teufels Nutznießerin" mit zeitweiligem Wohnsitz in der Residenz, fuhr als ‚Königin von Polen' im Mercedes zum Einkaufen ins Ghetto, wo es den Schmuck und Pelze der Juden gab. Mit Beiden kann er nicht leben, mit Beiden rechnet er ab, von früh bis spät, also sein Leben lang. Denn er kommt nicht los, „wir sind ein feiges Volk". – „Es gibt Väter, die zeugen einen täglich neu. So wie der meine mich".

Gleiches aus ganz anderen Räumen: „Höchstwahrscheinlich werde ich das Jahr 1933 niemals richtig verstehen. Plötzlich funktionierten und handelten Menschen von ewigem Geist wie Idioten", schreibt JOSEPH WULF 1966 an ERNST JÜNGER. Und: „Nach 1945 ... als sei nichts geschehen, wird über alles geschwiegen." Aus JÜNGERS Antwort: „Auch überzeugt mich das Todesurteil, das jetzt in der Ostzone gegen einen KZ-Arzt gefällt wurde, mehr als der ganze westliche Auschwitz-Prozeß. ... Das Stück von HOCHHUTH <Anm.: Der Stellvertreter> halte ich insofern für verdienstlich, als es die Grundvoraussetzungen der Katastrophe berührt, nämlich die generelle Feigheit, die der Brutalität erst die Bahn öffnet." – WULF überlebte zwei Jahre Auschwitz und starb durch einen Sprung aus dem Fenster seiner Berliner Wohnung, 62-jährig.

31.10. Lutherfest, so heißt es. – Hymne auf das Gedicht bei GEORG BÜCHNER bringt mich auf die Suche nach dem Bändchen, aus dem ich 1966, ein Vorsprechen bei Volkwang in Essen vorbereitete – ohne zu können, weil unbegriffen einem Drang folgend. So eine echte Büchner-Figur des JAN WAGNER war ich. Ich finde die eineinhalb Seiten des Doktors an der Zeugenschranke, abgetippt und hinter den Plastikeinband gepackt. Jedem Taschenbuch verpaßte ich damals, dem Brauch des respektierten Freundes Hafi folgend, eine Plastikfolie.

Marion steigt aufs Dach des Wintergartens und macht sauber. ‚Macht sich ja nicht von alleine' – ich liebe dich. Und passe auf, daß sie nicht runterfällt. Wie das geht, ist mir nicht klar. Ich bin eher zur Stelle, wenn sie runterfällt, runtergefallen ist. – Um vier Uhr nachmittags zum ‚Luther-Getöse' im nächsten Ort. Da steht CAROLINE SCHNEIDER-KUHN auf einem Holzpodest, Palette, vor sich einen 140er-Chor, davor links Streicher, rechts Bläser satt, vorne Saxophon -genial- dann noch Klavier, Baß und Schlagzeug – und dirigiert einen Neun-Stücke-Satz. Das ist großartig, die Sänger singen Luther: ‚wenn der Teufel dir ein Thema vorsetzt, schlag ihm auf die Schnauze‘, versetzt im Dreier-Kanon, ‚bevor er dir das nächste Thema einpflanzt‘. – Das ist ja wie der Talmud!

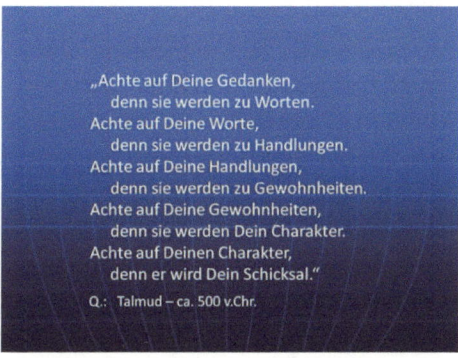

„Achte auf Deine Gedanken,
    denn sie werden zu Worten.
Achte auf Deine Worte,
    denn sie werden zu Handlungen.
Achte auf Deine Handlungen,
    denn sie werden zu Gewohnheiten.
Achte auf Deine Gewohnheiten,
    denn sie werden Dein Charakter.
Achte auf Deinen Charakter,
    denn er wird Dein Schicksal."

Q.: Talmud – ca. 500 v.Chr.

Die Halle ist voll und applaudiert, danach Schnittchen und Weißwein, eine Hübsche aus dem Kirchenvorstand fragt: was machst Du? – wie jetzt – auf dem Weihnachtsmarkt! – eh, nix – also Glühwein verkaufen – ach was! – Zurück auf die Stühle vors Impro-Theater mit vier Schauspielern und Chefin. Ich habe sofort ein Thema, warte aber aufs Ende, dann die zwei Sätze aus Meyenburg, bei Carolines letztem Konzert: ‚Segi, wir sind schon richtige Kirchgänger‘ – ich in Gedanken: ‚na ja, wenns Schnittchen gibt, warum nicht‘ – Das sag ich ihr und noch: wenns zu fromm wird, werden wir schnell widerständig. Marion stürmt herbei, korrigierend und die Truppe spielt ‚Schnittchen‘. Die Zeitung berichtet genüßlich.

Berlin ist, wie es ‚Wowi‘ sagte: pleite aber sexy. – Gäbs Berlin nicht, wäre das Bruttoinlandsprodukt höher, mit dieser Berechnung ist Berlin einzigartig in Europa, es zehrt 10–15% des Jahresproduktes der Republik. Ganz anders etwa Paris, es stemmt 15% des BIP, fehlte die Metropole, fehlten die dem Land.

1.11. Ich hatte eine schwarze Ecke im Regal, ‚rororo' mit schwarzem Rücken, nach der ich immer noch suche, dabei war PAUL CÉ-LAN. Die Ecke ist längst weg, aufgelöst, übers Haus verteilt. Ich möchte BÖTTIGERS Geschichte über PAUL CÉLAN und INGE-BORG BACHMANN ablegen. Vieles wird so über die Jahre unerreichbar, obwohl es nicht weg ist.

Um 10 Uhr ein Lifo-Gespräch in der Sparkasse, sehr gesprächig. Ich habe schließlich alles erlebt.

Das Fernsehen stellt den Opfergang eines weiteren begeisterten Kunstschaffenden im Stalinat vor: DMITRI SCHOSTAKO-WITSCH. STALIN erschien in einer Aufführung – danach stand das Leben des DS kopf – er war nur noch mit einem Koffer unterwegs, schlief nachts auf der Treppe, um seiner Familie den Anblick einer möglichen Verhaftung und den Abtransport in den Gulag zu ersparen. Der Aufführung folgte ein anonymer Artikel in der ‚Prawda': Chaos statt Musik. Er überlebte durch Adaption, er lernte das System der Kritik, der Selbstkritik und der Selbstverleugnung. Kunst blieb das, was die Kritik davon übrig ließ.

Das Erbe der Oktoberrevolution umreißt REINHARD VESER aus jubilarem Anlaß. Das gewagte Versprechen eines ‚neuen Menschen' in einem ‚Reich der Freiheit' begann auf dem Boden flächendeckenden Terrors. Der Idealisierung entsprachen Appell an und Freigabe der ‚niedersten und gemeinsten' Instinkte. Die Systemimmanenz dieser ‚Dialektik des Todes' hat mir bisher unüberboten die ‚Sonnenfinsternis' des ARTHUR KOESTLER offenbart. Das solches bereits KARL MARX ahnte, jedenfalls im Ungewissen blieb, wird inzwischen gesehen und benannt. In den mehr als tausend Seiten ‚Die Farbe Rot' von GERD KOENEN hebt HERFRIED MÜNKLER diesen Teil als „hermeneutisches Glanzstück" hervor. MARX führte schärfste Polemik gegen zahlreiche Weggefährten im Kampf gegen die Gefahren eines „rohen Kommunismus". Nichts anderes ist in einhundert Jahren produziert worden.

Daß diese territorialen und menschlichen Verwüstungen alternativlos waren, entwickeln HEINRICH AUGUST WINKLER und MANFRED HILDERMEIER. Der ‚Wissenschaftliche Sozialismus' sei von Anfang an ein politisches, also ein Revolutionsprojekt gewesen und STALIN habe -nach vierjährigem Bürgerkrieg- dekretiert, die Voraussetzungen der ‚proletarischen Revolution' lägen leider nicht vor und wären demnach erst herzustellen. HILDERMEIER geht die Etappen des Horrors en detail durch: die Bürgerkriegsmentalität wurde in ein ‚innerparteiliches Gesetz' transformiert, der rohe Kommunismus bestand aus einem bewaffneten Geheimdienst und dem Einmann-Laden Partei, eben Stalinat. Das Land geriet von einem Massensterben ins nächste in einer Mischung aus Verhungern und exekutiertem Zwang, zwischen 1917 und 1922 fünf Millionen Tote, zwischen 1927 und 1932 weitere 10 Millionen und ab 1935 das Schauprozeßsystem und der ‚Große Terror'.

Ein weiterer Bericht aus dem Osten bringt mich trotz Kenntnis vieler Details aus der Fassung: JOCHEN BOHLERS Bericht über sechs Jahre Barbarei in Polen, also überwiegend unter der Ägide des HANS FRANK. Was sich in diesem ‚rechtsfreien Raum', geteilt in annektierte Westgebiete und Generalgouvernement an Verwüstung und Massenmord vollzog, läßt den Atem stocken. Voran die Wehrmacht -einschließlich des preußischen Garderegiments IR 9, dem RICHARD WEIZSÄCKER angehörte, Jochen angehören wollte, die in kurzer Zeit 500 Ortschaften und Städte niederbrannte – gefolgt von den Todeskommandos der Gestapo und den Einsatzgruppen, einschließlich Polizeibataillonen, die unter dem HIMMLER-HEYDRICH-Kommando durch zahlreiche sogenannte ‚Intelligenzaktionen' und ‚Außerordentliche Befriedungsaktionen' das Land in eine Ansammlung von Massengräbern verwandelten. Wo die häufig unter Alkoholisierung laufenden Mordaufträge in Mordrausch umschlugen, amnestierte der Führer. Die Ergebnisse, oft in ledergebundenen Fotoalben zusammengestellt, zur Erinnerung und Ergötzung. – Sinnfälliger Abschluß der ‚Schlächter von Warschau', der nach Niederschlagung des Aufstands solange schießen und hinrichten ließ, bis die Munition ausging. Gegen alle Beweise von der Hamburger Justiz „von jeglicher Schuld" freigesprochen, ließ er sich auf Sylt nieder und zum Bürgermeister küren, was zwölf Jahre währte. – Polen zeigt, was ein entmenschtes Regime mit einem hörigen Volk anzustellen in der Lage ist. Das Unvermögen zu Einsicht, gar Reue ist fast unvermeidlich, vielleicht verständlich.

4.11. ‚Unser Jonas‘ hat das Angebot eines Arbeitsvertrages. Zugleich teilt seine Freundin mit, daß sie auszieht. Tags drauf ruft Leon an – Trennung. Wir sind bestürzt. Es ist nicht unsere Sache, sagt Marion – gegen alle bittere Enttäuschung. – Gleichwohl sonniger Tag, ich stauche zwei Säcke Laub und schleppe sie auf den Hochsitz. – Zehn Teile gabs, schwärmt Marion, und 60 Euro Rabatt! Ich überschlage die Gesamtsumme, schick siehst du aus! – Leider sind die Liegen schon im Keller.

6.11. Wieder großer Aufstand des Weltökologismus, isso Leute, mit seinem Zentrum in Deutschland – es kann niemand doller treiben. In Bonn sind 25 Tausend in Aufregung, von ‚Diesel weg‘ bis DUH-Fahrverbot wird übers Kfz lamentiert, dessen Stickoxyde seit 1990 um 70 Prozent reduziert wurden, dazu ‚Kohle weg‘ und weiteres. Haut doch einfach alle ab!

Gingen zehn, nein fünf Prozent dieser beseelten Energie ins Bildungsdesaster, die Republik glühte und blühte. So bleibts beim flotten Anstieg der Quote Unbeschulbarer, voran die üblichen Verdächtigen Berlin mit 25 und Bremen mit 35 Prozent. Das sind die Underdog-Biografien von einem Drittel, Leute – schon mal extrapoliert, was das fürs Land, fürs Zusammenleben heißt? Kein Problem, die gehen in die Vollversorgung in Wort & Bild plus Grundeinkommen. Notfalls werden sie vor dem Fernseher sistiert, gell! Damit sie keinen ‚Unsinn‘ machen.

Selbst die Top-5-Mathe-Prozente liegen im Durchschnitt, verglichen mit Singapur. Tut nichts, das Öko-Regime treibt erfolgreich eine Regierung vor sich her, sodaß die Chefin schon wieder 1,3 Millis, Verzeihung Milliarden, anderen zusagt, für irgendwas. Während das Land mit seinem 2,5%-CO^2-Ausstoß-Anteil seine kostbarsten Ressourcen verlungern läßt. – Von den 110 Billionen Litern Methan mit seinem 25-fachen Erwärmungspotenzial ist eh nicht die Rede. Wie soll man denn gegen die Kuh ein Ressentiment aufbauen, die guckt dich nur an – stumpf. Auto ist schöner, gleich son bißchen gegen die Industrie, mit Schmiß gegen Kapitalismus – obs das CO^2 signifikant reduziert, bewegt auch keinen – die kommen doch auch aus diesem Schulsystem!.

Deutschland werde sich „in eine einzige Industrielandschaft verwandeln müssen", um den Strom für den Eigenbedarf liefern zu können, wettert JASPER VON ALTENBOCKUM im Leitartikel. Zwei Billionen sind zu stemmen, wenn die ökologischen Festspiele Hochzeit haben.

Das Land geriert sich eben als Weltverbesserer, das kostet. Das Nationale, schon das Wort ist obszön, das Eigene ist im allgemeinen Auflösungsprozeß eh auf der Hinterbank, befeuert von ‚mer brauche mehr Eurohba'. – GUNNAR HEINSOHN zieht wieder seine Querverbindungen zwischen Alterskohorten, den Alterschancen und der Abwanderung der Besten. Im Berliner Sondierungsstadl gibt man sich bedeckt.

Vorsicht Europa: das neue ‚Haus der europäischen Geschichte' scheint eine einzige Peinlichkeit zu sein. Dem europäischen Ideologismus entspricht es wohl, das Hohelied von Sozialismus und den Pulk von Diktaturen ins Erbe europäischer Aufklärung einzuflechten. Das ist, mit Verlaub, und mit Respekt gegen die ehemals kommunistisch-kolonisierten Länder ein Schuß in den Brüsseler Ofen, gleichermaßen mit Blick auf Perspektive. Die ja wohl viel Sozialistisches enthalten soll, gell. Was bekanntlich zu harten Bandagen führt, nicht wahr. Also isses vielleicht gänzlich unpeinlich? Vielleicht solls ja eine Drohung sein. Das Brüssel-Gestell bleibt stehen, „whatever it takes".

Noch mehr Europa: 800 Jahre hielten die rumänischen Wehrdörfer stand, jetzt ist die Struktur der kleinbäuerlichen Familienbetriebe in Auflösung. – Die ‚land grabber' kommen und wollen das Land, mit Blick auf Agrar-Subventionen. Sie sind erfahren, denn sie kassieren seit Jahrzehnten den zig-Milliarden-Etat aus Brüssel ab. Dann wird es auch hier die Maisgroßflächen geben, danach werden die Ökos kommen und das Insektensterben beklagen – die Abläufe sind so bekannt. Von den fünf Millionen Kleinbauern lebt bereits ein Drittel in dieser Strukturwandel-

Armut, ein Teil als Pächter, womit der Eigner also Pacht und Subvention bekommt. Er wird auf die EU schwören. Die Landflucht beschleunigt sich infolge solcher Freisetzung, für regionale Produkte schwinden die Absatzmärkte, die Flächen belegen nicht zuletzt die deutschen Discounter. – So vollendet der EU-Beitritt, was der Kommunismus nicht schaffte – wenn das kein Kontinuum ist: riesige Monokulturen von Raps und Mais, von Großinvestoren aus Arabien und Westeuropa installiert.

8.11. Die Geflüchteten besetzen die Systeme, erst die der Registrierung und Aufnahmestellen und -lager, dann die der Sozialbehörden, später die der Ausbildung und prozessierend die der Verwaltungsgerichte, aktuell in 300 Tausend Fällen. Wußte sie, für wen alles sie sprach, als sie sagte, wir schaffen das. Sie war nicht Kanzlerin, eher weidwunde Pastorin.

Plündern war bekanntlich Tagesbefehl des HERMANN GÖRING während der Besetzung von Paris. Dem unterfiel auch das Antiquariat des OSCAR STETTINER. ‚Sitzender Mann mit Spazierstock‘ von AMADEO MODIGLIANI wurde beschlagnahmt

und zu Geld gemacht. STETTINERS Klage auf Rückgabe wurde 1947 stattgegeben, der Besitzer erklärte jedoch, es bereits weiterveräußert zu haben. – 1996 ging es für 3,2 Millionen Dollar an die ‚Societé Anonyme‘ des Patriarchen und Kunstsammlers David Mahmad. Der Enkel Philippe Maestracci klagte seit 2011 auf Herausgabe des Bildes, nachdem er es 2008 auf einer Auktion bei Sotheby's in New York aufgespürt hatte. Dort wurde er abgewiesen. Die ‚Panama Papiere‘ lüfteten 2015 die Eigentumsverhältnisse an dem Bild, woraufhin Schweizer Staatsanwälte eine familiäre Kunst-Lagerhalle des David Mahmad in Genf durchsuchten und das Bild beschlagnahmten. So nimmt der Raub Generationen in Anspruch.

9.11. Ich bin der Älteste auf dem Management-Tag der Sparkasse, es gibt dort zum Glück keine Altersgrenze. Ich freue mich an den vielen Auftritten, am Format, welches das Haus erreicht, der vorbehaltlosen Debatte.

Abends im Chor bin ich zwar nicht der Älteste, jedoch der Einzige im Tenor – und darf vorsingen. Ringsum schweigt alles. Die Noten ahne ich. – Zuhause sitzt Jonas, der grade seinen Schreibtisch zerhacken will – was der wohl verbirgt – wir reden bis Mitternacht. Kritisiere dich nicht! Mache dir klar, was du in zehn Jahren erreicht hast, sicher oft ohne Anstrengung, du faule Sau – dennoch: erkenne, welche Stärken dir halfen, liebe dich, es lohnt sich und sei stolz – und fange an zu ‚arbeiten‘. Du hast ein Disziplin-Problem, weils so oft ohne ging. Irgendwelche genetischen Anmerkungen erspare ich mir.

Keine Neuverschuldung nach 44 Jahren Aufbau auf 144 Milliarden in NRW. Es hat fast das Gleiche an Zinsen gekostet, bis zur Stunde 139! Jetzt brauchte es noch etwas Druck, aber der Wille zur Abgrenzung gegenüber der ‚Schuldenkönigin‘ trieb die Schwarz-Gelben dann doch zur Null. – Sie bleiben auch so Anhänger von SR. DRAGHI, denn gegen einen freigegebenen Zins würde keine Tilgungsrate ankommen.

11.11. Manni holt uns ab, ich oben weiß mit Schlips. In der Kirche Marßel proben wir das Gesangspaket mit acht Liedern, ich kenne kaum eines, nach der Schnellprobe übernimmt die Orgel. Der sechseckige Bau ist voll und ein komplexer Ablauf beginnt, evangelisch unter katholischer Führung. Ich jage den Noten hinterher, gebe den Tenor auf und schließe mich an dem Baß, Waldemar ist längst blaß. Nach sechzig Minuten ist der Kittel geflickt, also das Paar nach allen Regeln getraut und bittet ins Gemeindehaus zu Sekt & Schnittchen. Die sind gut. Mein Wagemut hinterm Steuer ... das war das dritte oder vierte Brautkleid dieses Jahres.

13.11. 7 Uhr, Jonas döst auf dem Sofa, hat das Auto gebracht. Wir fahren in die Stadt, ich stelle das Auto ab und wandere zur Steuerberatung. Dem Austausch persönlicher Beschwer folgt der Blick in die Zahlen – und der Schlag ins Kontor. Das kommt vom vielen Geld, 25 werden zur Nachzahlung erwartet. – Ob denn die GmbH leerzumachen sei – ich sage, ich mache noch ein bißchen – ok, dann später – wie denn die Auswirkungen seien, frage ich noch – nun, die Abgeltung, knapp 25% – auf bereits versteuertes Geld, so mein Hinweis – ja, aber dann ist es auch ihrs, kommen tröstende Worte – ich beharre: auf den Steuerabzug von 32 bis 34% folgt beim Transfer aus der Gesellschaft eine 25%-Abgabe, zusammen also 57%! – nicht ganz, heißt es tröstend. Ich wollte nur meine Einschätzung verifizieren: ein Raubsystem in Dienstkleidung, völlig angemessene Bezeichnung. Da kann doch die nette Steuerberaterin nix für! – Mit knapp 5 Kilogramm verlasse ich die unterhaltsame Veranstaltung, darunter bestimmt 2000 Gramm Papier vom Bankhaus meines Vertrauens – viel Papier, wenig Ergebnis, wie mir neulich dort bereits erläutert wurde.

Die Klimakonferenz am Rhein betrachten Rechtsanwaltskanzleien nicht ohne Wohlwollen, der Klimawahn muß schließlich durchprozessiert werden. Ein echtes Geschäftsmodell, diese Öko-Randale, dessen Professionalisierung die ‚Deutsche Umwelthilfe‘ anführt. Ob sie wirksam sind, daß sie unwirksam sind, ist nicht von Interesse, merkt DAVID FOLKERTS-LANDAU an. Zehn Kraftwerksblöcke möchte man stillegen, bei Kapazitätsbedarf aber weder Atomstrom von links noch Kohlestrom von rechts importieren. Zu kostbar ist das Vorbild-Dasein.

‚Gold‘ von THOMAS ARSLAN (2013) – Auf eine Anzeige hin melden sich Sieben und machen sich auf den Treck zum Clondyke, nach Dawson. Die eingewanderten Deutschen verlassen sich auf den Initiator – die Infrastruktur dorthin ist reine Natur, von kleinen Siedlungen und ein paar Posten unterbrochen – es herrscht Schweigen – fünf Männer und zwei Frauen lassen ihr bisheriges Leben zurück und folgen ihrer Sehnsucht – dazu zwei Reservepferde und ein einachsiger Planwagen – nachts packt der Anführer sein Pferd und alles Geld, bis ihm der Lauf im Genick sitzt, hängen soll er am nächsten Morgen und wird an den Baum gefesselt. Die Frau macht ihn los – einer wird verrückt – die Achse bricht, der Wagen bleibt liegen – lass uns umkehren, sagt sie, wir haben alles verkauft, antwortet er, wir fangen von vorne an, erwidert sie – drei ziehen weiter – der Journalist, UWE BOHM, tritt in eine Bärenfalle, liegt mit abgesägtem Fuß auf der Schleppliege, stirbt – das letzte mitlaufende Pferd verreckt – ein weiterer Wink des Indianers gegen 5 $ – der Mann und die Frau erreichen Telegraf Creek – auf ihn ist Prämie angesetzt, die Killer folgen und knallen ihn ab – die Frau greift zum Gewehr, begräbt den Mann – „Wünsch mir Glück, Carl Böhmer", sagt NINA HOSS am Grab und zieht weiter. – So läßt der Film mich auf dem Sofa zurück. Eine Parabel. Nach 120 Jahren ist es nicht anders, es wird nur auf Netzbetrieb umgestellt, vor 70 war es auch so bei JEAN GENET, dem Dieb und Dauergast im Knast, nach drei Anläufen lese ich mich fest in ‚Notre Dame des Fleurs' und falle in Traum.

14.11. ANTONI TAJANI ist Straßburg-Chefe und bleibt am Ball, sekundiert JCJ's Januar-Initiative ‚Ausbau zu Voll-Europa', vulgo: Geld. Er will eine Euro-Steuer und den Haushalt auf 280 Milliarden hochmöbeln – das werden erst Festspiele.

HEINRICH HIMMLER, ‚Der Anständige' bei ARTE.

Familienmensch und Massenmörder: Heinrich Himmler

Wie resümierte GUSTAVE GILBERT, der 1946 die Nürnberger interviewte, „es waren ganz gewöhnliche Verbrecher".

15.11. Fünf Stunden beim Arbeitsgericht – die segensreiche ‚Sozialarbeit' der Vorsitzenden gerät heute ins Abseits: keine Vergleiche, fünf Urteile sind zu schreiben – zwei Parteien klagen, sie müßten ihr Haus verkaufen, finden aber keinen Draht zu dem Geschäftsmodell: akzeptieren, abschließen, neu starten. Um 14.30 sind alle sichtlich erschöpft. –

Aber es ist ein Erlebnis: die zu Entscheidung berufene Kammer wird mit fünf Streits konfrontiert, in denen sich die Parteien auf Dritte verlassen. Die Richterin kennt die Kunden, insbesondere die Stadt Bremen. Da verliert ein Betreuer im Martinshof, Kernaufgabe ist die Betreuung Behinderter, nach zwölf Monaten seine Arbeit, weil die interne Querfinanzierung ausläuft. Alles Zureden hilft nicht, der ewige Justitiar der Stadt, HONORÉ DAUMIER springt ins Auge, wiederholt schmallippig die im Kern unschlüssigen Worte. – Das ist immer so, wenn die Stadt hier im Streit liegt, wird mit sichtlicher Erregung bemerkt, sie tragen alles vors Gericht, damit sie nicht selbst entscheiden und Verantwortung übernehmen müssen. – Mit Mühe halte ich mein Schweigen.

Sodann, ein Arbeitgeber hat fristlos gekündigt, nachdem er den Eindruck eines Gesprächsmitschnitts hatte. Das Smart Phone in der Brusttasche wurde sichtbar und leuchtete rot. Der Mitarbeiter bestritt auf Vorhalt und klagt. – Tat- oder Verdachtskündigung, fragt sich das Kammer-Trio in ausgiebiger Debatte. Für Tatkündigung fehlt der Beweis oder wenigstens dessen Angebot: Auslesen des Smart Phones. Für Verdachtskündigung fehlt die Anhörung vor Ausspruch der Fristlosen. Der Arbeitgeber verliert und läßt sich auf lange Auslauffrist mit fast voller Bezahlung ein, der brave Kläger scheint zufrieden. Aber was alles tut sich hinter frommer Miene! Er bittet um Frist, die Sache mit seiner Frau zu besprechen. – Das alles sind Folgen impulsiven Handelns. Im L.earn-Workshop hätte er von der Zauberformel ‚Erkennen-Verstehen-Anwenden' gehört. Die ist in solchen Fällen Gold wert, bares! Das sage ich zum Arbeitgeber.

Wer tritt noch auf, ein Geschäftsführer, der quer durch die Republik prozessiert und plötzlich Kündigungsschutz begehrt. Die großherzige Vorsitzende spricht ihm zu, ob er sich damit nicht mehr schade als nutze. So etwas spreche sich doch herum in einer engen Branche wie seiner. Tut nichts, beide Seiten bestehen auf Entscheidung. So passiert das Leben durch den Saal.

93 Petaflops in Wuxi, einem Dorf in China. Gemeint sind Billiarden Gleitkomma-Operationen pro Sekunde – wenn Sie verstehen, was die meinen. – Mir wärs zuviel, ich komme schon bei zwei Flops durcheinander.

‚Der Soldat James Ryan‘ (1988), unerträglich. – Im übrigen gehört der Abend der Vorbereitung der Ausstellung am Sonntag. Ich finde meine Bilder, geklaut oder bei den Jungs. Neun Stücke, Preise, geh mal runter, meint Marion, die Leute kaufen Weihnachtsgeschenke! – Dafür taugen die sowieso nicht, Tische, Stühle, alles muß mit.

16.11. Wieder raus, Sparkasse, ein Schicksal anhören im 4You, zwei Workshops vorbereiten, das wird immer weniger, weil wir immer besser werden. Mittags zu Jackie Sue, eine Schüssel Asiatisches mit Tee, weiter zur Agentur, wo wir zu dritt meine Textvorschläge umpolen auf Kundenperspektive. Ein Kurs in Eitelkeit wird umgedreht. Um drei wieder raus aufs Land an den Tisch zum Tee.

ZDF-3sat und der ganze Verband kennen keine Halten mehr: Klimawandel sofort -nein, Halt!- zurück und Kohle raus mit Klaus und die dritte Welt und die reiche erste Welt hilft und die zehn Prozent, die sowieso alles haben aber nix wollen oder wie jetzt. Den Zuschauer schwindelts. Zehnmal der Alarmmodus an diesem Abend, das reportierende Personal in sichtlicher Erregung. Erschöpft greife ich zur Flasche.

17.11. LEO'S ‚Salvator Mundi‘ ging für 450‘ über den Tresen, an privat – 1958 noch ein 45-Dollar-Schnäppchen, times ar‘a gonna changing.

Anderenorts hingegen hochdosierte Handsalben, Einkommen kann zur schwärenden Wunde werden. Das ist so bei BERND

OSTERLOH. Der zieht monatlich 750 Tausend aus dem Drucker, weil er im Hauptberuf GBR-Chefe bei VW ist, und anderes mehr im Verbund. Geld stinkt nicht, heißt es, aber ein Geruch zieht erneut die Staatsanwaltschaft hinter sich her, die mit achtzig Mann ins fromme Dasein einfällt und die Schubladen aufzieht. Der Geruch wird vom Motiv für solche Zahlung her befeuert. Es ist ja teils Staatseinkommen, ein bißchen auch Anstrengung, ja Leistung – und viel Kooperatives. Das Handelsblatt wittert einen ‚Doppelagenten von Kapital und Arbeit', was dann Gerüchle hat, unvermeidlich. Auch wenn ja wohl die bargeldlose Zahlung vorherrscht – die auch einen Rechtsgrund hat, irgendwo hinterlegt.

STEPHEN HAWKINGS zweiter Aufruf zur Flucht ins All. Hauptgrund bleiben Maschinen, die von allein zurechtkommen – und zwar ‚zz', ziemlich zügig und deutlich schneller, als der trägen Spezies lieb ist. – Also ich bleib, das lohnt nicht – bei den Reisezeiten!

Erschossen gehört er, nach Auffassung von LEONID TJAGATSCHEW. Der ist Ehrenpräsident -das könnte schon genügendes Nationalen Olympischen Komitees von Rußland. Gemeint ist der einstige Laborleiter und Organisator des Dopings, der in die USA floh und sich umdrehte. Presidente meint nun, RODTSCHENKO habe die Unwahrheit gesagt. Und auf Lüge stand schon bei STALIN erschießen, das stimmt. Da haben die Leute ja millionenfach die Unwahrheit gesagt, die große Unbekannte. Nur so blieb die Wahrheit an der Macht. Und das Problem für den Rest.

Und die ehemals vorbehaltlose Zusammenarbeit des Russen mit der FIFA neigt sich ja auch gegen Abend. Deren Mandatsträger sind zwar nicht wie einst sowjetische und jetzt russische von jener fanatischen Liebe zur Wahrheit beseelt. Aber die Geschäftsmodelle haben wohl Kompatibles. Nach den ersten Prozeßtagen in Brooklyn, gemeint ist die sistierte FIFA-Auswahl, bestätigt sich die Kennzeichnung des Haufens als mafiotische Struktur, mit starker Affinität zu dem, was dort auf den Tisch kommt.

Dazu muß ausgeholt werden. Der Weite, der Schönheit, aber auch dem Abgründigen der Vereinigten Staaten trägt nicht zuletzt ‚RICO 1970' Rechnung. Das ist der ‚Racketeer Influenced and Corrupt Organizations' Act, welcher sehr FIFA-affin ist. Die vor zwei Jahren in Zürich aus dem Bett geholten drei Südamerikaner sind einfach ‚Schwere Jungs'. Von der Anklagebank soll AMIGO BURGA ‚eine Geste Richtung Zeugenstand gemacht haben … eine Bewegung mit der Hand an der Kehle entlang…', verstehst Du! ‚die dem Schnitt eines Messers ähnelt'. Auf diese Beobachtung der Staatsanwältin hin gibt der Verteidiger dieses Herrn sogleich zu Protokoll, sein Mandant sei ‚ein liebenswürdiger, sanfter, scheuer Mensch'. War der Pate mit Katze auch, du Komiker. – Und Paraguays Fußball-Spezi JÚAN ÁNGEL NAPOUT soll aus der U-Haft Zürich die Beseitigung aller Computer seines Geschäftsgebietes angeordnet haben. – Nun ja, schließlich war es erheblicher Aufwand, den FIFA-Kassier JULIO G. von Quatar 2022 zu überzeugen: eine Million Dollar! Das ist Geld, meine Herren, das will verdient, jedenfalls beschafft sein, jawohl. – Einer warf sich gleich vor den Zug, nachdem sein Name in Brooklyn fiel. Dabei war der nur Berater im Komödienstadl „Fußball für alle", hieß echt so.

Und hier, also daheim, wurde es ein kleines rauschendes Fest, ein diskussionsmächtiger Abend, zu dem noch die lieben Nachbarn und, klar, die Pastorin, pünktlich hereinrauschten – alle auf Einladung, damit kein falscher Eindruck entsteht. Marion servierte drei Tartes Quiches mit Pflaumen, Birnen & Consorten, einfach köstlich. Fünf, sechs ‚Pinotage 1791' wurden verfeuert und so knallhart haben wir uns lange nicht die Meinung gesagt, aus Kolonialem, Klimakram, arm-reich und son bißchen Antikapitalistisches, das ist ja Kirchenraison, und übers eine Prozent, das sich die Taschen vollstopft. Es war wunderbar und um Mitternacht verließen wir das Desaster im Wintergarten, hix.

18.11. Abends nach Burg, Jonas und Leon sind wieder wie vor Zeiten. Wir wandern ins ‚Hotel zur Post', wo wir im Separé sehr gut bedient werden, es schmeckt und Jonas erzählt aus dem Leben der arbeitenden Bevölkerung. Auf dem Rückweg gibt es dann kein Halten mehr, wir kommen heil nach Hause. Beziehung hat immer auch ein disziplinares Moment, daran fehlts grade. – Zu später Stunde fährt Vaddi im Schlafanzug nach Burg, wo sie umsteigen.

19.11. SONNTAG. Johanna kommt, um 7 Uhr gassi und Brötchen, das Auto vollpacken und zum Haven Höövt, wo wir Platz 18 mit neun Formaten vollstellen zur Freude des werten Publikums. Mittags kommt Marion, nachmittags BirgitS. Um 18 Uhr ist alles wieder im Keller. Es ging nur um mein Innenleben! – Um 19 Uhr ist der Wagen wieder gepackt für Bad Zwischenahn.

Das Silicon Valley nutzt den ‚wissenschaftlichen Ökologismus‘, um sich an die Stelle parlamentarischer Willensbildung zu setzen. Die der Klimastrategie eigene totalitäre Tendenz wird umstandslos zur Grundlage des digitalen Absolutismus. BILL GATES läßt hundert Quadratkilometer Land in Arizona arrondieren, ‚Alphabet‘ beschafft sich Grund und Boden in Toronto, um einen total vernetzten und roboterbetriebenen Aufenthaltsraum für Menschen zu bauen. Im Libanon und in Südkorea geschieht Ähnliches. ‚Bewohnbare Suchmaschinen‘ nennt es NIKLAS MAAK. Ein Gigaroboter, dessen Erfaßtes beständig ausgelesen und ausgewertet werde, dessen Bewohner -in Anlehnung an den ‚Leviathan‘ des THOMAS HOBBES- ‚als datentransportierende Blutkörperchen immer im Kreis herumgepumpt werden.‘ – STEPHEN HAWKING wird informiert sein. Daher wohl seine Aufrufe.

Johanna erzählte aus ihrer WG in Schwachhausen, wo die beiden Mitbewohnerinnen nach den Vorlesungen ‚erstmal schlafen und danach Serien gucken‘ – vielleicht auch, fällt mir aus Anlässen ein, den just gegessenen Kuchen bei Facebook einstellen. – Es klingt nach idealem Material für solche Menschenlager der Zukunft.

Texttitel ‚Zeit fürs Gute‘.

20.11. Um halb sieben zur Fähre, um sieben mit Uwe nach Bad Zwischenahn. Wir haben den kleinen Zwischenraum für die zwölf, elf Frauen und ein Mann. Seit Jahrzehnten in der Sparkasse tätig, erleben sie überwiegend zum ersten Mal so etwas. Da sie sich kennen, werden sie mutig. Am Ende steht eine gewisse Erschütterung, nicht ohne Tränen – daß sie das noch erleben durften. Das ist prekär für einen Marktführer, solch Potenzial an ‚persönlicher und fachlicher Produktivität‘ nicht zu heben. – Das Vergnügen mit Khaled Rady&Aga ist komplett und ganz auf meiner Seite, diesmal ohne Rollator-Angebot. Ansonsten wird keine Zumutung ausgespart.

21.11. Ziemlich fertig mit Aal zurück zum Abendbrot – Das HB-Briefing formuliert einen starken Text zum Ausstieg der FDP aus dem ‚Jamaika‘-Sondierungs-Rodeo. Die Weigerung, den Kohleausstieg zu fixieren, bei aktuell 40% Verstromungsanteil, war durchaus staatsmännisch – es hätte den nächsten Billionen-Wahn ins Leben gerufen. Daß die Chefin mit dem Flüchtlingsaufschlag, nicht nur einen weiteren zig-Milliarden-Einsatz lostrat sondern dazu das rechte Ressentiment in beachtliche Größenordnung katapultierte, ist ja nicht weit hergeholt. Daß sie damit auch das Treibmittel für den Brexit freisetzte, ist für HANS-WERNER SINN ebenso „bittere Wahrheit“.

MALCOLM MITCHELL YOUNG starb, 64-jährig, in einem Pflegeheim, irgendwo in Australien. Sie, das sind die Young-Brüder von AC/DC,

> „fingen den inneren, gleichsam swingenden Funken (des Blues) mit dem Instinkt lebenshungriger Straßenkinder ein und bliesen ihn auf zu einem ohrenbetäubenden, gleichförmigen Feuerwerk, beständiger als Erz.“

So wunderbar resümiert EDO REENTS die Lebensarbeit des Gitarristen. Der Bruder ANGUS arbeitete derweil bekanntlich in Schuluniform den Laufsteg ab. Ich konnte nicht wegsehen.

22.11. Wieder grätscht der Verfassungsgerichtshof NRW ins politische Komplott. Mit Sperrklauseln möchte man den eigenen Beritt abschotten, bis in die Landesverfassung hinein, an der geschraubt wird. – Zeit für Spende nach dem Interview mit Christian Lindner.

Bis Oktober 21 Tausend, das sind 69 Morde pro Tag. Mexikos Kartelle eilen neuen Geschäftsrekorden zu.

Morgens ins Flughafengebiet, wo ein Lifo-Nachgespräch begehrt wird. Die Themen stecken in den unscheinbaren Zahlenabständen. Feine biografische Verankerungen. Zum Mittagessen á point – gassi – aufräumen – Schläfchen, bis die Pastorin an der Klingel lehnt. Einer Kandidatur für den Kirchenvorstand wolle sie sich nicht verschließen. Das Format ist mir vorstellbar, Partei ist auch im Selbst-Gespräch.

Abends zum Tezé in ein mittelvolles Haus mit guter Führung dieser Pastorin. Ohne Brandflecken nach Hause – und in einen brandheißen Film: „Bruder". Konversion zum Islam aus aktueller und biografischer Not – Auszug ins Wüstengebiet – Training in ideologischer Härte – Krieg und Mord im Namen des Großen – Rückkehr für den Massenmord – Kehrtwende mit der Maschinenpistole im letzten Augenblick. Großes Kino.

23.11. CHRISTIAN LINDNERS weiteres Interview ist von Klarheit. Zu neu ist der Wiedereintritt, und die Gemeinsamkeiten der Übrigen. – Und wenn das ‚System Merkel', wie es auch WOLFGANG STREEK nennt, als Strategie ‚asymmetrischer Demobilisierung' des politischen Gegners und ebenso der Absorption des Koalitionspartners von Substanz ist, wofür Beispiele stehen, dann war der Ausstieg konsequent. Denn die Kanzlerin ist dem grünen Ökologismus, dem Flüchtlingsregime und nicht zuletzt dem europäischen Schuldensozialismus sehr viel verbundener als der Sicherung staatlicher Souveränität und Verantwortung sowie der Rückkehr zu mehr Rechtsstaatlichkeit.

Für solche Mehrheit von ‚Europaflüchtlingen' (©!) und ihrem Berliner Schwurbel-Modus ein paar fehlende Stimmen zu stellen, provoziert erneuten Untergang wegen erneuter Enttäuschung des Publikums. Dafür ist das Profil der Partei grade zu wertvoll gegen die „Gleichschaltungsbereitschaft der politischen Klasse", so noch einmal STREEK aus seinem Gesamtbild der vergangenen Legislaturperiode.

24.11. Das war das beste, sagt Uli am Ende seines dritten Lifo-Gesprächs, mit Abstand. Meine Eitelkeit tanzt kontrollierten ‚Can Can'. Nach zwei weiteren tiefgreifenden Gesprächen zurück. – Jonas bewundert dich, meint Marita im Gespräch über die Wege der ‚Kinder' nach gebundenen Kränzen und ‚Pinotage'. – Das war zuviel des Guten und der Traum bringt die Balance: da findet ein großes Ereignis statt mit großer Teilnahme zwischen Stadtschloß, Parks und Strand, wo jemand fragt, kocht denn jemand was? – und ich suche Marion, trage das Anliegen vor sie weist es barsch, burschikos zurück, geht's noch! Aufgewacht, ist mir das peinlich. War wohl zuviel Sonne gestern.

25.11. ANGELA MERKEL verantwortet den tiefgreifendsten Umbau des politischen Deutschland, natürlich, weil sie auf keinen nachhaltigen Widerstand traf. Die neue Legislaturperiode kann die Vollendung bringen: die erfolgreichste Partei sind die Grünen, weshalb sie überflüssig werden könnten, 6,8%. Ihr Programm ist vollständig in Arbeit, in großen Teilen in der Umsetzung. Erfolgreichste Partei war zuletzt die SPD auf ihrem -gleichfalls- abschüssigen Weg, aktuell um die 20%, voller Angst vor Neuwahlen. Als Mehrheitsbeschaffer für die geschrumpfte Größe wird sie zum Herrn über die Eintrittsbedingungen, fundiert durch die Mitgliedervoten, die anstelle des Wahlergebnisses, d.h. des Wählerwillens stehen. Die CDU steht für Beschaffung, alles nach Gesetz. Ihr erfolgreichster Minister war der Kassier. Insgesamt ein großes Linksbündnis, gegen dessen Meinungsmaschine sich schon die FDP wehren muß, sie vertrete Versionen der AfD, die pauschal ins Rechtsradikale abgetrieben wird.

Was sucht die EU in Asien? Nun, neue Verbindungen – nur eine Beitrittsperspektive will sie noch nicht bieten. Das wäre der ‚Cordon Sanitäire' rund um Rußland bis nach China. Und die Welt könnte mal staunen, wie groß Europa sein möchte, in schroffem Widerspruch zu seinem Auftritt.

Beide Nachrichtenformate frönen dem grünen Sortiment: „Wir wollen, daß in den nächsten vier Jahren jeder Vogel, jeder Schmetterling (ja jeder Wurm, ergänze ich da) weiß, daß wir für sie da sind", tönt es vom Parteitag. Was bleibt bloß für die Leute! Das ist grüne Konzentration auf das Wesentliche.

26.11. Im Traum näherte sich ein Rudel Tiere. Als sie nahestanden, waren es Hyänen, beobachtend. Zwei näherten sich, eins hielt das andere, und ließen sich um mich nieder.

Frühstück zu viert, Leon ist unzufrieden, wir reden. Dann nimmt er Elvis mit wegen Eifersucht, weil ‚Amy' mit Familie aus Hamburg heranfährt. – Nach den feinen Quiches aus Marions Zauberhänden, ja, ja, ich könnte es auch, machen wir den großen Gang, Peet drängt auf den Gassiweg, danach Kuchen, Schulerlebnisse und das Programm ‚1984' in China. Die Familie packt und reist zurück.

Chinas flotter Kommunismus macht dem Ruf dieses Staatsglückssystem alle Ehre. Honi' würde erblassen, könnte er das noch erleben, vor Neid. Es ist das Modell, wogegen sich die Welt messen kann: ‚Gesetzestreue – moralisches Wohlverhalten – soziales Engagement – Aktivitäten im öffentlichen Interesse – Umweltschutz' heißt das Tableau, nachdem die 1,4 Milliarden erfaßt – überwacht – beurteilt – bestraft werden. In der Gesichtserkennung sei das Land weltweit führend. Lokal kommt bei Bedarf Weiteres hinzu, etwa das Fahren ausländischer Oberklassewagen. Das gibt Abzüge im ‚Sozialkredit-Punktesystem'. – Das Ganze nennt sich ausgerechnet ‚Skynet', wie das Maschinensystem in ‚Terminator 3'. So nähert sich die Menschheit den Fiktionen des Films, exponentiell.

Das wird weiter detailliert: Schanghai sei Weltspitze mit seinen Bildschirmen an Straßenkreuzungen, worauf Verfehlungen mit Bild und Sozialdaten angeprangert werden, beginnend mit Straßenquerung bei Rot. Jegliche Auffälligkeit wird erfaßt, zum Teil bereits innerhalb von Wohngebäuden. Anfänge gibt's in England und Deutschland. Es ist ein weiter Weg bis China, doch ist er bekannt.

Nach der ‚Geheimakte Parvus' der ELISABETH HERESCH folgt EVA INGEBORG FLEISCHHAUER der gleichen Spur, nämlich der „Aktionsgemeinschaft zwischen Lenin und General Ludendorff", der für Durchreise des Anführers und Finanzierung der bolschewistischen Überwältigung Rußlands sorgte. Solche Fehleinschätzungen prägten das Jahrhundert.

Konzert für JOHN COLTRANE zum 50. Todestag.

Ich fange an, den Faust zu lesen – warum, weil er die DNA der Gesellschaft ist, bis zur Stunde. Daneben das ‚Tagebuch eines Diebes', GENET als postscriptum, postfaustum?

27.11. Wieder vier Gespräche mit den Frauen aus dem Workshop. Die Themen gleichen sich. – Abends spielt JOE ROT von den ‚Scorpions' zum 75.Geburtstag von JIMI HENDRIX, er macht es fantastisch. – Als der im Interview mit dem weißen Radiomann sitzt und auf leicht vorhaltende Fragen nur knapp antwortet, steht mir der Satz des JAMES BALDWIN an der Wand: ‚I'm not Your Negro'. Den Satz hat er im Ausdruck.

Drei Entwicklungen hegen das Dasein des Menschen ein, und zwar zeitnah, ihr Sunny Guys & Dolls! Die Gesichtserkennung und das Auslesen seines Innenlebens
a) Mit dem Ziel seiner Konsumentenfunktionalisierung – Modell ‚Alphabet',
b) Mit dem Ziel seiner Erfassung, Überwachung und der Sanktionierung unerwünschten Verhaltens – Modell China.
c) Die dritte Entwicklung kommt aus der Molekularküche und Biochemie: die Teilung der Lebenden in Lang- und Kurzläufer, je nach System nach wirtschaftlichen oder politischen Intentionen.
Alles ist eine Frage von Jahren. Kenntnis ist wenig verbreitet. Widerstand nicht zu erwarten. – Entlastung verführt, „unsere Zeit mehrfach zu überbrücken", meint MARTIN KORTE.

37,6% durchschnittlicher Abgabensatz in Deutschland, so hoch wie nie, stärker angestiegen als im befreundeten Ausland, sagt der Vergleich.

Zum Tee kommt Post aus Hohenems, AT. Eine sehr bibliophile Aufbereitung, dem der Inhalt hoffentlich gewachsen ist. Als Umschlag sogleich der Folgeband, fröhliches Erschauern. – Guck mal – hmmm, Wichtigtuer – dann nicht, du willst es ja schon nicht lesen – was ich inzwischen gut verstehe, schließlich hast du ja mich, das kann reichen. Und du bist auf frappante Weise keine für das, was war. Das kann sehr helfen. Würdest du es lesen, hast du gesagt, müßtest du ja vor Gericht gehen und auf Unterlassung klagen. Schön also, daß du es nicht liest. – Wichtig ist, daß das Mittagessen auf dem Tisch steht. Und ich, naja, eben keinen Unsinn mache. Ich kenne dich.

Der Proktologe findet nichts, neuer Termin im nächsten Jahr. Das sind schon zwei Dinge aus NAVID KERMANIS Geburtstagsrede, die zu den wichtigsten gehören. Selbst in den Schützengräben hört er nichts anderes, „egal, in welchem Krieg ich gerade bin." – Ansonsten, nicht zu betonen, mag ich seinen Europa-Predigtton nicht. Aber er verteidigt die Liebe, das holt ihn mir zurück – wie seine Anfangsworte über RICHARD NIXON. Der verließ das Krankenhaus in tiefster Nähe zu seinem Vater, der dort im Sterben lag. – War es nicht auch Nixon, der sich zu den Protestierenden im Vorgarten des Weißen Hauses setzte, um sie, ihre Haltung zu verstehen, als Befehlshaber des Einsatzes in Vietnam? – So etwas soll der KURT GEORG KIESINGER auch versucht haben, als der Aufstand in den sechziger Jahren Bonn erreichte und BEATE KLARSFELD im Genossen-Auftrag das Stigma setzte. – Solche Nützlichkeiten für ALBERT NORDENS Weststrategie mochten die Tat nicht rechtfertigen, aber auch nicht das dictum der HANNAH ARENDT annullieren, die Kanzlerschaft von „Herrn Kiesinger (verkörpere) die Respektabilität des Bösen". So war diese Zeit.

PHILIP RUCH leitet das ‚Zentrum für politische Schönheit', wohl eine Quadratur des Kreises.

29.11. Mit dem Euro-Target-System ist es wie mit der Straßburger Versammlung, beides sind Sicherungssysteme gegen Austritt aus diesem Flechtwerk der Macht. – Seit die Zentralbanken unter

Goldfingers Ägide anstelle der Privaten in die Geldbeschaffung eingestiegen sind, vor zehn Jahren, für lau, haben die Salden bekanntlich astronomisches Ausmaß erreicht. Und ohne Limit: so hängen bei der Bundesbank akut 850 Milliarden Miese, sprich Kredit, sprich Forderungen, die uneinbringlich sind, beim Süden, an den Stränden des Mittelmeeres sinds 876 Milliarden Geschenkte, sprich Debit, Frankreich noch nicht eingerechnet.

Was solls, Austritt sei auch nicht vorgesehen, kommts aus dem babylonischen Turm – es spricht die Vorsehung. Falls doch, nur unter Begleichung von Schulden, flötete Draghi den Landsleuten zu, das wären 430! Große Heiterkeit auf den Bänken. Das Regime der Schuldengemeinschaft steht also längst, faßt PHILIP PLICKERT die Schieflage zusammen. Den Bundestag, diese nationale Repräsentanz des Volkswillens, hats nicht mal gestreift. Omas Häuschen? Längst versoffen.

Und der Ruf nach dem Euro-Budget und Euro-Finanzminister wird diesem Sumpf Tiefe geben: in Sachen Griechenland schlägt ESM-Chefe KLAUS REGLING vor, die IWF-Tranche abzulösen. Damit wäre der letzte Kritiker des Griechenland-Abenteuers vom Hof und es ließen sich die 326 Milliarden Schulden im Finanzdrogen-Kartell Europa verteilen. Das BIP dieses schönen Fleckchens am Mittelmeer hat sich in zehn Jahren halbiert, die Hälfte der ausgereichten Kredite sind faul, d.h. bewegen sich nicht vom Fleck, fassen SCHÄFFLER und WILLSCH aus dem Bundestag die Lage zusammen.

Der wöchentliche Anruf bei Mimi (96) – es gab eine neue Matratze, luftdurchflutet – was ist passiert mit Jonas, mit Leon, mit Marion, in der Schule – und bei dir? – ja, meine Gespräche erbringen, die Frauen kritisieren sich schnell, das lähmt Freude und Initiative, wie wars bei dir? – Nein, sagt sie, ich hatte keine Zeit zum Kritisieren im Auswärtigen Amt, ich saß am Entschlüsseln – und wenn ich einen Code geknackt hatte, war ich der König. Dann wurde meine Abteilung von Berlin nach Breslau verlegt, es ging nach Schlesien, das war 1940, glaube ich – da warst du 19 – ja, ich war gut und der Oberregierungsrat riet mir, in Leipzig japanisch zu lernen (stimmt! Dieser Führer wollte sich ja mit den japanischen Invasoren in Indien treffen, die rollten den Planeten gerade von Osten her auf) – ich ging zurück nach Berlin – die anderen wurden später evakuiert, wir trafen uns nach dem Krieg in Marburg wieder – ich staune, wie präsent dir das alles ist – ja, nichts ist weg. So geht es weiter, einmal Familie und zurück, nach 35 Minuten Abschied – grüß dein Völkchen!

Der Wunsch des Menschen ist einfach und konkret, noch einmal KERMANI. Aber seine Sehnsucht reicht weiter. Deutschlands Umgang mit diesem massiven und flüchtigen Tragwerk spiegelt seine Abgründe des letzten Jahrhunderts. Es ist vom Schuldkomplex getragen und verfehlt daher angemessenen Umgang mit dem, was ist. – Das Gute, vielleicht gar eine persönliche Sehnsucht an der Macht, als Staatsraison – führt geradewegs ins Desaster, woanders in den offenen Terror. Sehnsucht verträgt keine Macht im Äußeren, sie hat ihren Ort im Innenraum.

Das Desaster der Flüchtlingspolitik findet sich in ‚Merkel gegen Merkel‘ formuliert. Auch dieser Handlungsexzeß ist vom Schuldkomplex geführt, weshalb alle Beteiligten in die Irre geführt werden. Das reicht vom Ausfall staatlicher Funktionen wie dem Asylverfahren, dem Grenzregime, der Gewährleistung öffentlicher Sicherheit durch wirksame Kontrolle und Verhinderung von Mord und Massenmord im Land bis hin zum Messerangriff eines 55-Jährigen auf den Bürgermeister von Altena, NRW.

REINHARD MERKEL sieht ebenfalls die Aufgabe und Pflicht, daß der Reichtum der Armut helfe, die Maßnahme der ANGELA MERKEL jedoch verfehle sie grundlegend, auch moralisch

- im Angesicht von wohl einer Milliarde Hungernder,

- im Angesicht eines grotesk hohen Aufwandes des Landes, der auf Sicht Hunderte von Milliarden erfordere, die am Ort der Armut 10- bis 50-fache Wirksamkeit hätten – was eine Obergrenze von Null als Folge hätte!

- im Angesicht einer „gedrängte(n), unvermittelte(n) Konfrontation einer ungefragten Bevölkerung mit Millionen „Anderen", deren kultureller Zusammenhalt diametral zum landesweiten hier stände. Was eine „Integrationsbeauftragte im Ministerrang...in ausnehmender Unbedarftheit" damit vom Tisch gewischt habe, daß so etwas wie eine deutsche Kultur „nicht identifizierbar" sei. – Das ist die Exekution des MICHEL HOUELLEBECQ, Leute, und zwar wort-wörtlich. Das ist die Enteignung des Menschen, zur Staatsraison avanciert.

- im Angesicht schließlich eines nicht zur Diskussion stehenden Imperativs von Integration, der als moralischer Kernbestand transportiert wird, der sich aber als Abstraktion in der Abwehr von Widerspruch erschöpft – also leerläuft, ihr Feingeister. Da ziehe ich feine Leberwurst vor, so!

Der Autor gliedert das in vier gewaltige Felder auf, gewaltig, weil es schier unleistbare Aufgaben sind.

Das Abstraktum ist der Herrschaftsdialog und Exekutivmodus der Kanzlerin. Es gehört zum Handwerk der ‚asymmetrischen Demobilisierung‘, von Kritik im eigenen Laden, weitreichender noch im politischen Raum. Sie redet Gutwillige schwindelig, der arme MARTIN SCHULZ hats vor laufender Kamera erlitten. MARCO BUSCHMANN aus dem Sondierungsteam der FDP im Jamaika-Reigen schildert ihren „Bauplan angeblicher Kompromisse" als begriffliche Hohlräume ohne Struktur, also ohne konkrete Absprachen, eben wie das ‚mer brauche mehr Eurohba‘ – obwohl das schon dramatisch konkret ist.

Solche Befreiung des Politischen von seinem Wesen, der Austragung von Dissens, höhlt alles aus, was die Verfassung will, die schöne, wie sie KERMANI nannte, tränenauslösend. Es ist ebenso die Umgebung dieser machthabenden Frau, die duldet, ermöglicht und diesen Herrschaftsstil zum Modus der Republik macht. Als reife Frucht vom Baum fällt und bleibt: Hauptsache ‚PEP‘©.

Marion fährt zum Szintigramm – KIM YONG UNS Rakete flog
4500 Kilometer hoch, jetzt erreicht sie alles in Nordamerika –
Marion kommt vom Szintigramm, alles gut, Knoten überall, je-
der Mensch hat Knoten.

Um 20.15 ‚Das Piano‘ (1993) ... und dann haben sie, meine Eltern,
in den Pyrenäen so laut gesungen bei Sturm und Regen, daß sie
wie im Rausch waren. Da fuhr ein Blitz in meinen Papa – und
als er dastand wie eine Brandfackel, verlor meine Mama ihre
Stimme. Erzählt die Tochter. – Jetzt steht das Piano am Strand
in Neuseeland und wartet auf die fernarrangierte Heirat mit ei-
nem Siedler. So stumm, so schön ist sie. Wenn sie wütend ist, ist
sie noch schöner. – Dann steht das Piano ein Haus weiter. Dem
Mann dort soll sie das Klavierspiel beibringen. Der ist wort-
karg und will nicht, sieht nur zu. – Du kriegst das Klavier zu-
rück, wenn du tust, was ich will, für jede Taste was – nur für die
schwarzen – gut – zieh deinen Umhang aus, ich will deine Arme
sehen – zwei Tasten – ich will deine Beine sehen – fünf – ich will
neben dir liegen – sieben – dann zwanzig – ihr schöner Leib wie
Gottes Geschenk an seiner Seite. Das rettet der Ehemann nicht,
auch nicht mit der Axt. Die Liebe treibt aufs Meer hinaus.

30.11. Der Leitartikel berichtet aus dem Osten der EU, von den V-4,
und bringt es auf den Punkt: schon zweimal seien die Leute „dem
langen Marsch ausgesetzt (gewesen), an dessen Ende immer ein
‚neuer Mensch‘ stehen sollte“, erst unter den „kommunistischen
Sozialingenieuren“, dann unter Weisung von EU und IWF. Ers-
tere hätten übrigens flugs umgeschaltet von „mehr Sozialismus“
auf „mehr Europa“ – gell Herr SCHÄUBLE, das ist mein Mann! –
kurz: im Osten hat man „die Schnauze voll“. – Und jetzt? Parole
könnte sein: erstmal den Brexit abwarten, China winkt bereits
mit drei Milliarden von seinem Hafen Piräus aus – alles Sei-
denstraße! – Verstehst du!

SILKE MAIER-WITT (67) trifft JÖRG SCHLEYER (63). Und
bittet um Verzeihung für die „unsäglichen und entsetzlichen
Worte über Ihren Vater“. Sie hatte vor vierzig Jahren als Teil
des RAF-Komplotts die Aufgabe, über die französische Zeitung

,Libération' bekannt zu machen, daß „Hanns-Martin Schleyers kläglische und korrupte Existenz beendet" sei, durch drei Kugeln in den Hinterkopf des gekidnappten Arbeitgeber-Präsidenten.

SULEJMAN KERIMOW ist großzügig mit Dagestan, ist sein Land, sein' Heimat. Verstehsdu! Viel Spende, viel Trinkspruch -trotz Muslim- Volk ist fromm, Quelle von Stärke – issich Senator, deshalb Auslandsvermögen tabu! – Unternehmer auch – also nur ein bißchen Wohnung, Geld und Mercedes S-Klasse deklariert, verstehsdu – aber Agentenzeitung ,Forbes' deklariert sechs Milliarden – ist Wahnsinn, Frechheit! – sitzt in mein Tresor oder was – feiert für 10 Millionen mit Staatsleute und Banker an französische Riviera – alles erfunden von Staatsfeind, jawohl – fliegt in kleines Privatflugzeug, landet Nizza, Fischerdorf in Riviera – kommt Staatsanwalt und Polizei für Festnahme – alles Angriff auf Rußland, weißdu! – hast du ein bißchen Aktien, Öl und Gas, bist du kriminell, eh? – versteht kein Oligarch! – habe alle gefragt, de Igor, Oleg unde Roman, versteht auch nicht! – dabei viel Geld verloren in westliche Sumpf – zum Glück Staatskredit hilft auf die Beine zurück – habe Fußball-Club ,Anschi', alles für die Spieler – sogar Sohn Said hilft – und noch hundert Millionen für Moschee gegeben, alles Staatswohl siehsdu? – Eröffnung mit Kollege Erdogan und Genosse Putin, Verzeihung – Scheißfranzose, will ich auf mein Landzunge vonde Cap Antibes in mein Villa, lasse die mich nicht – dabei für schlappe 35 Millione Dollar verkauft, echt billig – sagen Geldwäsche, aber nix Beweis – alles Angriff auf Rußland, sagisch – extra Stiftung gemacht, damit Ruhe ist, fange die wieder an – Ferrari sollisch auch nicht, eeii? – Scheißpalme stand in Weg, mit Absicht.

Zwei Tage drauf:
Also, isch lande auf mein Land, verhaftet mich Kadi – will mich über Tisch ziehen – soll isch Kaution zahle, mach isch, damit Ruhe – hole 5 Millione aus rechte Tasche, mache deal mit Polizeichef: Auflage gegen freie Fuß – da fängt misch Kettenhund gleich wieder ab und fordert 40 – bin isch Krösus oder was – mußich in meine Riviera, alles bar bezahlt, verstehst du! Nix geklaut – habisch Rauchzeichen an Freunde gemacht, wie im

Gebirge früher, soll misch raushole – misch hohe Staatsmacht und Staatsdiener, was willst du – haben die gleich Eingabe gemacht mit mein Herz für kranke Kinder, Sport und Moschee sowieso – ist verläßliche Leute die Irina unde Michail, Viktor auch – die kenne meine Probleme gut, de Viktor mit Prostituiertenring und Basketballclub Brooklyn – gehört dem, capito! – Aber gute Arbeit mit französischen Apparat – macht mich frei. Michail hat gute Meinung über mich, sagt in Petition, daß ich Gesetze zutiefst –siehst du- achte. Mein Geld sauber, wie gewaschen, so!

2,847 Millionen stehen an zum Studium, berechtigt sind sie alle. In einem System ökonomisierter Studiengänge, die sich überwiegend durch Sinnfreiheit auszeichnen. Notiert die Zeitung. – Von den krass fatalen Defiziten der Flüchtlinge spricht JOSEF KRAUS. Die aktuell 125 (i.W.) fest Angestellten seien die winzige Spitze, „die dringendst in ihren Herkunftsländern gebraucht werden." – Oooooch, erstmal hier, wir müssen doch auch mit dem Arsch an die Wand kommen, oder! (Hat meine Betriebsrat immer gesagt, so!)

Dann sind plötzlich die politischen Spitzen in Afrika und schmieden Pläne, na ja, das werden 5- oder 10-Jahres-Kaliber, deren Aussichten von Land zu Land verschwindender sind.

1.12. Vor dreißig Jahren starb JAMES BALDWIN. Eine ganze Seite macht die Zeitung für ihn, den Brief an seinen Neffen James über den ‚Kern seines Disputs mit dem Land'. Das ist der weiße Mann, auf der Flucht im eigenen Land.

Das letzte der drei Gespräche in der Sparkasse endet mit der Bitte um Umarmung. – Ich kann mich dem nicht entziehen.

2.12. Gassi – Brötchen – Jonas – Frühstück – 70 Minuten Quertext – Kathrin – die Weihnachtsfeier im neuen Job, der Werkstudent, Männer unter sich. Dann kommt Marion von der ‚Nagel-Luzi' und wir fahren nach Osterholz in unsere Geschäfte für Jacke, Schuhe, Hosen, holen Leon ab und machen Stopp im ‚Döner-

Palast'. – Jonas holt den Ghettoblast aus der Innentasche und ruft Platz 1 bis 9 auf, es musizieren ,Kollega&Farid Bang', das ist Rap von 20 Jahren in der Kompresse und jenseits des Erträglichen, voll attraktiv, verstehsdu! So brennen sie die Top Ten eben nieder, selten sowas. Bei Döner machen wir aus, danach wieder an. Die ,Erste Allgemeine Verunsicherung' -von 1985- wird jetzt auch verstanden, ich meine die Tiefe von Arrangement und Text. Valentin tanzte in der Schule zur ,Fata Morgana', ,tief in der Sahara, auf einem Dromedara...' und ,es spricht der Effendi, mehr tot schon als lebendi', wenn Sie verstehen, was da verhandelt wird.

Gesundheits-Checker CARLO LAUTERBACH will Einheitsversicherung, dafür wird jeder als Bürger angesprochen, klingt dann, naja, eben bürgernah, sonst keine Große! Kassenbrille wie DDR, faßt Steini' zusammen, Funktionäre voll mit Freude – wie – shotgun wedding! – Ich weiß nicht, wo das Grab Jesu' liegt – und ob die übrigen 200 ,Supreme Leader' was taugen, steht nicht mal in den Sternen, den fernen – einer wird grade angeboten, sogenannte ,Supreme Leader III', ganz frisch von MATTHIAS MALOUF. Ich kenne ihn, erkenne ihn – das ist KIM YONG UN, den schreibe ich ohne hinzugucken, auf 183 x 152 cm auf Leinwand, alles Acryl, ,price on request'. Hauptsache das Bild bleibt ganz, wenn er Amerika pulverisiert. – Davon gibt's einen Haufen, packt die Führer in den Käfig, das Chaos braucht sie nicht, es kann auch ohne. – So, jetzt geht's wieder – das mußte raus, ohne Korrektur.

Denn die Zeiten, sie sind täglich unerträglich, hier ein Kaliber vom Feinsten: im politischen Auftrieb von NRW -vom Hören-Sagen bekannt- hatte sich MARC JAN EUMANN, im Hauptberuf deutscher Politiker und mit einem etwas flotten Doktor-Kürzel ausgestattet, einer Journalismus-Stiftung verschrieben. Die hatte sein ,Dr.'-Vater angeschoben, mit öffentlichen Betriebsmitteln. Nach einer Nebenrolle im Kölner Müll erhob sich gegen den braven Adlaten die Fratze des ,Selbstplagiats', vulgo: Abschrieb seiner Magisterarbeit von 1991.

In diesem Vorgang mochte eine Uni-Kommission keinen Vorsatz erkennen und beließ dem Jan seinen ,Dr.' – Seit PLATON und ARISTOTELES, wenn Sie sich erinnern, hat es solch universitäres Selbstbestimmungsrecht, was Logik, von A nach B oder einfach Wahrnehmung betrifft, nicht gegeben. Der gemeine Mann, in seiner großen Überzahl, kann nur schlußfolgern, daß er noch dümmer ist, als er ohnehin fürchtet – und in stiller Verzweiflung seiner Wege gehen.

So also zieht der tapfere Jan, verfahrensgeübt, seinen Notdoktor hinter sich her. Als treuer Parteiarbeiter sorgt er sodann mit einer ‚Lex Brautmeier‘ für den Abgang dieses Behördenchefs, der die Staatsnähe der Medienregulierung und -förderung beständig kritisierte. – Das sind, meine Herren, die Blüten im Ausbau konvulsivischer Korruptheit eines sklerotischen Flechtwerks von Macht & ‚PEP‘©! Pardon, Aufstand im Darmtrakt.

Da Jan kein Volljurist ist, wie seine ‚Brautmeierregelung‘ nun fordert – also echt ins Knie geschossen, gell!, zieht er weiter. Wanderarbeiter werden überall gebraucht. Er bewirbt sich auf den Vorsitz der Parallelorganisation um die Ecke, in Rheinland-Pfalz, die Republik ist ja voll mit solchen grundstürzenden Aufgabenstellungen! Und mit schlappen 200 Tausend hat der Posten ja Reiz. Ausgeschrieben wird der nicht – man hört einfach davon, wenn man auf dem richtigen Kanal unterwegs ist – daher auch keine weitere Bewerbung in Sicht – ganz am Schluß schlägt ein Querulant ans Tor. Kurz, das Ganze wird etwas ‚dark room-mäßig‘ abgewickelt – etwa so, wenn die Beute geteilt wird in anderen Kreisen, if ya nou woddei mihn. In dieser Dunkelkammer, genannt Kommission, ‚einigt‘ man sich auf den einzigen Bewerber, jetzt kapiert? – Zu diesen Eigenarten befragt, antwortet Findungs-Chefe „Ich sage dazu nix“.

Das ist, Damen und Herren, ein Ausschnitt aus der fünfzehnbändigen Ausgabe der ‚Reisen durch die Sümpfe des Abendlandes‘. Das lohnte Lehrstühle im Umfang des ‚Gender-Forschs‘, also etwa 200, und die Vergabe von wenigstens 16 Promotionsvorhaben, geeigneter Titel könnte sein ‚Unterbringung – das PEP-System‘, einfach durchnummeriert. Als Dr.-Vater empfehle ich – mich, nicht wegen weiße Weste, die Flecken kriegst du ja nicht raus, obwohl so oft gereinigt!

PS.: daß ers wird, gibt der Zirkus zwei Tage später bekannt. Nur die AfD spricht von ‚Genossenhilfswerk‘, bedauert die Zeitung. Warum wohl – weil die Teilnahme daran allseitig ist.

PPS.: ungewiß, daß ers auch bleibt, denn HUBERTUS GERS-DORF, Mann vom Fach, hält das Dunkelzimmersystem für verfassungswidrig. – Darauf kommts doch glatt: Abdunkelung sei im Medienstadl-System durchaus üblich. – Dieser Grundsatz der Üblichkeit feiert allenthalben fröhliche Urständ. So doch neulich grade bei großflächiger Freistellung betreuender Kollegen von der Arbeit im Polizeiwesen, allerdings auch wieder in NRW, sattsam bekannt, wo das einschlägige Gericht ja kontinuierlich an die Verfassung erinnert.

Je nun, Jan ist keiner, der aufgibt, er ist fröhlicher Dinge und fährt der nachfragenden Journalistin im Deutschland-Funk galant über ihr vorlautes Kritisieren: Stil seis, so Jan, wenn sie ihm „einfach mal gratuliere, daß ich diese Wahl gewonnen habe.“ – Teufel auch, wer bitte hat denn da gewählt! Kapiert der nicht, glaube ich – einfach zuviel Komfortzone in den politischen Freifahrtsflächen.

PPPS.:
Den Spielen folgen die Nachspiele – einer hat mit Schriftsatz „♛♠“ das Gericht eingespannt, im Landtag wird getobt, es sei ja wohl ein besonders dreister Fall von, na, Sie wissen schon und die Frau vom Fach, ziehen Sie bitte ‚Medien–Staat–Sekretärin‘ zusammen, intoniert das Lied von demokratisch, pluralistisch und staatsfern. So seis zugegangen. Solche Worthülselei kann sich nur leisten, der knietief im Weihrauchfaß steht.

4PS.: (jetzt wird nummeriert)
Weiteres Gutachten beleuchtet das Schauspiel, erklärt den Sinn öffentlicher Ausschreibungen – als säßen auf den Zuschauerbänken Trottel! Und meint, die Staatsvertreter in solchen Findungskommissionen sollten auf ein Drittel runtergefahren werden – schwerwiegender Eingriff in die Standards dieser In-sich-Geschäfte.

5PS.:
Und das Umherschleichen hört nicht auf, denn jetzt -in 2018-
soll das Gesetz, das Wahlverfahren und überhaupt alles auf den
Prüfstand, meint gar der Vorsitzende, ‚eingehüllt in seine Wolke
Pitralon', sorry, natürlich in seinen Sprachteppich, da sei nichts
zu beanstanden, keine Parteischmiere, auf welcher der EU-
MANN ins famose Amt geschliddert sei. So spricht der Pfarrer!

6PS.:
Das Verwaltungsgericht hält sich, und nicht das Arbeitsgericht,
für zuständig, die causa näherer Betrachtung zuzuführen – das
ist JAN EUMANN nun auch wieder unpäßlich und er protes-
tiert, natürlich in der Rechtsform der LMK. Denn vorm Ver-
waltungsgericht gibt's weniger Einwand gegen Akteneinsicht,
kurz, hier kanns richtig peinlich werden. Gelegentlich dieser
Beschwer-Abweisung teilt das Gericht den Auftrag einer LMK
mit: ‚die Verwirklichung des Grundrechts der Rundfunkfreiheit
zu sichern'. – Bleibt nur zu hoffen, daß angesichts der hochkom-
plexen Organisation die Feinde dieses hehren Rechts überhaupt
noch in den Blick geraten. Groß müssen sie ja sein, wozu sonst
braucht man solche Mengen an LMKs! Geschickt wärs ja, wenn
der Feind in der LMK sitzt, denn da sucht bestimmt keiner. Da
kommen noch mehr PS! – Und ein neues Geschäftsmodell, ihr
Komfortzonen-Jäger: für jedes Grundrecht so einen Hühnerhof
einrichten, in jedem Bundesland – das sind tausende von Alt-
papier-Lagerflächen, zum Abdunsten mit Blick auf den Pensio-
närsabtritt.

„Was, wenn es eine gesellschaftliche Verpflichtung gäbe, vor sich
selbst zu warnen, damit die anderen wissen, woran sie sind",
macht die Zeitung als Vorschlag! Das ist grandios, eingrenzend:
maximal drei Punkte im Format S-P-O (kennst du noch nicht?
Ist Subjekt-Prädikat-Objekt, Methode gegen Schwurbeln und
Sprachteppich, also gegen Schwachmatismus!). – Vor was müß-
te ich die Leute warnen, nach siebzig Jahren des Marodierens,
auf was müßte JAN hinweisen, damit sich keiner in ihm täu-
sche – welche Berge des Posierens fielen in sich zusammen wie
der Krakatau nach der Übertreibung 1883. – Mein Beruf, meine

Workshops würden in sich zusammenfallen, unmöglich daher dieser Vorschlag, wegen völliger Überforderung des Publikums. Wir machen weiter so!

MARTIN SCHULZ, der arme, erlebt den zweiten Aufstieg – EMMANUEL MACRON ruft fünfmal an und appelliert an sein Europäertum, für das er ja schon „ein ganzes Leben lang gekämpft" hat. Sagte er neulich in Dortmund. Und bei diesem Satz hatte ENGELS, also MARKUS ENGELS, Tränen in den Augen – wie im Lifo-Gespräch, ein tiefes Zeichen für Unterversorgung oder Übertreibung. – Und dann die ‚Sozialdemokratische Partei Europas' – daß es die auch noch gibt, die drängt den Mann beim Lissaboner Kongreß ‚aus 32 Kehlen' zum Griff nach der Mit-Macht. – Und auf dem Arbeitgebertag tobt Chefe INGO KRAMER über den LINDNER, eine Schande sei es, Verantwortung zu verweigern. Der gibt zurück, für das Land, nicht für den Saal nehme er Verantwortung. – Sehr gut, ihr Wegducker, Vorsicht mit dem großen Wort!

Jetzt soll es die 10-Prozent-Partei korrigieren, gegen ein 90%-Bündnis, das mit Europa-Fähnchen in den Schuldensozialismus stolpert. Vielleicht gibt's doch mal ein bißchen mehr Lobbyarbeit fürs Arbeitgeberlager, weniger der ‚Präsente und Prozente' als der Orientierung wegen. Denn das geht seit vier, seit acht Jahren so, diese Linksverschiebung der CDU. – Es kommt vielleicht die Zeit der Progressisten, wies MACRON gerne betitelt, ich glaube, HOUELLEBECQ auch. Das ist die große Abstraktion seit 1917, hinter der die Beseitigung der letzten Barrieren einstiger Vereinbarungen vorbereitet wird.

Sage einer, ein einziger, ‚sklerotisches PEP-System' sei polemisch – das ist zu wenig, ihr Zöglinge des guten Lebens! – In vier Jahren hat dieses Milliarden-Gutschein-Derivat von Arbeitsagentur 2,8 dieser Milliarden aus der Zieltätigkeit ‚Eingliederung' in die Schublade ‚Verwaltungskosten' „verschoben". Und das soll näxdes Jahr mit einer weiteren Milliarde weitergehen. – Damit das Fettlebe-Prinzip keine Druckstellen kriegt: 1. Selbtsversorgung, bitte kein unnötiges Geräusch, 2. Eingriffsverwaltung, voller

Einsatz, bitte nichts auslassen, alle arbeiten hier wirklich, 3. Leistungsverwaltung, ‚am Arsch die Räuber' (© Offenbach)! – Diese BA-Exekutive reißt die Geldautomaten aus der Wand, damit sich das Pack die Kohle beim ‚Lidl' auszahlen läßt. – Meine Phantasie hat wieder mal das Nachsehen – und das liegt nicht am Alter, Ihr Schnösel.

Abends bei den ‚Sch'tis', die fünfte oder sechste seit 2008. So ein flotter Film – und diese Frauen.

3.12. Und noch eins, 9 Uhr und ich bin schon wieder in Stimmung, Jähzorn und Hysterie sind mir grade so fremd: die Zeitung wundert sich, warum das hier -ja wo denn sonst- von den Mandaten der Öffentlichkeit zum Massenmord-Enzym gehebelte Glyphosat weder aus der wissenschaftlichen Ecke noch von der verantwortlichen EU-Schrulle aufklärend oder gar mäßigend begleitet wurde. Ja warum wohl! Weils fundamentalem Ökologismus grade recht ist, Stimmung für alles Linksgestrickte. Da dreht sich doch dieser ‚Science Advice Mechanism' lieber auf die rechte Seite wie die übrigen 5000 Drei-Buchstaben-Kürzel, die quer durch Europa sitzen, verdauen, rülpsen und anständig einen fahren lassen, vulgo: furzen, ihr Ete-Pe-Tetes. Isso, tschuldigung.

4.12. ‚Bräutigam aller Mädchen', skandierten die Pioniermädchen auf Kuba, in blutroten Uniformen, blütenweißen Hemden und blutroten Halstüchern. Das soll der vor einem Jahr verstorbene FIDEL CASTRO sein. Oder werden. Bruder RAOUL hats nicht gerafft, jetzt zieht ein Hardliner aus der zweiten Reihe das Land wieder in den Keller. Den Segen der Untoten hätte er. Ich weiß nicht, was ich anders machen soll, sagte er in seinen Worten.

‚Bimbes' – Die schwarzen Kassen des HK am Bildschirm. WOLFGANG SCHÄUBLE korrigiert den Kanzler 2015, ‚ich habe für ihn gelogen, damit er Kanzler bleiben konnte' – die Zeit der Männerrunden, EBERHARD VON BRAUCHITSCH – im Auftrag von FRIEDRICH KARL FLICK – seit 1969, als KOHL mit 39 Jahren Chef in Rheinland-Pfalz wird – gegen RAINER BARZEL beim verlorenen Kanzlersturz – HENKELL stößt dazu, mit

Geschäftsführer KURT BIEDENKOPF – beide planen die Aktion KOHL – Spendensammelbecken gegen BARZELS Abstieg – 250.000 Auffangposition für die Abgabe des Parteivorsitzes – an HK und KB, Bezahlung über Anderkontensystem.

FKF: 100.000 – 50.000 – 50.000 – 100.000 – Zahlen für HK, Stichwort ‚Landschaftspflege' – ein Kapillarsystem von Spenden, so OTTO SCHILY – über das Umwegesystem ‚Staatsbürgerliche Vereinigung' – dann die ‚Steyler Mission' – über die Schweiz, UWE LÜTHJE, Schatzmeister des WALTER LEIS-LER-KIEP – 700.000 – 500.000 – 500.000 – 600.000 – 600.000 – ... wg. LEISLER-KIEP – ‚Soverdie' Gesellschaft des göttlichen Wortes – Einzahlung – kickback – in Summe 130% Gewinn – Barzahlungen an HK – 1976 BT-Fraktionschef – die besondere Aufgabe der Juliane Weber: Geldbotin – 1976: 50' – 50' – 50' – 30' – 1977: 50' – 1979: 30' – 1980: 50' wegen KOHL – RÜDIGER MEY kommt aus Teheran – HK überzog das Konto, hielt sich an keinen Plan unter HEINER GEISLER – 1980: ein Teil der schwarzen Kassen fliegt auf beim Flick-Konzern – Personendatei mit Neigungen – Verhör BRAUCHITSCH, DIEHL – 75' – 50' – 100' wg. KOHL – Steuerfahnder: keine Ausgänge? Schwarze Kasse! – alle Parteien – FDP wg. Bestechlichkeit – Geheimnisträger UL, der eigentliche Macher der Schatzmeisterei, ‚der wußte, wo die Glocken hängen', so NORBERT BLÜM – Bitte um glaubwürdige Argumentation für die Abwicklung – RB, BT-Präsident, auf der Flick-Liste genannt – 1974: 250' – 1975:250' – 1976: 250' – 1977: 250' – 1978: 250' – 1979: 250' – 1980: 62' wg. BARZEL – das führt zum Rücktritt – FRANK WERHEIM: ‚wie bei der Mafia, gespendet und angenommen' – Staatsbürgerliche Vereinigung 1960-80: 227.517 angenommen, 198.000 auf Festgeld Schweiz – KOHL vor zwei UA: wußten Sie ... – Nein, kannte die Vereinigung, über die Spendenpraxis, dazu kann ich nichts sagen – das war Teil meiner Strafanzeige ..., so OS – gegen HG im Fernsehen – Blackout? – es war alles sehr systematisch – auch UL log für HK – HW feiert – UL freut sich, mit einem eigens verfaßten Drehbuch nach Oggersheim gefahren – ihm hat er zu verdanken, daß er Bundeskanzler blieb – das Fahrtenbuch des UL zeigt, das System der Geldwäsche bestand weiter – 9.11.87: 60.000 in Dortmund

– Brief an alle 800.000 Parteimitglieder, Tintenunterschrift! – 800.000? – Büro W. aus dem Frankfurter Bankenviertel – reichte einen Scheck über die Höhe ein – das System übersteht auch den Fall der Mauer. – Welch ein Glück, wer sonst hätte den Biß für die ,Zusammenlegung jetzt' gehabt?

5.12. ,Der Replikant', Leben 3.0, ,Fehler können wir uns mit diesem System nicht mehr leisten, erläutert MAX TEGMARK. – Das wäre neu! – Und: kein Algorithmus ohne Ethik-Kurs! Nun, wenns hilft.

JAMES LEVINE wollte wissen, wie er ,sexuell ticke', bevor er den Violinisten einsetzte. – Hinweise auf solchen Mißbrauch bestanden seit 1979. In der Branche war es bekannt. Wie in jeder.

Eine Demonstration gegen Steuervermeidung! Das ist ja nett, wer bloß beauftragt sowas! Vielleicht hat Chefe freigegeben ...

6.12. 7 Uhr, Marion ab zur Schule – 8 Uhr Zeitung am Stehtisch – 9 Uhr Edeltraut – ich sitze vor Empfehlungen und Aktienständen, den mäßigen, viel Indifferenz – spannender der Bericht über den Vater des HANS MAGNUS ENZENSBERGER.

Fischer Nordkoreas haben auf einer japanischen Insel eine Schutzhütte zerlegt, ,alles ist weg. Mitsamt den Türscharnieren und Türgriffen!' – Der Diktator mobilisiert eben alle Reserven, damit das Zeug fliegt.

Hierzulande läuft die Demontage von innen heraus, genauer: von beiden Enden des Lebens her werde die Zukunft sabotiert, von der Gegenwart ganz abgesehen – in der Lesekompetenz liegen inzwischen Polen, Bulgarien oder auch Italien vor Deutschland. So wie das 16-teilige Kultusregime den Schulbetrieb zersetzt, so arbeitet kein Auto-Schrauber. Die Grundschüler dieser Nation (wenn das Wort der Algorithmus liest!) werden aktuell mit 84 (i.W.!) Leseförderprogrammen traktiert, von denen kaum eines, genauer vier, auf ihre Wirksamkeit hin überprüft worden sind.

Die reformwütendsten Bremen und Berlin haben trotz und infolgedessen die meisten Schüler mit ‚beunruhigenden Grundkenntnissen‘, notiert REGINA MÖNCH. – In dieser ‚bunten Bildungsrepublik‘ steigt die Zahl der Leseunfähigen nach der 4. Klasse daher auf 19 Prozent. Der Fürsorgestaat wird sich alsbald auch um die intellektuelle Vollversorgung kümmern dürfen, also Bilderbücher an die Bemitleidenswerten verteilen, Quatsch, die Dauerserien im Netz absorbieren das! – Naja, ich dachte für einen Moment an die mittelalterlichen Lehrmeister auf den bretonischen Kalvarienbergen, wo sie Gläubigen die biblische Geschichte erzählten. – Und zum Rätselraten, Stufe eins, mags ja reichen. Der Vorteil beim Rätseln ist der Wegfall von Sätzen, d.h. auch von Orthografie, von Satzbau, Grammatik, ja überhaupt von Sinn – tierisches Produkt mit zwei Buchstaben? Ei Ei! Geht doch. Von weiteren Vorteilen wie dem Nichtreden, vulgo schweigen, will ich hier absehen zu berichten. – Das alles, also dieses ganze Vorteilspaket, gilt übrigens fürs Wischen genauso.

Die Klientel der Sozial- und Armutsindustrie wächst also rasch, vielleicht stecken die ja als Lobby hinter der KMK: laßt sie doof, wir übernehmen sie. Wann endlich klagt ein Teilnehmer, eine Generation, also Gruppenklage, dieses defizitären Bildungssystems wegen unterlassener Hilfeleistung!

Am anderen Ende, also in Richtung des wirklichen, sabotiert das Regime den Einsatz, die Nutzung, die Bereitschaft der intakten Ressourcen des Landes, wie die OECD dokumentiert – auch zum inzwischen fünften Mal. Es interessiert das sozialposierende und stimmengeile Volksvertretertum nicht – nicht einmal die Bohne, oder zwei! Wer mag schon Bohnen! So sei die Rente mit 67 wohl proklamiert, aber mit Rente an 63 und Flexi-Rente schon vor Umsetzung ausgehebelt. – Das ist qualifizierte Arbeit am Kollaps und mit dem Spruch ‚Schaden vom deutschen Volk abwenden‘ unvereinbar, Frau MERKEL, ups ... kein Anschluß unter dieser Nummer, bestimmt beim Stimmenfang mit Selfies, ja, echt fies. Dieser Auftrag aus der Verfassung wird schließlich zum dritten Mal fällig. Da das aber eh nix wird, schlage ich eine

Textänderung vor: neuer Auftrag ist, ‚Anstrengung vom deutschen Volk abzuwehren'. Vielleicht wirds ja so verfassungskonformer. – Da der Kollaps Tag für Tag kommt, also sanft, wird das Landen und der Untergang kaum spürbar werden.

Aus dem maßstabsetzenden Bundesland NRW kommt Dr. Hiob (seit Jahrtausenden bekannt) ganzseitig: der Prozeß gegen die Verantwortlichen von Duisburg 2010 beginnt, ohne daß sie auf der Anklagebank sitzen. – Die Katastrophe lag als Blaupause auf dem Tisch, als den Zuständigen die Sache aus der Hand genommen wurde. WOLFGANG SEIBEL spricht von einem „der schlimmsten Verwaltungsdesaster in Deutschland". Davon war das Land voll in den Zeiten kraftvollen Jägerlateins. Die Chefin wurde jetzt im Postendickicht von Aufsichtsräten der RAG gesichtet. Erstmal kommt der in den Knast, der die Hinweisschilder aufgestellt hat, ist doch ein Anfang.

Das Anschlußdesaster des Tages fügt sich nahtlos an: eine weitere Seite berichtet von der Hamburger G 20-Schlacht: auch hier lagen die Prognosen auf dem Tisch und wurden von politischer Eitelkeit von selbigem gewischt.

Das sind die Tribute des Landes für Posen, welche Verantwortung scheuen und den Auftrag des Politischen ignorieren. – Sich anschließend über die AfD herzumachen, gerät so zum Teil ihres im-posanten Auftritts.

Marion warnt, es sei 6. Dezember – kaum ist sie weg, klingelt es und der Engel beginnt das ‚Schneeflöckchen, weiß' Röckchen', dahinter im Schatten die Mutter – ich ergreife die Schüssel und bitte um Entnahme – Elvis sitzt stramm und beobachtet die Szene.

‚Une femme de ménage' auf ARTE. Der deutsche Titel ist Biederkeit der 50er Jahre: ‚Laura wirbelt Staub auf', der französische hätte sich auch alles links und rechts sparen können, den Filmtitel ‚Une femme' gibt es jedoch bereits. – Mit welch sparsamen Worten ‚ich mag es, wenn es bei anderen sauber ist', Laura (21), formell als Putze beim 51-jährigen Jean-Pierre Bacu als gerade verlassenem Single einzieht, in zarter Unterwäsche auf seinen Schoß steigt und erklärt: ich liebe dich, das kann nur so in Frankreich produziert werden. Die Flucht vor ihr wie vor seiner Ex verlegt sie ihm, der meist nur antwortet, und steigt mit Staubsauger in den Wagen. – Dann sitzt sie unvermittelt vor ihm: ‚ich habe jemanden kennengelernt‘ ... er schwimmt noch der Mutter des neuen Jünglings nach, bis er einen Krampf im Fuß bekommt. Das hätte als Stummfilm gehen können, so gnadenlos ist die Botschaft.

Bis in den Traum verfolgt mich die Post im Elektrofach. Kürzlich stellte mir doch ein Anlagehengst Papiere zu, die ich, bitteschön, ansehen, ankreuzen und abschicken soll. Ich Treuherz klicke das auf – und eine Papierflut, in physischer Form wäre das nicht ins Postkastel gegangen, springt mich an:
Eine Dokumentenabfolge im Schriftgrad-1-Format summiert sich auf -bitte anschnallen- 24 Blatt. Ich fange das Ankreuzen an ... es ist nicht zu lesen, nicht zu ertragen, vom Entziffern abgesehen. Am Ende heißt es „kostenpflichtig abschließen“, damit ist meine Kooperationsbereitschaft, die erste Frage im US-Spielfilm, schlagartig am Ende. Ich antworte mit einem Fünfzeiler, teile mittleres Befremden mit und die Option, das Geld abzuziehen und andernwärts zu versenken. – Das bewirkt zügigen Anruf. Eine Frauenstimme, das Mindeste, erläutert, sie hätten es bereits halbiert, die Bank bestehe aber drauf und so. Was ich denn zahlen müßte ... nichts, nein, es ändert sich nichts für Sie – ich bin fertig, ist kein Arzt zur Stelle.

Ich bin Endverbraucher in diesen ‚Kaskaden des Wahnsinns‘ (Filmtitel), die sich aus der sklerotischen Regulatorik des Schwarzen Lochs in Katarakten als ‚mehr Eurohba‘ über einst blühende Landschaften des kleinen Kontinents ergießen. Ich werde reif geschossen für die Kapitulation. – Aus solcher Skyrillik erschließen sich die Charaktere, die Weltbilder, ja die Mimik derer, es können nur Männer sein oder denaturierte Frauen, die für solch versammelten Unsinn fürstliches Entgelt plus Pensionsanspruch über den Tod hinaus beziehen. Schon ENZENSBERGER bewertete das ‚Communautaire Européenne‘ nur nach Gewicht, genauer nach Tonnen. Eine davon schlug jetzt in bevorzugten Haushalten ein. Ich muß an meiner Abschirmung arbeiten. – Die Nacht ist mit Vorsicht zu genießen, sie illuminiert die Ereignisse des Tages, des Wahnsinns Beute, zu der ich zähle.

Zur Naturpflege bei der Überdachung der A7 im Stadtgebiet Hamburg gehört eine ‚Fledermausüberflughilfe‘. Vielleicht kriegen die einen Flugkorridor mit Positionslichtern zugewiesen, stopp, die sind ja blind, vielleicht ... Kopfhörer mit Ansagen, dazwischen Musik, wie bei der Telekom – und ich dachte, es wird einfacher für die, wenn der Tunnel steht. Nachfragen will ich lieber nicht, weils sofort eine Broschüre mit Beitrittsformular gibt. Wer weiß, wem aus der Tierwelt noch alles geholfen wird.

8.12. Aufgerufen zum ‚Laubmachen‘, teilt Leon mit, für eine Reispfanne komme er nicht. Nach upgrading auf Roulade dreht er bei, davon liegt noch ein halber Meter im Frost. Ich hole Beide in Burg ab – Jonas macht Anschluß, stellt die Baßwumme auf die Gartenbank und das Programm ‚Kollega&Farid Bang‘ geht in mittlerer Lautstärke über den Berg, ergänzend ‚EAV‘,

> ‚... es ist Samstagabend und die Dinge stehen schlecht,
> ich bin auf der Suche nach dem weiblichen Geschlecht ...‘

In gut 90 Minuten geht das Zeug über den Hochsitz und den Lärmschutz. Kein Nachbar wagt eine Beschwerde wegen unzüchtigen Lärms.

Um eins ist das Auto gepackt, Elvis zieht mit Edeltraut ab und wir zum Weihnachtsmarkt in Wolfenbüttel. Nach etlichen Rundläufen durchs diversifizierte Punschangebot sind wir in angereichertem und noch kontrollierten Zustand. Im Discostadel verstehe ich kein Wort, obwohl viel und verzweifelt gesprochen wird. Eric ist fröhlich wie nur irgendwas, zur Zeit in der Briefzustellung, danach entweder ‚Jägermeister‘ oder Polizei. Lara strahlt mit ihrem neuen Freund, gleiches Modell wie der Vorgänger, meint Marion, Jörg erzählt, Angela grüßt dauernd wen, Marc freut sich still. Paul kommt nicht mit. Keine weiteren Fremdeinwirkungen, wir, genauer ich, finde das Bett ohne Gehhilfe.

9.12. Gegen erheblichen Widerstand finden sich alle um 9 zum Frühstück, Marion mit Fischplatte, gestern noch in Bremerhaven geangelt, Marmelade und Hack satt. Zurück auf die Autobahn, Leon läßt die Scheibe runter und gibt mit unflätigen Kommentaren den ‚Perlen-Checker' ... äschd, miese Perle und so. Der Fahrzeugführer machtlos. Einer fährt kurzärmelig, den schwarz behaarten Arm überm Lenkrad, massiv krass, murmelt Jonas. Wir geben Gas.

JACK NICHOLSON (80) in ‚Das Versprechen' erfuhr irgendwann, daß er eine andere Mutter hat, nämlich deren Schwester. Damit trat er auf, ab irgendwann, ‚drei Frauen haben sich um mich gekümmert', schwärmt er – lange kaum Angebote, keine Arbeit – schrieb Drehbücher – paßte nicht in die Suche der 60er Jahre, bis ROGER CORMAN ihn erkannte, ‚he was my lifeblood' – er spielt Amerikas Verlierer, CLINT EASTWOOD die Sieger. Nach ‚Easy Rider' kauft er sich eine Villa, gleich neben MARLON BRANDO. PETER SEGAL erzählt. STANLEY KUBRICK rief an, er ging mit dem Telefon in seinen Schrank, um dem Lärm zu entkommen. Es wurde ‚Shining'. HENRY JAGLOM erzählt auch.

11.12. Mittags Uwe aus der Sparkasse geholt und ins Schneetreiben nach Trier, durch die Perle sozialdemokratischer Regentschaft. Es wird schlimmer, das Nawwi führt uns um die Stehzentren herum, mit Ansage: rein volkswirtschaftlich betrachtet -endlich mal ein anderer Blick- müssen Sie mit 320 Kilometer Stau sowie damit rechnen, etwa zweieinhalb Wochen später anzukommen. Um vier Uhr wird es dunkel, um fünf Uhr ist es schwarz – in den Bergen blinkt es, was soll das? – na die Windmühlen – warum blinken die nachts? – damit du weißt, wo sie stehen, antwortet Uwe – ... und sie nicht umfährst?, denke ich, besser einfach die Fresse halten. – Immerhin, auch er ist auf der Suche nach einer Antwort. Wir lassen die Leuchtzeichen einer industrialisierten Natur in Ruhe. Es gilt ohnehin: sie wissen nicht, was sie tun.

Um halb sieben im Eurener Hof, dieser urgemütlichen Festung, wo wir uns zu einem dreistündigen und unterhaltsamen Abendessen mit den beiden Direktoren versammeln.

12.12. Uwe wartet, da die Rasur mit seinem Apparat Zeit nimmt. Dann geht's in die Staufahrt nach Luxemburg und in die Geschäftsräume zum Erfahrungsaustausch, ein Drittel der Leute fehlt. Mittags Weihnachtsmarkt, um 5 Uhr in die Tiefgarage. Wieder über Land im Last-Geleit-Zug, wohl an den Stehplätzen auf der Autobahn vorbei. – Im Finsteren zwei ‚Stramme Maxe', es gab weder Kaffee noch Keks, von Mittag zu schweigen, geht die Beschwerde lauthals. Uwe fährt den Unmut mit 190 ab, in sechs Stunden bin auch ich zu Hause.

13.12. Das Ensemble von entgrenzter Einwanderung, von Kern-Inkompetenz und organisatorischem Desaster und Unterlassungen bis zum Massenmord und schließlich großer Ignoranz den Überlebenden gegenüber: sie erhalten Zahlungsaufforderungen für die Identifizierungsarbeit angehöriger Toter. Die ‚Unfähigkeit zu trauern' kulminiert im ‚Fall Amri', prägt das Land, nein, sein politisches Spitzenpersonal. Die Überlebenden erheben sich in einem ‚Offenen Brief'. – Frankreich zeigt Anderes, die Kanzlerin eilt, geschäftsführend, zum Gespräch. – Zum 50. Jahrestag dieses Titels der MITSCHERLICHS sind Genese und Status solcher Unfähigkeit zu besichtigen.

Unersetzlicher Verlust bleibe trostlos, so HANS HÜTT. Darüber helfe ‚Trauerarbeit' nicht hinweg. Verluste an Menschen, Verluste von Menschen zeichnen die Überlebenden. Eine Stunde der Heimfahrt hören wir im Deutschlandfunk amerikanische Eltern, die ihre Kinder durch Massenmordaktionen in Schulen verloren. Es ist trostlos.

Ein Bericht des gleichen Funks übers Steuereintreiben bringt mich wieder in Stimmung. Wird doch da tatsächlich formuliert, die gespaltene Mehrwertsteuer ‚koste den Staat jährlich 30 Milliarden'. So lungern diese Öffentlich-Rechtschaffenen in Berlin um die Häuser, genauer um die Ministerien! Der Kassier wird bedauert, dessen Steuerbeschaffung das erfolgreichste Jahr hinter sich hat – was die Pflichtigen 700 Milliarden gekostet hat, aus erwirtschaftetem Einkommen, ihr Trauerklöße. Nicht die impertinente Steuerlast, gar die Frage nach einer Angemessenheit kümmert die Staatstreuen – mit ihrem kopfstehenden Blick nehmen sie Einnahmeverluste nur beim Eintreiber wahr. Krasser Staatsfunk, gell?

EMMANUELLE MACRON holt die Klimakarawane ins Land. Sein Bild hat etwas Künstliches, wie Retorte, Eurotorte.

14.12. DONALD TUSK stellt fest, daß das Europa-Quotieren von Flüchtlingen nicht läuft sondern spaltet. Auf die Äußerung dieser Tatsache hin erntet der Stürme der Entrüstung. Unstatthaft, so was zu sagen. AMie ‚mahnt Solidarität an‘, wie immer. – Aus den nordischen Staaten, also LLE, verschwinden die Zugeteilten regelmäßig in die reichen Staaten. Weils da mehr gibt, also besser is‘, verstehst Du! Man müßte sie unter Hausarrest stellen, mit Fußfessel, damit diese Europäer ihre Solidarität einhalten können. – Es scheint, als gehörten Europa und seine Flüchtlinge wirklich zusammen, eine Solidargemeinschaft des schlechten Gewissens und des Almosen-Syndroms. Darüber altert der Kontinent.

Antisemitismus ist gut verankert in der Gesellschaft, mit Zentrum Berlin, und flashmobartig aktivierbar, gerne über den Palästina-Israel-Konflikt. Es wird die Fahne Israels verbrannt und schwarze Pädagogik erörtert, ob das schon antisemitisch sei. Sodann die Beschwörungen, das habe in der Gesellschaft keinen Platz. JUNA GROSSMANN korrigiert solches Lamento – er sei Teil von uns, wie Amris Massenmord. INA KNOBLOCHS ‚Akte Oppenheimer‘ zieht den Zusammenhang historisch auf, aus dem Mittelalter kommend über MARTIN LUTHERS ‚Von den Juden und ihren Lügen‘ bis VEIT HARLANS Lügenepos ‚Jud Süß‘ von 1940, bis ins Heute dramatisiert, wo JAKOB AUGSTEIN in seinem ‚Spiegel‘ die ‚Israelisierung des Westens‘ beklagt.

Der Kenner von Rassismus moduliert auf einem seiner zehn Lichtgeschwindigkeitskanäle kräftig mit an den Auslegungsübungen gegen NECLA TELEK: ‚dumm und dauergeil, so ist er, der Muslim‘, Kanal 1 und dann: ‚dass der Islam Sex mit Tieren lehrt, ja, das nenne ich Rassismus‘, Kanal 2. So gehen Texte aus der Kanalisation, aus denen die Not spricht – der Teilnahme an allem, eben mit Lichtgeschwindigkeit, die dem Denken den Raum nimmt.

‚Es is ned gut, wenn ma anders ist allhier‘, sagte die Frau, die sich dem Nazi-Hass ihres Mannes unterwarf, im Film ‚Kleine Große Stimme‘ von 1955. – Das Ressentiment ist virulent, nicht abgelegt, in den neuen Kleidern, es ist eingewobene Textur, auf der virtuell bis rituell gespielt wird. Die EU-Fahne wurde doch auch verbrannt, neulich in Spanien! Heißt es gerne entschuldigend. – Immerhin, auch ARMIN LASCHET stellt sich gegen die Entlastungsformel vom ‚importierten Antisemitismus‘.

Die Fehlbesetzung des Bremer Verkehrsressorts liebt stehenden Verkehr, wegen des Zeh-O-Zwei. Daher will sie in der Hafenrandstraße das Tempo von 70 auf 30 herunterregeln. Damit der meandernde Verkehrskollaps dieser Weserperle auch dort eine Bleibe findet. Bremen wäre dann eine einzige Langsamfahrstrecke – wie die Bahn der DDR!

15.12. SALMA HAYEK entkam dem Mißbrauch physisch, mehr aber nicht. Was es angerichtet hat, auch ohne körperliche Exekution, überwältigt erst, wenn es benannt wird. Dann verändert die Scham ihren Sitz. Sie blickt jetzt janusköpfig die Getroffene an. Die Ausstattung des Mannes mit Geld, Position und Einfluß ist ein Problem, da er der Schwächere ist. So ist die Gefahr des Mißbrauchs im Raum und er nutzt die Applikationen zum Schmeicheln oder Erpressen.

Der Papst möchte das ‚Vater unser‘ umschreiben, es sei unrein. ‚Präsentismus‘ nennt es HARTMUT LEPPIN, wenn Anstößiges aus der Gegenwart beseitigt werden soll. Fk2R hieß das Fleckenmittel in meiner Kindheit. – Der Papst, der dezidierte Mann Gottes, ist nicht nur von dieser Welt, er folgt, modebewußt, den Putzkolonnen, die dem Alltag Beine machen wollen. Zur Leugnung der Gegenwart kommt die Vergangenheit, als sollte das Himmelreich auf Erden jetzt passieren. Die Auslegung verweist auf Texte anderenorts zum Beleg. Was soll der Papst! Akzeptieren, was ist – das Volk und seine Tradition. Das Volk ist kein Hörsaal! Auch ohne Himmelreich, was soll das, die Dinge umschreiben.

Eine Biographie über den Bohrwerksdreher WOLFGANG HILBIG hat MICHAEL OPITZ gemacht. Der wuchs im Schatten von Tanks und einer Brikettfabrik. – Ich staunte beim Lesen und brach ab. Die Ödnis des Krieges wird vom Landschaftsgärtner umgepflügt. Das ändert nichts. HILBIG bleibt in seinen Prägungen. Er kommt nicht auf die Idee, etwas umzuschreiben, wie das ‚Vater unser‘. Das er vielleicht nicht kannte. Er würde sich dagegen auflehnen. Nein, würde er nicht, denn wie sollte er einem, der den Mann Gottes gibt, etwas vorschreiben. Er hat schon genug damit zu tun, was ist, sich dem zu stellen, dem Außen und dem Innen. Innen sind vier Geräuschjahre Krieg, danach die feierliche Übernahme des großen STALIN und seiner Gespenster ins kleine Deutschland. Und all die Ereignisse, die ihn lehrten zu bleiben.

Im Osten ist diese Ödnis. Weil der Krieg nicht aufhört. Das ändert weder der Landschaftsgärtner noch der Verputzer. Die Verwüstung Rußlands hat auch nie aufgehört. KARL SCHLÖGEL ruft nach dem 100. den 80. Jahrestag des sowjetischen Jahrhunderts auf, das Jahr 1937. Dessen Koinzidenz unter bedeutsamen Ereignissen findet sich im 2.Juli. An diesem Tag wurden die Wahlen zum Obersten Sowjet angekündigt, ‚allgemein, gleich, direkt und geheim‘. Am gleichen Tag faßte das Politbüro die ‚Resolution über die antisowjetischen Elemente‘, die in der Vereinzelung und Typisierung eine DIN A-4-Seite umfaßten – und denen der Zugang zur Wahlurne jetzt offenstand. Daher galt es, einen ‚Sturm des wohlorchestrierten Volkszorns‘ zu entfachen, die ‚Stimmung einer auf Dauer gestellten Hysterie und Panik‘ zu unterhalten, um die ‚Proskriptionslisten zu füllen‘, die in kurzer Folge als Massenerschießungen abgearbeitet wurden. 700.000 der eineinhalb Millionen Verhafteten erfuhren so den Tod, die

Überlebenden die Deportation an den Wendekreis. Das Ganze war eine Form der ‚Verfertigung des Sowjetmenschen‘, eine ‚Einübung in ... Akklamation und Unterwerfung‘, Erziehung zum ‚Reichspatriotismus‘.

Im neuen Jahrhundert sucht das reduzierte Imperium abgefallene Provinzen zu reintegrieren. Im Osten der Ukraine sieht es nach zehntausend Toten aus wie an den Fronten des 1. Weltkriegs, ‚Bäume ohne Krone, Häuser ohne Dächer, Lastwagen- und Panzergerippe‘, so KONRAD SCHULLER. Im ‚statischen Krieg‘ rüsten die zwei größten Armeen Europas in elektronischer Aufklärung und Zielsteuerung auf.

SHAKESPEARES ‚Richard III‘ in München und NORMAN HACKERS Spiel als dessen Verkörperung, ‚ein König mit zwei Körpern‘, ein ‚Schlächter von Statur und edler Abkunft‘. Ein Abgrund von Verschlagenheit, hoch aufgerichtet, wenn er dem gierigen Publikum seine Pläne mitteilt, sodann zur Tat ‚buckelt, kriecht, schreitet, stürmt, gockelt und fasant über die Bühne‘. Und sein Körper im Raum, seine Bewegungen sind ‚nichts im Vergleich zu den Energien, die seine Gesichtszüge bewegen‘. – HUBERT SPIEGEL faßt das Bühnenereignis in solche Worte.

Um 2 Uhr machen wir uns auf zum Weihnachtsmarkt mit Kirche. Marion packt sich in die Pufferbäckerei und ich stehe den anderen drei auf den Füßen bei der Bratwurstausgabe. Herbert steht seit 30 Jahren am Bräter, endlich auf Gas umgestellt. Bis letztes Jahr überzog der Fettdunst die Teilnehmer mit einem opaken Glanz. Ich übe mich im Brötchen aufschneiden und Geld herausgeben, alle sind da, die ich kenne, lassen grüßen, die Nachbarn werden bedient – dann wird es eng, zehn haben bezahlt und warten, die Würstchen wollen nicht so wie der Kunde, das erfordert Unterhaltung. Nach fünf Stunden brechen wir ab, das Publikum hat auch genug. Elvis wartet.

16.12. Bei der Suche nach der ‚Unfähigkeit zu trauern‘ der Mitscherlichs -beide Bände sind aus dem Bestand verschwunden- zeigt Amazon deren weitere Herausgeberschaften, so die ‚Dokumente des Nürnberger Ärzteprozesses'. Bereit, dieser voraussichtlich äußersten Spreizung von Abgrund und HIMMLER'schem Familienvater-Dasein zu begegnen, geht die Bestellung raus. – Es dauert und ankommt ein broschierter Band von 310 Seiten, in 3. Auflage 1990 erschienen im Berliner Verlag ‚Volk und Gesundheit'. Es ist die Auswahl aus 12.000 Seiten des Gerichtsprotokolls, von 18 Dokumentenbüchern der Anklage und 41 der Verteidigung. Die erste Auflage von 10.000 in 1948 verblieb in den Händen der Ärztekammern, also aufgekauft und so der Öffentlichkeit vorenthalten.

Die Auswahl dokumentiert Ärzte bei ihrer Arbeit, bei Menschenversuchen der verschiedensten Art. Diese Fachleute gingen nach dem Stillstand der Waffen, von wenigen Fällen abgesehen, umstandslos weiter ihrer Arbeit nach. Die Selbstzeugnisse zeigen

> ‚Pflichttreue und Befehlsgehorsam, diese ... großartigen Domestikationen unserer Aggressivität, die aber unmerklich ... in den kollektiv sanktionierten Genuß der ich- und kulturfremden Triebregungen übergehen, in paragraphierte Untatsmoral und automatisierten Tötungsdrill – Realparadoxien unseres Stils der Vergesellschaftung.'

Dafür stehen die ‚terminalen Experimente' des Stabsarztes der Luftwaffe, DR. RASCHER, frei vom üblichen „zu Befehl, Herr Oberst!" – Der machtvolle Gehorsam lag über der ‚unbewußten Verführbarkeit zur Tötungslust'. Den ‚Convoy-Reflex', diese empfundene Pflicht zum Mitmachen, fütterten das Amt, das Ansehen, der Rang, die Uniform und die Orden, alles Pflegemittel der Eitelkeit.

> ‚Ich habe einige Male gesehen, daß <die Lagerärztin> Dr. Oberheuser Häftlingen Benzininjektionen gab. Sie benutzte dabei eine 10-ccm-Spritze ... gab die Injektion in die Armvene. Die Wirkung war die eines akuten Herztodes, die Patienten bäumten sich auf, dann brachen sie plötzlich zusammen. Sie waren bis zum letzten Moment bei vollem Bewußtsein.'

Zur Erzeugung ‚künstlicher Pflegmonen' wurden durch den Chefarzt DR. WOLTER Versuchspersonen aus dem Geistlichenblock des Lagers ausgesucht, katholische Geistliche aller Nationen und Ordensbrüder. – Die Ergebnisse wurden an den ‚Reichsführer SS' gemeldet. – So geht das über 300 Seiten. – An der Mechanik von Vergesellschaftung hat sich wenig geändert, am Grad dieser Erkenntnis ebenso. Die Verhältnisse, sie sind andere, welch ein Glück. Alle Verführung bleibt möglich.

‚The Hatefull Eight', QUENTIN TARANTINO, 2015.

Nachdem ‚nichttraditionell Studierende' ähnliche Erfolge ausweisen, wird die Frage gestellt, was das Abitur eigentlich noch soll, jedenfalls als Voraussetzung für das Studium. Die Maßstäbe weichen einfach auf und einander entgegen – wer berechtigt ist, ist eh immer weniger auch fähig – alles schlurft in Richtung berufsqualifizierende Beschäftigung.

19.12. Der große Kandidat -stopp! Das hat er hinter sich, er wird jetzt noch visionärer, gerät also ins Schwärmen – der sozialistische Auftrieb bringt nicht nur die Einheitsversicherung gegen Krankheit auf den Tisch, der in der Strickjacke gefärbte Wahn-Europäer will jetzt einen Verfassungsvertrag für den Kontinent – wer nicht mitmacht, fliegt raus, alle bis 2025. Keiner organisiert Widerstand und Zerfall konsequenter, nur aus den Alt-Kohl-Ecken kommt hämischer Beifall. – Daß es in keinem, in wirklich keinem Land -ok Malta- eine Mehrheit für diesen Politbüro-Zentralstaat gibt, für den es auch kein ‚europäisches Volk' gibt, interessiert den Visionär nicht. Die 280 oder dann 350 Millionen dürften ja dann einmal in fünf Jahren zu irgend so einer Vollversammlung Europas wählen, am besten vielleicht Luxemburg vollstellen. – Blanke Überforderung, den Neigungswinkel des politischen Sinkflugs mit Star Alliance-Allüren umkehren zu wollen. – Mit seiner weiteren Allüre auf den Finanzminister im nächsten Kabinett erwischt er weniger das strategische Gegengewicht zu AM als die Unterwerfung, meint das Handelsblatt mit gewichtigen fünf Punkten.

Hamburg hat die fachliche Spezialdiagnostik für sogenannte ‚aufmerksamkeits-gestörte Kinder' abgeschafft, Hamburg hat auch den Förderbedarf ,emotional-soziale Entwicklung abgeschafft, dann wieder eingeführt. Jetzt hängt es solch diagnose-auffälligen Kindern Sandsäcke um, Westenform, damit Ruhe ist. Neueste Errungenschaft der Inklusionspädagogik, natürlich ohne jeden Wirksamkeitsnachweis, außer, ,dasse schwer zu schleppe habbe, gell'. – Die Kinder werden vor dem Gewicht kapitulieren, sonst kommen einfach noch 500 Gramm drauf, wie beim Metzger. Die Maßnahme ist so preiswert, daß 200 Schulen dem landesweit nacheifern. Das durchs Land getriebene ,Kindeswohl' ist einfach eine Frage der Gewichtung. – Ich finde es schamlos, diese Information im Ordner ,Bildung/Ausbildung' abzulegen.

Zu der Sandsack-Pädagogik paßt WOLFGANG SCHIMPFS ,Triumpf des Elternwillens', der die ,populistische Grundstruktur der Bildungspolitik, einer erfahrungs- und ratlosen Bildungspolitik' am Beispiel der Wahl von Schule und Ausbildungsweg verfolgt – man scheut die ,institutionelle Verantwortung' und gibt sie weitestgehend an die Eltern ab – in nahezu 16 Varianten – wenn Sie verstehen, was gemeint ist. Am weitesten in Bremen – wenn Sie verstehen, ... – Das macht Elitenbildung unmöglich, resümiert der Autor. – Na endlich kapiert, wird das Gleichheitsspektrum frohlocken.

HANS SCHEUERECKER, zu DDR-Zeiten verhinderter, unterbundener Maler mit mehrbändiger Stasi-Akte, bekommt Besuch von WLADIMIR KAMINER. Der organisiert wunderbares Gespräch, unprätentiös – wenn Sie verstehen. Das Wort gibt's!

20.12. Ein Hauch von Neuwahlen liegt über dem Land. Zehn Führende der Wirtschaft, von HERRENKNECHT über STIEHL und HERAEUS bis HANS-WERNER SINN und PETER GAUWEILER haben alles verloren, was sie mit AM verbanden. Wir bekommen „noch mehr Kultur- und Substanzverlust. Unsere Städte treten über die Ufer, werden zu rechtsfreien Konglomeraten mit einer Ghettoisierung wie im Harlem der 80er Jahre", setzt Letzterer auf Nachfrage die Zukunft ins Bild. – Eine solche Einheit sah ich selten.

21.12. JANE FONDA wird 80, paßt überhaupt nicht. – Dazu schmettert DIETMAR DATH Nachruf, vom ‚vollmagnetisierten Powerpaar‘ REDFORD & FONDA, vom Quadrat der öden Klischees der 70er, vom offensiv ‚sexy-bescheuerten kambodschanischen Fruchtbarkeitstanz in Hose und BH‘, ‚Barfoot in the Park‘ und dem ‚Jahrhundertauftritt als Chrom-Paisley-und-Brausepulver-Space-Age-Madonna‘ in ‚Barbarella‘. – Es gibt ärgere Entgleisungen, beruhigt der Rezensent. – Ein jeder lebt in seiner Zeit, also der Ball ist rund und die peinlichen ‚üblichen weichgekochten männlichen Filmbetriebsnudeln‘ kommentieren unverändert.

Der Chor macht Weihnachtsfeier, nicht alle Worte sind verständlich, ich schließe mich dem an und mache in ‚Truthahn mit Whiskey‘.

Und zum ‚Text des Tages‘ wird die ganzseitige Konfrontation der EU-Fröhlichkeit mit einigen Mechanismen nationalstaatlicher Unterwerfung. FERDINAND KIRCHHOF, der Mann aus dem Verfassungsgericht, beginnt mit der ‚Taktik der unbemerkten Bildung bindenden Rechts‘ durch die unscheinbare Richtlinienproduktion der Kommission, die inzwischen mehr als die Hälfte der deutschen Rechtsetzung definiert. Er rechnet: in drei Jahren flogen dem Bundestag 64285 Dokumente auf den Tisch, ‚zugemüllt‘ werde das Parlament, ich sehe die Handschrift politischer Durchsetzung des großen Vorsitzenden, wenn Sie ahnen, wen ich meine. Sodann wird es drastischer: an der Untergrabung parlamentarischer Souveränität sei die Bundesregierung beteiligt:

‚(Sie) vermeidet zunehmend eine Beteiligung des Parlaments‘

Und noch eine Drehung weiter:

‚... jenes wehrt sich dagegen erstaunlicherweise nicht.‘

Das klingt nach einer Versammlung von Nickerchen, ob Abnicken oder Schläfchenmodus, sei dahingestellt, jedenfalls dominiert Akklamation ministerieller Vorgaben einer ‚gouvernementalen Staatsleitung‘. – Über einem solchen parlamentarischen Totentanz erhebt sich, sein vierter Themenblock, eine

‚Moralisierung der Politik', die den kontroversen Diskurs ersetzt, ja liquidiert. – Hinter permanenter Emphase und missionarischem Begräbnis jeglichen Einwands läßt es sich vortrefflich entscheiden und durchsetzen.

Daß hier ‚das Volk' der Täter sei, möchte ich allerdings nicht stehen lassen. Es sind jene Eliten des ‚BIP'-Verbundes, also in den Organisationen und Apparaten von Bildung, Information & Meinungsbildung und Politik, die den Raum von ‚erkennen-verstehen-anwenden' moralisch dichtsetzen. So haben Jugendliche nach der Schule umfassende Kenntnis von Natur-, Arten- und Tierschutz, kennen Lurch, Käfer und den letzten Königstiger, kalbende Eisberge, Überflutung und die Rolle des Übeltäters Mensch dabei, sind aber schlicht überfordert, die Rolle des Bundesrates oder die Mechanik des Wirtschaftens zu erläutern. Das sind gelegte Grundlagen für einwandfreie Herrschaft.

22.12. Sind Überzeugungsinstitutionen erst eingerichtet, suchen sie sich Themen, um Überzeugungen zu verifizieren, so die, halten Sie sich bitte fest, ‚Antidiskriminierungs-Bundesleitstelle'. Die hat die Wirtschaft des Konsums nach ‚geschlechterspezifischen Preisunterschieden' durchforstet und wurde fündig. Medialer Aufschrei ist ihr sicher, das ist systemisch. – Mit dem Diesel geht's ja schon ewig so. ‚Auf die Gefahr hin, mit Fakten zu stören', nennt HOLGER STELTZNER zum 35. Mal Daten, um Diesel-Fahrverbote der Ignoranz und des ideologisch getriebenen Wahns zu überführen. In Wahn kennen wir uns aus, sind schon zweimal damit untergegangen, einmal mehr oder weniger ins Knie geschossen. Das Ausland geht natürlich wieder auf Distanz, tut nichts!

Aber der Abend auf dem Kreisel und in den Garagen der Nachbarn wird äußerst unterhaltsam, ja aufgeräumt. Fast alle aus der etwas abseitigen Brahmsstraße kommen, stehen, trinken, knacken Würste aus Thüringen und unterhalten sich auf das Vorzüglichste. Der Feuerkorb glüht, Christof brät sich halb tot, obwohl er solche Nahrung jetzt verschmäht. Als der Glühwein restlos alle ist, gehen alle.

Um 00:06 schreibt Leon: euer Sohn hat es geschafft, 81%! – du bist so gut, das ist ja ne 2, pixel Marion – oh mein lieber Leon, Glückwunsch ... und alles ohne Arbeit? Setzt Vaddi nach – wie immer, Wombat, kommt die Antwort. – Ich setze auf Anpacken im job, da sind wir vier gut.

23.12. Abends zum 3. Hochzeitstag nach Achim, eine kleine einander bekannte Gesellschaft mit ihren Eigenheiten und Eigenarten zu einer tollen Abfolge von Essensereignissen. Ich sitze zwischen bizarrem Fingerschmuck und Tinas Sattelhandel. Auf einen Klaps hin sagt die Ehefrau etwas tonlos: ich bin kein Pferd. Um halb eins zurück.

24.12. Elvis sitzt auf Marion und redet. Er muß runter, weil der Puter klar zur Wende ansteht.

Beim Umzug einer Firma wurde im Keller ein Päckchen mit der Aufschrift 'Valentin' entdeckt. Es enthielt Unterlagen für den Bau eines zweiten U-Bootbunkers neben dem 1,2-Millionen-Tonnen-Stück nahe Rekum. Das wurde ab 1943 unter KZ-Bedingungen von Deportierten aus ganz Europa errichtet – als der Rückzug aus Rußland bereits begonnen hatte und Amerika gegen das Regime antrat. Die Vermutung des jetzigen Empfängers des Päckchens, 'die müssen damals ernsthaft an den Endsieg geglaubt haben', kann nicht stimmen – sie haben auch 1944 noch begonnen, die Alpen zu untertunneln, um den Kampf fortzusetzen. Es waren Orgien der Vernichtung durch Arbeit.

Mich Abenteurer treibt der Impuls. So klicke ich auf 'bid' zur Auktion eines Formats von FRANCIS BACON. Das wird teuer, denn 24 Stunden drauf erreicht mich die fröhliche Botschaft aus USA, ich sei der 'winner', keiner sonst habe geboten – mmh. – Ich kalkuliere, das Frühjahr wird hart, der Kassier steht an der Kasse, aber die Aussichten bleiben überwiegend freundlich. Ich habe schon oft auf 'bid' gedrückt und vieles ausgebadet. – Cézannes 'Jacke auf einem Stuhl', Bacon hat auch bei diesem Meister gelernt.

11.000 Euro Jahresbonus für jeden Mitarbeiter von ‚Liqui Moly‘, Chefe verkauft die Perle jetzt an Würth, der will weiter dran schrauben.

Jonas findet bisweilen Geld in den vier Büchern, die er hat, grade wieder 25 Euro aus 2005. Hätte er bloß mehr Bücher! – Schenk ihm nie Geld, er verliert das auf dem Heimweg! Also etwas mehr Respekt vor der Währung – sie gilt.

Es ist bekanntlich Weihnachten und das geht so. Um 8 Uhr geht der Puter in den Ofen mit 80 Grad über den Tag – um 3 Uhr hole ich Leon und Jonas in Burg ab – Pakete unter den Baum – die Hoppenstedt-Session – die Alten ins Auto zum Chorauftritt im Nachbarort, wo die Stühle nicht reichen – zurück und den Vogel aus dem Ofen geholt, Rotkohl und Klöße, schon steht die Hecke – danach Rundsitzen zum Geschenkewürfeln, nur 6 geht – Elvis packt aus wie besengt – Marion bekommt eine Flasche Baileys, daran ein ‚joint‘ – wir gehen zu dritt vor die Tür und ziehen das durch – jeder 5 Züge und wir schweben zurück – sodann Spiele, Jonas stellt Filmmusik an und wir malen, schreiben dazu – bisweilen pornographisch und kreativ – das Niveau gerät auf die schiefe Bahn – ‚wir wollen Party, Party ... Weiber und ein Bier‘, heißt es im Verlauf, ‚laudate sie, omnes senores ... sei gepriesen für Wodka und Baccardi‘ und ‚weine nicht, wenn der Regen fällt‘, wenn Sie wissen ... bis zum Werder-Song und der ‚heartbreaking tragedy von Liverpool‘ – Elvis ist selig, hat nicht geraucht!, und hält den Vorderlauf um den Hals von Leon –

später machen zwei sich auf zur 23 Uhr-Messe – die Freunde in der ersten Reihe und Birgit spricht – wir bitten zu einem abschließenden Schluck – alle kommen und stehen in einem verwüsteten Raum, den die Jungs grade zum Nachtflug verlassen – so wird's nochmal eine aufgeräumte Unterhaltung, bis wir alles hinter uns lassen – ein schöner Abend ohne jedes Format.

25.12. Der Versuch, nach dem Aufräumen nichts zu machen.

26.12. Um 11 auf die Autobahn zur ‚Spanienfeier' nach Hamburg, ich lenke im Elvis-Kostüm, Marion ist Wüste. – Und wenn wir die Einzigen sind, fragt sie etwas ängstlich. Wir sind es, Jenny klebt sich rasch einen spanischen Bart an, Markus trägt bereits Hut. Nach ausgiebigem Start aus der Küche ist Bescherung: sechs Kinder räumen eine Geschenkewand ab, ca. 150 mal 60 Zentimeter. Stunden später verlassen wir den Röötberg.

Abends geht SERGIO LEONES ‚Es war einmal in Amerika' über den Bildschirm, ein Film zur Herrschaft des Verbrechens. Die Auftragnehmer liquidieren den Auftraggeber, der die überreichte Beute visiert. – Auch hier werden Juweliere überfallen und ausgeraubt, so dieser Tage in Berlin, wohinter arabische Clans vermutet werden, Großfamilien, den Mafia-Netzwerken vergleichbar. Es wird nur nicht so durchgreifend liquidiert.

27.12. Der interessierte Mieter macht kurz nach der Zu- die Absage. So fahren wir mit Jonas zu Netto bei Leon, schieben 25 Kilo durch die Kasse und holen Valentin ab. Kurzer Küchenstopp dort und zurück aufs Land zum Süppchen.
Die Doppelkopfrunde schafft gutes Binnenklima. Abends geht's an die Waterfront in die 8. ‚Star Wars'-Nummer mit dem ewigen Vater-Sohn-Dilemma. Am Ende erwischts beide.

28.12. Auch Valentin bleibt nicht ungeschoren, kleiner Hexenschuß wirft ihn, nun, nicht aufs Pflaster, aber die verbleibende Zeit verbringt er am Stehtisch für essen, Karten- und Brettspiel, am Ende stehen wir alle am Tisch.

29.12. 8 Uhr Gassi, ich fege zum Bäcker, Frühstück und Jonas kärchert – wo sind die Karten für HELGE SCHNEIDER; sie liegen dort, wo sie hingehören und Marion entdeckt die Preise des Emittenden 26 Euro das Stück – und warum habe ich fast 400 bezahlt! – weils ein anderer anbot, ders dem Emittenden abkaufte und mit 300% Aufschlag oder so an den Markt geht, irgendein Berufskiller eben – darf der das? – wir glauben, ja. Es ist Sache des notorisch überforderten Endverbrauchers zu entscheiden, ob ihm der Herr 95 Euro wert ist. Wir lernen: 1. Den Echtpreis ermitteln, 2. möglichst beim Kartenausgeber kaufen, 3. wenn nicht, nur bei den Großen im Netz.

So häufeln sich die finanziellen Angriffe auf Leib & Leben zum Jahresende, der Kassier wird mich zur Ader lassen, mein ‚Push-Button‘ kostet mich Tausende, der Verlag macht wieder so ein Angebot im niedrigen fünfstelligen Bereich, naja, da ist die Helge Schneider Arie die tröstliche peanut.

Um halb vier bei den Nachbarn: werden die Kinder dümmer? – Das Ja bleibt nach längerem Disput unwidersprochen. Die Reiz- und Anreizsysteme produzieren persönliche Fehlsteuerungen. Das Primärsystem, vulgo: Eltern, ist mehr denn je gefordert, weil gesellschaftliche Instanzen zu viel Gemütlichkeit vermitteln, es sei doch alles da, auch zum Aldi-Tarif, den Rest gibt der Staat. Das tun Eltern aber vielfach nicht, aus Gründen, oder sie überziehen, eine Minderheit.

Dazu verkommt das Sekundarsystem zur Einheitsförderung, das Fordern unterliegt. Das Einpressen von Migrantenkindern und Behinderten in den Standardablauf versenkt im Wege der Überforderung aller Beteiligten Leistungsbereitschaft und Leistung. Die weiteren Bildungs-, Ausbildungs- und Lebenswege füttern, unterfüttern und kompensieren dieses Desaster, Uni, Beruf und Hartz-Attacke. In Summe: unter solchen Verhältnissen werden Kinder dümmer.

Um 6 treffen Frank und Christiane ein und richten ein feines Gericht an, der Abend damit schmackhaft – und sehr unterhaltsam.

30.12. Minus 40 Grad in Nordamerika.

Drei Kinder annoncieren den Tod ihrer Mutter. Andrea erlag im 54. Jahr. Sie war die Architektin vor 22 Jahren für unser schönes Haus. Es ist zum Heulen, gnadenlos.

Um 11 geht's ins Kuckucksnest zum 60. Dort geht es hoch her und wir sitzen zu acht, zehn oder mehr Leuten, bei Spaß & Schnaps mit Jens und beenden das Ganze ohne schwerwiegende Zwischenfälle. Das ging schon anders aus. Die Gastgeber können sich über geregelten und zügigen Abgang nur freuen. Das ist fast immer so, ihr Penibelchen.

31.12. Staatsgläubigkeit macht dumm. Mit Dummen läßt sich gut umspringen. Das Medium zur Herstellung von Dummheit ist das impermeable Kleid moralischer Sauberkeit. Zwei Großprodukte, besser -werkzeuge politischen Dummwerdens sind der Klimawahn und sein Früchtchen, das EEG, sowie der Datenschutz. Ersteres sei, wiederholt ANDREAS MIHM, eine ‚gewaltige Geldvernichtungsmaschine' in seiner Bilanz insbesondere der Photovoltaik und der Autopolitik. – Das wurde im Verlauf dieses Büchleins bereits betont, durchaus mehrfach, ich weiß, ihr Korinthis! Und warum? Ei, weils stimmt! Ich schix der Kanzlerin – letzter Gruß!

Beim zweiten Thema funktioniert ein kernguter Gedanke, der Schutz des Privaten, in seiner maßfreien Übertreibung als ‚moralischer Vorhang', ja als Abdeckung staatlichen Zugriffs aufs Private. HENDRIK WIDUWILT reiht Bargeldabschaffung, Transparenzregister, eine ministeriumshörige Finanzhofsjudikatur und sozialdemokratische Mieterschutzeskapaden in einer Staatsperlenkette auf. Diese öffnet dem Durchgriff, dem Zugriff und Abgreifen des Kassiers und seines flächendeckenden Staatsflechtwerks Tür & Tor.

3sat fährt wieder ganztags Rock ‚n' Roll durch, Los Angeles 2015 mit den Rolling Stones ist ein Kauf! High energy & smart, grandios, can't help my tears. Und kaum eine Gruppe, durch die nicht bereits der Krebs ging.

Wir sind froh, so programmfrei ins Sylvestrige zu gehen. Nachmittags auf dem Deichspaziergang sind wir auf halbem Wege gewässert. – Abends hören wir, Regina kotzt vor Panama, schwere See und Nebel. Wir beklagen uns nicht und gehen zügig in den Kleiderwechsel. – Wir freuen uns, daß nichts los ist, irgendwann kommen die Nachbarn rüber mit feinem Champagner vom Kunden, wir sitzen vor der Rock ‚n‘ Roll-Front, knabbern und steigen zur Nullrunde auf den Hochsitz, Bremen und Marßel im Blick, im Haus unter uns wird auch mächtig gefeuert.

So siehts aus in 2017,
dessen Ausführung wird 2018!

Namensverzeichnis